SV

Edition Zweite Moderne

*Herausgegeben von
Ulrich Beck*

Anthony Giddens
Jenseits
von Links und Rechts

*Die Zukunft
radikaler Demokratie*

Aus dem Englischen von
Joachim Schulte

Suhrkamp

Titel der Originalausgabe:
Beyond Left and Right. The Future of Radical Politics

Redaktion: Raimund Fellinger

Dritte Auflage 1999
© Anthony Giddens 1994
© der deutschen Ausgabe
Suhrkamp Verlag Frankfurt am Main 1997
Alle Rechte vorbehalten, insbesondere das
der Übersetzung, des öffentlichen Vortrags
sowie der Übertragung durch Rundfunk und Fernsehen,
auch einzelner Teile.
Kein Teil des Werkes darf in irgendeiner Form
(durch Fotografie, Mikrofilm oder andere Verfahren)
ohne schriftliche Genehmigung des Verlages reproduziert
oder unter Verwendung elektronischer Systeme verarbeitet,
vervielfältigt oder verbreitet werden.
Satz: Hümmer, Waldbüttelbrunn
Druck: Wagner, Nördlingen
Umschlag gestaltet nach einem Konzept
von Willy Fleckhaus: Rolf Staudt
Printed in Germany

3 4 5 6 7 8 – 04 03 02 01 00 99

Inhalt

IV
Zwei Theorien der Demokratisierung

V
Widersprüche des Sozialstaats

VI
Erfinderische Politik und positive Wohlfahrt

VII
Positive Wohlfahrt, Armut und Lebenswerte

VIII
Moderne mit negativem Vorzeichen: Ökologische Fragestellungen und die Politik der Lebensführung

IX
Politische Theorie und das Problem der Gewalt

X
Handeln und Werte

Vorwort zur deutschen Ausgabe

Die Ursprünge dieses nun auf Deutsch vorliegenden Buches reichen relativ weit zurück. Ende der siebziger Jahre nahm ich eine auf drei Bände geplante Untersuchung mit dem Titel *A Contemporary Critique of Historical Materialism* (Eine zeitgenössische Kritik des Historischen Materialismus) in Angriff. Dieses Vorhaben sollte sich, teilweise auch aufgrund anderer Verpflichtungen, als ein langfristiges herausstellen: Der erste Band erschien im Jahre 1979, der zweite 1985.

Der dritte Band konnte jedoch nicht, wie ich bereits im Vorwort zur englischen Ausgabe von *Jenseits von Links und Rechts* angedeutet habe, in der geplanten Form niedergeschrieben werden. Meine Absicht war es ursprünglich gewesen, mich unter dem vorläufigen Titel *Between Capitalism and Socialism* (Zwischen Kapitalismus und Sozialismus) mit zwei untereinander in Beziehung stehenden Fragen auseinanderzusetzen: Konnte man noch sinnvollerweise davon ausgehen, daß der Kapitalismus vom Sozialismus überflügelt wird? Und: Wie ließe sich eine durch die westlichen kapitalistischen Demokratien und den Staatssozialismus sowjetischen Typs zweigeteilte Welt angemessen verstehen? Nicht ahnen konnten zu diesem Moment jedoch weder die Zeitgenossen noch ich, was uns allen gegenwärtig bewußt ist, daß nämlich diese Bipolarität fast über Nacht verschwunden und der scheinbar unüberbrückbare Gegensatz zwischen »West« und »Ost« in sich zusammengestürzt ist.

Jenseits von Links und Rechts handelt folglich davon, daß sich die Gestaltungskraft der Politik erschöpft und politischen Ideologien entleert haben. Die Welt, in der wir gegenwärtig leben, ist gekennzeichnet durch einen in diesem Ausmaß bisher unbekannten schnellen und tiefgreifenden Wandel – zugleich aber auch durch die scheinbare Überlebtheit alternativer Zukunftsvorstellungen und die nostalgische Rückwendung zur Vergangenheit. Allenthalben ist nun die Rede vom Zuendegehen. Im Verlauf der Moderne hat sich zwar, wenn auch nur bei wenigen, eine Sensibilität dafür herausgebildet, daß bestimmte Dinge an ihr Ende gelangen können. Heute scheint jedoch alles und jedes sich in seinem Endstadium zu befinden. Der Titel von Frank Furedis Buch *Mystische Vergangenheit, ungewisse Zukunft* (London 1992) trifft genau den zu einer solchen Einstellung führenden Impetus. Furedi erklärt: »Die während der letzten zehn Jahre in den wichtigsten industrialisierten kapitalistischen Gesellschaften ausbrechenden Kontroversen über die Geschichte sind ein Beleg dafür, daß die Bedeutung der Vergangenheit im Fokus der politischen Debatte steht. ... Das Übergewicht der Vergangenheit zeigt sich am Niedergang des auf die Zukunft gerichteten und radikal-kritischen Denkens. An die Stelle der fruchtbaren Spannung zwischen denen, die nach Bewahrung, und jenen, die nach Veränderung streben, ist die Auseinandersetzung darüber getreten, wer welche Vergangenheit reklamieren kann.« Gibt es irgendeine Institution oder irgendeinen Aspekt des gesellschaftlichen Lebens, von denen noch nicht behauptet wurde, sie gingen zu Ende? Besonders hervorgetan haben sich hierbei der Postmodernismus sowie die anderen mit der Vorsilbe post arbeitenden und ins Kraut schießenden Richtungen. Aber auch die Reihe dessen, was alles zu Ende geht, ist endlos: Man schrieb, um nur einige Beispiele zu nennen, über das Ende des Jahrtausends, des Jahrhunderts, des Sozialismus, der Tradition, der Geschichte, der Familie, der Arbeit, der Kindheit, der Klassen, der Bürokratie, der Politik, der Wissenschaft und der Natur. Im Jahre 1996 erschien in England sogar ein Buch mit dem Titel *Das Ende der Zeit*.

Es ist verlockend, dem als Antwort entgegenzuhalten: »Laßt uns endlich Schluß machen mit all diesen Endismen! Laßt uns damit beginnen, über Anfänge zu reden!« Eine solche Einstellung hätte zumindest den Vorteil, nicht dem Verdacht des Modischen ausgesetzt zu sein. Gleichwohl mache ich sie mir nicht zu eigen, und demnach ist dies auch nicht die Perspektive des vorliegenden Buches. Meiner Meinung nach ist der ständige Verweis auf Endstadien der Ausdruck des Bemühens, die der modernen Gesellschaft innewohnenden Grenzen und Widersprüche zu bewältigen. Jene, die vom Ende reden, nehmen zuweilen zwar das, was sie sagen, wörtlich: Zum Beispiel glauben nur wenige, daß der Marxismus wirklich wiederzubeleben sei. Aber verstehen jene Autoren, die sich mit dem Ende der Familie, dem Ende der Arbeit oder dem

Ende der Kindheit auseinandersetzen, »Ende« in seiner wörtlichen Bedeutung? Natürlich nicht. Sie sind vielmehr der Meinung, daß diese Gesellschaftsinstanzen nicht länger in der herkömmlichen Weise weiterbestehen werden oder können, daß Alternativen gefunden werden müssen oder sich bereits herausbilden. Das bedeutet: Bei den, direkten oder indirekten, Behauptungen vom Zuendegehen handelt es sich in Wirklichkeit in den meisten Fällen um einen Hinweis auf sich eröffnende Möglichkeiten und nicht um einen diagnostizierten Zusammenbruch oder eine konstatierbare Auflösung. Wir können also diese Debatten vor allem als Aufforderung und Gelegenheit verstehen, unsere Werte zu prüfen in einer Situation, da diese zum überwiegenden Teil nicht mehr von der Tradition oder von der Natur vorgegeben werden. Das Ende der Tradition und das Ende der Natur – diese beiden Prozesse sind, wie ich in *Jenseits von Links und Rechts* ausführe, besonders folgenreich.

Aus diesem Grunde halte ich unter allen politischen Bewegungen und Richtungen die Umweltbewegung für die bedeutsamste. Die zeitgenössische Ökologiebewegung entstand aus der Diskussion über einen möglichen Zusammenbruch – der zum Beispiel in der Studie des Club of Rome über die Begrenztheit der Ressourcen diagnostiziert wird. Auch heute noch ist für viele die Frage der Umwelt ausschließlich eine Frage der Schäden: der Zerstörung der Ozonschicht, der gefährlichen Folgen der Umweltverseuchung usw. Und es ist nicht von der Hand zu weisen, daß wir mit einer Welt konfrontiert sind, die unter den durch die globale Ausbreitung der Industrieproduktion entstandenen Schäden zu leiden hat. Dennoch begreift man das Umweltproblem nicht in seiner ganzen Tragweite, wenn man es ausschließlich als Suche nach Eingrenzungen, Einschränkungen und Stillegungen versteht. Es sollte vielmehr als eines betrachtet werden, das die Frage aufwirft: Wie sollen wir leben? – und dies in einem Kontext, da diese Frage weder von der auf ständiges wirtschaftliches Wachstum ausgerichteten Gesellschaft noch von den Fixpunkten Tradition und Natur beantwortet werden kann.

Am meisten zur Klärung der damit einhergehenden Probleme hat Ulrich Beck beigetragen. Er hat zu Recht darauf verwiesen, daß im Mittelpunkt von deren Verständnis der Begriff des Risikos stehen muß. Als erster hat er den in der Fachliteratur schlummernden Begriff des Risikos zu analytischem Leben erweckt. Wenn wir von Risiken reden, so Beck, geht es nicht um die statistischen Berechnungen zukünftiger Ereignisse, sondern um Ziele, Wünsche und Werte. Risiko ist nicht dasselbe wie Zufall: Der Begriff des Risikos kann sich erst in einer Gesellschaft herausbilden, die sich entschieden der Zukunft zuwendet. Trotz der von Furedi beobachteten Vorliebe der heutigen Gesellschaft für die Vergangenheit richten wir unser Handeln mehr als jemals zuvor an der Zukunft aus – und sind uns zugleich der Fragwürdigkeit dieser Situation bewußt.

Die obsessive Fixierung auf Zuendegehendes erklärt sich teilweise daraus, daß wir heute die Prämisse der Aufklärung aufgeben müssen, wonach die ständige Zunahme des Wissens zu einer immer sichereren Zukunftsgestaltung führt. Dennoch muß betont werden, daß Risiko keineswegs ein negativer Begriff ist. Nach Beck ist die »Risikogesellschaft« dadurch definiert, daß in ihr für den einzelnen mehr Nachteile als Vorteile erzeugt werden. Dies ist meiner Meinung nach aber keine vollständige Beschreibung einer solchen Gesellschaft. Innerhalb einer sozialen Ordnung, zu deren zentraler Kategorie die des Risikos geworden ist, dominiert nicht notwendigerweise die Vorstellung einer gefährdeten Zukunft. Wenn wir unter »Risikogesellschaft« eine Gesellschaft nach dem Ende von Natur und Tradition verstehen, wird deutlich, daß die Übernahme von Risiken häufig eine positive Haltung impliziert. Risiken einzugehen ist das Merkmal eines sozialen Lebens, in dem in den meisten Situationen die Möglichkeit besteht, eigenständig zu entscheiden.

Das Verhältnis von Umweltbewegung und Sozialismus ist ein viel diskutiertes Thema. In *Jenseits von Links und Rechts* beschäftige ich mich deshalb detailliert mit dem Ende des Sozialismus. Zusätzlich widme ich mich aber auch einem anderen Zusammenhang – und zugleich einem weiteren Ende –, dem viel geringere Aufmerksamkeit geschenkt wurde, nämlich dem Ende des Konservatismus. Es ist offensichtlich, daß konservative Ideen, verstanden in einem breiten Sinn, Affinitäten zu Umweltfragen aufweisen. So existiert zum Beispiel eine direkte begriffliche Nähe von »Konservatismus« und »Konservieren«. Diese Beziehungen erlangen besondere Virulenz in Anbetracht der Schwierigkeiten, mit denen konservatives Denken heutzutage zu kämpfen hat – Schwierigkeiten, die durch dessen scheinbar triumphalen Erfolg eine Zeitlang verdeckt waren.

In diesem Zusammenhang beziehen sich die Analysen meines Buches auf allgemeine wie spezifische Probleme. Als »Konservatismus« wurden in der Vergangenheit ganz unterschiedliche Dinge bezeichnet, und dieser Begriff besitzt auch heute noch eine Vielzahl von Bedeutungen. In der jüngsten Vergangenheit verstand man Konservatismus in Großbritannien – aber auch in mehr oder minder starkem Ausmaß in anderen Ländern – im Sinne eines neoliberalen Experiments. Damit sind auf der Insel jene politischen Strategien und Ziele gemeint, die als Thatcherismus bekannt wurden. Und Mrs Thatcher war ja auch Vorsitzende der britischen Conservative Party und betrachtete sich selbst als Konservative. Doch genauso wie für die Neo-Liberalen anderswo gab es nur wenig, an dessen Bewahrung sie interessiert war. Ihr kam es vor allem auf Veränderung an. Das Ziel bestand darin, in Großbritannien eine weitreichende Serie von Neuerungen in Gang zu setzen. Der Markt wurde auf den meisten Gebieten zur obersten Instanz erklärt, die vormals staatlichen Industrien sowie die Kommunikations-, Erziehungs-, Gesundheits- und weitere Sektoren wurden marktwirtschaftlich oder quasi-marktwirtschaftlich organisiert. Zwischen Neo-Liberalismus und Konservatismus bestehen jedoch, wie am Thatcherismus besonders augenfällig wird, spannungsgeladene Beziehungen. Denn bei jeder Spielart des Konservatismus gehören Natur und Tradition zu den Schlüsselbegriffen. Wenn der Konservatismus von neo-liberalen Vorstellungen imprägniert ist, wird er in seinem Kern zu einem Verfechter des freien Marktes. Doch die ungezügelte Herrschaft des Marktes stellt eine der primären Triebkräfte bei der Zerstörung von Tradition und Natur dar – die noch stärker werden, wenn die Märkte sich globalisieren und dadurch lokale Traditionen und Lebensformen ihrer Wurzeln berauben, da diese dem Druck der wirtschaftlichen Veränderungen nicht standhalten können. Die Marktmechanismen sind, da sie ständige technische Neuerungen fördern, auch der Hauptfaktor, der der Natur ein Ende bereitet.

Der Thatcherismus – wie die Reaganeconomics in den Vereinigten Staaten – bedeutete den Versuch einer Verbindung zweier kontradiktorischer Haltungen, einer Kombination von Marktliberalismus und Kulturkonservatismus. Um die Traditionen zu bewahren, betonte man in Großbritannien und den USA den besonderen Wert der »traditionellen Familie« und der Einheit der Staatsnation. Beide werden durch die Globalisierung der Märkte ihrer Grundlagen beraubt. Ein Beispiel mag das veranschaulichen: Eine der widersprüchlichen Folgen der wirtschaftlichen Globalisierung besteht im Wiederaufleben von Nationalismus und Formen kultureller Autonomie. Das Resultat: Das von Mrs Thatcher so nachdrücklich propagierte »Britentum« gerät gegenwärtig angesichts der Forderungen schottischer und walisischer Nationalisten ins Wanken.

Der Konservatismus wird in einer immer deutlicher post-traditionalen Gesellschaft selbstwidersprüchlich. Meine Antwort darauf in *Jenseits von Links und Rechts* lautet: Lang lebe der Konservatismus! Denn viele der von den heutigen Konservativen aufgegebenen Aspekte des Konservatismus besitzen eine direkte Relevanz für unsere aktuellen politischen Dilemmata. Was ich als »philosophischen Konservatismus« beschreibe, nimmt seinen Ausgang von ökologischen Themen. Ziel dieses philosophischen Konservatismus ist es, in einer Welt galoppierenden Wandels Vergangenheit und Zukunft miteinander zu vereinbaren – dabei die von Furedi sogenannte »mythische Vergangenheit« zu vermeiden, aber auch nicht angesichts einer ungewissen Zukunft zu kapitulieren. Er lehnt die Berufung auf die Tradition oder auf die Natur bei der Rechtfertigung politischer oder ethischer Argumente ab. Der philosophische Konservatismus ist jenseits der Gegensätze von Links und Rechts angesiedelt, da er in dem aufgeht, was ich »Politik der Lebensführung« nenne. Gleichwohl sollte der Titel des vorliegenden Buches nicht in dem Sinne der These verstanden werden, wonach die Rechts-Links-Unterscheidung völlig bedeutungslos wird. In diesem Punkt stimme ich weitgehend mit Norberto Bobbios Ansicht in seinem Buch *Rechts und Links* überein. Die Linken bemühen sich stärker als die Rechten um eine Bekämpfung der Ungleichheit. Sie sind auch davon überzeugt, daß der Staat bei der Verringerung der Ungleichheit und bei der Herstellung größerer sozialer Gerechtigkeit eine wichtige Rolle spielt. Somit ist die – wenn auch gegenüber früher abge-schwächte – Gegenüberstellung von Links und Rechts immer noch von Bedeutung im Kontext dessen, was ich emanzipatorische Politik nenne, die Politik der Lebenschancen. Die Politik der Le-bensführung bezieht sich dagegen auf andere Bereiche, jene, die mit der oben beschriebenen Welt des Zuendegehens entstehen. Dennoch glaube ich, daß die Politik der Lebensführung die Mög-lichkeit zur Schaffung eines »radikal-kritischen Nucleus« eröff-net. So ist zum Beispiel die Einsicht, daß die Straßen nicht immer weiter mit Autos vollgepfropft werden können oder daß die glo-bale Erwärmung gefährliche Ausmaße angenommen hat, nicht mehr auf eine Minderheit beschränkt. Zu den weiteren Endsta-dien, die im vorliegenden Buch ausführlich thematisiert werden, gehört das »Ende der Politik«. In einem engeren Sinn verstehe ich darunter zunächst eine Reihe von Beobachtungen und Hypothe-sen über den Bedeutungsschwund der klassisch-formalen politi-schen Arena. Unter dem Druck zweier, aus der zunehmenden Globalisierung resultierender und in die gleiche Richtung weisen-der Entwicklungen verliert die nationalstaatliche Souveränität ihre Unantastbarkeit. Die Globalisierung der Firmen sowie der Fi-nanz- und Währungsmärkte entzieht sich den Einwirkungsmög-lichkeiten einzelner Regierungen. Zur gleichen Zeit schlagen vielzählige Veränderungen von unten – vor allem im Bereich der Familie – gesellschaftliche Wellen, die die Regierung zwar nicht in Gang gesetzt hat, auf die sie jedoch reagieren muß. Die Politiker beziehen dazu Stellung, sie machen Versprechungen, doch sie wis-sen, was auch die Wähler längst wissen, daß sie die Fähigkeit zu aktivem Eingreifen verloren haben. Politik wird damit der ökono-mischen Situation in der ehemaligen Sowjetunion vergleichbar: »Wir tun so, als ob wir arbeiten würden, und die tun so, als ob sie uns bezahlen würden.« Die Politiker tun so, als könnten sie für uns eine entscheidende Wende zum besseren herbeiführen, und wir tun so, als glaubten wir ihnen dies – obwohl ein immer größe-rer Teil der Wähler es ablehnt, in diesem Maskenaufzug mitzuspie-len.

Darüber hinaus kann man auch in einem weiteren Sinn vom »Ende der Politik« sprechen. Hierbei steht nicht die wachsende Ohnmacht nationaler Regierungen im Mittelpunkt, sondern das

Verschwinden jedweder Art von Politik – ein Ende im wahrsten Sinne des Wortes. Nach dieser These gibt es nichts mehr, wofür es sich zu kämpfen lohnt, da alle politischen Fragen durch ökonomische Entscheidungen beantwortet werden. Diese Auffassung findet sich zwar nicht bei Neo-Liberalen, wohl aber bei Autoren im Umkreis der Postmoderne. Bei beiden Arten des Endes handelt es sich meines Erachtens um Umgestaltungsprozesse. Der Wandel in der Position des Nationalstaats verlangt eine Umstrukturierung der Politik. Die Macht politischer Entscheidungen geht nicht völlig verloren, Politik verlagert sich vielmehr gleichzeitig nach unten und nach oben, da wir gezwungen sind, dezentrale Mechanismen neben supranationalen politischen Strukturen ins Auge zu fassen. Das »Ende der Politik« im weiteren Sinne bedeutet die Umstrukturierung von vier gewichtigen politischen Feldern: Die »dialogische Demokratie« reicht weit über die Grenzen der parlamentarischen Politik hinaus; sie steht an vorderster Front im Kampf gegen alle Arten des Fundamentalismus. Auf dem Gebiet der »positiven Wohlfahrt« geht es vor allem, aber nicht nur, um die zukünftige Gestalt des Sozialstaates. Die »Politik der Wiederaneignung« bezieht sich auf unsere Erfahrungen mit dem Ende der Natur, während die Verhinderung von Gewalt, obschon bisher theoretisch kaum durchdrungen, zu den vordringlichsten Anliegen gehört. *Jenseits von Links und Rechts* verkündet weder einen Aktionsplan noch ein konkretes politisches Programm. Ich verstehe es eher als Beitrag zu einer uneingeschränkten Diskussion, zu der es zugleich herausfordert. Die politischen Auseinandersetzungen jenseits von Links und Rechts haben sich von den einstigen Eindeutigkeiten gelöst. Genau dieses Dahinschwinden der überkommenen politischen Gegensätze eröffnet Gesprächszusammenhänge, die sich zuvor sehr schwierig gestalteten oder sogar unmöglich waren. Mir sind die durch den Fall der politischen Barrikaden geschaffenen Möglichkeiten sehr willkommen. Wir können nun miteinander reden, ohne intellektuelle Mauern überwinden zu müssen.

Anthony Giddens, im August 1996
Aus dem Englischen von Philipp Rang

Vorwort zur englischen Ausgabe

Die Arbeit an diesem Buch begann vor etwa fünfzehn Jahren, als ich vorhatte, damit den dritten Band meiner geplanten gegenwärtigen Kritik des Historischen Materialismus vorzulegen. Dieser dritte Band wurde nicht geschrieben, denn ich begann mich für neue Dinge zu interessieren. Das vorliegende Buch beruht zwar auf den damals für den dritten Band skizzierten Ideen, bezieht sich aber vorwiegend auf Überlegungen, die ich in später veröffentlichten Schriften entfaltet habe.

An dieser Stelle möchte ich den Kollegen und Freunden danken, die erste Entwürfe zu diesem Buch gelesen und kommentiert oder in sonstiger Weise zu seiner Entstehung beigetragen haben. Mein Dank geht daher an Ulrich Beck, Ann Bone, Montserrat Guibernau, Rebecca Harkin, David Held, David Miliband, Veronique Mottier, Debbie Seymour, Avril Symonds und Dennis Wrong.

Einleitung

Was kann radikal-politische Kritik* heute noch bedeuten? Das Gespenst, das einst das europäische Bürgertum um den Schlaf brachte und dann über siebzig Jahre lang körperliche Gestalt annahm, ist ja inzwischen in die Unterwelt zurückgeschickt worden. Die Hoffnungen der radikal-politischen Kritiker auf eine Gesellschaft, in der die Menschen, wie Marx sagt, wahrhaft frei sein könnten, haben sich offenbar als leere Träumereien erwiesen.

Lange Zeit wurde radikal-politische Kritik in erster Linie mit sozialistischen Ideen in Verbindung gebracht. »Radikal kritisch sein« bedeutete eine bestimmte Auffassung über die der Geschichte innewohnenden Möglichkeiten. Radikalismus hieß, mit der Vergangenheit zu brechen. Mancher Radikale hat eine revolutionäre Anschauung vertreten, wonach die Revolution – und vielleicht *nur* die Revolution – den angestrebten Bruch mit dem früheren Geschehen herbeiführen könne. Doch der Revolutionsbegriff ist nie das eigentliche Definitionsmerkmal des politischen Radikalismus gewesen, sondern der Fortschrittsgedanke. Die geschichtliche Entwicklung müsse man in den Griff bekommen und sie den menschlichen Zwecken entsprechend gestalten, um so die Vorteile, die in früheren Zeiten gottgegeben und einer kleinen Minderheit vorbehalten zu sein schienen, auszubauen und durch Umstrukturierung der Gesamtheit nutzbar zu machen.

Radikal-politische Kritik, also der Griff nach den Wurzeln der Dinge, war nicht allein auf Veränderung bedacht, sondern der Wandel sollte so gesteuert werden, daß es zu geschichtlichen Fortschritten käme. Ebendieses Vorhaben ist heute offenbar gescheitert. Wie soll man auf eine derartige Situation reagieren? Manche behaupten, die Möglichkeiten radikaler, grundlegender Veränderung seien verbaut. Die Geschichte habe sozusagen ihr Ende erreicht und das sozialistische Ziel sei zu weit gesteckt gewesen. Könnte man dem aber nicht entgegenhalten, die Veränderungsmöglichkeiten seien keineswegs verbaut, vielmehr krankten wir an

---

* Der englische Ausdruck »radical« wird im folgenden, je nach Kontext, mit »radikalkritisch«, »radikal-demokratisch« wiedergegeben. (Anm. d. Übers.)

einer Überfülle solcher Möglichkeiten? Denn irgendwann gelangt man an einen Punkt, an dem ständiger Wandel nicht nur Unruhe schafft, sondern geradezu verheerend wirkt – und in vielen Bereichen des sozialen Lebens ist dieser Punkt gewiß schon erreicht.

Eine solche Überlegung führt allem Anschein nach weg von der radikal-politischen Kritik im herkömmlichen Sinne – sie führt zum Konservatismus. Seit Edmund Burke ist es das Hauptanliegen des konservativen Denkens, die meisten oder alle Formen radikalen Wandels mit Argwohn zu betrachten. Doch hier stoßen wir auf etwas ganz Überraschendes, das der Erklärung bedarf. Der Konservatismus hat sich in einigen seiner in Europa derzeit besonders einflußreichen Erscheinungsformen sowie in gewissem Maße auch in anderen Gegenden der Welt mehr oder weniger genau das zu eigen gemacht, was er früher verwerfen wollte, nämlich den wettbewerbsorientierten Kapitalismus sowie die einschneidenden und weitreichenden Veränderungsprozesse, die der Kapitalismus auszulösen tendiert. Viele Konservative vertreten heute einen aktiven Radikalismus im Hinblick auf ebenjenes Phänomen, das ihnen früher besonders lieb war: die Tradition. Wo hört man denn heute Äußerungen, die von der Vergangenheit ererbten Fossilien sollten abgeschafft werden? Nicht von der Linken, sondern von der Rechten.

Der radikal gewordene Konservatismus steht nun dem konservativ gewordenen Sozialismus gegenüber. Seit dem Verfall der Sowjetunion konzentrieren viele Sozialisten ihre Kräfte auf die Verteidigung des Sozialstaats gegen den Druck, dem er inzwischen ausgesetzt ist. Von einigen Sozialisten wird zwar weiterhin behauptet, der eigentliche Sozialismus sei noch nie erprobt worden und das Verschwinden des Kommunismus sei keine Katastrophe, sondern ein unverhoffter Glücksfall. Nach dieser Anschauung war der Kommunismus eine Form von autoritärem Dogmatismus, die sich vom Verrat an der Revolution herschreibe, während der Reformsozialismus westeuropäischer Prägung einen Niedergang erlebt habe, weil er, anstatt den Kapitalismus zu überholen, sich diesem anzupassen versucht habe. Diese These wirkt allerdings wirklich abgeschmackt, und die meisten Sozialisten sind zurückgeworfen in die Defensive, indes ihre Position in der »Avantgarde« der historischen Entwicklung auf die bescheidenere Aufgabe zurückgeschraubt wurde, den Sozialstaat zu schützen.

Freilich kennen die Radikalen der Linken noch eine andere Richtung, in die sie ihren Blick lenken können, nämlich die Richtung der neuen sozialen Bewegungen, bei denen es um Feminismus, Ökologie, Frieden oder Menschenrechte geht. Auf den Allgemeinbegriff des Proletariers können sich die historischen Bestrebungen der Linken nicht mehr stützen. Werden diese neuen Instanzen womöglich jene Rolle übernehmen? Denn derartige Gruppen verfolgen nicht nur »progressive« Ziele, sondern die von ihnen bevorzugte politische Organisationsweise ist die gleiche wie die, von der man einst annahm, daß sie das Proletariat zum letztlichen Sieg führen werde.

Es liegt jedoch auf der Hand, daß sich die neuen sozialen Bewegungen nicht ohne weiteres für den Sozialismus reklamieren lassen. Zwar kommen die Bestrebungen einiger solcher Bewegungen sozialistischen Idealen nahe, doch ihre Zielsetzungen sind ganz verschiedenartig, mitunter sogar völlig entgegengesetzt. Sieht man von einigen Gruppierungen der Grünen ab, so kennen die neuen sozialen Bewegungen nicht das »Totalisierende«, das der Sozialismus an sich hat (bzw. hatte), indem er eine neue Phase der sozialen Entwicklung verhieß, die über die existierende Ordnung hinausgehen werde. Manche Spielarten des feministischen Denkens z. B. sind nicht weniger radikal als alles, was man bisher als Sozialismus bezeichnet hat. Dennoch haben sie nicht vor, die Zukunft in der gleichen Weise zu lenken, in der die besonders ehrgeizigen Versionen des Sozialismus das wollten.

Im ausgehenden 20. Jahrhundert zeigt sich also, daß sich die Welt nicht so entwickelt hat, wie die Begründer des Sozialismus es vorausgesehen hatten, als sie die Geschichte durch Überwindung von Tradition und Dogma in eine bestimmte Richtung lenken wollten. Sie hegten die gar nicht unvernünftige Meinung, daß wir, die gesamte Menschheit, die soziale und materielle Realität um so eher im eigenen Interesse zu steuern vermöchten, je mehr wir darüber in Erfahrung brächten. Vor allem was das soziale Leben angehe, seien die Menschen imstande, nicht nur Urheber, sondern auch Herren des eigenen Geschicks zu werden.

Von den Ereignissen sind diese Gedanken nicht bestätigt worden. Die Welt, in der wir heute leben, unterliegt nicht der strengen Herrschaft des Menschen – eine Vorstellung, die die Bestrebungen der Linken geleitet hatte, während sie der Rechten, wie man sagen könnte, Alpträume bereitete. Nahezu das Gegenteil ist der Fall, denn die Gegenwart ist durch Verwerfungen und Ungewißheit gekennzeichnet, ist eine Welt »ohne Zügel«. Beunruhigend ist dabei, daß gerade das Moment, das immer größere Gewißheit schaffen sollte (das Fortschreiten der menschlichen Erkenntnis und die »kontrollierte Einflußnahme« auf Gesellschaft und Natur), in Wirklichkeit durch und durch verstrickt ist in diese Unvorhersagbarkeit. Beispiele gibt es in Hülle und Fülle. Betrachten wir etwa die Auseinandersetzung über den globalen Treibhauseffekt, bei der es um die möglichen Auswirkungen menschlichen Handelns auf den Klimawandel geht. Erwärmt sich die Erde wirklich, oder verhält es sich nicht so? Die Mehrheit der Naturwissenschaftler ist wahrscheinlich der übereinstimmenden Meinung, daß es diesen Effekt wirklich gibt. Doch von anderen Wissenschaftlern wird entweder das Vorhandensein dieses Phänomens selbst oder die zu dessen Erklärung aufgestellte Theorie in Zweifel gezogen. Sofern der globale Treibhauseffekt tatsächlich stattfindet, sind die Konsequenzen nur schwer abzusehen und werfen Probleme auf, denn hier handelt es sich um einen Vorgang ohne Beispiel.

Mit Bezug auf die derart hervorgerufenen Ungewißheiten werde ich allgemein von *hergestellter Unsicherheit* sprechen. Das Leben ist immer schon eine riskante Angelegenheit gewesen. Das Eindringen der hergestellten Unsicherheit in unser Leben bedeutet nicht, daß unser Dasein auf individueller oder kollektiver Ebene gefährlicher geworden ist, als es bisher zu sein pflegte. Vielmehr sind es die Ursachen und der Umfang der Risiken, die sich geändert haben. Die hergestellte Unsicherheit ist ein Ergebnis menschlicher Eingriffe in die Bedingungen des sozialen Lebens und in die Natur. Die dadurch erzeugten Ungewißheiten (und Chancen) sind großenteils neu. Mit überkommenen Mitteln ist ihnen nicht beizukommen. Aber auf das Aufklärungsrezept »Je mehr Erkenntnis, um so mehr Kontrolle« sprechen sie ebensowenig an. Um es genauer zu formulieren: Bei den Reaktionen, die solche Risiken heute auslösen, handelt es sich oft zugleich um *Schadensbegrenzung* und *-behebung* wie um den endlosen Prozeß zunehmender Beherrschung.

Die Herausbildung hergestellter Unsicherheit ist das Ergebnis der langfristigen Entwicklung der Institutionen der Moderne. Aber zugleich ist die beschleunigte Zunahme dieser Unsicherheit das Ergebnis einer Reihe von Vorgängen, die die Gesellschaft (und die Natur) in höchstens vier oder fünf Jahrzehnten umgestaltet haben. Will man den veränderten Kontext des politischen Lebens begreifen, ist eine genaue Bestimmung dieser Entwicklungen unerläßlich. Drei Gruppen von Entwicklungen sind hier besonders wichtig. Vor allem betreffen sie die industrialisierten Länder, aber ihre Auswirkungen beeinflussen in immer höherem Maße die gesamte Welt.

Globalisierung, Tradition, Unsicherheit

Erstens ist da der Einfluß der zunehmenden *Globalisierung* (ein Begriff, der zwar häufig gebraucht wird, aber bisher nicht hinreichend geklärt ist). Die Globalisierung ist nicht nur – vielleicht nicht einmal in erster Linie – ein ökonomisches Phänomen, und man darf sie keinesfalls mit der Entstehung eines »Weltsystems« gleichsetzen. In Wirklichkeit handelt es sich bei der Globalisierung um die Verwandlung von Raum und Zeit. Nach meiner Begriffsbestimmung ist sie eine Art *Fernwirkung*, und ihre Verstärkung in den letzten Jahren bringe ich in Verbindung mit dem Aufkommen direkter globaler Kommunikation und des Massenverkehrs.

Die Globalisierung schafft nicht nur umfassende Systeme, sondern gestaltet auch die lokalen und sogar persönlichen Kontexte der gesellschaftlichen Erfahrung um. Immer stärker werden unsere Alltagsaktivitäten von Ereignissen beeinflußt, die sich auf der anderen Seite der Welt abspielen. Umgekehrt sind lokale Lebensstile global folgenreich geworden. So wirkt sich meine Entscheidung für den Kauf eines bestimmten Kleidungsstücks nicht nur auf die internationale Arbeitsteilung aus, sondern auch auf die Ökosysteme der Erde.

Die Globalisierung ist kein Einzelprozeß, sondern ein komplexes Gemisch mehrerer Vorgänge, die häufig in Widerspruch zueinander geraten und Konflikte, Verwerfungen und neue Formen der Schichtenbildung nach sich ziehen. So stehen z. B. die Wiederbelebung des lokalen Nationalismus und die Betonung der ortsgebundenen Identität in unmittelbarem Zusammenhang mit Globalisierungseinflüssen, denen sie im übrigen zuwiderlaufen.

Zweitens und zum Teil unmittelbar infolge der Globalisierung ist es heute möglich, von der Entstehung einer *posttraditionalen Gesellschaft* zu sprechen. Dies bedeutet keineswegs, daß die Tradition in der posttraditionalen Ordnung sich völlig auflöste. Vielmehr handelt es sich um eine Gesellschaft, in der die Tradition ihren Status ändert. Traditionen müssen sich nun rechtfertigen und werden in Frage gestellt. Diese Feststellung könnte auf den ersten Blick seltsam wirken. Sind die Moderne und die Traditionen denn nicht immer auf Kollisionskurs gewesen? War die Überwindung der Tradition nicht der Hauptanstoß für die Aufklärung?

Wie das Ausbreiten der Moderne zeigt, hat die Aufklärung tatsächlich dazu beigetragen, alle möglichen Traditionen zu destabilisieren. Dennoch ist der Einfluß der Tradition stark geblieben. Mehr noch, in früheren Phasen der Entwicklung moderner Gesellschaften hat die Rückbesinnung auf Traditionelles eine Hauptrolle bei der Konsolidierung der Gesellschaftsordnung gespielt. Großtraditionen wie z. B. Nationalismus oder Religion wurden erfunden oder neu erfunden. Nicht minder wichtig waren wiederhergestellte Traditionen eher prosaischer Art, die verschiedene Bereiche des sozialen Lebens betrafen, etwa Familie, Geschlechterrollen und Sexualität. Diese Traditionen lösten sich nicht auf, sondern wurden so angepaßt, daß die Frauen fest ans Haus gebunden, die Trennungen zwischen den Geschlechterrollen verstärkt und gewisse Vorschriften für »normales« sexuelles Verhalten stabilisiert wurden. Sogar die Wissenschaft, die den traditionellen Denkweisen geradewegs zu widersprechen scheint, wurde zu einer Art von Tradition. Das heißt, die Wissenschaft wurde zu einer »Autorität«, deren man sich, ohne erheblichen Einwänden ausgesetzt zu sein, bedienen konnte, um Schwierigkeiten zu überwinden oder Probleme zu lösen. In einer nach Globalisierung strebenden und in kultureller Hinsicht kosmopolitischen Gesellschaft werden die Traditionen jedoch der öffentlichen Debatte ausgesetzt. Sie müssen begründet oder gerechtfertigt werden.

Vor diesem Hintergrund der Entstehung der posttraditionalen Gesellschaft muß auch der Aufstieg des *Fundamentalismus* gesehen werden. Der Ausdruck »Fundamentalismus« ist erst seit kurzem allgemein üblich geworden. Noch die 1950 erschienene Ausgabe des *Oxford English Dictionary* enthält keinen Eintrag für das Wort »fundamentalism«. Ebenso wie in anderen Fällen signalisiert das Auftreten eines neuen Begriffs auch hier die Entstehung neuer gesellschaftlicher Kräfte. Was ist der Fundamentalismus? Er ist, wie ich darlegen werde, nichts anderes als die in traditioneller Weise verteidigte Tradition, wobei diese Art der Verteidigung mittlerweile allerdings weithin in Frage gestellt wird. Nun ist es gerade der Witz der Tradition, daß man sie eigentlich gar nicht zu rechtfertigen braucht, denn sie enthält ihre eigene Wahrheit, eine rituelle Wahrheit, die vom Gläubigen als zutreffend hingestellt wird. In einer global kosmopolitischen Ordnung wird eine derartige Haltung jedoch gefährlich, da sie im Grunde eine Dialogverweigerung beinhaltet. Der Fundamentalismus hat die Tendenz, die Reinheit einer gegebenen Menge von Lehrsätzen zu betonen, und zwar nicht nur deshalb, weil er sie gegen andere Traditionen abgrenzen will, sondern weil er ein Modell der Wahrheit ablehnt, das sich an der öffentlich und dialogisch geführten Auseinandersetzung über Ideen orientiert. Gefährlich ist der Fundamentalismus, weil er ein gewisses Gewaltpotential herausbildet. Fundamentalistische Einstellungen können in allen Bereichen des sozialen Lebens entstehen, in denen die Tradition nicht mehr als etwas Selbstverständliches gilt, sondern zum Gegenstand von *Entscheidungen* wird. So entstehen Formen des Fundamentalismus, die nicht nur die Religion betreffen, sondern unter anderem auch die Zugehörigkeit zu Volk, Familie und Geschlecht.

Die heutige Umgestaltung der Tradition steht in enger Verbindung mit der Umgestaltung der Natur. Tradition und Natur pflegten sozusagen relativ feststehende »Landkarten« zu bilden, die zur Strukturierung des gesellschaftlichen Handelns beitrugen. Die Auflösung der (in traditioneller Weise aufgefaßten) Tradition ist verflochten mit dem Verschwinden der Natur, wobei sich das Wort »Natur« auf Umfelder und Ereignisse bezieht, die unabhängig vom menschlichen Handeln gegeben sind. Die hergestellte Unsicherheit dringt in alle Lebensbereiche ein, die so Entscheidungen zugänglich werden.

Die dritte grundlegende Veränderung, von der Gesellschaften

heute betroffen werden, ist die Ausbreitung der *sozialen Reflexivität*. In einer von der Enttraditionalisierung erfaßten Gesellschaft müssen sich die einzelnen daran gewöhnen, alle möglichen, für ihre Lebenssituation wichtigen Informationen zu filtern und routinemäßig auf der Grundlage dieser Filterung zu handeln. Man denke etwa an die Entscheidung zur Eheschließung. Eine solche Entscheidung muß die Erkenntnis berücksichtigen, daß sich die Ehe in der kurzen Frist der letzten Jahrzehnte in fundamentaler Hinsicht geändert hat, daß sich auch die sexuellen Gewohnheiten und Identitätszuschreibungen gewandelt haben und die Menschen in ihrer Lebensführung mehr Autonomie verlangen als je zuvor. Außerdem handelt es sich hierbei nicht um ein bloßes Wissen von einer unabhängigen sozialen Realität, sondern um eines, das durch seine Anwendung beim Handeln die Realität beeinflußt. Diese Zunahme der sozialen Reflexivität bewirkt hauptsächlich eine Verschiebung des Verhältnisses zwischen Wissen und Beherrschbarkeit, und dies ist eine Hauptursache der hergestellten Unsicherheit.

Eine Welt der gesteigerten Reflexivität ist eine Welt der *gescheiten Leute*. Damit ist nicht gemeint, daß die Menschen heute intelligenter sind als früher. In einer posttraditionalen Ordnung müssen die einzelnen, um zu überleben, in höherem oder geringerem Maße mit der sie umgebenden Welt Verbindung aufnehmen. Die von Spezialisten erzeugten Informationen (einschließlich der wissenschaftlichen Erkenntnisse) lassen sich nicht mehr zur Gänze auf spezifische Gruppen beschränken, sondern sie werden auch von Nichtexperten im Zuge ihrer Alltagshandlungen routinemäßig interpretiert und ihrem Tun zugrunde gelegt.

Die Entwicklung der sozialen Reflexivität ist der ausschlaggebende Faktor, der eine Vielfalt von Veränderungen beeinflußt, denen ansonsten nur wenig gemeinsam zu sein scheint. Der Anbruch des »postfordistischen« Zeitalters der industriellen Fertigung wird gewöhnlich als technologischer Wandel analysiert, vor allem als Auswirkung von Informationstechnologien. Der eigentliche Grund für die Zunahme von »flexiblen« Produktionsweisen und »von unten nach oben« führenden Entscheidungsprozessen liegt aber darin, daß ein Umfeld hochgradiger Reflexivität höhere Selbständigkeit des Handelns nach sich zieht, was von den Betrieben in Rechnung gestellt und umgesetzt werden muß.

Das gleiche gilt für die Bürokratie und die Sphäre der Politik. Die bürokratische Autorität war bisher, wie Max Weber deutlich gemacht hat, eine Bedingung der Leistungsfähigkeit von Organisationen. In einer stärker reflexiv geordneten Gesellschaft, deren Handlungen im Rahmen hergestellter Unsicherheit stattfinden, ist das nicht mehr der Fall. Die alten bürokratischen Systeme, die Dinosaurier des posttraditionalen Zeitalters, beginnen von der Bildfläche zu verschwinden. Im Bereich der Politik gelingt es dem Staat nicht mehr ohne weiteres, seine Bürger als »Untertanen« zu behandeln. Forderungen nach politischer Neugestaltung und Beseitigung der Korruption sowie die weitverbreitete Verdrossenheit über eingespielte politische Mechanismen sind samt und sonders in gewissem Maße Ausdruck einer gesteigerten sozialen Reflexivität.

Sozialismus, Konservatismus und Neoliberalismus

Diese Veränderungen müssen wir berücksichtgen, um die Schwierigkeiten des Sozialismus angemessen zu erklären. In der Gestalt des Sowjetkommunismus (im Osten) bzw. des keynesianischen »Wohlfahrtskompromisses« (im Westen) funktionierte der Sozialismus leidlich, solange die meisten Risiken nicht hergestellt waren, sondern von außen kamen, und während das Niveau der Globalisierung und der sozialen Reflexivität relativ niedrig war. Sobald diese Bedingungen nicht mehr bestehen, bricht der Sozialismus entweder zusammen oder gerät in die Defensive – zur Avantgarde der historischen Entwicklung gehört er dann jedenfalls nicht mehr.

Der Sozialismus beruhte auf einem sozusagen »kybernetischen« Modell des sozialen Lebens, einem Modell, das in hohem Maße die eingangs erwähnte aufklärerische Einstellung widerspiegelt. Nach dem kybernetischen Modell läßt sich ein System (im Falle des Sozialismus: der ökonomische Bereich) am besten organisieren, indem man es einer intelligenten Steuerungsinstanz unterordnet (also dem in der einen oder anderen Form aufgefaßten Staat). Ein solches Gebilde funktioniert zwar hinlänglich bei stärker kohärenten Systemen – in diesem Fall in einer Gesellschaft mit geringer

Reflexivität und einigermaßen stabilen Lebensstilen –, bei hochkomplexen Systemen jedoch nicht.

Der Zusammenhalt solcher Systeme beruht auf einem hohen Quantum niedrigstufiger Inputs (die in Marktsituationen von einer Vielfalt lokaler Entscheidungen über Preise, Fertigung und Konsumverhalten geliefert werden). Wahrscheinlich funktioniert auch das Gehirn des Menschen in dieser Weise. Früher hielt man das Gehirn für ein kybernetisches System, in dem der Kortex die Aufgabe hat, das Zentralnervensystem insgesamt zu integrieren. Heutige Theorien betonen dagegen in weit höherem Maße die Bedeutung niedrigstufiger Inputs für die Herstellung einer wirksamen Integration des Nervensystems.

Die These, der Sozialismus sei zum Scheitern verurteilt, ist heute weit weniger umstritten als noch vor wenigen Jahren. Eher unkonventionell dürfte eine zweite Behauptung sein, die ich hier aufstellen möchte. Diese Behauptung besagt, daß der politische Konservatismus gerade zu dem Zeitpunkt weitgehend zerfällt, da er für unsere Gegenwartslage besondere Bedeutung erlangt hat. Wie ist das möglich? Hat sich der Konservatismus denn nicht jetzt im Gefolge des gescheiterten Sozialismusprojekts weltweit durchgesetzt? An dieser Stelle müssen wir jedoch eine Unterscheidung treffen zwischen dem Konservatismus und der Rechten. »Rechts« bedeutet in unterschiedlichen Zusammenhängen und Ländern ganz verschiedene Dinge. Doch dieser Begriff wird heutzutage auf den Neoliberalismus angewandt, dessen Verbindungen mit dem Konservatismus äußerst locker sind. Denn sofern der Begriff des Konservatismus überhaupt etwas bedeutet, ist damit der Wunsch nach Bewahrung gemeint, insbesondere nach Bewahrung der Tradition im Sinne der überkommenen Weisheit der Vergangenheit. Der Neoliberalismus ist nicht konservativ in diesem (ganz elementaren) Sinne. Im Gegenteil bringt er einschneidende Veränderungsprozesse ins Spiel, die von der unaufhörlichen Ausbreitung der Märkte gewährt werden. Damit ist die Rechte, wie oben bereits angemerkt wurde, radikal geworden, während die Linke in der Hauptsache auf Bewahrung bedacht ist und z. B. die Überbleibsel des Sozialstaats zu schützen versucht.

Die Bewahrung der Tradition kann in einer posttraditionalen Gesellschaft nicht mehr ihrem einstigen Zweck folgen, also der relativ unreflektierten Erhaltung des Vergangenen. Denn die in traditioneller Weise verteidigte Tradition wird zum Fundamentalismus, einer zu dogmatischen Einstellung, als daß man darauf einen Konservatismus gründen könnte, der die Bewahrung der sozialen Harmonie (oder des »einigen Volkes«) für eine seiner wichtigsten raisons d'être erachtet.

Beim Neoliberalismus dagegen kommt es zu inneren *Widersprüchen*, und diese Widersprüchlichkeit wird immer deutlicher sichtbar. Einerseits wendet sich der Neoliberalismus gegen die Tradition und gehört sogar zu den wichtigsten Faktoren, die durch die Förderung von Marktkräften und aggressiv individualistischen Einstellungen allenthalben die Tradition wegfegen. Andererseits ist er auf die Tradition angewiesen, will er die eigene Legitimität und – im Bereich des Nationalen, der Religion, der Geschlechterrollen und der Familie – die Beziehung zum Konservatismus nicht aufs Spiel setzen. Da er keine zureichende eigene theoretische Begründung hat, nimmt seine Verteidigung der Tradition auf diesen Gebieten normalerweise fundamentalistische Formen an. Die Auseinandersetzung über den Stellenwert der Familie liefert ein treffendes Beispiel. Im Bereich des Marktes soll der Individualismus herrschen, und die Märkte vergrößern ständig ihren Geltungsbereich. Die pauschale Ausdehnung der Marktgesellschaft gehört jedoch zu den Hauptfaktoren der Verstärkung ebenjener Desintegrationskräfte, die das Familienleben in Mitleidenschaft ziehen und die vom Neoliberalismus, wenn er sein fundamentalistisches Kostüm trägt, diagnostiziert und heftig angegriffen werden. Das ist wirklich ein instabiles Gemisch.

Wenn sich nun Sozialismus und Konservatismus aufgelöst haben, der Neoliberalismus sich als paradox erweist, wird die Frage aktuell, ob man sich nicht in der Manier von Francis Fukuyama etwa zum Liberalismus schlechthin bekennen könnte (also Kapitalismus plus liberale Demokratie, aber ohne die fundamentalistischen Einschläge der Neuen Rechten). Im vorliegenden Buch befasse ich mich zwar nicht mit den Einzelheiten der politischen Theorie des Liberalismus, aber aus Gründen, die im folgenden ausführlicher dargelegt werden, halte ich diese Möglichkeit für ausgeschlossen. Ein immer weiter um sich greifender Kapitalismus stößt nicht nur an umweltbedingte Grenzen im Sinne der beschränkten Ressourcen, sondern auch an Grenzen der Moderne in Gestalt der hergestellten Unsicherheit. Die liberale Demokratie, die auf einem nationalstaatlich operierenden System gewählter Parteien basiert, verfügt gar nicht über das Rüstzeug, das nötig wäre, um die Forderungen der durch Reflexivität geprägten Bürger einer zur Globalisierung tendierenden Welt zu erfüllen. Außerdem erzeugt die Verbindung von Kapitalismus und liberaler Demokratie kaum soziale Solidarität.

Alle diese Hinweise machen deutlich, daß die bekannten politischen Ideologien sich erschöpft haben. Sollten wir uns deshalb vielleicht manchen postmodernen Autoren anschließen, die behaupten, die Aufklärung habe sich verbraucht und wir müßten nun die Welt so, wie sie ist, mit all ihrer Barbarei und ihren Beschränkungen, hinnehmen? Gewiß nicht. Eine Erneuerung des mittelalterlichen Denkens mit seinem Eingeständnis der Ohnmacht angesichts überlegener Kräfte ist so ungefähr das Letzte, was wir heute brauchen. Wir leben in einer durch und durch beschädigten Welt, und zur Abhilfe sind radikale Mittel nötig.

An diesem Punkt ist man allerdings mit einer sehr realen und schwierigen Thematik konfrontiert: dem problematischen Verhältnis zwischen Erkenntnis und Beherrschbarkeit, wie es sich bei den zunehmenden hergestellten Risiken zeigte. Radikale politische Kritik kann sich nicht mehr, wie früher der Sozialismus, in den Zwischenraum zwischen verworfener Vergangenheit und vom Menschen selbst geschaffener Zukunft drängen. Aber mit dem neoliberalen Radikalismus – einer dem ziellosen Spiel der Marktkräfte überlassenen Preisgabe der Vergangenheit – kann sie sich bestimmt nicht anfreunden. Die Möglichkeit, ja die Notwendigkeit einer radikalen politischen Einstellung ist zwar nicht, wie so vieles, an sein Ende gelangt, aber mit der klassischen Ausrichtung der Linken läßt sich eine solche politische Einstellung nur ganz vage in eins setzen.

Der sogenannte »philosophische Konservatismus« – also eine auf Schutz, Bewahrung und Solidarität bedachte Haltung – gewinnt heute für die politisch-radikale Kritik neue Relevanz. Der seit langem vom philosophischen Konservatismus betonte Gedanke, man müsse mit Unvollkommenheiten leben, könnte von der radikalen Kritik übernommen werden. Ein politisches Programm des Radikalismus muß anerkennen, daß die Konfrontation mit dem hergestellten Risiko nicht der Devise »Mehr vom selben« folgen kann; eine grenzenlose Erkundung der Zukunft auf Kosten des Schutzes der Gegenwart oder der Vergangenheit ist ausgeschlossen.

Es ist gewiß kein Zufall, daß genau dies die Themen ebenjener politischen Kraft sind, die am ehesten beanspruchen darf, die Aufgaben der radikalen Linken geerbt zu haben, nämlich der Bewegung der Grünen. Dieser Anspruch hat auch dazu beigetragen, die eigentlich recht offenkundigen Ähnlichkeiten zwischen dem ökologischen Denken (insbesondere der Richtung der »tiefen« Ökologie) und dem philosophischen Konservatismus zu kaschieren. Auf beiden Seiten werden Bewahrung, Wiederherstellung und Schadensbehebung betont. Die politische Theorie der Grünen unterliegt allerdings dem »naturalistischen Fehlschluß« und wird von ihren eigenen fundamentalistischen Tendenzen blockiert. Mit anderen Worten, ihre Vorschläge laufen auf eine Rückbesinnung auf die »Natur« heraus. Aber die Natur gibt es ja gar nicht mehr! Mit Bezug auf die Natur läßt sich die Natur ebensowenig verteidigen wie die Tradition auf traditionelle Weise, obwohl beide recht häufig der Verteidigung *bedürfen*.

Die ökologische Krise steht im Mittelpunkt dieses Buches, doch sie wird hier in recht unorthodoxer Weise aufgefaßt. Diese Krise sowie die als Reaktionen darauf entstandenen diversen Weltanschauungen und Bewegungen sind Ausdruck einer Moderne, die im Zuge der Globalisierung und durch die »Zurückgeworfenheit auf sich selbst« an ihre eigenen Grenzen stößt. Die so zum Vorschein kommenden praktischen und ethischen Überlegungen sind größtenteils nicht neu, obwohl es bestimmt neuartiger Strategien und Vorschläge bedarf, um zu Lösungen zu gelangen. Diese Überlegungen verweisen auf moralische und existentielle Dilemmata, die von den modernen Institutionen mit ihrer schnellen Expansionstendenz und ihrem Hang zur Kontrolle wirksam unterdrückt oder in Beschlag genommen worden sind.

Skizze einer radikal-kritischen Politik

Unser Verhältnis zur Natur – bzw. zu dem, was jetzt keine Natur mehr ist – gehört mit zu einer Reihe wichtiger institutioneller Dimensionen der Moderne und steht vor allem mit den Auswirkungen von Industrie, Wissenschaft und Technik auf die moderne Welt in Zusammenhang. Obwohl dieser Bereich sich im Brennpunkt ökologischer Bemühungen und Auseinandersetzungen befindet, sind die übrigen Dimensionen als Kontexte für radikal-politische Reformen nicht weniger bedeutsam. Zu diesen Dimensionen gehört der Kapitalismus im Sinne eines wettbewerbsorientierten Marktsystems, in dem Güter und Arbeitskraft als Waren fungieren. Nun fragt es sich, sofern die oppositionelle Kraft des Sozialismus schwächlich geworden ist, ob das kapitalistische System ohne Herausforderung bleiben muß. Nach meiner Auffassung ist das nicht der Fall. Die ungezügelten kapitalistischen Märkte ziehen auch heute noch viele der von Marx aufgewiesenen schädlichen Folgen nach sich, unter anderem: das Vorherrschen einer Wachstumsethik, die allgemeine Kommodifizierung und die ökonomische Polarisierung.

Die Kritik dieser Tendenzen ist sicher immer noch ebenso wichtig wie eh und je, aber heute läßt sie sich nicht mehr aus einem kybernetischen Modell des Sozialismus ableiten. »Jenseits« des Kapitalismus zeichnet sich das mögliche Auftauchen einer in ganz besonderer Weise definierten *Nachknappheitsordnung* ab. Die Analyse der Nachknappheitsordnung bedeutet, daß man die Wirkungen des philosophischen Konservatismus wie des ökologischen Denkens ebenso in Betracht zieht wie den Sozialismus. Zumindest in der hier entwickelten Form stellt die Kapitalismuskritik auch weiterhin die ökonomische Unterdrückung und Armut in den Mittelpunkt, geht dabei aber von einer anderen als der für das sozialistische Denken kennzeichnenden Perspektive aus.

Die politische und administrative Macht, eine weitere Dimension der Moderne, leitet sich nicht unmittelbar von der Herrschaft über die Produktionsmittel ab – trotz allem, was Marx zu diesem Thema gesagt hat. Da diese Macht auf Überwachungsfähigkeiten beruht, kann sie zu einer autoritären Herrschaft führen. Dem politischen Autoritarismus konträr entgegengesetzt ist die *Demokratie*, womit der Lieblingsbegriff der Jetztzeit genannt ist, denn wer ist heute kein Demokrat? Aber um welche Art von Demokratie geht es hier eigentlich? Denn die liberalen demokratischen Systeme geraten zu ebender Zeit, da sie sich allerorts auszubreiten scheinen, in ihren Ursprungsgesellschaften unter Druck.

Das Problem der Demokratie steht, wie ich darlegen werde, in engem Zusammenhang mit einer weiteren Dimension der Moderne: der Herrschaft über die Mittel zur Gewaltanwendung. Die Handhabung der Gewaltmittel findet heutzutage weder bei Linken noch bei Rechten oder Liberalen in den konventionellen Formen der politischen Theorie einen angemessenen Platz. Doch wenn – wie unter den heutigen gesellschaftlichen Verhältnissen – viele Kulturen dazu gezwungen sind, miteinander in Verbindung zu treten, muß dem gewaltsamen Zusammenstoß fundamentalistischer Tendenzen ernsthaft Rechnung getragen werden.

Auf der Grundlage der obigen Bemerkungen unterbreite ich in diesem Buch einen Vorschlag, der sich in sechs Punkten als Skizze einer erneuerten radikal-kritischen Politik zusammenfassen läßt, wobei auf den philosophischen Konservatismus Bezug genommen wird, zugleich jedoch einige der bisher mit dem sozialistischen Denken in Verbindung gebrachten Grundwerte erhalten bleiben.

1) Man muß sich darum bemühen, *beschädigte Solidaritätsbeziehungen* wiederzubeleben, was mitunter die selektive Bewahrung oder vielleicht sogar die Neuerfindung einer Tradition bedeuten kann. Dieser theoretische Grundsatz gilt auf allen Ebenen, auf denen individuelle Handlungen nicht nur mit Gruppen oder Staaten, sondern auch mit stärker globalisierten Systemen in Verbindung stehen. Es ist wichtig, darunter *nicht* die Idee der Wiederbelebung der Zivilgesellschaft zu verstehen, die sich heute in manchen Kreisen der Linken großer Beliebtheit erfreut. Dieser Begriff der zwischen dem Individuum und dem Staat angesiedelten »Zivilgesellschaft« ist bei den derzeitigen sozialen Bedingungen fragwürdig, und zwar aus Gründen, die ich später erklären werde. Gegenwärtig sollten wir eher von neu geordneten Bedingungen des individuellen und kollektiven Lebens reden, durch die zwar Formen der sozialen Desintegration hervorgerufen, aber zu-

gleich auch neue Grundlagen für die Schaffung von Solidaritätsbeziehungen geboten werden.

Als Ausgangspunkt kann hier die angemessene Beurteilung der Natur des Individualismus in der heutigen Gesellschaft dienen. Der Neoliberalismus legt großen Nachdruck auf die Bedeutung des Individualismus, den er dem in Mißkredit geratenen »Kollektivismus« der sozialistischen Theorie gegenüberstellt. Unter »Individualismus« verstehen die Neoliberalen jedoch das egoistische, auf Gewinnmaximierung bedachte Marktverhalten. Das ist nach meiner Anschauung eine verfehlte Deutung dessen, was man eigentlich als Ausbreitung der sozialen Reflexivität begreifen sollte. In einer Welt hochgradiger Reflexivität muß der einzelne ein gewisses Maß an Handlungsautonomie erringen, um überhaupt überleben und das Leben gestalten zu können. Autonomie ist aber keineswegs mit Egoismus gleichzusetzen, und außerdem beinhaltet sie Wechselseitigkeit und Interdependenz. Bei der Wiederherstellung sozialer Solidaritätsbeziehungen sollte es daher nicht darum gehen, die gesellschaftliche Kohäsion gegen ein egoistisch ausgerichtetes Marktgeschehen zu schützen. Vielmehr sollte darunter das Problem verstanden werden, wie es möglich sei, *Autonomie und Interdependenz* auf den verschiedenen Gebieten des sozialen Lebens (einschließlich des ökonomischen Bereichs) *in Einklang zu bringen.*

Zur Veranschaulichung wollen wir den familialen Bereich betrachten – eines der wichtigsten Gebiete, auf denen die Enttraditionalisierung rasch vorangeschritten ist. Die Neoliberalen sorgen sich ganz zu Recht um die Familien auflösenden Tendenzen, doch die Vorstellung, man könne geradewegs zu »traditionellen Werten des Familienlebens« zurückkehren, ist aussichtslos. Denn zum einen wissen wir aus neueren Untersuchungen, daß das Familienleben früherer Zeiten eine entschieden finstere Seite aufzuweisen hatte, wozu auch der körperliche und sexuelle Mißbrauch der Kinder sowie die Vergewaltigung der Frau durch den Ehemann gehörten. Des weiteren ist es unwahrscheinlich, daß Frauen und Kinder auf inzwischen erworbene Rechte verzichten werden, und zwar Rechte, die im Fall der Frauen außerdem mit deren weitverbreiteter Einbeziehung in die Welt der Lohnarbeit einhergehen.

Da es auch hier wieder keine wirklichen historischen Vorläufer gibt, wissen wir nicht, inwieweit es möglich ist, das Familienleben in einer Weise wiederherzustellen, daß Autonomie und Solidarität in ein ausgeglichenes Verhältnis kommen. Einige Mittel, um ein solches Ziel zu erreichen, sind inzwischen jedoch recht klar geworden. Verstärkte Solidarität beruht in einer der Enttraditionalisierung ausgesetzten Gesellschaft auf dem sogenannten *aktiven Vertrauen* in Verbindung mit einer Erneuerung der persönlichen und sozialen Verantwortung für andere. Das aktive Vertrauen schreibt sich nicht von vorgegebenen sozialen Positionen oder geschlechtsspezifischen Rollen her, sondern es muß errungen werden. Das aktive Vertrauen steht nicht im Gegensatz zur Autonomie; vielmehr setzt es Autonomie voraus und ist eine reichhaltige Quelle sozialer Solidaritätsbeziehungen, denn Zustimmung wird hier nicht durch traditionsbedingte Regelungen erzwungen, sondern freiwillig gewährt.

Im Kontext des Familienlebens beinhaltet das aktive Vertrauen die Bindung an eine andere Person oder an mehrere andere Personen, und diese Bindung zieht ihrerseits die Anerkennung von längerfristigen Verpflichtungen nach sich. Solange die Familienbindungen und -verpflichtungen auf aktivem Vertrauen basieren, ist ihre Stärkung, wie es scheint, nicht unvereinbar mit der Vielfalt von Familienformen, die jetzt in allen Industriegesellschaften erprobt werden. An den hohen Trennungs- und Scheidungsraten läßt sich wahrscheinlich nichts mehr ändern, doch bestehen viele Möglichkeiten, wie es dadurch nicht zur Vernichtung, sondern zur Bereicherung der sozialen Solidarität kommen kann. Die Anerkennung der maßgeblichen Bedeutung der Rechte von Kindern könnte etwa zusammen mit Verantwortung ihnen gegenüber ebendie Mittel liefern, die zur Konsolidierung der in unserer Umgebung sichtbar gewordenen neuen Verwandtschaftsbande führen, die z. B. zwischen zwei Eltern- und zugleich Stiefelternpaaren sowie den ihnen gemeinsamen Kindern bestehen.

2) Einsehen sollten wir die zunehmende Bedeutung der sogenannten *Politik der Lebensstile* für die offiziellen wie für die weniger offiziellen Bereiche der politischen Ordnung. Die politische Einstellung der Linken verband sich seit eh und je eng mit dem Gedanken der Emanzipation. Emanzipation bedeutet Frei-

heit oder vielmehr verschiedene Arten von Freiheit: Freiheit vom willkürlichen Zwang der Tradition, von willkürlicher Macht sowie materieller Entbehrung. Die emanzipatorische Politik ist eine Politik der Lebenschancen und daher ausschlaggebend für die Schaffung von Handlungsautonomie. Als solche ist sie offenbar nach wie vor maßgeblich für radikal-politische Programmatiken. Hinzu kommt heute jedoch eine Reihe von Belangen, die sich aus den oben analysierten Veränderungen ergeben, also aus der Umgestaltung von Tradition und Natur im Zusammenhang einer global werdenden kosmopolitischen Ordnung. Die Lebenspolitik ist keine Politik der *Lebenschancen*, sondern eine Politik der *Lebensstile*. Dabei geht es um Auseinandersetzungen und Kontroversen über die Art und Weise, in der wir (als Individuen wie als kollektive Menschheit) in einer Welt leben sollten, in der das, was früher entweder von der Natur oder von der Tradition bestimmt wurde, nunmehr Gegenstand menschlicher Entscheidungen ist.

3) In Verknüpfung mit der Ausbreitung der sozialen Reflexivität beinhaltet das aktive Vertrauen einen *erfinderischen Politikbegriff*. Die erfinderische Politik stellt die Verbindung her zwischen dem Staat und der reflexiven Mobilisierung der Gesellschaft insgesamt. Aus Gründen, die wir bereits erörtert haben, kann der Staat nur in begrenztem Maße als intelligente kybernetische Instanz fungieren. Die Grenzen des Neoliberalismus mit seiner Vorstellung vom Minimalstaat sind jedoch überaus deutlich geworden. Die erfinderische Politik ist eine Politik, der es darum geht, Individuen und Gruppen im Kontext der gesamtgesellschaftlichen Belange und Ziele die Möglichkeit zur *Veranlassung des Geschehens* zu geben, anstatt daß ihnen die Dinge widerfahren.

Der erfinderische Politikbegriff tritt für eine *öffentlich* ausgetragene Politik ein, die den alten Gegensatz zwischen Staat und Markt überwindet. Die erfinderische Politik besteht in der Bereitstellung materieller Voraussetzungen und organisatorischer Rahmenbedingungen für die lebenspolitischen Entscheidungen, die innerhalb der gesellschaftlichen Ordnung von Individuen und Gruppen getroffen werden. Eine solche Politik ist davon abhängig, daß es in Regierungseinrichtungen oder damit verbundenen Instanzen zum Ausbau aktiver Vertrauensbeziehungen kommt.

Eine Schlüsselthese des vorliegenden Buches besagt, daß die erfinderische Politik das wichtigste Mittel ist, um heute wirksam Armut und sozialer Ausgrenzung begegnen zu können. Ein Allheilmittel ist die erfinderische Politik allerdings nicht. Der im Wandel begriffene Charakter des Staats sowie der Umstand, daß mehr oder weniger die gesamte Bevölkerung mit den Instanzen von Staat und Regierung den gleichen »Diskursraum« teilt, führen zu beträchtlichen neuen Dilemmata und Widersprüchen der Politik. Wenn das nationale Gemeinwesen z. B. zu einem unter mehreren Bezugspunkten im Leben des einzelnen geworden ist, kann es vorkommen, daß viele Menschen den Vorgängen im politischen Bereich nicht »zuhören«, obwohl sie in ihrem Bewußtsein vielleicht auf viel konsistenterer Grundlage als früher die »Verbindung« halten. »Abschalten« kann Ausdruck des Widerwillens gegen die Possen der Politiker bedeuten, geht aber vielleicht auch mit einer spezifischen Wachsamkeit einher, die der Betreffende den von ihm für folgenreich erachteten Fragen entgegenbringt. Es könnte sein, daß sich hier Vertrauen und Zynismus auf beklemmende Weise verbinden.

4) Die Unzulänglichkeiten der liberalen Demokratie in einer globaler werdenden, reflexiven Gesellschaftsordnung deuten darauf hin, daß die Demokratisierung radikalere Formen annehmen muß. Dabei möchte ich die Wichtigkeit der *dialogischen Politik* betonen. Im Rahmen der vielen Formen und Aspekte der Demokratie, die heutzutage in der wissenschaftlichen Literatur erörtert werden, lassen sich zwei Bereiche auseinanderhalten: Einerseits ist die Demokratie ein Mittel der Interessenvertretung. Andererseits ist sie ein Verfahren zur Schaffung eines öffentlichen Forums, in dem durch Dialog statt durch Rückgriff auf Macht strittige Fragen – im Prinzip – gelöst oder zumindest beigelegt werden können. Dem ersten dieser beiden Aspekte ist wahrscheinlich die meiste Aufmerksamkeit zuteil geworden, doch der zweite ist wenigstens ebenso bedeutsam.

Die Ausbreitung der dialogischen Demokratie würde *einen* – allerdings nicht den einzigen – Bestandteil einer Entwicklung bilden, die man die *Demokratisierung der Demokratie* nennen könnte. Bei einem ziemlich niedrigen Niveau der sozialen Reflexivität beruht die politische Legitimität nach wie vor in beträchtlichem Maße auf herkömmlichen Symbolen und schon lange existierenden Verfahren. In einer stärker reflexiven Ordnung jedoch – in der es den Menschen auch freisteht, die offizielle politische Arena mehr oder weniger außer acht zu lassen – werden solche eingespielten Praktiken leicht in Frage gestellt.

Mehr Transparenz der Regierung würde der Demokratisierung der Demokratie nützen, aber zugleich erstreckt sich diese auf Bereiche jenseits der offiziellen politischen Sphäre. Außerhalb der staatlichen Arena lassen sich mehrere Kontexte nennen, in denen die dialogische Demokratie vorangebracht werden kann. Auf dem Gebiet des persönlichen Lebens (Eltern/Kind-Beziehungen, sexuelle Beziehungen und Freundschaftsbeziehungen) macht die dialogische Demokratie in dem Maße Fortschritte, in dem derartige Beziehungen nicht durch unveränderbare Machtverhältnisse, sondern durch Dialog strukturiert werden. Was in meiner Terminologie »Demokratie der Emotionen« heißt, ist abhängig von der bereits erwähnten Verknüpfung von Autonomie und Solidarität. Das setzt eine Entwicklung der persönlichen Beziehungen voraus, bei der das aktive Vertrauen nicht durch diese oder jene Art willkürlicher Macht, sondern durch Diskussion und den Austausch verschiedener Ansichten in Gang gebracht und aufrechterhalten wird.

Eine Demokratie der Emotionen würde gewichtige Folgen für die Förderung der formalen, öffentlichen Demokratie nach sich ziehen. Wer ein zutreffendes Bild von den eigenen Emotionen hat und imstande ist, auf persönlicher Basis wirksam mit anderen zu kommunizieren, ist wahrscheinlich gut vorbereitet für die umfassenderen Aufgaben und Obliegenheiten des Staatsbürgers.

Außerdem läßt sich die dialogische Demokratie durch die Aktivitäten von Selbsthilfegruppen und sozialen Bewegungen befördern. Solche Bewegungen und Gruppen sind Folgen der vermehrten Reflexivität der lokalen und globalen sozialen Tätigkeit und zugleich Motor dieser Reflexivität. In heutigen Gesellschaften gibt es weit mehr Mitglieder von Selbsthilfegruppen als von politischen Parteien. Die demokratiefördernden Eigenschaften der sozialen Bewegungen und der Selbsthilfegruppen rühren großenteils daher, daß sie den ihnen wichtigen Problemen im öffentlichen Gespräch

Raum verschaffen. Sie können Aspekte des sozialen Verhaltens zur Diskussion stellen, die früher gar nicht debattiert oder durch herkömmliche Verfahrensweisen »erledigt« wurden. Ferner können sie dazu beitragen, die »offiziellen« Begriffsbestimmungen anzufechten; und das ist feministischen, ökologischen und friedensorientierten Bewegungen tatsächlich ebenso gelungen wie einer Vielzahl von Selbsthilfegruppen.

Einige Bewegungen und Gruppen dieser Art sind notwendigerweise global orientiert und können somit auch zur Ausbreitung von Demokratieformen beitragen. Geht man davon aus, daß die Vorstellung von einer Weltregierung nicht einleuchtend ist, gewinnen Mechanismen der dialogischen Demokratie, die nicht bloß innerhalb von Staaten und internationalen Organisationen, sondern bei einer Vielfalt andersartiger Gruppierungen gelten, zentrale Bedeutung.

5) Wir sollten uns darauf einstellen, *den Sozialstaat grundlegend zu überdenken* und dabei auch weiterreichende Probleme der globalen Armut einzubeziehen. Die Restbestände an sozialistischer Ideologie konzentrieren sich in vielen Ländern darauf, den Sozialstaat gegen die Angriffe der Neoliberalen zu schützen. Es ist sicher richtig, daß gewisse Merkmale des Sozialstaats nicht der möglichen Verheerung durch Kürzungen oder Privatisierungen zum Opfer fallen dürfen. Was z. B. Vertrauensbildung und Solidarität angeht, verkörpern die Sozial- oder Dienstleistungen oftmals Bindungen, die einfach ausgemerzt werden würden, wenn eine stärker markt- und geschäftsorientierte Ausrichtung zum Tragen käme.

Der Sozialstaat ist jedoch als »Kompromiß« oder »Ausgleich« zwischen den Klassen unter sozialen Bedingungen zustande gekommen, die sich seither in hohem Grade geändert haben. Seine Sicherungssysteme waren eher auf äußere als auf hergestellte Risiken bezogen. Einige der besonders problematischen Aspekte des Sozialstaats sind inzwischen hinreichend deutlich erkannt, was zum Teil der neoliberalen Kritik zu verdanken ist. Weder bei der Bekämpfung der Armut noch bei der allgemeinen Umverteilung der Einkommen und Vermögen hat sich der Sozialstaat als auch nur annähernd erfolgreich erwiesen. Er war implizit an ein Modell der traditionellen Geschlechterrollen gebunden, das die Zugehörigkeit des Mannes zur Lohnarbeiterschaft voraussetzte, während sich die sozialen Leistungen erst in zweiter Linie auf Familien ohne männlichen Ernährer richteten. Dabei wurden die Sozialstaatsbürokratien – wie alle Bürokratien – immer weniger flexibel und immer unpersönlicher. Außerdem ist Abhängigkeit vom Sozialstaat wahrscheinlich nicht bloß eine Erfindung der Neoliberalen, sondern zum Teil ein ganz reales Phänomen. Schließlich fand die Konsolidierung des Sozialstaats in der Nachkriegsperiode zu einer Zeit statt, in der chronisch hohe Arbeitslosenziffern kaum mehr zu befürchten standen.

Heute ist ein neuer »Ausgleich« dringend erforderlich, der jedoch nicht mehr die Form einer Verteilung der Leistungen von oben nach unten annehmen kann. Maßnahmen, die die Polarisierungseffekte der immer noch bestehenden Klassengesellschaft ausräumen sollen, dürfen sich nicht auf »Verteilung« beschränken, sondern müssen vielmehr der positiven Befähigung dienen. Sie müssen sich auf der Ebene der Familie sowie der umfassenderen staatsbürgerlichen Kultur der bereits erwähnten Neugestaltung der sozialen Solidarität annehmen. Ein solcher Ausgleich muß nicht nur die Beziehungen zwischen den Klassen berücksichtigen, sondern auch das Verhältnis zwischen den Geschlechtern.

Zieht man die hergestellte Ungewißheit in Betracht, ergibt sich bei der Reform der sozialen Einrichtungen ein ganzes neues Spektrum von Problemen (und – wie immer – auch von Chancen). Beim Nachdenken über die Neugestaltung sollte man sich an Modelle der *positiven Wohlfahrt* halten. Der Sozialstaat entstand seinerzeit als Schutz bei Unglücksfällen, die den Menschen »passieren«. Zumindest was die soziale Sicherheit anlangt, beschränkten sich die Leistungen im wesentlichen auf notdürftige Hilfsmaßnahmen nach Eintreten des Unheils. Die positive Wohlfahrt dagegen legt den Akzent sehr viel stärker auf den Einsatz lebenspolitischer Maßnahmen, die darauf abzielen, Autonomie und persönliche wie kollektive Verpflichtungen miteinander zu verbinden.

6) Radikal-demokratische Programme müssen sich darauf einstellen, etwas über die Rolle, die die *Gewalt* in den menschlichen Angelegenheiten spielt, zu sagen. Daß diese Frage im vorliegenden

Buch dem Schlußkapitel vorbehalten bleibt, bedeutet ganz und gar nicht, daß es die am wenigsten wichtige Frage ist. Es handelt sich jedoch um eines der schwierigsten Themen im Bereich der anerkannten politischen Theorie. Weder das sozialistische Denken noch der Liberalismus verfügt über eine Begrifflichkeit, die der Aufstellung einer normativen politischen Theorie der Gewalt dienlich wären, während das Denken der Rechten die Gewalt eher für ein notwendiges und endemisches Merkmal des menschlichen Lebens erachtet.

Diese Thematik ist ein weites Feld. Gewalt durchdringt ja einen umfassenden Bereich, der sich von der Männergewalt gegen Frauen über die eher zufällige Gewaltanwendung auf unseren Straßen bis hin zum regelrechten Krieg erstreckt. Gibt es zwischen diesen unterschiedlichen Situationen Verbindungslinien, die daher auch von Belang sein könnten für eine Theorie der Friedensschaffung? Meiner Ansicht nach gibt es sie tatsächlich, und diese Verbindungslinien führen uns zurück zum Thema des Fundamentalismus und der dialogischen Demokratie.

In jeder gesellschaftlichen Situation existiert nur eine begrenzte Anzahl von Möglichkeiten, mit einem Wertkonflikt zu Rande zu kommen. Eine Möglichkeit besteht in der geographischen Trennung: natürlich können Individuen mit gegensätzlichen Neigungen oder feindlichen kulturellen Bindungen zusammenleben, solange sie nur wenig oder keinen unmittelbaren Kontakt miteinander haben. Eine weitere und etwas aktivere Möglichkeit besteht darin, daß man aussteigt. Ein einzelner oder eine Gruppe, die mit einer anderen nicht auskommt, kann sich wie bei einer Ehescheidung verhalten und sich einfach absetzen oder fortgehen. Die dritte Möglichkeit, mit individuellen oder kulturellen Unterschieden zurechtzukommen, ist der Dialog. Hier kann sich das Aufeinanderprallen der Werte im Grunde auch mit positivem Vorzeichen abspielen und ein Mittel darstellen, das zu vermehrter Verständigung und gesteigerter Selbsterkenntnis beiträgt. Wer den anderen besser versteht, begreift auch sich selbst oder die eigene Kultur besser, was dann wiederum zu größerem Verständnis und Entgegenkommen führt. Letztens kann ein Konflikt der Werte auch durch Anwendung von Zwang oder von Gewalt gelöst werden.

In der globaler werdenden Gesellschaft, in der wir heute leben, werden die ersten beiden dieser vier Möglichkeiten immer stärker eingeschränkt. Keiner Kultur, keinem Staat und keiner größeren Gruppe kann es gelingen, sich von der globalen kosmopolitischen Ordnung fernzuhalten. Und während der Ausstieg in manchen Situationen für den einzelnen möglich sein mag, steht er größeren gesellschaftlichen Gebilden normalerweise nicht zu Gebote.

Die Beziehung zwischen Dialog und Gewalt, die im Grenzbereich zwischen möglichen Fundamentalismen angesiedelt ist, wird für uns daher besonders akut und spannungsreich. Diese Verminderung der Optionen ist zwar gefährlich, aber zugleich liefert sie Gründe für eine hoffnungsvolle Einstellung. Wir wissen nämlich, daß das Gespräch manchmal an die Stelle der Gewalt treten kann, und wir wissen außerdem, daß das sowohl in Situationen des persönlichen Lebens als auch in weit umfassenderen Umfeldern geschehen kann. Der Fundamentalismus der Geschlechterrollen, den von zur Gewalt neigende Männer gegenüber ihren Partnerinnen und vielleicht auch gegenüber Frauen im allgemeinen an den Tag legen, läßt sich zumindest in Einzelfällen durch gesteigerte Selbsterkenntnis und mehr Kommunikation umgestalten. Der Dialog zwischen kulturellen Gruppen und zwischen Staaten ist sowohl eine unmittelbar gegen fundamentalistische Lehren wirkende Kraft als auch ein Mittel zur Ersetzung der Gewalt durch das Gespräch.

Die finstere Kehrseite von alledem liegt auf der Hand: Die Gewalt rührt häufig eindeutig von Interessenkonflikten und Machtstreitigkeiten her. Also gibt es viele rein materielle Bedingungen, die geändert werden müßten, um die Gewalt zu bekämpfen und zu vermindern. Außerdem könnte sich herausstellen, daß die zentrifugalen Kräfte der Zersplitterung innerhalb der Gesellschaften und zwischen den Gesellschaften heute zu stark sind, als daß es ohne Gewaltausbrüche im kleinen wie im großen Maßstab abginge. Doch die hier erkundeten Zusammenhänge zwischen Autonomie, Solidarität und Dialog sind etwas Reales und sie entsprechen beobachtbaren Veränderungen in lokalen Interaktionsumfeldern wie in der globalen Ordnung.

Coda: Die Frage des Handelns

Wie steht es schließlich mit der Frage nach dem Subjekt des Handelns? Unterstellt, es gibt noch ein Projekt für radikal-demokratische Politik. Wer soll diese Pläne verwirklichen? Noch schwieriger wirkt die folgende Frage: Welche Werte könnten solchen Handlungsplänen als Richtschnur dienen? Vielen kommt es nämlich so vor, als müßten wir uns nun mit einem unabänderlich pluralistischen Werteuniversum abfinden oder es sei sogar eine Vorbedingung des Kospomolitismus, daß man sich aller Werturteile bis auf die kontextbedingten oder lokalen enthält. Die Kritiker des Wertrelativismus dagegen halten sogar den Begriff »kosmopolitisch« für wenig verheißungsvoll, denn wenn alle Lebensweisen als gleichermaßen authentisch gelten, frage es sich, wie überhaupt irgendwelche positiven Werte bestehen bleiben können.

Beiden Anschauungen könnte man jedoch entgegenhalten, dies sei wahrscheinlich das erste Mal in der Geschichte, daß man von der Entstehung allgemeingültiger Werte sprechen könne, also von Werten, die nachgerade allen gemeinsam und keineswegs gegen den Kosmopolitismus gerichtet sind. Um mit Hans Jonas zu reden, ist die ausschlaggebende Triebkraft für solche Wertsetzungen vielleicht die »Heuristik der Furcht«, denn wir entdecken diese Werte, wenn wir ein negatives Vorzeichen voranstellen: kollektive Bedrohungen, die die Menschheit selbst hervorgebracht hat.[1]

Es mag zwar sein, daß man aus der Defensive dahingelangt, Werte anzuerkennen wie die Unantastbarkeit des Lebens, die Allgemeingültigkeit der Menschenrechte, die Bewahrung der Gattung und die Sorge um gegenwärtige wie künftige Generationen von Kindern, doch dies sind deshalb keine negativen Werte. Sie beinhalten eine Ethik der individuellen und der kollektiven Verantwortung, die – als Wertansprüche – in der Lage ist, Interessengegensätze zu überwinden. Verantwortung ist keine Pflicht, und manche haben gemeint, ebendarum fehle ihr die gebieterische Kraft, mit der die Stimme der Pflicht dem »Rechtgläubigen« ins Gewissen redet.[2] Stellt man jedoch einen Vergleich an zwischen Pflicht und Verantwortung, beinhaltet diese keine blinde Folgsam-

---

1 Hans Jonas, *Das Prinzip Verantwortung*, Frankfurt am Main: Insel, 1979, S. 63.
2 Gilles Lipovetsky, *Le Crépuscule du devoir*, Paris: Gallimard, 1992.

keit, sondern die Darlegung von Gründen. Sie steht im Gegensatz zum Fanatismus, wirkt jedoch auf eigene Weise zwingend, denn freiwillig eingegangene Verpflichtungen haben oftmals stärkere Bindekraft als Verpflichtungen, die einfach aus der Überlieferung übernommen werden.

Der Begriff der Verantwortung legt auch eine Antwort nahe auf die Frage nach dem Subjekt des Handelns. Heute müssen wir dem Vorsehungsgedanken abschwören, also dem Gedanken, daß sich die Menschen nur solche Probleme vornehmen, die sie lösen können. Zusammen damit müssen wir auch die Vorstellung verwerfen, es gebe Handlungsinstanzen, die den Auftrag hätten, die geschichtlich gegebenen Ziele zu erreichen, was auch die metaphysische Konzeption einschließt, die Geschichte werde von den Besitzlosen »gemacht«. Wenn man die Unabänderlichkeit der Risiken erkennt, wird man eine kritische Theorie ohne Wahrheitsgarantien vertreten. Aber diese Einsicht ist zugleich eine Quelle der Befreiung. Es gibt keine einzelne Handlungsinstanz, Gruppe oder Bewegung, die – wie bei Marx das Proletariat – die Hoffnungen der Menschheit tragen kann. Es gibt jedoch viele Ansatzpunkte für politisches Engagement, die gute Gründe liefern für eine optimistische Haltung.

I

Konservatismus:
Die Aneignung des Radikalismus

Durch das Wort »Konservatismus« wird heute eine seltsame, aber interessante Vielfalt von Assoziationen heraufbeschworen. Ist jemand konservativ, so heißt das im einen oder anderen Sinne, daß er etwas bewahren will. Unter den gegenwärtigen Umständen sind die Freunde des Bewahrens jedoch nicht – oder nicht einmal hauptsächlich – diejenigen, die sich selbst als Konservative bezeichnen. Eher machen die Sozialisten den Versuch, bestehende Einrichtungen – vor allem den Sozialstaat – zu bewahren, anstatt sie zu untergraben. Und wer sind die Angreifer, die Radikalen, die die vorhandenen Strukturen demontieren wollen? Nun, recht häufig sind es ausgerechnet die Konservativen, die, wie es scheint, heute nichts mehr konservieren wollen.

Wie entstand eine solche Situation? Wie ist es möglich, daß das konservative Denken, von dem man doch annehmen könnte, daß es per definitionem radikalem Wandel entgegengesetzt ist, zu guter Letzt selber radikal geworden ist? Hat die sogenannte »Neue Rechte«, die Vorläuferin dieser Art von Radikalismus, überhaupt Gemeinsamkeiten mit der alten Rechten?

In diesem Kapitel werde ich nicht versuchen, so etwas wie eine umfassende Erklärung für die Entwicklung oder die heutige Stellung des konservativen Denkens zu geben. Der Konservatismus ist zwar vielleicht nicht so komplex und so mannigfaltig wie der Sozialismus, doch in verschiedenen Ländern tritt er in ganz unterschiedlichen Erscheinungsformen auf und umfaßt eine Reihe gegensätzlicher Entwicklungsstränge. In vielen kontinentaleuropäischen Ländern z. B. läßt das Wort »Konservatismus« an den politischen Einfluß des Katholizismus denken. Christdemokratische Parteien und die geistigen Einflüsse, von denen sie zehren, haben mitunter Einstellungen und politische Maßnahmen begünstigt, die in englischsprachigen Ländern generell nur mit Parteien der Linken in Verbindung gebracht werden.

Gleich zu Anfang dieser Analyse muß die besondere Stellung erwähnt werden, die der Konservatismus in den Vereinigten Staaten innehat. Bei Erörterungen der Ausnahmerolle, die die Vereinigten Staaten gespielt haben, wird normalerweise auf das Nichtvorhandensein einer bedeutenden sozialistischen Partei in den USA abgehoben. Aber wie die meisten Interpreten spätestens seit Louis Hartz eingesehen haben, geht mit dem Fehlen des Sozialismus einher, daß zugleich eine gewisse Spielart des Konservatismus ausgeblieben ist, und zwar ebendie, die ich weiter unten als »Altkonservatismus« bezeichne.

Der amerikanische Konservatismus ist zumindest in einigen seiner hervorstechenden Formen beinahe von Anfang an in einer den europäischen Pendants fremden Form aggressiv kapitalismusfreundlich gewesen. Umgekehrt findet der Kampf um die Durchsetzung gewisser sozialer Einrichtungen, die (wie namentlich die allgemeine staatliche Gesundheitsfürsorge) in den meisten übrigen Industriegesellschaften längst vorhanden sind, in den Vereinigten Staaten erst noch statt.

Da ich meine Erörterung in diesem wie im folgenden Kapitel in den Rahmen der wechselnden Beziehungen zwischen Konservatismus und Sozialismus stellen möchte, unterlasse ich es, die Stellung des konservativen Denkens und der konservativen Praxis in den Vereinigten Staaten ausführlich zu analysieren. Ebensowenig gehe ich auf die Geschichte der europäischen Christdemokratie ein. In diesem wie im folgenden Kapitel konzentriere ich mich wenn auch nicht ausschließlich auf britische Betrachtungsweisen des Konservatismus und des Sozialismus. Dennoch werden amerikanische und kontinentaleuropäische Leser hoffentlich weiterlesen. Denn obwohl es hinsichtlich der politischen Geschichte der verschiedenen industrialisierten Länder wichtige Divergenzen geben mag, sind die grundlegenden Schwierigkeiten, denen das konservative wie das sozialistische Denken gegenüberstehen, allenthalben ähnlich.

Hier ist eine wichtige terminologische Vorbemerkung am Platze. Wenn von den Konservativen die Rede ist, die die uneingeschränkte Ausbreitung der Marktkräfte befürworten, gebrauche ich den allgemeinen Ausdruck »Neue Rechte« bzw. häufiger noch das Wort »Neoliberalismus«. Keiner dieser beiden Ausdrücke bedeutet in Amerika das gleiche wie im europäischen Kontext. In den Vereinigten Staaten wird die Neue Rechte eher mit der protestantischen Rechten in Verbindung gebracht. Und die »Liberalen« sind in den Vereinigten Staaten nicht die Vertreter des Manchesterliberalismus, sondern diejenigen, die sich zur Zeit des New Deal und anschließend für den Sozialstaat eingesetzt haben. Diese Begriffsverwendungen lasse ich in diesem Buch außer acht und halte mich statt dessen an die außerhalb der USA so gut wie überall gebräuchliche Terminologie.

Der Altkonservatismus

Der Konservatismus, so heißt es oft, stehe im Gegensatz zum Rationalismus, der sich für klare und bestimmte Prinzipien stark mache. Daher lasse sich das konservative Denken nicht so leicht darlegen. Gefühle und Gebräuche spielten eine tragende Rolle, und es ginge nicht darum, einer abweisenden und komplexen sozialen Welt eine Logik überzustülpen. In diesem Sinne schreibt ein Autor: »Es dürfte nur selten vorkommen, daß sich der Konservatismus in Maximen, Kurzformeln oder Zielsetzungen kundtut. Sein Wesen ist nicht deutlich artikuliert, und wenn er zur Äußerung genötigt ist, formuliert er skeptisch. Er ist zwar durchaus fähig zu Aussagen, baut aber nicht stets darauf, daß die gefundenen Worte dem instinktiven Gefühl entsprechen, von dem sie gefordert wurden.«[1]

Sofern das nicht bloß eine Aufforderung zum Obskurantismus oder zur Intellektuellenfeindlichkeit ist, läßt sich eine derartige Feststellung in zweierlei Bedeutung auffassen. Die eine Bedeutung ist ein wenig fachgebunden, und auf sie komme ich später zurück. Die andere Bedeutung läuft darauf hinaus, daß es nicht möglich sei, den Konservatismus in Gestalt einer systematischen philosophischen Theorie darzulegen, und in diesem Sinne ist die Feststellung sicher verfehlt, zumindest wenn man sich mit der Geschichte der konservativen Doktrinen beschäftigt.

Freilich, in Großbritannien und in den Vereinigten Staaten hat sich der Konservatismus nur selten sonderlich »theoretisch« dar-

1 Roger Scruton, *The Meaning of Conservatism*, London: Macmillan, 1980, S. 11.

gestellt, doch im angelsächsischen Bereich gilt das gleiche im Grunde auch für die übrigen politischen Anschauungen. Die Abneigung gegen das Theoretisieren in politischen Angelegenheiten war Ausdruck jenes Hangs zum Empirismus, der zumindest bis vor kurzem eine Art Kennzeichen der englischsprachigen Kultur überhaupt war. In anderen Ländern, wie z. B. in Frankreich oder Deutschland, waren die Konservativen der Theorie nicht stärker abgeneigt als sonst jemand. Was hieß Konservatismus in diesen Ländern, wenn man auf den Ursprung zurückgeht?

Natürlich bedeutete er im wesentlichen eine Verteidigung des Ancien régime, insbesondere des Katholizismus, gegen die immer weiter um sich greifenden Kräfte der Französischen Revolution. Doch der Konservatismus war mehr als bloß ein Pochen auf die frühere Verfaßtheit der Dinge, ehe der Fortschrittsgedanke die Oberhand gewann. In seinen besonders ausgefeilten Formen ließ sich der Konservatismus auf Meinungskämpfe mit der Aufklärung ein und stellte eigene Gesellschaftstheorien auf, die im Widerspruch standen zu denen des sich allmählich herausbildenden Liberalismus. Die raffinierteren Formen des konservativen Denkens verwarfen nicht schlicht das Neue zugunsten des Alten, sondern setzten dem Fortschrittsgedanken eigene Theorien der Geschichte, der Tradition und der sittlichen Gemeinschaft entgegen.

Louis de Bonald und Joseph de Maistre z. B. gaben eine Interpretation der offenbarten Wahrheit der Tradition, indem sie die verlorene Harmonie des Mittelalters der Unordnung der Revolutionsgesellschaft gegenüberstellten. Das menschliche Individuum sei seiner inneren Anlage nach ein gesellschaftliches Wesen, das seine soziale Existenz aus der sedimentierten Geschichte und der umfassenderen kulturellen Gemeinschaft herleite. Einen Naturzustand, wie er von Rousseau unterstellt wird, gebe es nicht. Die Gesellschaft – einschließlich des sozialen Daseins des einzelnen – gehe auf göttlichen Ursprung zurück und spiegele die Autorität Gottes. Daher hätten Pflichten stets Vorrang vor Rechten.[2] Die sittliche Wahrheit wohne der sozialen Ordnung inne und werde dem einzelnen durch die Sprache vermittelt, die ihrerseits keine Schöpfung der Menschen, sondern Gottes sei. Der Fortbestand

---

2 Louis de Bonald, *Démonstration philosophique du principe constitutif de la société*, in: *Œuvres*, Bd. 12, Paris: Le Clerc, 1840.

der gesellschaftlichen Ordnung werde durch die sittliche Gemeinschaft der Familie, der Kirche und des Staates verbürgt. Die Ideen des Gesellschaftsvertrags, der Volkssouveränität und der repräsentativen Regierungsform werden von Bonald abgelehnt. Er äußert sich ätzend über die Ausbreitung des Handels und der Industrie und übt harte Kritik an der bürgerlichen Gesellschaft. Die industrielle Produktionsweise führe zur Zersetzung der Gesellschaft und zur Zerrüttung der für die agrarische Ordnung kennzeichnenden organischen Ganzheit.

Je mehr sich der Kapitalismus und die Demokratie ausbreiteten, desto mehr nahm der Altkonservatismus eine radikale Haltung ein – doch dies war stets vor allem ein auf die Vergangenheit zurückblickender Radikalismus der Wiedereinsetzung einer gewesenen Ordnung. Hier bestehen deutliche Verbindungen zwischen dem französischen und dem deutschen Konservatismus. So lautet ein deutscher Spruch, jemand sei zu konservativ, um nicht radikal zu sein sein. Es nimmt nicht wunder, daß progressive Liberale wie Émile Durkheim ebenso auf Bonald und de Maistre zurückgriffen wie Marx auf Hegel oder daß die Linke wie die Rechte über ein Jahrhundert lang von vielen gemeinsamen Quellen Gebrauch machten.

Wofür stand der Altkonservatismus? Um es kurz zu fassen: er stand für Hierarchie, Adel, Vorrang des Kollektivs oder des Staates vor dem einzelnen und für die überragende Bedeutung der heiligen Dinge. Alle diese Grundzüge finden sich auch bei Edmund Burke, der allerdings Vorbehalte hatte gegen geschlossene philosophische Systeme. In Burkes Schriften stößt man im Grunde auf die gleiche abschätzige Beurteilung des Individuums, die auch in den Werken seiner Pendants auf dem Kontinent in Erscheinung tritt. Burkes Schriften sind komplex und ebenso wie die Arbeiten der besonders anspruchsvollen kontinentaleuropäischen Autoren keineswegs nur dem Rückblick verpflichtet. Die Tradition gilt nie als etwas Statisches, sondern bedürfe des Ausgleichs durch Verbesserung oder Reform: »Ein Staat, dem die Mittel zu einer gewissen Veränderung abgehen, ermangelt der Mittel zu seiner Bewahrung.«[3]

Der Blick nach vorn müsse sich jedoch stets auf den Blick zu-

3 Zitiert nach Iain Hampsher-Monk, *The Political Philosophy of Edmund Burke*, London: Longman, 1987, S. 168.

rück stützen: »Wer nicht zurückblickt auf die Ahnen, wird auch nicht vorausblicken zur Nachwelt.« Erneuerung sei im Gegensatz zur Reform gefährlich, denn sie mißachte die »enorme Weisheit«, die in den Institutionen, welche die Zeit überdauert haben, angelegt sei. »Zorn und Raserei werden in einer halben Stunde mehr niederreißen, als Klugheit, Besonnenheit und Weitblick in hundert Jahren aufbauen können.« Die Vorstellung von der Gesellschaft als einer organischen Gemeinschaft ist bei Burke, ebenso wie bei Bonald und de Maistre, stark ausgeprägt. Der Gedanke, der einzelne und die Rechte des einzelnen sollten erstrangige Werte darstellen, erscheint ihnen unsinnig. Der Staat könne nicht auf einem Vertrag beruhen, und das Individuum besitze keine abstrakten Rechte. Rechte und die mit ihnen einhergehenden Pflichten schrieben sich von der Gesamtheit her, die für eine endlose Reihe von Generationen steht. Die Gesellschaft sei »eine Partnerschaft, die nicht nur zwischen den Lebenden, sondern zwischen den Toten und den Ungeborenen« bestehe. An dieser Partnerschaft übe die Demokratie Verrat. Die Vorstellung, eine »pro Kopf gezählte Mehrheit von Menschen« solle politische Entscheidungen treffen, könne nur verheerende Folgen haben.

Was ist aus dem Altkonservatismus geworden? Um es ganz unverblümt zu sagen: er ist tot. Es liegt in der Natur der Sache, daß konservative Denker ihre Ideen gern auf angesehene Vorläufer zurückführen – mit anderen Worten: auf Burke und seine Zeitgenossen. Bei einigen der von Burke behandelten Themen leuchtet das durchaus ein, so z. B. im Hinblick auf den Organizismus, das »Überdauern der Zeit« und die Betonung der Reformen. Doch in mehreren fundamentalen Hinsichten hat ein solches Vorgehen nur wenig Sinn. Zumindest in seinen besonders grundsatztreuen Formen ist der Altkonservatismus, um eine treffende Formulierung zu gebrauchen, jener »andere Gott, der versagt hat« (neben dem Kommunismus und dem radikalen Sozialismus).[4] Der Altkonservatismus ist daran zugrunde gegangen, daß die Gesellschaftsformen, die er zu schützen trachtete, mehr oder weniger vollständig weggefegt wurden. In Kontinentaleuropa sind die Verbindungen zum Faschismus ein weiterer Grund.

4 Jerry Z. Muller, *The Other God that Failed*, Princeton: Princeton University Press, 1987.

Die Überzeugungen, die mit der Auflösung des Altkonservatismus völlig von der Bildfläche verschwunden sind, lassen sich ohne weiteres aufzählen: Niemand erblickt im Feudalismus heute noch eine Gesellschaftsordnung, die der modernen Welt etwas zu sagen hätte. Dementsprechend gibt es auch niemanden mehr, der die Aristokratie, den Vorrang des Grundbesitzes oder die mit der Adelsherrschaft verbundenen Formen der Hierarchie ernsthaft in Schutz nimmt. Für die heutigen Auseinandersetzungen ist es vielleicht wichtiger, daß es – wenn überhaupt – nurmehr wenige konservative Autoren gibt, die am Gedanken des alles überragenden Staates oder an romantischen Vorstellungen vom Volksgeist festhalten. Soweit der Staat nach heutiger konservativer Anschauung überhaupt noch »stark« sein soll, wird er als eigentlich »minimaler« Staat aufgefaßt, und nicht als ein alles überwölbendes Gebilde. Die Konservativen haben sich entweder mit der einen oder anderen Form der Demokratie abgefunden oder sind in manchen Fällen sogar zu glühenden Verfechtern der Demokratie geworden. Hierarchien werden nicht im Hinblick auf ererbte Herrschaftstauglichkeit, sondern durch funktionale Ungleichheit begründet, obwohl einige Konservative vielleicht immer noch die Vorstellung von einer »politischen Klasse« befürworten, die eine ganz besondere Begabung zur Staatskunst besitze.

Der Altkonservatismus war – im großen und ganzen – nicht nur dem Handel, sondern dem Kapitalismus überhaupt feindlich gesinnt. Je mehr die Kommodifizierung voranschreitet, desto mehr organische Solidaritätsbeziehungen werden zerstört. Die bürgerliche Gesellschaft, in der, um ein bekanntes Bild von Marx zu zitieren, »alles Ständische und Stehende verdampft«, untergräbt ebenjene Kontinuitätsbeziehungen zwischen Vergangenheit und Gegenwart. Dazu gehört auch der Bereich der heiligen Dinge. Der ökonomische Individualismus ist nach Auffassung des Altkonservatismus der Feind jenes alles durchdringenden religiösen Gefühls, das für das Leben in vormodernen Gesellschaften maßgeblich war – er ist eine säkularisierende Kraft. Auch heute noch gibt es viele Konservative, die die Religion als grundlegend ansehen für ihre Weltanschauung. Doch die meisten von ihnen machen nicht mehr geltend, daß die Gesellschaftsordnung selbst etwas Gottgeweihtes sei.

Konservatismus und Konservatismen

Der philosophische Konservatismus

Wie soll das konservative Denken gekennzeichnet werden, nachdem der Altkonservatismus ausgestorben ist? In der Nachkriegszeit hat sich der Konservatismus ein neues Gepräge geben müssen, und nun lassen sich, wenn man einige notwendige Vereinfachungen vornimmt, drei voneinander abweichende Perspektiven unterscheiden: Erstens gibt es diejenigen, die eine Art von philosophischer Rechtfertigung des Konservatismus versuchen, obwohl sie selbst etwas gegen abgerundete philosophische Systeme haben. Die zweite Gruppe besteht aus denen, die man – wie sie selbst mitunter sagen – als Neokonservative bezeichnen darf. Diese Neokonservativen werde ich, obwohl dieser Sprachgebrauch nicht von allen befolgt wird, von der Neuen Rechten bzw. dem Neoliberalismus unterscheiden. Jede dieser drei Perspektiven hat die übrigen beiden beeinflußt, aber die Unterschiede zwischen ihnen sind dennoch recht deutlich.

Der philosophische Konservatismus beansprucht Affinitäten zum altkonservativen Denken, bringt aber de facto eine Vielzahl von Neuerungen ins Spiel. In England finden sich die wichtigsten Anregungen zu dieser Art des Konservatismus in den Schriften von Michael Oakeshott, doch spätere Autoren haben verschiedene Teile seiner Argumentation aufgegriffen, um ihre eigenen Anschauungen zu entfalten.

Nach Roger Scruton, der den Arbeiten Oakeshotts die gebührende Ehre erweist, beruht der Konservatismus auf drei strukturell wichtigen Hauptbegriffen: *Autorität*, *Loyalität* und *Tradition*. »Der Konservative«, schreibt Scruton, »vertraut auf Einrichtungen, die bekannt und erprobt sind, und möchte sie mit all der Autorität ausstatten, die nötig ist für die Bildung eines anerkannten und objektiven öffentlichen Bereichs.«[5] Der Autorität werden von Scruton der Vertrag gegenübergestellt sowie alle sonstigen Einrichtungen, die auf »bewußter Entscheidung« beruhen. Die Autorität rühre von den »transzendenten« Eigenschaften etablierter Institutionen her.

5 Roger Scruton, *The Meaning of Conservatism*, S. 33.

Die Loyalität ist das, was der Angehörige einer Gesamtheit – sei es die Familie oder sonst ein Verband bzw. der Staat – der Autorität schuldet. Loyalität bringt den organischen Charakter der Gesellschaft zum Ausdruck. Als »Individuen« können die Menschen nur deshalb handeln, weil sie sich mit Gesamtheiten identifizieren, die größer sind als sie selbst. Solche Gesamtheiten sind spezifische Gruppen, denn sie haben einen jeweils besonderen historischen Charakter: »Es ist ein *bestimmtes* Land, eine *bestimmte* Geschichte, eine *bestimte* Lebensform, die dem Konservativen Achtung und Kraft abverlangt, und obwohl es ihm gelingen mag, sich daneben noch andere reale oder ideale Einrichtungen auszumalen, geht er nicht in der gleichen Weise in ihnen auf wie in seiner eigenen Gesellschaft.«

Die Loyalität ist nicht von Einzelentscheidungen abhängig, sondern ergibt sich aus dem, was in sozialer und sittlicher Hinsicht transzendent ist, während sie ihrerseits dieser Transzendenz Ausdruck verleiht. Die Transzendenz gehört zum Kern der Tradition. Diese erstreckt sich auf Gepflogenheiten und Zeremonien, durch die die Vergangenheit mit der Gegenwart ins Gespräch kommt. Sie liefert Gründe für die Handlungen des einzelnen, und diese Gründe schreiben sich nicht von Künftigem, sondern von Vergangenem her. Durch Traditionen werden Verbindungen hergestellt zwischen Loyalität und Autorität, denn sie bilden einen Vorrat von nach und nach abgelagerten Einsichten früherer Generationen. Im politischen Bereich ist es der Staat, der Autorität, Loyalität und Tradition zusammenbringt, »um den Staatsbürger als *Untertanen* zu bestimmen«. Scruton akzeptiert zwar die Wichtigkeit der Demokratie, aber nur widerwillig und mit Vorbehalten. Denn Demokratie beinhaltet unabhängige Entscheidungen und die Existenz gewisser vertraglicher Abmachungen. Die Demokratie, meint Scruton, »verfügt gewiß nicht über eine apriorische Legitimität, die ihren Rivalinnen abginge«.[6]

Für Scruton wie für weitere moderne Autoren ist eine kritische Einstellung zu Idealen menschlicher Vollkommenheit ein maßgeblicher Bestandteil des Konservatismus.[7] Auf diese Mühle läßt Oakeshott in seiner bekannten Kritik des Rationalismus reichlich

6 Ebd., S. 33, 36, 40, 55.
7 So z. B. Anthony Quinton, *The Politics of Imperfection*, London: Faber, 1978.

Wasser fließen. Oakeshott erhebt Einwände gegen liberale bzw. linksgerichtete Vorstellungen von »souveräner Vernunft« und trifft eine Unterscheidung zwischen der Kenntnis technischer Verfahren (die durch abstrakte Regeln oder Prinzipien formuliert werden) und der Kenntnis des »Besonderen«, die zugleich »traditionales« Wissen darstellt. In der Politik wie in anderen Bereichen setze der Rationalismus voraus, daß »allgemeingültige« Problemlösungen mehr leisten als Antworten, die aus der Tradition oder aus eingespielten Gebräuchen stammen. Oakeshotts Rationalismuskritik, die manche Ähnlichkeit mit der von Wittgenstein und Gadamer aufweist, richtet sich nicht gegen »die Vernunft« als solche, sondern gegen die Gleichsetzung der Vernunft mit technischen Verfahren. Einerlei, wie allgemein unser Wissen wirke, sei es doch in allen seinen Formen von der Praxis durchdrungen, also von dem, was sich nicht mit Worten formulieren läßt, weil es selbst die Bedingung sprachlicher Verständigung ist.

Weshalb sich das konservative Denken der Darlegung widersetzt, wird damit in weit raffinierterer Weise ausgeführt als mit der oben genannten Begründung, denn Oakeshotts Gedanken stehen in dieser Hinsicht in Einklang mit einigen Hauptthemen der heutigen Philosophie. Der Rationalismus gerate nicht nur in Widersprüche, sondern untergrabe (ohne daß er sich darüber im klaren wäre) seine eigenen Voraussetzungen. »Die besondere Ungereimtheit des Rationalismus liegt darin, daß er die einzige Erkenntnis zunichte macht, die ihn vor sich selbst beschützen könnte, nämlich das konkrete oder traditionale Wissen. Der Rationalismus dient lediglich dazu, die Erfahrungslosigkeit, aus der er ursprünglich hervorgegangen ist, noch zu vertiefen.«[8]

Das Motiv der »ständigen Eingebundenheit in eine Tradition« wird hier deutlicher herausgearbeitet als in der ursprünglichen Formulierung Burkes. Der von Oakeshott vertretene »Traditionalismus« hat mit Vergangenheitsverherrlichung ebenso wenig zu tun wie mit vagen Behauptungen über Dinge, welche die Zeit überdauert haben. Der Rationalist bedürfe der Schulung durch den Konservatismus, weil er sich sonst wie jemand verhalte, der in ein fremdes Land kommt, in dem er sich durch nur oberflächlich

---

8 Paul Franco, *The Political Philosophy of Michael Oakeshott*, New Haven: Yale University Press, 1990, S. 62.

betrachtete Gepflogenheiten verwirren läßt. »Ein Kammerdiener oder ein aufmerksames Dienstmädchen wäre ihm hier überlegen.«[9] Aus dem Zusammenhang der Tradition herausgerissene Idealvorstellungen verlieren die Fähigkeit, die Handlungen einer Person zu lenken.

Verhaltenstraditionen sind, wie Oakeshott sagt, nie etwas Feststehendes oder vollständig Gegebenes, und sie besitzen keinen unveränderlichen Charakter, an dem das Verständnis vor Anker gehen könnte. »Alles ist vorläufig«, meint Oakeshott an einer Stelle, und durch diese Bemerkung setzt er sich von den Einstellungen des Altkonservatismus ab. Die Tradition enthalte zwar stets Kontinuitäten, und diese müsse es geben, doch man solle sie nicht als feststehende Bezugspunkte ausgeben, sondern als dahinströmenden Fluß. Gerade weil die Tradition keine eindeutigen Normen oder Prinzipien anbietet, behauptet Oakeshott, daß es in der Politik – und sogar in der revolutionären Politik – darauf ankomme, »Andeutungen« nachzuspüren. Dies sei »keine argumentative Auseinandersetzung, sondern ein Gespräch«.

Das Bild von der Politik als einem Gespräch ist oft interpretiert worden und weist manche Ähnlichkeit auf mit Anschauungen, die von Richard Rorty und anderen Autoren dargelegt worden sind (unter denen wieder Gadamer besonders hervorsticht). Oakeshott selbst schreibt: »Eine Zivilisation (und zumal die unsere) läßt sich als ein Gespräch auffassen, das zwischen einer Vielfalt menschlicher Tätigkeiten geführt wird, die jeweils mit ihrer eigenen Stimme oder in ihrer eigenen Sprache reden. [...] Die von diesen verschiedenen Denk- und Sprechweisen gebildete Vielfalt nenne ich deshalb ein Gespräch, weil die zwischen ihnen bestehenden Beziehungen nicht dem Verhältnis zwischen Behauptung und Verneinung entsprechen, sondern den im Gespräch geltenden Beziehungen der Anerkennung und des Entgegenkommens.«[10]

9 Michael Oakeshott, »Rationalism in politics«, in: *Rationalism in Politics and Other Essays*, London: Methuen, 1962.
10 Ebd. S. 304.

Zumindest nach der hier benutzten Begriffsbestimmung ist der Neokonservatismus eher soziologisch als philosophisch ausgerichtet. Seine Hauptvertreter finden sich nicht in England, sondern in Deutschland und den Vereinigten Staaten. Die Neokonservativen akzeptieren zwar den alles durchdringenden Einfluß des Kapitalismus und der liberalen Demokratie auf unser Leben, doch in ihrer Sicht zerstört die bürgerliche Ordnung die traditionalen Symbole und Gebräuche, auf denen ein sinnvolles soziales Dasein beruht.

Die bedeutendsten deutschen Autoren des Neokonservatismus veröffentlichten ihre Schriften etwa in den beiden ersten Jahrzehnten nach dem Zweiten Weltkrieg. Es handelt sich um Autoren wie Hans Freyer und Arnold Gehlen, die ebenso wie einige weitere Vertreter dieser Anschauung durch ihre Verbindungen mit dem Nationalsozialismus belastet waren, denen es aber gelang, ihren Ruf durch die nach dem Krieg publizierten Schriften wiederherzustellen. Nach diesen deutschen Verfechtern des Neokonservatismus hat die Moderne die Tendenz zur Zersetzung von Institutionen, die historische Kontinuität wahren und dem Leben einen sittlichen Rahmen verschaffen. Im Gegensatz zum Altkonservatismus glauben Freyer und Gehlen nicht an die Möglichkeit, die »demoralisierenden« Auswirkungen der kapitalistischen Gesellschaft durch den Staat oder durch großangelegtes kollektives Handeln zu überwinden. Die Aufgabe des Konservatismus sei die Erhaltung von Institutionen außerhalb des Bereichs der Politik und der Ökonomie (wie z. B. Familie oder Kirche), in denen eine moralische Sinngebung immer noch möglich sei.

In vormodernen Zeiten besaß das Individuum laut Freyer einen eindeutig bestimmten Rang, der die meisten Bereiche seines Handelns festlegte, und dieser Rang war mit einem Bündel von Rechten und Pflichten verknüpft. Die vormodernen Gesellschaftsordnungen beruhten »auf gewachsenen Gründen« und standen den organischen Rhythmen der historischen Erfahrung nahe.[11] Solche Ordnungen waren, wie es im wesentlichen auch bei Oakeshott

---

11 Hans Freyer, *Theorie des gegenwärtigen Zeitalters*, Frankfurt am Main: Fischer, 1954.

heißt, an spezifische Aspekte der gemeinschaftlichen Geschichte und sogar der Landschaft gebunden, weshalb es nicht ohne weiteres möglich war, sie auf andere Völker oder Gegenden zu übertragen. Aus diesem Grund gab es eine derartige kulturelle Vielfalt. Die modernen Institutionen dagegen haben einen gleichmachenden Effekt und führen zur Ausmerzung der Besonderheiten des jeweiligen Ortes. Freyer meint zwar, daß an der Gegebenheit des Kapitalismus einschließlich des Sozialstaats nichts zu ändern sei, doch die Stabilität des Kapitalismus sei von moralischen Sinnelementen abhängig, die er selbst nicht zu reproduzieren vermöge. Der Konservative müsse daher bestrebt sein, die »Widerstände« oder »Hilfskräfte« zu stützen, die ihrerseits den Sinn stiften.

Der Neokonservatismus der Vereinigten Staaten muß vor dem Hintergrund der obigen Hinweise auf die Ausnahmerolle Amerikas gedeutet werden. Die Vertreter des amerikanischen Neokonservatismus kommen größtenteils nicht von der alten Rechten her, sondern ganz im Gegenteil von der alten Linken, die sie schon frühzeitig enttäuscht hat. Der amerikanische Neokonservatismus, wie er sich z. B. in den Schriften von Irving Kristol zeigt, äußert sich weniger zurückhaltend als die deutschen Autoren über die attraktiven Seiten des Kapitalismus und der Demokratie. Allerdings vertreten auch die amerikanischen Neokonservativen den Gedanken einer kulturellen und moralischen Kritik der modernen Institutionen. Obwohl der Neokonservatismus die Traditionen schützen oder sogar wiederbeleben möchte, ist er, um mit Kristol zu reden, »entschieden sehnsuchtsfrei«. Der Neokonservatismus ist nicht bestrebt, den Fortschrittsgedanken anzufechten – statt dessen möchte er eine subtilere Mischung von Gegenwart und Zukunft erreichen. In einer recht lakonischen Formulierung Kristols heißt das, auch der Neokonservatismus erhebe »Anspruch auf die Zukunft«.[12]

Folgt man der Lesart Kristols, weist der Neokonservatismus eine Reihe deutlich unterschiedener Merkmale auf. Er ist gegen die meisten Formen des Sozialismus, läßt sich aber auch durch seine Abneigung gegen den Liberalismus (im amerikanischen Sinne des Wortes) anspornen. Im Gegensatz zum Altkonservatismus ist er ausdrücklich antiromantisch. Seine Herkunft führt er nicht auf das

12 Irving Kristol, *Reflections of a Neo-Conservative*, New York: Basic, 1983, S. xii.

Ancien régime, sondern noch viel weiter zurück bis auf die Antike. In der antiken politischen Philosophie unterschied man zwischen »Praxis« und »Techne« und beschäftigte sich mit den ethischen Dilemmata, die sich einstellen, sobald diese beiden Elemente zu sehr aus der Ordnung geraten, wie es heute auch im Kapitalismus geschieht.

Der Neokonservatismus empfindet, wie Kristol sagt, »maßvolle Begeisterung« für den liberalen, demokratischen Kapitalismus und betrachtet eine »vorherrschend« marktorientierte Wirtschaftsform als notwendige, aber keineswegs hinreichende Bedingung für die heile Gesellschaft. Die Neokonservativen sind überzeugt von der Erwünschtheit ökonomischen Wachstums, das jedoch kein Selbstzweck sein dürfe. Das Wirtschaftswachstum sei unter den gesellschaftlichen Bedingungen der Moderne notwendig für die soziale und politische Stabilität. Kristol ist »kein Gegner einer energischen Regierung«, doch eine solche Energie vermag nach seiner Anschauung eigentlich nur der sich begrenzende Staat aufzubringen. Die Neokonservativen sind nach Kristol für bescheidene Regierungseingriffe in die Wirtschaft. Den (amerikanischen) Liberalismus bekämpfen sie nicht nur deshalb, weil die Liberalen nach neokonservativer Ansicht umfassende Regierungseingriffe in das Marktgeschehen wollen, sondern weil sie derartige Interventionen mit einer Laissez-faire-Einstellung zu Sitte und Moral verbinden.

Diese letztere Anschauung stellt einen Verknüpfungspunkt dar zwischen dem amerikanischen und dem deutschen Neokonservatismus. Sie ist eines der Hauptargumente, aus denen sich die Betonung der Wichtigkeit einer sozialen und sittlichen Erneuerung ergibt. Daher sind die Neokonservativen, wie Kristol meint, nicht nur patriotisch, sondern nationalistisch; denn der Patriotismus folge aus der Anhänglichkeit an die Vergangenheit des betreffenden Landes, während der Nationalismus der Hoffnung auf die Zukunft des Landes entspringe. Die Neokonservativen betonen die grundlegende Rolle von Familie und Religion als »unentbehrliche Pfeiler einer anständigen Gesellschaft«.[13] Ganz ähnlich äußert sich auch Allan Bloom, der den »moralischen Relativismus« angreift, also die Einstellung, die unterschiedliche Wertmaßstäbe

13 Diese Stelle sowie die obigen Zitate ebd., S. 77.

als gleich authentisch akzeptiert. Die »Erziehung zur Offenheit« werde den von ihr geschilderten und bejahten Werten untreu, denn die Moral müsse, um Verbindlichkeit zu erlangen, ethnozentrisch sein. Heute seien die Menschen »geistig ungerüstet, beziehungslos, isoliert, mit keinerlei ererbter oder vorbehaltloser Bindung an irgendwas oder irgendwen. Sie können alles sein, was sie sein wollen, aber sie haben keinen besonderen Grund, irgend etwas Besonderes sein zu wollen«.[14]

Daniel Bell hat sich inzwischen losgesagt vom Neokonservatismus und betrachtet sich nur im Hinblick auf einen einzigen Aspekt der modernen Gesellschaft als Konservativen, nämlich mit Bezug auf das kulturelle System der Gesellschaft. In dieser Hinsicht hat er jedoch die Ausführungen der deutschen wie der amerikanischen Neokonservativen in interessanter Weise ausgebaut. Seit dem Niedergang des Puritanismus, der der frühkapitalistischen Entwicklung als Ansporn diente, entbehre das sittliche Leben der Moderne, wie Bell meint, einer transzendentalen Richtschnur. Die Kultur sei nunmehr getrennt von der Wirtschaft und vom politischen Gemeinwesen. In der Sphäre der Produktion beruhe der Kapitalismus auf einem »säkularen Puritanismus«, während er im Bereich des Konsums Geboten des Vergnügens und spielerischen Verhaltens das Feld überlasse. Der Liberalismus (wieder im amerikanischen Sinne des Wortes) bejaht die Freiheit des einzelnen und Experimente im Wirtschaftsleben wie auch in Kunst und Literatur. Doch wenn solche Experimente Eingang finden in das Familienleben, die Sexualität und das sittliche Verhalten überhaupt, erzeugen sie nach Bells Anschauung einen zügellosen Individualismus, der das gesellschaftliche Gefüge bedroht und Inhaltsleere schafft. »Nichts ist verboten« und »alles muß erkundet werden«: »Das Fehlen eines verwurzelten Systems moralischer Überzeugungen ist der kulturelle Widerspruch der Gesellschaft, die am tiefsten reichende Herausforderung ihrer Lebensfähigkeit.«[15]

---

14 Allan Bloom, *The Closing of the American Mind*, New York: Simon and Schuster, 1988. Dt. Übersetzung: *Der Niedergang des amerikanischen Geistes*, Hamburg: Hoffmann und Campe 1988, S. 108.
15 Daniel Bell, *The Cultural Contradictions of Capitalism*, London: Heinemann, S. 480.

Der Neokonservatismus mag zwar »Anspruch auf die Zukunft erheben«, doch es ist die Neue Rechte, die in den letzten Jahren als wahrhaft radikale Kraft der konservativen Politik gewirkt hat. Die Ideen der Neuen Rechten lassen sich eher als Neoliberalismus denn als Neokonservatismus kennzeichnen, denn das ökonomische Marktgeschehen nimmt in diesen Ideen einen hervorragenden Platz ein. Nach Ansicht der Neoliberalen gilt das kapitalistische Unternehmertum nicht als Ursache der Probleme unserer modernen Zivilisation. Ganz im Gegenteil: es bildet den Ursprung aller positiven Eigenschaften dieser Zivilisation. Ein konkurrenzorientiertes Marktsystem maximiere nicht nur die Leistungsfähigkeit der Wirtschaft, sondern sei der Hauptgarant für individuelle Freiheit und gesellschaftliche Solidarität. Im Gegensatz zum Altkonservatismus schätzen die Neoliberalen den ökonomischen Individualismus und erblicken in diesem den Schlüssel zum Erfolg der Demokratie im Rahmen eines minimalstaatlichen Gebildes. Ihr führender Denker, Friedrich Hayek, hat sich ausdrücklich dagegen verwahrt, als Konservativer apostrophiert zu werden. Einige von Hayeks Anhängern haben trotzdem den Versuch gemacht, das Unvereinbare zusammenzubringen, und bezeichnen Hayeks Ideen als »konservativen Liberalismus«.[16]

Der Ursprung der gesellschaftlichen Ordnung findet sich nach Ansicht neoliberaler Autoren in der Hauptsache weder in der Tradition noch in rationalen Berechnungen und Planungen, einerlei, ob von staatlicher oder sonst einer Seite. Die Gesellschaft habe zwar in gewissem Sinne etwas Organisches an sich, doch dieses Merkmal rühre von der spontanen und unbeabsichtigten Koordination vieler Einzelpersonen her, die aus eigenem Antrieb handeln. Das hervorstechende Beispiel und die wichtigste institutionelle Verankerung der spontanen sozialen Ordnung seien die gut funktionierenden Märkte. Eine solche soziale Ordnung sei nicht auf die ökonomische Arena beschränkt. Milton und Rose Friedman formulieren das so: »Die ökonomische Aktivität ist keineswegs der einzige Bereich des menschlichen Lebens, in dem eine

---

16 Hannes H. Gisswarson, *Hayek's Conservative Liberalism*, New York: Garland, 1987.

komplizierte und anspruchsvolle Struktur entsteht als unbeabsichtigte Folge davon, daß eine größere Anzahl von Einzelpersonen zusammenarbeitet, wobei jeder seine eigenen Interessen verfolgt.«[17]

Der Gedanke der spontanen Koordination – also einer Koordination ohne Kommando – steht in dem von Hayek gezeichneten Bild in deutlichem Zusammenhang mit dem von Oakeshott vertretenen Traditionsbegriff. Die Unentbehrlichkeit des »in Gewohnheiten und in der Praxis aufgehobenen Wissens« ist nach Hayek einer der Hauptgründe, weshalb Kommandowirtschaften nicht funktionieren können. Die Informationssignale, die in konkurrenzwirtschaftlichen Verhältnissen von der Preisbildung ausgehen, können von zentralisierten Autoritäten nicht erzeugt werden. Das läßt sich nicht – oder nicht ausschließlich – dadurch erklären, daß die erforderlichen Informationen zu komplex oder zu wechselhaft seien, sondern der Grund sei der, daß das erforderliche Wissen im wesentlichen ein praktisches und lokales ist, das sich »aus dem Gebrauch ergibt«. Doch nach Hayeks Anschauung ist derartiges lokales Wissen nicht wirklich traditionales Wissen, sondern die unausgesprochene Fähigkeit, die die einzelnen durch die bei der Auseinandersetzung mit Problemen an Ort und Stelle gewonnene Erfahrung ausbilden. Gleichwohl vertritt Hayek eine universalistische Meinung, denn er ist davon überzeugt, daß sich die Vorteile der liberalen Gesellschaft auf die ganze Menschheit übertragen lassen.

Die der Regierung von der Theorie der Neuen Rechten zugeschriebene beschränkte Rolle ergibt sich ganz unmittelbar aus der Theorie der spontanen Ordnung. Der Hauptzweck der Regierung bestehe nicht darin, »bestimmte Dienstleistungen oder Produkte hervorzubringen, die die Staatsbürger konsumieren sollen, sondern in der Aufsicht darüber, daß die Mechanismen, welche die Produktion von Gütern und Dienstleistungen regulieren, betriebsfähig sind«.[18] Die Botschaft, die von der Konkurrenzwirtschaft an die Regierungen ergeht, lautet: Betreten verboten! Selbst wenn die Regierungseingriffe aus den edelsten Motiven vorge-

---

17 Milton Friedman/Rose Friedman, *Free to Choose*, Secker and Warburg, 1980. Dt. Übersetzung: *Chancen, die ich meine*, Berlin u. a.: Ullstein, 1980, S. 37.
18 Friedrich A. Hayek, *Rules and Order*, London: Routledge, 1973, S. 47.

nommen werden, führen sie wahrscheinlich zumindest zu bürokratischer Ineffizienz, wenn nicht gar zu Tyrannei (wie es bei den kommunistischen Regimen der Fall war). Diese Analyse ergänzen die Neoliberalen häufig noch durch die Schlußfolgerungen, die in der Theorie der Kollektiventscheidungen von den Vertretern der Virginia-Richtung verfochten werden: In der Ära des Sozialstaats hat die Regierung die Tendenz zur Überbelastung oder zur übermäßigen Ausdehnung. In einer derartigen Situation wird das Handeln der Regierung von einer Schwäche befallen, die in etwa dem betrieblichen Konkurs entspricht, ohne daß es hier die korrigierenden Mechanismen gäbe, mit deren Hilfe die Leistungsschwächeren vom Markt ausgeschlossen werden.

Welches sind nun genau die Zusammenhänge zwischen Markt und Demokratie, wenn man vom Standpunkt des Neoliberalismus ausgeht? Hier gibt es unterschiedliche Anschauungen, doch das Leitthema besagt, daß Märkte die Grundvoraussetzungen der individuellen Freiheit schaffen und für die Demokratie wichtiger sind als selbst die Verfassung des Staates. Bestrebungen zur »Korrektur« der Marktkräfte führten zur Unterdrückung der durch Marktverhältnisse geförderten Freiheiten. Der Sozialismus, heißt es, sei nirgends demokratisch gewesen, nicht einmal in den skandinavischen Ländern, und es sei unmöglich, ihn demokratisch zu gestalten. Denn im Herzen des Sozialismus wohne die Überzeugung, wonach »die Regierung alles besser weiß als der einzelne«, wie Arthur Seldon schreibt. Dagegen liege es »im Wesen des Kapitalismus, daß er dem einzelnen gestattet, das Risiko einzugehen, sein Leben nach eigenem Gutdünken zu führen«.[19] Der auf unerbittlichen Marktkräften beruhende Kapitalismus schenke der gesellschaftlichen Herkunft, der Hautfarbe oder der Ausdrucksweise der Menschen keine Beachtung. Zielstrebiges Trachten nach Gewinn ermuntere durchaus nicht zum Egoismus, sondern sei eine Quelle der sittlichen Kraft, weil es politische Befangenheit oder soziale Vorurteile ausschließe. In marktwirtschaftlich geprägten Umfeldern seien Formen des Protests und der Abwanderung möglich, die von politischen Prozessen zwar nachgeahmt, aber nicht ersetzt werden können.

Die soziale Gerechtigkeit könne, wie Hayek und andere Auto-

19 Arthur Seldon, *Capitalism*, Oxford: Blackwell, 1990, S. 103.

ren geltend machen, nicht durch den Staat herbeigeführt werden – und Hayek behauptet sogar, daß die Vorstellung von sozialer Gerechtigkeit überhaupt inkohärent sei. Was immer die Vorteile einiger sozialer Systeme sein mögen, die Grenzen des Sozialstaats springen den neoliberalen Kritikern zufolge ins Auge und können von allen erkannt werden. Zu den Mängeln des Sozialstaats gehöre auch der, daß er nicht den Ärmeren, sondern den Bessergestellten nütze und ein heilloses Gemisch aus bürokratischen Auswüchsen und Sozialstaatsabhängigkeit erzeuge.

Besitz und Hierarchie müssen nach Auffassung der Neuen Rechten eine andere Gestalt annehmen als nach früheren Lesarten des Konservatismus. Der Altkonservatismus erblickte darin noch Mittel des Widerstands gegen die Kommodifizierung, gegen das Fortschreiten des Handels und ... gegen die Demokratie. Nach neoliberaler Auffassung muß das Eigentum (Haus- und Aktienbesitz) gerade gefördert werden, um auf diese Weise die Beteiligung am Marktsystem zu gewährleisten. Die hierarchische Ordnung bleibt erhalten, ist allerdings nicht von der (nach Meinung des Altkonservatismus schätzenswerten) Art, welche die Übertragung ererbter Privilegien von einer Generation zur nächsten gestattet. In der Marktgesellschaft müsse der Aufstieg auf der sozialen Leiter (einschließlich Eigentumserwerb) allen offenstehen, die auf Erfolg bedacht und entschlossen sind, sich am Wettbewerb zu beteiligen.

Der wettbewerbsorientierte Individualismus läßt sich jedoch nach neoliberaler Auffassung nicht unendlich ausdehnen. Bestimmte Kontexte des sozialen Lebens sind davon ausgeschlossen, und bei der Ermittlung dieser Kontexte machen die Autoren der Neuen Rechten tendenziell regen Gebrauch vom amerikanischen Neokonservatismus. Der Minimalstaat müsse ein starker Staat sein, um die den Wettbewerb garantierenden Gesetze durchzusetzen, gegen äußere Feinde zu schützen und integrationsfördernde nationalistische Gefühle zu stützen. Die Neue Rechte hat den Eindruck, daß vieles im Familienleben auf sittlichen Verfall hindeute. Die Familie müsse ebenso wie der Staat stark sein, und wo die Familienbande sich gelockert hätten, müßten sie wiederhergestellt werden. Dabei wird der Niedergang der Familie auf verschiedene Ursachen zurückgeführt: die in den sechziger Jahren aufkommende sexuelle Permissivität, nachlässige Eltern, den Aufstieg des Feminismus und die Ausbreitung unverhohlener Homosexualität. Häufig jedoch wird ein Zusammenhang hergestellt zwischen dem Ausbau des Sozialstaats und dem Zerfall der Familie. Durch soziale Systeme, heißt es, werden die Menschen daran gewöhnt, vom Staat Unterstützungen zu erwarten, die in früheren Generationen von Familien geleistet wurden. Die soziale Unterstützung ermögliche Entstehung und Ausbreitung von Familien mit einem einzigen Elternteil (die zur traditionellen Familie im Gegensatz stünden).

Der Niedergang der moralischen Autorität der Familie ist zwar nach Auffassung der Autoren der Neuen Rechten allgemein und ihm müsse entgegengewirkt werden, aber insbesondere sei dadurch die Autorität des Vaters in Mitleidenschaft gezogen worden. Die Verantwortung für die Familie diene der moralischen Lenkung der Männer, die sonst zu unstetem Verhalten neigten und sich der Verantwortung nicht nur zu Hause, sondern auch auf dem Markt entzögen. Zumindest im Bereich der Familie erzeugen unbeabsichtigte Folgen nicht die nützliche und spontane Ordnung, die sie andernorts hervorbringen sollen. Der Sozialstaat habe es manchen Vätern gestattet, sich der Verantwortung für die Unterstützung von Frau und Kindern zu entziehen. Männer ohne Frauen »schaden sich selbst und der Gesellschaft«, wie George Gilder schreibt. Wenn die Männer »nicht Ernährer sein können, müssen sie auf ihre Muskeln und den Phallus zurückgreifen«.[20] Die Entstehung einer ausgeschlossenen Unterschicht, in der viele Männer »wandern« und viele Frauen dem Haushalt allein vorstehen, ist zusammen mit der zunehmenden Kriminalität Folge des Zerfalls der Familie, von dem sie ihrerseits kausal beeinflußt werden.

Konservatismus und Neoliberalismus

Vertreter der Neuen Rechten sehen sich selbst als Erben zweier Jahrhunderte konservativen Denkens. Nicht nur sei es ihnen gelungen, den Konservatismus auf den neuesten Stand zu bringen (sofern das nicht ein Oxymoron ist), sondern sie hätten es auch

20 George Gilder, *Naked Nomads: Unmarried Men in America*, New York: Quadrangle, 1974, S. 114.

geschafft, über konkurrierende Auffassungen der politischen Theorie und Praxis zu triumphieren. Schließlich fällt der Aufstieg der Neoliberalen in die gleiche Zeit wie der Untergang des Keynesianismus im Westen und des Kommunismus im Osten und hat diesen, wie manche behaupten würden, mit herbeigeführt.

Aber stehen die Ideen der Neuen Rechten überhaupt noch in einem Zusammenhang mit dem Konservatismus? Diese Frage hat viele Konservative sowie deren linke Kritiker ganz zu Recht beschäftigt und ist nicht nur von semantischem oder historischem Interesse. In manchen Ländern haben es die Neoliberalen kaum nötig, sich durch Rückgriff auf frühere konservative Gedanken zu legitimieren. Dort, wo das konservative Denken den Makel der Verbindung zum Faschismus trägt, ergibt sich dagegen die Forderung, sich von diesem Denken zu lösen. In Großbritannien kommen solche Überlegungen gar nicht ins Spiel; vielmehr ist der Neuen Rechten, die dort seit geraumer Zeit an der Macht ist, sehr daran gelegen, sich auf Kontinuität mit früheren Betrachtungsweisen zu berufen. Viel Tinte bzw. viele Computerausdrucke sind darauf verwendet worden, den entsprechenden Nachweis zu erbringen. Besonders ausgefeilt ist die Erörterung von Shirley Letwin, die sich in ihrem Buch mit dem Thatcherismus beschäftigt, und diese Arbeit werde ich hier als Musterbeispiel behandeln. Letwin liefert nämlich nicht nur eine aufschlußreiche Kennzeichnung des Neoliberalismus, sondern möchte auch Kritiker widerlegen, die sich auf einige der Paradoxien des Neoliberalismus gestürzt haben.

Letwin macht einen Unterschied zwischen Thatcherismus und »gemäßigtem« Torysmus sowie den Anschauungen der »eigentlichen« Laissez-faire-Liberalen.[21] Der gemäßigte Tory ist beileibe kein Altkonservativer. Letztlich trachtet der gemäßigte Tory nur danach, das Endergebnis der sozialistischen Bewegung zu bewahren, nämlich Planung, Steuerung der Wirtschaft und umfassende Sozialausgaben. Der Thatcherismus dagegen sei ein Kreuzzug, bei dem es darum gehe, die »Tüchtigkeitstugenden« des Selbstvertrauens und der Eigeninitiative des Individuums vom Überdruß erzeugenden Einfluß der Bürokratie und des »Establishment« zu befreien.

21 Die Zitate stammen aus: Shirley Robin Letwin, *The Anatomy of Thatcherism*, London: Fontana, 1992, S. 104, 342 f., 310.

Letwin läßt einige »oberflächliche Ähnlichkeiten« zwischen dieser Einstellung und den Ansichten des Laissez-faire-Liberalen gelten. Beide haben etwas gegen die verschiedenen Interessengruppen, die die Abhängigkeit gefördert haben, und verlassen sich in hohem Maße auf den befreienden Einfluß des kapitalistischen Unternehmertums. Der Liberale begünstigt den freien Markt aber in allen Bereichen, weshalb der Liberalismus, wie Bell bemängelt, zum moralischen Libertinismus wird, der alle Formen der Autorität verachtet. Eine solche Verknüpfung lehnt der Anhänger des Thatcherismus ab, denn er wünscht sich die moralische Erneuerung des einzelnen bzw. der Familie und der nationalen Gemeinschaft. Die Werte, um die es hier geht, gehören, wie Letwin sagt, seit eh und je zum Konservatismus. Es sei der gemäßigte Torysmus gewesen, der auf dem Höhepunkt des Sozialstaats die weiter zurückreichenden konservativen Traditionen unterbrochen habe.

Für ein Programm der sittlichen Erneuerung sind ökonomische Erwägungen laut Letwin etwas Sekundäres. Die Privatisierung der in Staatsbesitz befindlichen Industrien z. B. steigere zwar die wirtschaftliche Leistungsfähigkeit, aber wichtiger sei die Förderung der »Tüchtigkeitstugenden« durch Privatisierung, die Millionen die Möglichkeit gebe, Aktien zu erwerben. Weitgestreuter Besitz verstärke die »Energie und die Abenteuerlust des einzelnen«, und diese Eigenschaften seien ihrerseits »maßgebliche Bestandteile der Tüchtigkeitstugenden«. Die Ausbreitung des Besitzes trage auch dazu bei, den Wohlstand der Familie zu fördern. Marx klagte darüber, daß die Familie in der bürgerlichen Gesellschaft auf »Eigentumsverhältnisse« reduziert werde, doch für den Neoliberalen liegt ebendarin der Ursprung ihrer Kraft. Der Besitz von Eigentum und dessen Übertragung von einer Generation auf die nächste verleihe der Familie ihre Kontinutität. Außerdem empfinde eine Familie mit gemeinschaftlichen Anteilen an gemeinsamem Eigentum wahrscheinlich auch ein starkes Gefühl der Solidarität.

Eine solche Auffassung der Familie, meint Letwin, sei ein Verbindungspunkt zwischen den Tüchtigkeitstugenden und herkömmlichen Themen des Konservatismus. Die Verbindung zwischen Familiengefühl und Familieneigentum gilt nach ihren Ausführungen schon seit langem als Gemeinplatz des Torysmus – sie reiche zurück bis ins Mittelalter. Aber daneben gebe es noch andere Möglichkeiten nachzuweisen, daß die Neue Rechte nicht abweiche vom Konservatismus, sondern diesen wiederbelebe, und das gelte z. B. im Hinblick auf die Rolle des Staates.

Im Gegensatz zu den Laissez-faire-Liberalen sei der Thatcherismus, wie Letwin geltend macht, nicht bestrebt, alle staatlichen Eingriffe in das ökonomische und soziale Leben auf ein Mindestmaß zu beschränken. Vielmehr unterscheide er zwei Arten der Intervention, deren erste abgelehnt, deren andere dagegen wohlwollend betrachtet werden müsse. Staatliche Interventionen in Gestalt umfassender Planung oder Korporatismus seien mit der Marktwirtschaft unvereinbar. Dagegen verlange diese aktiv die starke Hand des Staates, wenn es um die Aufrechterhaltung von Gesetz und Ordnung, die Förderung nationaler Ideale und der Verteidigungsfähigkeit gehe. Der Thatcherismus sollte auf vielen Gebieten radikale Veränderungen herbeiführen, doch in anderen Zusammenhängen anerkannte er die Bedeutung der Tradition durchaus. Nicht Traditionen, sondern »eingefleischte Gebräuche« suchte er anzugreifen. So, wie Letwin die Tüchtigkeitstugenden darstellt, erweist sich, daß sie selbst zu diesen Traditionen gehören, vor allem, wenn man diese im Zusammenhang der britischen Geschichte begreift. Der Neoliberalismus soll demnach in unmittelbarer kontinuierlicher Verbindung mit dem Altkonservatismus britischer Prägung stehen, der schon seit langem die Wichtigkeit eines strammen moralischen Individualismus betone. Es sei seltsam, behauptet Letwin, daß diese Moral »schon so lange in Geltung ist, ohne als solche erkannt worden zu sein«. Erst habe der Thatcherismus kommen müssen, um das (rückblickend) klar zu machen.

Dieser überaus britische Individualismus ist nach Letwin nicht das gleiche wie Eigennutz. Nach »britischer Moral braucht es keinen Konflikt zu geben zwischen der Gesellschaft und den Individuen, die auf die Kultivierung ihrer Individualität bedacht sind«. Die Gesellschaft sei »nicht der Sarg, sondern die Wiege der Individualität«. Aus diesem Standpunkt ergibt sich die Ablehnung der Hierarchie, also des Vorurteils, daß einige Berufe weniger wert seien als andere. Sobald die Neoliberalen behaupten, daß die Fähigkeit zu unternehmerischem Handeln ebensoviel Respekt verdient wie die Begabung der Juristen oder der Dichter, seien sie auf dem Weg zurück zur »traditionalen britischen Moral«.

Wie einleuchtend ist ein solcher Versuch, die Neue Rechte vom Liberalismus abzuheben und sie mit konservativen Traditionen zu verknüpfen? Die kurzgefaßte Antwort lautet: dieser Versuch ist ganz und gar nicht einleuchtend. Erstens war der Altkonservatismus weder in Großbritannien noch sonst irgendwo für den moralischen Individualismus, in dem er vielmehr den Feind der gesellschaftlichen Solidarität erblickte. Solche »Tüchtigkeitstugenden« gehörten zum Repertoire derjenigen, die den Altkonservatismus im Namen der bürgerlichen Werte oder sogar als Verfechter des Syndikalismus unter Beschuß nahmen. Der starke Staat wurde von den Konservativen nicht deshalb geschätzt, weil er Bedingungen schuf, unter denen alle Berufe als gleichberechtigt galten, sondern weil er die Hierarchie schützte. Es mag zwar richtig sein, daß »die Gesellschaft die Wiege der Individualität« ist, doch es waren nicht die Konservativen selbst, sondern die Kritiker der Konservativen – sowie des Laissez-faire-Liberalismus –, die diese Anschauung verfochten.

Es ist ungereimt, wenn man wie die Neoliberalen einen Großteil der Lehren des klassischen Liberalismus übernimmt und dennoch darauf pocht, daß nationale Gefühle und starker Staat eine unerläßliche Rolle spielen. Märkte stehen in keiner notwendigen Verbindung zu Nationalstaaten, deren Grenzen sie ja ständig überschreiten. Ebensowenig wie Märkte soziale und kulturelle Unterschiede zwischen Individuen berücksichtigen, kümmern sie sich um die Unterschiede zwischen Nationen. Der liberalen Theorie zufolge sollte die Ausbreitung des transnationalen Kapitalismus (wie viele liberale Theoretiker hofften) das Kriegsverlangen beseitigen. Sofern »Verteidigung« eine innere Notwendigkeit des »starken Staates« darstellt, hat das nicht unmittelbar etwas mit Märkten zu tun, sondern mit der Stellung des jeweiligen Staates innerhalb des Systems der Nationalstaaten.

Die Autoren der Neuen Rechten führen den vermeintlichen Niedergang der Familie und sonstiger moralischer Instanzen gern auf die Permissivität zurück, die von Intellektuellen oder Linken verbreitet worden sei. Doch als Erklärung der »Zerrüttung der Familie« ist diese Anschauung töricht. Strukturelle Veränderungen, von denen die Familie ebenso betroffen ist wie andere Gebiete des sozialen Lebens außerhalb des Bereichs der Lohnarbeit, werden von ebenden Faktoren beeinflußt, für die sich die Neue Rechte im neoliberalen Kostüm stark macht. Wenn man den Individualismus und die Eigeninitiative des einzelnen auf wirtschaftlichem Gebiet befürwortet, hat es keinen Sinn, diese Eigenschaften nicht auch auf andere Bereiche, einschließlich jenes der Familie, zu übertragen. Im Kern des neoliberalen Denkens steckt ein schädlicher Widerspruch. Einerseits entfesselt die politische Philosophie des Neoliberalismus, indem sie das freie Spiel der Marktkräfte favorisiert, überaus weitreichende Tendenzen, die die Enttraditionalisierung begünstigen. Andererseits gelten ebendie traditionalen Symbole, zu deren Zersetzung diese Tendenzen beitragen, als wesentlich für die soziale Solidarität. Da nimmt es nicht wunder, daß die Doktrinen der Neuen Rechten liberale Freiheitsansprüche und Autoritarismus – oder gar Fundamentalismus – in künstlicher und unkohärenter Weise vermischen. Letwins Behauptung, wonach »menschliche Einrichtungen nichts enthalten, was unumgänglich wäre, und daß, was heute unabänderlich erscheint, morgen schon in sein Gegenteil verkehrt werden kann«, ist eine an Deutlichkeit nicht zu überbietende Äußerung des Grundsatzes, wonach alles Ständische und Stehende verdampft, und diese Äußerung steht in schlagendem Gegensatz zur bekundeten Treue gegenüber traditionellen Gesellschaftsformen.[22]

Der »starke Staat« soll die rechtlichen Vorschriften sanktionieren, die den Märkten das für sie notwendige freie Spiel der Kräfte gestatten. Doch innerhalb des Wirtschaftssystems selbst akzeptiert die Neue Rechte den Ökonomismus des klassischen Liberalismus. Dabei läßt sie das »vertraglich nicht abgesicherte Element des Vertrags« (das vor langer Zeit von Durkheim erkannt wurde, der dabei seinerseits auf konservative Gedanken zurückgriff) außer acht oder kann damit nicht zu Rande kommen. Auch der Konservative im Sinne Oakeshotts würde geltend machen, daß marktwirtschaftliche Institutionen nicht gedeihen können, wenn sie sich selbst überlassen bleiben. Sie setzen Normen und Vertrauensmechanismen voraus, die zwar vom Gesetz geschützt, aber nur in begrenztem Maße durch juristische Formulierungen erzeugt werden können. Im ökonomischen Vertrag selbst sind sie bestimmt nicht enthalten, wenn man diesen losgelöst vom

22 John Gray, *Beyond the New Right*, London: Routledge, 1993, S. vii.

weiteren Zusammenhang der sozialen Einrichtungen betrachtet.

Daneben gibt es eine weitere grundlegende Hinsicht, in der der Neoliberalismus von den Voraussetzungen des konservativen Denkens abweicht: In den meisten Formen des Konservatismus entzieht sich die Welt unseren Versuchen, sie der umfassenden Herrschaft der menschlichen Vernunft zu unterwerfen, was gerade der Grund sei, weshalb wir uns so oft auf die Tradition verlassen müssen. Bei staatlichem Handeln wird die so verstandene Unvollkommenheit, zumindest was die Wirtschaftsplanung angeht, auch von der Neuen Rechten anerkannt. Das gilt aber nicht mehr, sobald es um Märkte geht, die vielmehr als reibungslos funktionierende Maschinen begriffen werden, die unendliches Wirtschaftswachstum gewährleisten.[23]

Konservatismus und sozialer Wandel

Wie kommt es, daß der Neoliberalismus in letzter Zeit derart in den Vordergrund getreten ist? Die Autoren der Neuen Rechten verfügen natürlich über eine Interpretation ihrer eigenen Erfolge. Durch ihre Ideen, behaupten sie, seien die Fehlschläge des vom Sozialismus inspirierten Kollektivismus diagnostiziert, und, wichtiger noch, gezeigt worden, mit welchen Mitteln er zu überwinden sei. Sozialistische Theorien führten zu einem Aufblähen der Regierung und zu einer lähmenden Beeinträchtigung der Tüchtigkeitstugenden. Um diesen Problemen etwas entgegenzusetzen, sei es erforderlich gewesen, den Märkten zur uneingeschränkten Entfaltung zu verhelfen und außerdem die unverzichtbaren moralischen Institutionen Familie und Staat zu erneuern.

Tatsächlich hat sich die Neue Rechte Veränderungen zugewandt, die die industrialisierten Gesellschaften im Laufe der letzten Jahrzehnte betroffen haben. Aus Gründen, die ich weiter unten ausführlicher darlegen werde, ist es ihr jedoch nicht gelungen, eine zutreffende Deutung dieser Veränderungen zu geben. Indem die Neoliberalen den seit langem ignorierten Vorstellungen von Ludwig v. Mises und Hayek neues Ansehen verschafften,

23 Ebd., S. ix.

glaubten sie die Mängel erkannt zu haben, die allen Typen des Kollektivismus innewohnen. Doch wenn man unter Kollektivismus den Sozialstaat plus makroökonomische Planung versteht, haben diese Einrichtungen über einen erheblichen Zeitraum hinweg nach ihren eigenen Begriffen nicht schlecht funktioniert. In der Blütezeit der wirtschaftlichen Entwicklung gab es eine lange Periode des gesamtwirtschaftlichen Wachstums, in der die Tendenz des Kapitalismus zu Auf- und Abschwungzyklen sowie zu ökonomischer Polarisierung einigermaßen unter Kontrolle war.

Diese Lage änderte sich, als der später (und nicht ganz zutreffend) so bezeichnete Keynesianismus zu Ende ging. Der Keynesianismus verlor seine Effektivität aufgrund der Zwillingseinflüsse von verstärkter Globalisierung und Umgestaltung des Alltagslebens. Globalisierung bedeutet sehr viel mehr als die freilich nicht unwichtige Internationalisierung des wirtschaftlichen Wettbewerbs. Unter dem Einfluß der Entwicklung elektronischer Medien hat die »neue Globalisierung« eine neue Kommunikationsordnung hervorgebracht. Aus dieser Zeit datieren die rund um die Uhr offenen Geldmärkte samt der »Computerisierung des Geldes« und sonstigen wichtigen Veränderungen der globalen Systeme.

Die zur Globalisierung führenden Tendenzen stehen in unmittelbarem Zusammenhang mit weitreichenden Veränderungen, die im Gefüge des sozialen Lebens statthaben. Sie haben dazu beigetragen, im Alltag umfassende Prozesse der Enttraditionalisierung in Gang zu bringen. Die Enttraditionalisierung wiederum bedeutet eine Beschleunigung der Reflexivität der nicht zu den Experten zählenden Bevölkerung. In einer Welt der *einfachen Modernisierung* konnte der Keynesianismus noch leidlich gut funktionieren, während er in einer Welt der *reflexiven Modernisierung* – also in einer Welt der gesteigerten sozialen Reflexivität – nicht zu überleben vermochte.[24] Reflexive Staatsbürger, die auf ein neues soziales Universum der globalen Unsicherheiten reagieren, können der ökonomischen Anreize, die ihr Verhalten anspornen sollen, gewahr werden und sie womöglich unterlaufen. Der Keynesianismus setzt ebenso wie manche Politikformen, die den Sozialstaat

24 Vgl. Ulrich Beck, *Risikogesellschaft. Auf dem Weg in eine andere Moderne*, Frankfurt am Main: Suhrkamp, 1986.

hervorgebracht haben, Staatsbürger voraus, deren Gewohnheiten stabileren Lebensstilen entsprechen, als sie für ein globalisiertes Universum mit hochgradiger Reflexivität typisch sind.

Die Theorien der Neuen Rechten behandeln diese grundlegenden Umgestaltungen in einer von Vorurteilen und Paradoxien geprägten Weise. Die Wirkung der Globalisierung mit ihren hergestellten Unsicherheiten wird im Sinne der Notwendigkeit zur Deregulierung der Märkte begriffen. Der Wandel des Alltagslebens wird nur mit Hilfe einer dogmatischen Betonung traditioneller Werte des Familienlebens und dergleichen erfaßt. Der Traditionsabbau in diesen Bereichen wird grimmig verurteilt, obwohl er durch die bedingungslose Bejahung der Marktkräfte aktiv gefördert wird.

Ist in Anbetracht der Aporien des Neoliberalismus eine Rückkehr zur einen oder anderen Fassung des philosophischen Konservatismus sinnvoll? Manche Autoren haben dies empfohlen, und zwar nicht bloß auf der Basis des Vorschlags einer Wiederbelebung des »gemäßigten« oder auf die »eine Nation« gerichteten Torysmus. Dementsprechend hat John Gray geltend gemacht, die Neue Rechte sei einem nicht angemessenen und aus dem klassischen liberalen Denken übernommenen Rationalismus erlegen sowie einem »unhistorischen Dogmatismus«, der einhergehe mit der »ahnungslosen Vernachlässigung der Wahrheiten einer älteren konservativen Philosophie«. Die Neoliberalen bildeten sich ein, sie könnten allgemeingültige Prinzipien des politischen Lebens aufstellen, doch dabei verwerfen sie Oakeshotts Erkenntnis, daß das politische Tun ein Gespräch und eine Kunst sei. Die Theorien der Neuen Rechten fügten sich nicht der Einsicht, daß die Zivilgesellschaft durch eine »gemeinsame Kultur« gestützt werden müsse. »Nur durch Verstärkung der Reserven einer gemeinsamen Kultur können wir die Institutionen der Zivilgesellschaft generationenübergreifend zu erneuern hoffen. Die Annahme, wir könnten uns auf ein System abstrakter Regeln stützen, ist nachgerade närrisch.«

Das neoliberale Argument für den Markt besagt, um mit Gray zu reden, nicht nur, daß »er Neuerungen und neuartige Erscheinungen des Denkens und der Praxis in einer Weise ermöglicht, zu der kollektive Entscheidungen nicht imstande sind«, sondern dieses Argument läuft darauf hinaus, daß der Markt es »den Anhängern verschiedener Traditionen und Werte erlaubt, in friedlicher Koexistenz zu leben«. Der Vertreter des philosophischen Konservatismus erkennt jedoch, daß Märkte ihre kennzeichnenden Grenzen haben. Die Neue Rechte verdränge die Einsicht, daß »Märkte kaleidische, mitunter chaotische Prozesse darstellen, die umfassenden endogenen Verwerfungen durch spekulationsbedingte Panik und die Subjektivität der Erwartungen ausgesetzt sind«.

Gray betont den Zusammenhang von philosophischem Konservatismus und ökologischen Fragestellungen. Das konservative Denken stehe der Politik der Grünen bisher generell feindlich gegenüber und betrachte diese als »antikapitalistische Propaganda unter einem anderen Banner«. Doch das Interesse an der Unversehrtheit der Natur ist, wie Gray meint, nicht mit der Linken verknüpft, sondern fällt eher in den Bereich konservativer Themen. Für den Konservatismus wie für die philosophischen Theorien der Grünen sei kennzeichnend, daß sie den Fortschritt mit Skepsis betrachten und das Wirtschaftswachstum um seiner selbst willen für gefährlich oder sogar katastrophal erachten. Beide sind der Auffassung, daß die Lebenden die Verantwortung dafür tragen, Perspektiven zu gestalten, durch die Generationen der Vergangenheit mit den noch Ungeborenen in Verbindung gebracht werden. Ferner sind sie beide der Ansicht, daß der einzelne nur in gemeinschaftsgebundenen Lebensformen gedeihen kann.

Die Bejahung dieser Ideen beinhaltet, wie Gray erkennt, daß die Philosophie des Konservatismus und dessen politische Vorstellungen vor allem in der von der Neuen Rechten dargestellten Form überdacht werden müssen. »Das tiefste Bedürfnis« der Menschen beziehe sich auf »ein Netz gemeinsamer Gebräuche und ererbter Traditionen, das ihnen die Gnade einer feststehenden Identität gewährt«. Das konservative Denken müsse mit den politischen Idealen der Grünen verbunden werden oder diese sogar einbeziehen, wenn es gelingen soll, in einer Welt zurechtzukommen, in der fortwährendes Wirtschaftswachstum nicht mehr durchzuhalten ist, also in einer Situation, die – was zumindest die wirtschaftlich hochentwickelten Gesellschaften betrifft – nicht mehr weit entfernt ist oder sogar unmittelbar bevorsteht.

Die Grundsätze des Marktgeschehens bleiben auch bei Gray im

Mittelpunkt, doch sie sollten nach seiner These von einer Billigung des Kapitalismus als solchen getrennt werden. Denn der Kapitalismus beruht (wie Marx im wesentlichen dargelegt hat) auf der grenzenlosen ökonomischen Akkumulation, wobei jedes Nachlassen des Wirtschaftswachstums als Mangel des Systems interpretiert wird. Außerdem sei die Legitimität der modernen politischen Ordnung zu ihrem eigenen Unheil viel zu eng an das anhaltende Wachstum gebunden, und dadurch werde die Anfälligkeit dieser Ordnung noch unterstrichen: »Dies ist eine Eigenschaft der westlichen Institutionen, die auf alle echten Konservativen ganz abstoßend wirken sollte, denn für sie besitzt die Legitimität der Institutionen und die Autorität der Regierung de facto oder der Forderung nach ethische und geistige Grundlagen, mit deren Hilfe sie auch langfristige Perioden wirtschaftlicher Not überdauern kann. Daß die politische Legitimität des westlichen Kapitalismus auf fortwährendem Wirtschaftswachstum beruht, hat diesem Kapitalismus die Möglichkeit gegeben, sich der Auseinandersetzung mit seinen Hauptmängeln, die seine systembedingte Tendenz zur Instabilität erklären, zu entziehen. Dazu gehören die Unsicherheit, die der Kapitalismus durch seine erstaunliche technologische Virtuosität und den ihm innewohnenden Neuerungsdrang bei normalen Menschen hervorruft, sowie die mangelhafte Verteilung des Kapitals, durch die diese Unsicherheit auf die Spitze getrieben wird. [...] Die Konservativen müssen gemeinsam mit Grünen und anderen die bislang unvermuteten Dilemmata des Lebens in Gesellschaften erkunden, die nicht mehr durch die Aussicht auf immerwährendes Wirtschaftswachstum oder durch modernistische Pseudoreligionen der unausgesetzten Weltverbesserung über Wasser gehalten werden.«[25]

Das sind nun wirklich radikale Gedanken, die sich, wie der Autor ganz zu Recht behauptet, vom Radikalismus der Neuen Rechten entschieden abheben. Es fragt sich jedoch, wie stichhaltig eine derartige Interpretation des Konservatismus ist. Gelingt es ihr auch, die Paradoxien der von der Neuen Rechten vertretenen Theorien zu vermeiden?

25 Zitate aus Gray, *Beyond the New Right*, S. xi, xiii, 15, 125, 152, 173.

Konservatismus und Traditionsbegriff

Man mag zwar einräumen, daß die Begriffe Autorität, Loyalität und Tradition von maßgeblicher Bedeutung sind für den Konservatismus, doch es dürfte schwerfallen, alle drei Begriffe als gleichrangig anzusehen. Der Traditionsbegriff ist sicherlich der grundlegende, und ohne ihn würden die übrigen Begriffe nicht mehr zwingend wirken. Es kommt den Konservativen nämlich nicht auf irgendeine beliebige Form von Autorität an, sondern auf eine von traditionalen Symbolen geprägte und legitimierte Autorität. Loyalität wiederum hängt nicht bloß davon ab, daß man diesem oder jenem Verband angehört, sondern dieser Begriff bezieht sich auf den Anschluß an Gruppen, die sich nicht bewußt oder rational zusammenschließen, sondern auf traditionaler Basis organisiert sind.

Die Vorstellung der Tradition ist zwar eng mit dem Konservatismus verknüpft, doch der Begriff ist von den Konservativen selbst überraschenderweise kaum erörtert worden. Er nimmt im Rahmen der meisten konservativen Überlegungen wahrscheinlich eine derart zentrale Stellung ein, daß er nachgerade als etwas Selbstverständliches unterstellt wird. Was ist Tradition und warum sollte sie nach konservativer Anschauung in Schutz genommen werden?

Wenn Konservative darüber diskutieren, weshalb die Vergangenheit die Gegenwart bestimmen und warum eingebürgerte Symbole oder Lebensweisen geschützt werden sollten, ist, wie gesagt, oft davon die Rede, daß sich etwas im Laufe der Zeit bewährt habe.[26] Scruton behauptet z. B., daß erhaltenswerte Gebräuche durch eine »erfolgreiche historische Entwicklung«, eine »Blütezeit« Bedeutung erlangt haben müssen. Daneben nennt er zwei weitere Kriterien: Solche Gebräuche müßten »die Loyalität der Beteiligten herbeiführen, und zwar im tiefgründigen Sinne der Formung ihrer Vorstellung von dem, was sie sind und sein sollten«, und außerdem müßten sie »auf etwas Dauerhaftes verweisen, etwas Bleibendes, das den daraus hervorgehenden Handlungen Sinn verleiht«.[27] Diese Erwägungen, meint Scruton, schlössen die

---

26 Eine extrem kritische Erörterung der konservativen Ansichten zu diesem Thema findet sich bei Ted Honderich, *Conservativism*, London: Penguin, 1991.

27 Scruton, *The Meaning of Conservatism*, S. 42.

Vorstellung aus, es könne Traditionen der Folter, des Verbrechens oder der Revolution geben.

Es liegt jedoch auf der Hand, daß diese Möglichkeiten dadurch nicht ausgeschlossen werden. Öffentliche Hinrichtungen, zu denen oft auch extreme Folterungen gehörten, standen in Europa und andernorts jahrhundertelang in Blüte. Gewiß waren sie mit der Herstellung von Loyalitätsbeziehungen und mit Normen und Werten des gebührenden Handelns verknüpft, denn sie gehörten ja zum Rechts- und Ordnungsrahmen. Auch mit der Aufrechterhaltung bleibender Muster der Sinngebung hatten sie eine ganze Menge zu tun. Was die Revolutionen anlangt, stellte die Sowjetunion eine beträchtliche Zeitlang eine Gesellschaft dar, die diese Kriterien erfüllte. Und diejenigen, die heute in Rußland zu den früheren Verfahrensweisen zurückkehren wollen, werden üblicherweise – und vielleicht ganz zu Recht – als Konservative bezeichnet. Es gibt zumindest *ein* Buch, in dem der Versuch gemacht wird, den philosophischen Konservatismus in Anspruch zu nehmen, um sowohl den Kommunismus als auch den Sozialstaat zu verteidigen.[28]

Manchmal beinhaltet die These von der Bewährung im Zeitverlauf so etwas wie einen mehr oder weniger expliziten Evolutionsgedanken. Wenn Verhaltensweisen oder Symbole eine lange Frist überstanden haben (wie lange währt jedoch eine »lange Frist«?), so gibt es dafür auch einen Grund, der eben darin besteht, daß sie individuellen oder sozialen Bedürfnissen bestimmter Art entsprechen. Allerdings sind funktionalistische Interpretationen, die auf der Vorstellung von sozialen Bedürfnissen beruhen, in logischer Hinsicht verdächtig, um es behutsam zu formulieren.[29] Auf jeden Fall schließen sie nicht *jene* langlebigen Elemente aus, mit denen die Konservativen nicht in Verbindung gebracht werden möchten.

Die Hinweise Oakeshotts bieten in dieser Sache keine große Hilfe. Die Tradition steht nach seiner Auffassung in Verbindung mit unausgesprochenem Wissen, also mit einem Wissen, das ein

---

28 Torbjörn Tännsjö, *Conservatism for Our Time*, London: Routledge, 1990. Tännsjö gelangt ebenfalls zu der Feststellung, daß Konservatismus und ökologische Belange in die gleiche Richtung gehen.

29 Siehe Jon Elster, *Logic and Society*, Chichester: Wiley, 1978. Dt. Übersetzung: *Logik und Gesellschaft*, Frankfurt am Main: Suhrkamp, 1988.

Können oder eine Kunst darstellt und deshalb nicht in Worte gefaßt werden kann, weil es seinem Wesen nach praktisch ist. Diese Einsicht ist zwar unbestreitbar wichtig, liefert aber keine hinlängliche Bestimmung des Begriffs der Tradition oder für den Wert bestimmter Traditionen. Viele Fertigkeiten, wie z. B. die Fähigkeiten des Maschineschreibens oder des Fahrradfahrens, beinhalten nichtartikuliertes Wissen praktischer Art, doch deswegen bilden sie keine Traditionen. Immer, wenn Oakeshott das »technische« nicht einfach dem »praktischen«, sondern dem »traditionalen« Wissen gegenüberstellt, bringt er den Begriff der Stetigkeit oder des Erbes ins Spiel, und dieser Gedanke verträgt sich nicht gut mit seiner Feststellung, nichts sei von Dauer.

Bei der weiteren Erkundung dieser Probleme wird es von Nutzen sein, wenn wir den Traditionsbegriff selbst etwas direkter betrachten. Um zu verstehen, was es mit der Tradition auf sich hat, sollten wir zunächst zu begreifen versuchen, woher ihre Autorität stammt, welches also die Mittel sind, durch die sie Loyalität zu beanspruchen vermag. Die hervorstechende Eigenschaft der Tradition, die sie sowohl von Gepflogenheiten oder Gewohnheiten als auch vom technischen oder fachgebundenen Wissen abhebt, ist die dabei vorausgesetzte Vorstellung von *ritueller* oder *offenbarter Wahrheit* – und dieses Definitionsmerkmal ist zugleich der Ursprung ihrer Autorität.[30] Das »Geheiligte« der Traditionen ist nicht die Vergangenheit, sondern die in ihnen verkörperte Weisheit. Nicht das Vorhandensein oder die mangelnde funktionale Leistungsfähigkeit oder »technische« Genauigkeit stempeln diese Weisheit zur Tradition: Rituelle Wahrheit kommt vielmehr im Handeln zum Vorschein, in der Wiederholung formelhafter praktischer Vollzüge.

Nicht durch die Einbettung in eine Praxis wird eine Sache zur Tradition, sondern dadurch, daß bestimmte rituelle Handlungen die Wahrheit dieser Sache bekunden. Traditionen haben stets eine Art von Hütern, und es gibt Priester, Gelehrte, Älteste oder Patriarchen, die privilegierten Zugang besitzen zur rituellen Wahrheit,

---

30 Anthony Giddens, »Leben in einer posttraditionalen Gesellschaft«, in: Ulrich Beck/ Anthony Giddens/Scott Lash, *Reflexive Modernisierung*, Frankfurt am Main: Suhrkamp, 1996. Diese Begriffsbestimmung ist meines Erachtens zutreffender als die umfassendere Definition, die Edward Shils in seinem klassisch gewordenen Buch *Tradition* (London: Faber, 1981) vorschlägt.

zur Weisheit der Tradition. Die Vergangenheit ist zwar ein wesentliches Merkmal der Tradition, aber das liegt nicht daran, daß ein Verhaltensmerkmal, um als etwas Traditionelles zu gelten, eine endlos lange Zeit überdauert haben muß. Der Grund ist vielmehr der, daß die traditionale Weisheit in praktischer Form – wie bei einer Handwerkslehre – weitergegeben werden muß.

Gegenwärtig wirken sich Prozesse der Enttraditionalisierung einschneidender aus als je zuvor und betreffen, obwohl sie sich überall bemerkbar machen, insbesondere die industrialisierten Teile der Welt. Die Umgestaltung der Tradition verläuft nicht nur parallel, sondern konvergiert mit dem Verschwinden der »Natur«. Die Natur – ein physisches Umfeld menschlichen Handelns, das unabhängig von diesem Handeln existiert – hat sich beinahe aufgelöst. Die Probleme der Umweltzerstörung, die uns heutzutage beunruhigen, rühren von der Umwandlung des Natürlichen in das Soziale und Kulturelle her. Betrachten wir etwa die Fortpflanzung, die so eng mit der Familie als Institution verknüpft ist. Infolge der Einführung vielfältiger Reproduktionstechnologien werden viele Vorgänge, die früher als gegeben – mithin als Bestandteile der Natur und der traditionell vermittelten Handlungsweisen – hingenommen wurden, Entscheidungen unterworfen. Sie dienen dem menschlichen Tun nicht mehr als »Horizont«, sondern werden in die soziale Welt einbezogen. Traditionen waren es, die in ähnlicher Weise den »Horizont« unseres Handelns bildeten.

Was ist »natürlicher«: eine Situation, in der eine Frau zwanzig Schwangerschaften erlebt und einige ihrer Kinder bei der Geburt oder wenig später sterben, oder eine Situation, in der die Frau zweimal schwanger wird und in der beide Kinder am Leben bleiben? Heute müssen wir – als Individuen und als Menschheit insgesamt – darüber befinden, was Natur ist und wie wir unser Leben im Verhältnis zur Natur gestalten sollten. Weitgehend das gleiche gilt auch für die Tradition.

Den gleichen Punkt möchte ich nun ein wenig provokant formulieren: Traditionen können und sollten wir nicht mehr in traditioneller Weise verteidigen, denn das führt zum Fundamentalismus. Sobald sich diese Situation eingestellt hat, wird auch die ausgeklügeltste Form des Konservativismus, der philosophische

Konservatismus, inkohärent. In einer Welt der direkten Kommunikation, die von mächtigen Globalisierungswirkungen beeinflußt wird, ist der kulturelle Kosmopolitismus ein unvermeidbarer Bestandteil unseres Lebens. Die Tradition in traditioneller Weise verteidigen heißt: ihre rituelle Wahrheit – ihre Abgetrenntheit und Besonderheit – behaupten, während die moralische und kulturelle Kommunikation die einzige Grundlage für den Kosmopolitismus bilden.

Der Fundamentalismus, möchte ich meinen, ist eigentlich *nichts anderes* als die in traditioneller Weise verteidigte Tradition, nun allerdings in Reaktion auf neuartige globale Kommunikationsverhältnisse. Er ist daher nicht auf die Religion beschränkt, sondern er kann überall auftreten, wo Traditionen bedroht sind oder ausgelöscht werden. So kann es z. B. einen familialen Fundamentalismus, einen Geschlechterfundamentalismus und einen ethnischen Fundamentalismus geben (und sogar einen ökologischen Fundamentalismus). In einer Welt der kosmopolitischen Kommunikation ist der Fundamentalismus stets potentiell gefährlich. Denn er ist eine Dialogverweigerung unter Umständen, in denen ein solcher Dialog das einzige Verfahren wechselseitigen Entgegenkommens darstellt. Hier besteht ein unmittelbarer Zusammenhang zwischen Formen der Gewaltanwendung, die auf den ersten Blick vielleicht völlig heterogen wirken. Ein Großteil der privaten und öffentlichen Gewalt, die von Männern an Frauen verübt wird, rührt gewissermaßen vom Geschlechterfundamentalismus her: von einer Kommunikationsverweigerung unter sozialen Bedingungen, in denen patriarchalische Traditionen herausgefordert werden. In diesem Sinne besteht hier kein grundsätzlicher Unterschied zur Gewalt zwischen ethnischen Gruppen, die auf Ausschließung erpicht sind.

Müssen sich diejenigen, die nicht zum Fundamentalismus übergehen, mit dem Verschwinden der Tradition abfinden? Nach meiner Auffassung ist das nicht nötig. In manchen Formen und in manchen Kontexten müssen die Traditionen heute gewiß verteidigt werden, wenn auch nicht in der traditionellen Weise. Weiter unten werde ich den Gedanken nahelegen, daß Traditionen insofern der Rettung oder der Wiederentdeckung bedürfen, als sie verallgemeinerungsfähige Quellen der Solidarität liefern. Ist eine

Tradition, die im Dienst umfassenderer sozialer Werte geschützt wird, dennoch eine Tradition? Ja und nein, und das gilt mehr oder weniger genauso wie im Fall der Natürlichkeit der verlorengegangenen Natur. Wenn man die Traditionen stützt, so heißt das: eine Kontinuität mit der Vergangenheit bewahren, die sonst abhanden käme, und diese Unterstützung soll zugleich dazu dienen, Kontinuität mit der Zukunft herzustellen. Der Schutz der Traditionen nimmt jedoch, ebenso wie der Schutz der »Natur«, einen anderen Charakter an, wenn ihre Verteidigung nicht mehr hauptsächlich in ihrem eigenen Rahmen stattfinden kann.

In einer Situation, in der der Wandel längst aufgehört hat, ausschließlich Fortschritt zu sein (sofern er das je war), und in der die Frage, worin der Fortschritt besteht, überaus umstritten ist, wird die Erhaltung und Erneuerung der Tradition wie der Umweltressourcen ganz besonders dringlich. Die Tradition war ebenso wie die Natur früher ein äußerer Rahmen des menschlichen Handelns, der uns viele Entscheidungen abnahm. Heute dagegen müssen wir die Tradition zum Gegenstand der Entscheidungen machen: Wir müssen darüber befinden, was man zu erhalten versuchen sollte und was zu verwerfen wäre. Dabei kann die Tradition selbst, die zwar oft wichtig und wertvoll ist, nur wenig nützen.

Der Konservatismus im gängigen Verständnis ist also dahin oder er ist widersprüchlich geworden. Manche seiner Schlüsselideen nehmen jedoch, sobald man sie aus ihrem ursprünglichen Kontext herauslöst, eine neue Relevanz an. Ich für mein Teil werde geltend machen, daß wir alle heute zu Konservativen werden sollten, allerdings nicht in konservativer Weise. Die abgedroschene Feststellung, daß es nunmehr weder eine Rechte noch eine Linke gibt, gewinnt unter den heutigen gesellschaftlichen Bedingungen eine neue intellektuelle und praktische Kraft. Unterscheidungen zwischen der Rechten und der Linken sind natürlich immer schon in gewissem Maße konfus oder mehrdeutig gewesen, und der Radikalismus war nie ausschließliches Eigentum der Linken. Die Unterscheidung zwischen beiden besaß jedoch während der ganzen Zeit Überzeugungskraft, in der sich die modernen Institutionen im Zeichen der einfachen Modernisierung herausbildeten.

Um es vage zu formulieren: Die Linke wie die meisten Liberalen traten für die Modernisierung, für einen Bruch mit der Vergangenheit ein und versprachen eine gerechtere und humanere Gesellschaftsordnung. Unter den heutigen Bedingungen der fortgeschrittenen Reflexivität gibt es keine derart klare Trennlinie mehr. Es ist nicht das Bedürfnis nach einem radikal-demokratischen Programm, das verschwindet, denn wir haben nicht das »Ende der Geschichte« erreicht. Wenn man kritisch verfährt, kann man den Konservatismus in seiner neokonservativen und philosophischen Gestalt nutzen zur Gestaltung eines solchen Programms. In einem neuen Kontext und in nichtkonservativer Weise könnte man wieder das schon genannte alte Schlagwort aussprechen: zu konservativ, um nicht radikal zu sein! Oder, um es andersherum zu formulieren: zu radikal, um nicht konservativ zu sein!

Von jeder direkten Verknüpfung mit der Linken oder der Rechten befreit, besinnt sich die radikal-demokratische Kritik auf ihre ursprüngliche Bedeutung als Wagnis, was soviel heißt wie: bereit sein, kühne Lösungen sozialer und politischer Probleme in Betracht zu ziehen. Die radikal-politische Kritik wird hier jedoch nicht um ihrer selbst willen geschätzt, sondern vielmehr abgemildert durch jenes Bewußtsein von der Wichtigkeit der Kontinuität, auf dem der philosophische Konservatismus beharrt.

II

Sozialismus:
Der Rückzug aus dem Radikalismus

Daß der Sozialismus aus dem Zerfall des Ancien régime hervorging, ist ebenso eindeutig wie die Entstehung des Konservatismus aus dem Versuch, das Ancien régime zu schützen. Seitdem sind ungefähr zwei Jahrhunderte vergangen, in denen der Sozialismus als Bannerträger des Fortschritts gewirkt, also den Gedanken propagiert hat, daß die Geschichte in eine bestimmte Richtung geht und daß politische Eingriffe der richtigen Art dazu beitragen können, diese Richtung ausfindig zu machen und die Reise zu beschleunigen. In sozialistischen Schriften ist immer wieder die Rede von dem »Weg, der eingeschlagen werden muß«, dem »Vormarsch zum Sozialismus«, der »Straße zum Sozialismus« usw. Die radikaleren Formen des sozialistischen Denkens machen seit langem geltend, daß es nur Vorwärts und Zurück gibt: entweder werde die Menschheit auf ihrer Reise vorankommen, oder es sei wahrscheinlich, daß sie zurückfalle in die Barbarei. Den Sozialisten bietet die Vergangenheit keinen Trost. Geschätzt wird sie höchstens, weil sie die Mittel geliefert hat, mit deren Hilfe wir vorankommen können, um der Zukunft habhaft zu werden und sie uns zu eigen zu machen.

Wie sonderbar wirkt daher die Situation, in der sich die Sozialisten heutzutage befinden. Denn auch wenn die Sozialisten leidenschaftlich darüber stritten, wie die Gesellschaft der Zukunft aussehen sollte, waren sie sich doch einig in der Überzeugung, daß sie der Avantgarde der geschichtlichen Entwicklung angehörten. Den Sozialisten kam es so vor, als würden die anderen (die Konservativen etwa) wehmütig zurückblicken auf soziale Formen, die die Welt nie wieder zu sehen bekäme, oder als befürworteten sie (die Liberalen etwa) Arten der sozialen und politischen Ordnung, die nur Zwischenstationen wären auf dem Weg zur vollständigen Emanzipation.

Seit dem Sturz des Kommunismus ist das alles dahin, wenn auch gewiß nicht nur aus diesem Grunde. Der Sozialismus, der schon lange daran gewöhnt war, sich selbst zur Avantgarde zu zählen, ist plötzlich etwas Archaisches geworden und wird nun selbst der einst verachteten Vergangenheit zugerechnet. »Die Vorstellung, man könne den Sozialismus ›begraben‹«, hieß es einmal, »ist ein Hirngespinst einiger konservativer Politiker.«[1] Dieses Hirngespinst ist jetzt allerdings vielleicht Realität geworden.

Die Sozialisten haben im Gegensatz zu den Konservativen nie etwas dagegen gehabt, ihre Gedanken schriftlich niederzulegen, noch haben sie sich durch philosophische Gründe davon abhalten lassen. Sozialistische Ideen sind vielmehr oft mit größter Ausführlichkeit dargelegt worden. Trotz (oder wahrscheinlich eher wegen) des Vorhandenseins dieses Schriftenberges ist die Identität des Sozialismus nicht leicht zu bestimmen. Der Sozialismus, heißt es, »steht für die Werte Freiheit, Gleichheit, Gemeinschaft, Brüderlichkeit, soziale Gerechtigkeit, klassenlose Gesellschaft, Zusammenarbeit, Fortschritt, Frieden, Wohlstand, Überfluß, Glück«. Auf eine nicht minder große Vielfalt von Werten stößt man, wenn die sozialistischen Ideale negativ dargestellt werden. So seien die Sozialisten »gegen Unterdrückung, Ausbeutung, Ungleichheit, Streit, Krieg, Ungerechtigkeit, Armut, Elend und Entmenschlichung«.[2]

Daher nimmt es kaum wunder, daß manche Interpreten zu dem Schluß gelangt sind, der Sozialismus biete jedem das Seine, oder daß sie wie Schumpeter behauptet haben, der Sozialismus sei in kultureller Hinsicht derart »indeterminiert«, daß er allein mit Hilfe rein ökonomischer Begriffe definiert werden könne.[3] Angesichts der enormen Mannigfaltigkeit des sozialistischen Denkens ist jeder Versuch fragwürdig, dieses Denken in groben Zügen zu kennzeichnen, aber ich werde ihn dennoch unternehmen. Dabei wird es mir nicht darauf ankommen, alle Hauptdimensionen der sozialistischen Lehrmeinungen zu erfassen, sondern ich möchte bestimmte Elemente herausgreifen, die für die heutige Stellung des Sozialismus von Belang sind.

1 Tom Bottomore, *The Socialist Economy*, London: Harvester, 1990, S. 101.
2 R. N. Berki, *Socialism*, London: Dent, 1987, S. 9.
3 J. A. Schumpeter, *Capitalism, Socialism and Democracy*, London: Allen & Unwin, 1987. Deutsche Übersetzung: *Kapitalismus, Sozialismus und Demokratie*, 4. Auflage, München: Francke Verlag 1975, S. 273 f.

Der Sozialismus und die Frage der Geschichte

Der Sozialismus stellt sich ebenso wie der Liberalismus in Gegensatz zur Tradition und gehört in diesem Sinne zu den Erben der Aufklärung. Der Sozialismus beruht darauf, daß das Menschliche von der Herrschaft der Transzendenz gelöst wird, und unter diesem Gesichtspunkt fällt es nicht schwer zu erkennen, warum sich Marx so eng an Hegel anschließt. Die Geschichte bringe nicht den Willen Gottes zum Ausdruck, sondern sei das Resultat aktiver Kämpfe und der Kreativität der Menschen selbst. Die menschliche Urheberschaft der Geschichte sei jedoch durch religiöse Dogmen und den Einfluß der Tradition kaschiert worden. Nun habe die Menschheit die Aufgabe vor sich, die eigene soziale Entwicklung in die Hand zu nehmen und sie in bewußter Weise zu lenken. Wir seien faktisch oder der Möglichkeit nach die Herren unseres eigenen Geschicks.

Diese Haltung setzt eine bestimmte Anschauung der Geschichte wie der Natur voraus. Die Geschichte sei eine Ressource, die den menschlichen Zwecken entsprechend gestaltet werden müsse, doch das gleiche gelte auch für die Natur. Da ökologische Fragestellungen heute so große Bedeutung besitzen, haben viele Autoren rückblickend das sozialistische Denken untersucht, um dort einige ökologische Basisbelange ausfindig zu machen. Aber wahrscheinlich sollte man sich von vornherein damit abfinden, daß die vorherrschenden Formen der sozialistischen Theorie keinen Platz haben für die Natur als einen »Partner« der Menschheit. Die Natur wird vor allen Dingen in instrumenteller Weise betrachtet.

Besonders markant wird das Verhältnis zwischen Sozialismus und Geschichte in einem Ausspruch von Marx gekennzeichnet. Marx sagt nämlich an einer Stelle, daß sich die Menschen nur solche Aufgaben vornehmen, die sie auch lösen können. Dieser Grundsatz hat in seiner schlichten Formulierung dazu beigetragen, dem Marxismus seine gewaltige intellektuelle Kraft und seine langwährende praktische Anziehungskraft zu verleihen. Marx hat sozusagen die Eule der Minerva dazu gedrängt, vorzeitig loszufliegen. Nach Hegel besitzt die Geschichte zwar ein Muster, eine Teleologie, doch diese lasse sich nur im Rückblick erkennen. Diese

Teleologie ist von Marx nach vorn, in die Zukunft projiziert worden. Dabei hat er sich eines Verfahrens bedient, das Metaphysik, Soziologie und Politik miteinander verbindet. Die metaphysische Idee besteht darin, daß die Geschichte in ihren besonders folgenreichen und revolutionären Augenblicken von den Unterdrückten gemacht wird. Marx kleidete die Dialektik von Herr und Knecht in ein soziologisches Kostüm, indem er sie im Klassenkampf fundierte. Der Klassenkampf wiederum wurde, da er den Sieg des Proletariats als der »allgemeinen« Klasse fördert, zum Mittel einer generellen Befreiung von den Lasten der Vergangenheit: von einer Geschichte, die zwar von Menschen gemacht worden ist, aber nicht in selbstbewußter Weise.

Das Marxsche Schema der historischen Entwicklung wurde von seinen Anhängern ganz unterschiedlich interpretiert und von vielen Sozialisten weitgehend abgelehnt, vor allem von denen, die lieber einen evolutionären Sozialismus wollten als einen revolutionären. Doch die Vorstellung, daß sich die von Menschen geschaffenen Probleme der Geschichte auch von Menschen lösen lassen müssen, war allen gemeinsam. (Diese Annahme ist nicht nur vom Konservatismus, sondern auch vom Liberalismus tendenziell mit Skepsis betrachtet worden.)

Seit Jahrhunderten, machen die Sozialisten geltend, seien die Menschen von ihrer Geschichte »getrennt«; diese sei nicht das Produkt menschlichen Handelns, sondern etwas, was ihnen widerfahre. Auch die Natur sei so etwas wie eine fremde Macht, denn ihre Triebkräfte habe man nur durch das Handeln von Göttern oder Geistern begriffen. Daher kommt den Sozialisten folgende Annahme ganz einleuchtend vor: Je besser wir das eigene soziale Leben verstehen und je angemessener unser Begriff von der Natur wird, desto eher werden wir (als Menschheit insgesamt) in der Lage sein, beide zu beherrschen.

Daß die Sozialisten eine Avantgarde zu sein beanspruchen, hat eine ganze Reihe theoretischer und politischer Folgen gezeitigt. Oft hat dieser Anspruch zur Billigung eines mehr oder weniger unverhohlenen Eurozentrismus geführt bzw. zu der Überzeugung, der Kampf lohne sich nur, wenn es um etwas »Modernes« gehe. Manchmal ist daraus auch eine Rücksichtslosigkeit hervorgegangen, die ansonsten gar nicht vereinbar ist mit den Werten, die

die Sozialisten zu vertreten behaupten. Dieser Avantgarde kann es (wie im Bereich der Kunst) geschehen, daß sie die Einstellungen und das Verhalten der Massen verachtet, die nahezu unausweichlich auf dem »Weg« zum Sozialismus »geführt« werden müssen. Die Vorstellung von der Partei als »Vorhut« (eine Metapher, die wie das Bild der Avantgarde verdächtig militärisch klingt) ist mit dem Hinweis kritisiert worden, dies sei ein undemokratischer Zusatz zum Sozialismus, für den Lenin verantwortlich sei. Doch ein derartiger Begriff ist sicher von vornherein im Sozialismus angelegt, denn dieser geht von der Annahme aus, er selbst stehe an der »vordersten Front der geschichtlichen Entwicklung«. Hierbei handelt es sich um einen Aspekt der spannungsvollen Beziehung zwischen dem sozialistischen Denken und der Demokratie, auf die wir weiter unten zurückkommen müssen.

Eine wichtige Seite des Sozialismus, die dann ihrerseits eine Vielfalt unterschiedlicher Theorien hervorgebracht hat, ist das Motiv der Gleichheit. In dieser Hinsicht radikalisiert der Sozialismus manche Gedanken, die in der Amerikanischen und der Französischen Revolution aufgekommen waren. Daneben bezieht er sich aber auch auf Strömungen radikaler Politik, deren Geschichte viel weiter zurückreicht. Durkheims klassische Analyse des Sozialismus macht deutlich, wie es sich damit verhält und warum es sich so verhält. Durkheim hat nachgewiesen, daß es dem Sozialismus um zwei verschiedene Reihen von Fragen geht, deren eine schon seit langem vorhanden ist, während die andere sehr viel jüngeren Datums ist. Zum einen betont der Sozialismus die Vorrangstellung der Gemeinschaft gegenüber dem Individuum und bezieht sich dabei auf den »Kommunismus«, wie er in Durkheims Terminologie heißt. Bei diesem Kommunismus handelt es sich um ein Gedankengebäude, das sich bis in die Antike zurückverfolgen läßt. Im Regelfall nimmt es die Form utopischer Schriften an, wie sie von Platon und später von Thomas More oder Tommaso Campanella verfaßt wurden. Nach Auffassung der kommunistischen Autoren ist das Privateigentum ein soziales Übel. Die Akkumulation persönlichen Reichtums sei eine sittliche Gefahr, die nach Möglichkeit auf das Minimum reduziert werden müsse. So meint Platon nach der Darstellung Durkheims, daß »Reichtum und alles, was damit zusammenhängt, die Hauptquelle des Niedergangs der Öffentlichkeit« darstelle. »Er ist es, der die Bürger durch den Anreiz zu individuellem Egoismus zum Wettbewerb veranlaßt und die inneren Konflikte auslöst, an denen die Staaten zugrunde gehen.«

Der Kommunismus erhebt den radikalen Egalitarismus zur Tugend. Er möchte, um es in neuerer Terminologie auszudrücken, eine »Nivellierung nach unten« vornehmen und läßt sich dabei von asketischen Gedanken leiten: das Private dürfe nicht die Oberhand über das Gemeinschaftliche gewinnen, und der Egoismus solle beinahe vollständig ausgerottet werden. Der Kommunismus beruht nicht auf der Steuerung der Produktion, sondern auf der Regelung der Konsumtion. Er ist im wesentlichen eine ethische Ordnung, die im Egalitarismus nicht so sehr einen Selbstzweck erblickt, sondern eher eine Instanz der notwendigen sittlichen Kontrolle, die die Schwachen vor den Starken schützt. »Die Formel des Kommunismus lautet: Der individuelle Verbrauch muß so geregelt werden, daß er überall gleich und überall gering ist.«

Der Sozialismus, meint Durkheim, trat das Erbe des Kommunismus an, den er zum Teil in sich aufnahm, doch von dem er sich auch weiterhin unterschied. Denn der Sozialismus war im Gegensatz zum Kommunismus das Produkt einer bestimmten Zeit und eines bestimmten Ortes, nämlich eine Reaktion auf die politischen und industriellen Umwälzungen des ausgehenden 18. Jahrhunderts und der Folgezeit. Die geistigen Ursprünge des Sozialismus liegen in der Aufklärung, und den Aufklärern ging es weniger um Gleichheit als um Vernunft. Peter Gay formuliert das so: »Da die Aufklärer danach trachteten, sich auszuzeichnen, lag ihnen kaum etwas daran, alle Unterschiede durch Nivellierung auszuräumen; da sie nach Ansehen strebten, hatten sie keineswegs die Absicht, das Renommee abzuschaffen.«[4]

Der Stammbaum führt, wie Durkheim darlegt, von den Aufklärern unmittelbar zu den im 19. Jahrhundert wirkenden liberalen Vertretern politischer Theorien und der politischen Ökonomie. Nach diesen Autoren wurde die Produktion von Reichtümern als Grundlage angesehen für das Glück des einzelnen und das soziale Leben generell. Emanzipation bedeutete dann, daß die Befreiung der Produktivkräfte von den Zwängen der Tradition in ähnlicher

4 Peter Gay, *The Enlightenment*, 1. Bd., London: Weidenfeld, 1967, S. 26.

Weise vonstatten ging wie die Befreiung der Vernunft von den Einschränkungen durch eingebürgerte Vorschriften und Dogmen.
Nach sozialistischer Ansicht hätten die liberalen Theoretiker zwar
recht gehabt mit ihrer Betonung der zentralen Rolle des wirtschaftlichen Handelns für die Gesellschaftsordnung, doch sie hätten nicht begriffen, daß das industrielle Geschehen auf direkte
Weise koordiniert werden müsse. Dabei gehe es dem Sozialismus
vor allem um die Produktion, nicht um den Bereich des Konsums.
Er befürworte »die Anbindung aller oder bestimmter ökonomischer Funktionen, die derzeit noch nicht verknüpft sind, an die
steuernden und wissenden Zentren der Gesellschaft«.[5] Das be-
inhalte nun nicht, wie Durkheim betont, daß die Ökonomie der
politischen Kontrolle unterstellt werden soll; vielmehr komme es
zu einer Verschmelzung von Wirtschaft und Staat, so daß die »Politik« letztlich verschwinde.

Die von Durkheim diagnostizierte Spannung zwischen Gleichheitsidealen und Steuerung des wirtschaftlichen Handelns kommt
in der Geschichte des Sozialismus immer wieder zum Vorschein.
Marx erkannte das Problem schon frühzeitig und stellte alle Arten
des »utopischen« Sozialismus hitzig an den Pranger, während
seine eigene Lösung mehrdeutig blieb. Den Vorschlag, daß Reichtum oder Einkünfte nivelliert werden sollten, lehnte er ab, und
stets erachtete er die Produktion materiellen Wohlstands für erwünscht und nicht für eine Quelle sittlichen Schadens.

Doch wenn die zentrale Steuerung der Produktion nicht hauptsächlich eine Umverteilung beabsichtigt, fragt es sich, ob das
bedeute, daß Sozialismus und Egalitarismus gar nichts miteinander zu schaffen haben. Marx war in manchen seiner Schriften
bestrebt, die Schwierigkeit durch Schlagworte aus zweiter Hand
(z. B. »Jeder nach seinen Fähigkeiten, jedem nach seinen Bedürfnissen«) zu lösen, ohne daß deren Konsequenzen ausführlich
dargelegt würden. Vermutlich glaubte er, daß das in der sozialistischen Gesellschaft erfolgende Verschwinden der Klassen und daher auch des Privateigentums die Ungleichheiten ipso facto verringern würde. Doch es gibt keine Stelle, an der dieses Problem
angemessen gelöst würde.

5 Émile Durkheim, *Le socialisme*, Paris 1928, hier zit. nach der engl. Ausgabe *Socialism*,
London: Routledge, 1967, S. 22, 56, 85.

Durkheims Analyse deutet darauf hin, daß das Gleichheitsmotiv in der Entwicklung sozialistischer Lehrmeinungen keine fest verankerte Rolle spielt. Angeregt wird dieses Motiv von Idealen, zu denen auch Gerechtigkeitsvorstellungen gehören, die in keiner allgemeinen Verbindung zum Zentralbegriff der Ersetzung »irrationaler« Marktkräfte durch ökonomische Vernunft stehen. Die Klassenspaltung kann das fehlende Glied nicht – oder zumindest nicht in vollständigem Maße – liefern, denn so, wie der Begriff der Klasse in den meisten Formen des Sozialismus (und insbesondere bei Marx) verstanden wird, bezieht er sich nicht in erster Linie auf wirtschaftliche Ungleichheit, sondern auf Ausbeutung. Im Sozialismus gibt es zwei Pole: »bewußte Steuerung« und »Egalitarismus«. In der Theorie von Marx wird der Klassenbegriff eher mit dem ersten als mit dem zweiten verknüpft. Vergleicht man die Klassengesellschaft mit der klassenlosen, besteht der Hauptunterschied darin, daß jene keine rationale Kontrolle des Wirtschaftslebens gestattet.

Nach allen Spielarten des Sozialismus soll die bewußte Steuerung der Produktion durch den Reifeprozeß des Kapitalismus selbst tendenziell vorangebracht werden – ein Prozeß, der von manchen Theoretikern allerdings sehr viel deterministischer aufgefaßt worden ist als von anderen. Wieder ist Marx der Locus classicus, sei es auch nur deshalb, weil Marx eine technische Erklärung der sich herausbildenden Sozialisierung des Marktes gegeben hat. Er geht davon aus, daß die kapitalistische Wirtschaft in den frühen Entwicklungsphasen Wettbewerb zwischen vielen unabhängigen Produzenten mit sich bringt. In vormodernen Gesellschaften gab es eine direkte und bewußte Verbindung zwischen Produktion und Konsumtion: die Erzeugnisse wurden auf dem lokalen Markt entweder getauscht oder ge- und verkauft, wobei Produzent und Konsument in unmittelbare Verbindung zueinander traten. Seit der Entstehung des modernen Kapitalismus ist diese Verbindung zwischen Produzenten und Konsumenten durchschnitten; nun werden sie vor allem durch die Wechselwirkung zwischen Preis und Gewinn in einen Zusammenhang gebracht. Die Arbeitskraft selbst wird zu einer Ware, die auf dem Markt ge- und verkauft werden muß. Wer gezwungen ist, seine Arbeitskraft an Arbeitgeber zu verdingen, um so den Lebensunterhalt zu verdienen, ist, was seine

Einkünfte betrifft, durch die Bedingungen des Arbeitsvertrags eingeschränkt. Je nachdem, wie man Marx interpretieren möchte, erzeugt der Kapitalismus entweder die absolute oder die relative Verelendung der Arbeiterklasse.

Zugleich ist die kapitalistische Wirtschaft, wenn auch nicht aus diesen Gründen, dem sich stetig wiederholenden Kreislauf von Aufschwung und Krise unterworfen. In Zeiten wirtschaftlicher Depression kommt es zu großer Arbeitslosigkeit. Marx behauptet zwar, daß die Existenz der »industriellen Reservearmee« ein wichtiger Stabilitätsfaktor des Kapitalismus ist, doch zugleich hält er sie offensichtlich für irrational, sobald man sie vor dem Hintergrund einer möglichen sozialistischen Gesellschaft sieht, in der es dieses Auf und Ab ja nicht geben würde. Es ist keine nutzbringende Steuerung einer Industriewirtschaft, wenn Hunderttausende oder sogar Millionen arbeitslos und untätig sind, während viele ohne Güter auskommen müssen, die sie brauchen oder gern hätten.

Nach Marx führt schon allein die Krisentendenz der kapitalistischen Wirtschaft zu deren Sozialisierung, nicht allerdings zum Sozialismus, der nur durch eine Revolution zu erreichen ist. In Krisensituationen sind es eher die großen Betriebe, die überleben und schließlich wachsen, was auf Kosten der kleinen Firmen geht, die nicht mehr konkurrenzfähig sind. Nun gibt es zwei Möglichkeiten der Sozialisierung der Produktion. Durch einen Prozeß der Kapitalkonzentration entstehen riesige Betriebe, die in dem betreffenden Land oder sogar in der Welt monopolistische oder oligopolistische Kontrolle über ihren Sektor der Industrie ausüben. Auch das Kapital wird zentralisiert: der Markt unterliegt in immer höherem Maße Eingriffen von seiten der Staatsbank oder sonstiger Regierungsinstanzen. Je weiter diese Prozesse voranschreiten, um so bewußtere Beziehungen zwischen Produktion und Konsumtion kommen ins Spiel, denn große Firmen und zentralisierte Finanzorganisationen sind in der Lage, die Bedingungen, unter denen Märkte funktionieren, zu beeinflussen. Diese Situation bezeichnet Marx als Kapitalismus ohne Kapitalisten. Dies sei ein Kapitalismus, dessen Widersprüche deutlich zutage getreten seien und der nun nahe daran sei, durch den Sozialismus überwunden zu werden.

Über die Einzelheiten der Analyse von Marx ist es zwischen den Sozialisten zu endlosen Streitigkeiten gekommen, doch seine Auffassung des charakteristischen Entwicklungsprozesses des Kapitalismus oder eine ähnliche Darstellung ist unerläßlich für die politische Theorie des Sozialismus. Marx hielt den Sieg des Sozialismus über den Kapitalismus für »unvermeidbar«, denn er war, wie gesagt, überzeugt, daß es nur die Wahl zwischen dem Sozialismus oder dem Rückfall in die Barbarei gebe. Außerdem behauptete er, daß diese Analyse in Verbindung mit der Theorie des revolutionären Proletariats seine wichtigste selbständige Leistung darstelle, denn im übrigen stützte er sich weitgehend auf die orthodoxe politische Ökonomie. Der Impuls, der den Kapitalismus dazu drängt, zu expandieren und andere soziale und ökonomische Systeme zu vernichten, erzeugt seine Polarisierungstendenzen und beschneidet zugleich seine historische Lebensdauer.

Bewußte Steuerung heißt: Planung der Wirtschaft, die, um wirksam zu sein, auch prinzipiell weitgehend zentralisiert werden muß. Daraus ergibt sich nach der sozialistischen Theorie ein »kybernetisches« Modell der ökonomischen Organisation. Die sozialistische Wirtschaft (nicht der Staat, der ja »verschwindet«) wird durch eine »Intelligenz höherer Stufe« geregelt, also von dem ökonomischen Kopf, der die wirtschaftlichen Inputs und Outputs »niedrigerer Stufe« steuert. Zu Anfang unseres Jahrhunderts wurde dieser Sachverhalt von einem bekannten Autor so formuliert, daß Produktion und Distribution von »kommunalen, Landes- oder Nationalkommissären« in die Hand genommen werden, die »in bewußter Voraussicht das ganze Wirtschaftsleben nach den Bedürfnissen ihrer in ihnen bewußt vertretenen und durch sie bewußt geleiteten Gemeinschaften gestalten«.[6]

Sozialisten haben behauptet, daß derartige Einrichtungen die Vielfalt nicht behindern, sondern fördern werden. So heißt es bei Karl Kautsky, daß »größte Mannigfaltigkeit und Wandlungsfähigkeit« herrschen werden. »Die mannigfachen Arten des Eigenthums an den Produktionsmitteln – staatliches, kommunales, konsumgenossenschaftliches, produktionsgenossenschaftliches, privates –

6 Rudolf Hilferding, *Finanzkapital* (1910), Frankfurt/Main: Europäische Verlagsanstalt, 1968, S. 24.

können nebeneinander in einer sozialistischen Gesellschaft existieren.«[7]

Schon ganz zu Anfang gab es einige Kritiker, die ahnten, daß sich die Dinge nicht in dieser Weise entwickeln würden. Der Kapitalismus bedient sich, wie Max Weber und Eugen Böhm-Bawerk schrieben, des Marktes, um Signale auszusenden, während Bestrebungen zur bewußten Kontrolle des Wirtschaftslebens zumindest dann, wenn sie über einen bestimmten Punkt hinausgehen, nicht nur ökonomische Leistungsschwächen, sondern Bürokratenherrschaft erzeugen. Extremere Fassungen dieser Argumentation wurden später von Autoren wie v. Mises, Lionel Robbins und Hayek dargelegt, während Autoren wie Oskar Lange die Gegenpartei vertraten und sich für den Sozialismus aussprachen. Ludwig v. Mises schreibt: »Sobald man die Vorstellung eines frei festgesetzten Geldpreises für Güter höherer Stufe fallenläßt, wird eine rationale Produktion völlig unmöglich. Jeder Schritt, der uns vom Privateigentum an Produktionsmitteln und vom Gebrauch des Geldes wegführt, entfernt uns zugleich von der rationalen Ökonomie.«[8]

Viele Sozialisten – insbesondere diejenigen, die zum Reformismus neigen – haben eingesehen, daß die zentrale Planung erhebliche Beschränkungen und Gefahren mit sich bringt, wenn man sie zu weit treibt (einerlei, wie der Begriff »zu weit« bestimmt werden mag). Die meisten wurden Verfechter einer »gemischten« Wirtschaftsform. Während der Keynesianismus im Westen und der Sowjetkommunismus im Osten die Oberhand hatten, wurden die Anschauungen von v. Mises und gleichgesinnten Autoren von den Sozialisten für derart extrem erachtet, daß sie ihnen nachgerade abwegig erschienen. So schrieb ein Enthusiast in den späten vierziger Jahren: »Jetzt sind wir allesamt *Planer*. Der Zusammenbruch des populären Glaubens an das Laissez-faire-Prinzip hat sich seit dem Krieg in der ganzen Welt mit sensationeller Geschwindigkeit abgespielt.«[9] Die bewußte Lenkung des Wirtschaftslebens schien, wie Marx verkündet hatte, schlicht das Rationale an die Stelle des Irrationalen zu setzen.

7 Karl Kautsky, *Die soziale Revolution*, II. *Am Tage nach der Revolution*, Berlin 1904, S. 36.
8 Ludwig von Mises, »Economic calculation in the socialist commonwealth«, in: F. A. Hayek (Hg.), *Collectivist Economic Planning*, London: Routledge, 1935, S. 104.
9 E. F. M. Durbin, *Problems of Economic Planning*, London: Routledge, 1949, S. 41.

Sozialismus und Demokratie

Wie es sich für eine Lehre gehört, die so stark von der Amerikanischen und der Französischen Revolution beeinflußt wurde, steht der Sozialismus in engem Zusammenhang mit demokratischen Idealvorstellungen. Dennoch ist das Verhältnis des Sozialismus zur Demokratie mehrdeutig und paradox. In den meisten Spielarten des Sozialismus heißt »Demokratie« nicht bloß liberale Demokratie, denn die Sozialisten haben sich normalerweise kritisch über die Mängel der politischen Einrichtungen des »Bürgertums« geäußert. Seither ist hier (ebenso wie im Falle des Gleichheitsbegriffs) alles konfus, wie man zu behaupten versucht ist. Die von Marx vertretenen Gedanken zur Demokratie z. B. sind bekanntlich ganz unterschiedlich interpretiert worden.

Einige wenige Haupttendenzen lassen sich jedoch ohne größere Mühe auseinanderhalten. Die von Marx vorgetragene Kritik der bürgerlichen Demokratie betraf im wesentlichen zwei Punkte: Die Demokratie seiner Zeit hielt er für Schwindel, da sie ihren eigenen Allgemeinheitsansprüchen bei weitem nicht gerecht wurde. Die demokratischen Rechte, die angeblich jedermann offenstanden, waren in Wirklichkeit nur einer privilegierten Minderheit zugänglich, nämlich erwachsenen, männlichen Vermögensbesitzern. Unter diesem Gesichtspunkt war es für Marx ein verhältnismäßig unkomplizierter theoretischer Schritt, diese Situation mit der Macht der kapitalistischen Klasse in Verbindung zu bringen. Nach seiner Auffassung kann der kapitalistische Staat nur die Wahlberechtigung »seiner selbst« dulden, also der Klasse der Kapitalisten und ihrer Gefolgsleute. Eine ganz umfassende Verbreitung der demokratischen Vorrechte sei in einer kapitalistischen Gesellschaft einfach nicht durchzusetzen. Daher konnten einige Anhänger von Marx die Bedeutung der Demokratie herunterspielen und der Revolution den Vorrang einräumen. Es lag im Begriff des reformistischen Sozialismus, daß er diesen Weg ablehnte und behauptete, es sei möglich und nötig, den demokratischen Rechten im Zuge der Umgestaltung des Kapitalismus allgemeine Verbreitung zu verschaffen.

In einer antirevolutionären Philosophie erblickte der Reformsozialismus sogar einen notwendigen Schutz gegen das mögliche

Abgleiten des Sozialismus in ein autoritäres Herrschaftssystem. Nach Sidney Webb z. B. kennzeichnet es den Sozialismus, sich Schritt für Schritt weiterzuentwickeln: »Heute halten die Philosophen nur noch Ausschau nach schrittweisen Übergängen von der alten zur neuen Ordnung, ohne daß es an irgendeiner Stelle dieses Vorgangs zu einem Bruch der stetigen Entwicklung oder zu einem jähen Wandel des ganzen sozialen Gefüges käme.« Und dem fügte er noch hinzu, daß »wichtige organische Veränderungen nur demokratisch ablaufen können und daher für eine Mehrheit des Volkes akzeptabel sind«.[10] Wenig später begriff T. H. Marshall die ebenso aufgefaßten politischen Rechte als Kernstück seiner Analyse, der zufolge sich mit fortschreitendem Sozialismus nach und nach staatsbürgerliche Rechte herausbilden.

Die Tatsache, daß die demokratischen Rechte der Bourgeoisie im Rahmen der kapitalistischen Gesellschaft allgemeine Verbreitung fanden (wobei sie allerdings freilich, wie die Reformsozialisten angenommen hatten, diese Gesellschaft selbst veränderten), brachte die Theorien des Liberalismus und des Sozialismus nicht miteinander in Einklang. Um den Grund hierfür zu erkennen, müssen wir uns dem zweiten Strang der Marxschen Demokratiekritik zuwenden. Diese Kritik lautet wie folgt: Selbst wenn die Vorrechte der bürgerlichen Demokratie verallgemeinert werden, sind sie dennoch bestenfalls Stückwerk – als Rechte zu politischer Beteiligung lassen sie eine Menge zu wünschen übrig. Hier kommt das Thema Ungleichheit ins Spiel. Inwiefern kann eine Gesellschaft demokratisch sein, wenn die Ressourcen so ungleich verteilt sind, daß formale Rechte einen großen Teil ihres Sinns einbüßen? Die bekannte Freiheit jedermanns, im Westend zu wohnen, wenn er dazu Lust hat, ist keine Freiheit, die sich verallgemeinern läßt.

In dieser Sache ist eine Mehrzahl der reformistisch gesinnten Sozialisten anderer Ansicht als Marx. Die formale Freiheit zu politischer Beteiligung, meinen sie, kann dazu führen, daß sich in keineswegs revolutionären Situationen wirkliche Veränderungen der Ressourcenverteilung und der Machtverhältnisse abspielen. Derartige Freiheiten seien nämlich die Grundlage kollektiven Handelns, durch die bisher existierende Ungleichheiten wettge-

10 Sidney Webb, »The basis of socialism: historic«, in: G. Bernard Shaw, *Fabian Essays in Socialism*, London: Fabian Society, 1931, S. 27, 30.

macht werden können. Diese Anschauung wird z. B. von Marshall vertreten.

Die Demokratie im Sinne des Liberalismus ist eine repräsentative Demokratie und läßt es nicht zu, daß sich die Regierten in irgendeiner Form unmittelbar an Regierungsvorgängen beteiligen. Diese Demokratie ist auf den politischen Bereich beschränkt. Auf dem Gebiet der Produktion hat der Arbeiter, sobald er Tag für Tag durchs Werkstor gegangen ist, keine Rechte zur Bestimmung des eigenen Geschicks. Marx hat zwar keine ausgeführte Theorie der demokratischen Beteiligung aufgestellt, doch seine Gedanken zum Programm der Pariser Kommune enthalten einige diesbezügliche Hinweise. Offenbar hat sich Marx vorgestellt, daß es in einer sozialistischen Gesellschaft möglich wäre, neben (oder wahrscheinlicher: als Bestandteil) einer Verschmelzung der Demokratie des politischen mit der des Arbeitsbereichs auch Formen partizipatorischer Demokratie zu etablieren.

Obwohl sich Marx hin und wieder positiv über die Mehrparteiendemokratie äußert, rechnete er wahrscheinlich nicht damit, daß sie in einer sozialistischen Ordnung von Dauer wäre. Er hält ja, ebenso wie sehr viele seiner Anhänger in späterer Zeit, politische Parteien für einen Ausdruck von Klasseninteressen; und sobald die Klassengesellschaft überwunden sei, sollten auch die Parteien verschwinden. Manche Marxinterpreten haben zwar versucht, das in seinen Ansichten über die Demokratie enthaltene Rousseausche Element herunterzuspielen, aber trotzdem bewahrt dieses Element seine Kraft, und es ist schwierig, wenn nicht gar unmöglich, es mit dem politischen Pluralismus in Übereinstimmung zu bringen. Für Marx ist die Demokratisierung in einer sozialistischen Gesellschaft ein Aspekt, der aus dem Verschwinden des Staates resultiert. Eine starke Demokratie werde die Macht an die Zivilgesellschaft zurückgeben, sie aber ebendadurch zusammen mit dem Staat selbst »abschaffen«. Die Schwierigkeiten, die sich aus einem solchen Standpunkt ergeben, sind wohlbekannt und brauchen hier nicht im einzelnen erkundet zu werden. Schon lange, ehe die Sowjetunion den Versuch machte, diesen Standpunkt durch Entwicklung des Systems der Sowjets in die Praxis zu übersetzen, waren seine Begrenzungen und Paradoxien von Durkheim aufgezeigt worden. Durkheim fragte nämlich ganz zu Recht, wer die demokratischen Rechte schützen oder Pflichten in demokratischer Weise bestimmen solle, wenn der Staat in die Zivilgesellschaft hinabgezogen werde. Das sei ein Rezept, das entweder zu einem wankelmütigen und ohnmächtigen Populismus führen werde oder zum Autoritarismus, wie es dann in der UdSSR geschehen ist.

Die sozialistische Kritik an der liberalen Demokratie ist heute weder uninteressant noch belanglos geworden. Die These »Liberale Demokratie ist nicht genug« ist nach wie vor wichtig, denn weitere Demokratisierungsprozesse sind in modernen Gesellschaften, wie weiter unten erörtert wird, möglich und sogar erforderlich, um die soziale Kohäsion zu bewahren und sie mit der Weiterentwicklung der Rechte und Pflichten des Individuums in Einklang zu bringen.

Das sozialistische Denken (ob revolutionär oder eher reformistisch) ist jedoch auf diesem wie auf anderen Gebieten zur Kritik besser gerüstet als zur Neugestaltung. Hier erweist sich die Spannung zwischen ökonomischer Koordination und Egalitarismus als ausschlaggebend. Die Rousseauschen Züge im Denken von Marx mitsamt den dadurch hervorgerufenen Unzulänglichkeiten stehen in engem Zusammenhang mit der von ihm betonten Anschauung, Sozialismus bedeute die Ersetzung der irrationalen Momente der kapitalistischen Unternehmerwirtschaft durch die gesteuerte Kontrolle des Wirtschaftslebens. Dagegen ziehen die Sozialisten, die zum egalitären Pol neigen, der Demokratie den Anarchismus vor oder sie begreifen die politische Macht als ein Instrument, das benutzt werden muß, um sozioökonomische Nivellierung herbeizuführen, was dann, wie man behaupten könnte, durch die politischen Maßnahmen Pol Pots in extremer Form umgesetzt worden ist.

Es liegt nachgerade im Begriff des reformistischen Sozialismus, daß er die Bedeutung der Demokratie für sozialistische Zielsetzungen akzeptiert, doch die Spannung zwischen zentraler Wirtschaftsregulierung und Gleichheit tritt bei den reformistisch gesinnten Sozialisten genauso nachdrücklich in Erscheinung wie bei ihren eher revolutionär orientierten Pendants. Die Demokratie gilt zwar als überaus wichtig für den Sozialismus, doch in theoretischer Hinsicht habe sie nichts mit ihm zu tun. Im Grunde bietet die Demokratie einen Rahmen, in dem sozialistische Parteien friedlich an die Macht kommen und ihre Veränderungsprogramme durchsetzen können. Eine Erweiterung der Demokratie bedeutet, daß man die Menschen in diesem Sinne »einbezieht«; doch das ändert nichts an der Zwickmühle, wie die »rationale Ausrichtung« des Wirtschaftslebens mit der Gleichheit in Übereinstimmung gebracht werden kann. Diese Spannungen spiegeln sich, wie ich weiter unten zu zeigen versuche, in den Mehrdeutigkeiten des Sozialstaats.

Der revolutionäre Sozialismus

Die Frage »Revolution oder Reform« ist eine besonders wichtige Bruchlinie, die den Sozialismus über viele Jahre hinweg – ja, während des größten Teils seiner Geschichte – gekennzeichnet hat. Marx war zwar gewiß revolutionär eingestellt, doch die Revolution selbst interessierte ihn relativ wenig. Der faktische Revolutionsprozeß war in seinen Augen nur der Übergangspunkt, der Veränderungen bestätigt, die in der Gesellschaft längst stattgefunden haben. Von anderen Autoren ist die Revolution als kathartisches Erlebnis aufgefaßt worden, und manche haben sogar geltend gemacht, eine blutige Revolution sei friedlicheren Umwälzungen vorzuziehen, weil sie den Schutt der bisherigen Geschichte gründlicher ausräumen werde. Die Überzeugungskraft der blutig oder sonstwie aufgefaßten Revolutionsidee muß im Verhältnis zur Aufklärung verstanden werden, in der das Projekt des »Ausräumens der Vergangenheit« von maßgeblicher Bedeutung war. Die sozialistische Revolution soll den von früheren bürgerlichen Umwälzungen eingeleiteten Prozeß vollenden, durch den man der Vergangenheit entrinnt und in eine vom Menschen bestimmte Zukunft gelangt.

Die Zugkraft, die der Revolutionsgedanke auf diejenigen ausgeübt hat, die sich von ihm haben beeinflussen lassen, rührt, wie einige Kritiker meinen, von seinen chiliastischen Eigenschaften und von einer gewissen Romantik her. Es wäre allerdings ebenfalls möglich, das genaue Gegenteil zu begründen. Sobald der Revolutionsbegriff nicht mehr wie früher als Rückkehr gedeutet, sondern als Sprung nach vorn interpretiert wird, wirkt er zwingend, weil er einen geballten Augenblick der aufklärerischen Befreiung von der Tradition und der ererbten Autorität darstellt. Der revolutionäre Sozialismus enthält in seinen weniger ekstatischen Formen, zu denen auch die Schriften von Marx gehören, eine klare theoretische Erklärung der Bedeutung der Revolution. Einerlei, ob die Revolution durch Straßenkämpfe ausgetragen wird oder nicht, sie ist jedenfalls die Äußerung eines »Gestaltwechsels«, ein Übergang von einer Gesellschaftsform zur anderen.

Das ist der Grund, weshalb der Reformismus dem revolutionären Sozialisten stets verdächtig und eventuell sogar kontraproduktiv erscheint. Denn halbwegs durchgeführte Reformen können der Beschönigung dienen und Kräfte ablenken, die sonst einen radikaleren Übergang herbeizuführen vermöchten. Der Sozialstaat z. B. ist von einer ganzen Generation revolutionärer Aktivisten in diesem Sinne aufgefaßt worden. In den letzten beiden Jahrzehnten haben wir uns an eine Situation gewöhnt, in der die Kritik am Sozialstaat von der Rechten und seine Verteidigung von der Linken kommt, und darüber ist beinahe in Vergessenheit geraten, daß der Sozialstaat früher die verschiedenen Flügel der Linken gegeneinander aufbrachte. Die Geschichte derartiger Streitigkeiten reicht zumindest bis zu Marx und Engels zurück, die nicht nur über das verschüchterte Verhalten der Sozialisten in ihrer Wahlheimat Großbritannien enttäuscht waren, sondern auch über die große Anzahl von Mitgliedern der Arbeiterklasse, die sich entschieden von der Revolution abwandten.

Ebenso, wie der Sozialismus die »Vorhut« der geschichtlichen Entwicklung darstellen sollte, galt die Revolution nach Auffassung vieler Sozialisten als vorderste Front des Sozialismus. Der Verlust des Revolutionsgedankens – zumindest im Sinne einer sozialistischen Revolution, nach der heute sicher niemand mehr strebt – ist hauptsächlich verantwortlich für das nunmehr allenthalben sichtbare »Schrumpfen« des Sozialismus. Die Revolution stand für Buntheit, für Kühnheit, für das Drama einer in möglichst zupackender Weise gelenkten historischen Entwicklung. Das Tun der Reformisten hat im Gegensatz dazu ängstlich und unzulänglich gewirkt. Dennoch sind es die »revolutionären Gesellschaften«, die zerfallen sind, während ihre Vorhut in der Gerümpelkammer der Geschichte gelandet ist.

Warum haben die Vertreter des »westlichen Marxismus« so lange gebraucht, um einzusehen, was ihnen die Rechte schon seit vielen Jahren erzählte, nämlich daß der sowjetische Kommunismus in ökonomischer Hinsicht borniert und in politischer Hinsicht totalitär war? Die Antwort auf diese Frage lautet, daß die westlichen Marxisten – oder zumindest viele von ihnen – diese Dinge in Wirklichkeit schon lange vor den meisten Kritikern der liberalen Mitte oder gar der Rechten erkannt hatten. Einige westliche Marxisten äußerten sich von Anfang an mit heftiger Kritik über die in Rußland im Aufbau begriffene neue Gesellschaft. Dazu gehörten die Anhänger Trotzkis, aber auch die meisten bekannten Mitglieder der Frankfurter Schule sowie zahlreiche Vertreter des »humanistischen Marxismus«. Zur gleichen Zeit, da der Keynesianismus in den westlichen Ländern an Einfluß gewann, waren die Wachstumsraten der sowjetischen Wirtschaft sichtlich hoch. Im Westen gab es viele nichtmarxistische Beobachter (zu denen auch die politischen Führer gehörten), die Chruschtschows prahlerische Bemerkung ernst nahmen: »Wir werden euch noch begraben!«, denn damals waren die Wachstumsraten in der Sowjetunion höher als im Westen. Im Vergleich mit solchen Ansichten liest sich Herbert Marcuses 1957 zum erstenmal veröffentlichtes Buch über den Sowjetmarxismus ernüchternd.[11]

Obwohl die Vertreter des westlichen Marxismus die Sowjetunion ablehnten, ging es in intellektueller Hinsicht aus verschiedenen Gründen aufwärts mit ihnen während der Nachkriegszeit. Ein Grund bestand darin, daß die westlichen Marxisten einen Großteil ihrer Kräfte auf die Kritik des Kapitalismus verwandten. Die meisten marxistischen Autoren begriffen den Sozialstaat entweder als entschiedene Schranke zur Erreichung des vollkommenen Sozialismus oder bloß als Zwischenstation auf dem Weg dahin. Im klaren waren sie sich darüber, daß die sozialistische Gesellschaft der Zukunft nicht sehr bzw. gar nicht der Sowjetunion ähneln würde, aber ebenso wie Marx zögerten sie, wenn es darum ging, die Beschaffenheit dieser Gesellschaft im einzelnen anzugeben. Ein weiterer Grund war der, daß sie eine Zeitlang in der Lage waren, bei der Suche nach Modellen des Sozialismus in der Dritten

11 Herbert Marcuse, *Soviet Marxism*, London: Routledge, 1957. Deutsche Übersetzung: *Die Gesellschaftslehre des sowjetischen Marxismus*, Frankfurt: Suhrkamp 1989.

Welt fündig zu werden. Die Hoffnungen einiger westlicher Marxisten wurden von Maos China, Castros Kuba und gelegentlich noch ein paar weiteren revolutionären Ländern der Dritten Welt genährt, bis die Mängel dieser Gesellschaften ins Auge sprangen.

Eine weitere Stütze des westlichen Marxismus war die Theorie des kapitalistischen Imperialismus und der Abhängigkeit der Dritten Welt. Die sozialistische Revolution wurde als die einzige Möglichkeit hingestellt, durch die sich die Länder der Dritten Welt aus ihrer untergeordneten Stellung in der kapitalistischen Weltordnung befreien könnten. Wenn auch China und Kuba nicht unbedingt der westlichen Welt selbst den Weg in die Zukunft wiesen, so vermöchten sie doch zumindest anderen weniger entwickelten Ländern zu zeigen, wie sie sich aus der wirtschaftlichen Stagnation lösen könnten. Hier gab es so etwas wie ein enges Bündnis zwischen dem westlichen und dem sowjetischen Marxismus, denn der westliche Marxismus erblickte in der sowjetischen Hilfe für die revolutionären Bewegungen in der Dritten Welt eine progressive Kraft.

Daß der Sozialismus als Mittel bei der Entwicklung der Dritten Welt versagte, war für den westlichen Marxismus ein ebenso böser Rückschlag wie die Geschehnisse in den stärker industrialisierten Teilen der Welt. China wandte sich nach dem Dahinschwinden des Marxismus der Einführung kapitalistischer Betriebsformen zu und setzte damit eine Phase rascher ökonomischer Entwicklungen in Gang. In Afrika und anderen Weltgegenden scheiterten die sozialistischen Staaten, und später wurde deutlich, daß die sozialen Reformen in Kuba und deren etwaige Erfolge abhängig waren von umfassender sowjetischer Wirtschaftshilfe. Das Wichtigste von allem war vielleicht der durch die rasche Entwicklung der fernöstlichen »Tigerstaaten« erbrachte Nachweis, daß die Länder der Dritten Welt ihre Wirtschaft aus eigenem Bemühen schnell und erfolgreich auszubauen vermochten, und zwar in einem kapitalistischen Rahmen.

Sieht man von der politischen Brutalität ab, funktionierte der revolutionäre Sozialismus sowjetischer Prägung als Wirtschaftstheorie in etwa genauso lang und in etwa aus den gleichen Gründen wie der Keynesianismus. Er bot im Kontext der einfachen Modernisierung ein Gerüst der wirtschaftlichen Entwicklung, das mit dem Staat in enger Verbindung stand. In der Sowjetunion wurde die dem Staat übertragene Macht benutzt, um Prozesse der erzwungenen Industrialisierung in Gang zu setzen, die den Bruch mit der vorher existierenden halbfeudalen Ordnung ermöglichten, obwohl sie später wiederkehrten und die Ökonomie in Schwierigkeiten brachten. Die Sowjetunion hielt sich vom Rest der internationalen Wirtschaft fern – zumindest versuchte sie es – und konzentrierte sich auf Handelsgebiete innerhalb der Grenzen ihres osteuropäischen »Herrschaftsbereichs«.

Grenzen des kybernetischen Modells

Das im Sozialismus insgesamt enthaltene und vom Sowjetkommunismus besonders weit entwickelte kybernetische Modell funktionierte als Mittel der wirtschaftlichen Entwicklung, wie ich angedeutet habe, unter Bedingungen der einfachen Modernisierung einigermaßen. Die reflexive Modernisierung bringt nun im Zusammenspiel mit der Globalisierung ganz andere soziale und ökonomische Verhältnisse ins Spiel.

Sofern diese Anschauung zutrifft, muß die von Autoren der Neuen Rechten geäußerte Vorstellung, daß v. Mises und andere Theoretiker immer schon recht gehabt hätten hinsichtlich der inneren Mängel der sozialistischen Planung, mit Vorsicht genossen werden. Die Haupteinwände, die v. Mises gegen die Planung sowjetischen Typs vorbringt, setzen die Unumgänglichkeit des Anreizes der Selbstbereicherung bzw. der Maximierung von Profit und Rendite auf seiten aller ökonomischen Akteure voraus. Außerdem stützt sich seine These auf die Begriffe des Wissens und der Initiative. In einer komplexen Wirtschaft fänden ständig zahllose Austauschhandlungen statt, mit Bezug auf die die Preise irgendwie festgelegt werden müssen. Das geschieht unter sich unaufhörlich wandelnden Umständen. Selbst ein mit äußerst kenntnisreichen Planern bemanntes »intelligentes Zentrum« wäre nicht imstande, die richtigen Preise der auf den Markt gebrachten Güter zu bestimmen. Die Preisfestsetzung auf dem Markt erzeugte zusammen mit weiteren Marktmechanismen Informationen, die nicht einmal ein Superrechner (von dem Lange an einer Stelle redet) liefern könnte. Versuche, den Markt irgendeiner Art von Steuerung zu unterwerfen, würden daher seine Wirksamkeit beeinträchtigen. Zur Ausgestaltung dieser Anschauung hat auch Hayek einen bedeutenden Beitrag geleistet: der Markt bringt ein Wissen ins Spiel, das praktischer Art ist und nicht artikuliert wird. Der Markt ist ein Werkzeug zur Ermittlung und Verwendung lokaler Kenntnisse, die allen nutzen können. Es liegt nicht – oder nicht ausschließlich – an der Komplexität und Wandelbarkeit dieser Kenntnisse, daß die im Rahmen des Marktwettbewerbs von Preisen gelieferten Informationen nicht von einer steuernden Intelligenz erfaßt werden können, sondern es liegt daran, daß es sich bei diesen Kenntnissen um ein Wissen handelt, das sich uns nur »aus dem Gebrauch ergibt« und das »in Gewohnheiten und in der Praxis aufgehoben« ist. Im Hinblick auf die Wirtschaftsplanung kommt es hier vor allem auf die Unmöglichkeit an, wesentlich praktisches Wissen zum Gegenstand ökonomischer Berechnungen zu machen, denn viele Entscheidungen müssen, um etwas zu bewirken, »auf der untersten Etage« getroffen werden, indem nichtartikuliertes Wissen und praktische Fertigkeiten zum Einsatz gebracht werden. In großem Maßstab ist erfolgreiches Planen nachweislich eine »Erkenntnisunmöglichkeit«.[12] Hier bestehen auch einige genaue Entsprechungen zu Oakeshotts Erörterung der Tradition: Das »Wissen, wie« hat stets Vorrang vor dem »Wissen, daß«, und während jenes eine selbständige Existenz hat, geht sie diesem ab.

Nach Oakeshott und Hayek ist solches praktisches Wissen von der Tradition abhängig – vielleicht ist es auch das gleiche wie Tradition. Darin liegt jedoch eine gewisse Widersprüchlichkeit, denn gleichviel, wie flexibel die Traditionen sein mögen, sie werden sicher nicht für jene innovativen und geistesgegenwärtigen Reaktionen sorgen, die in ständig wechselnden Informationsumfeldern nötig sind, um ökonomische Entscheidungen zu treffen. Daher könnte man auch ein entgegengesetztes Argument konstruieren: Manche Arten der zentral gesteuerten Wirtschaftsplanung waren im Stadium der einfachen Modernisierung nicht trotz, sondern wegen des Einflusses von Traditionen und Gepflogenheiten leistungsfähig. Anders ausgedrückt: die dirigistische Steuerung der

12 John Gray, »Hayek as a conservative«, in: Gray, *Post-liberalism*, London: Routledge, 1993.

Wirtschaft kann erfolgreich sein, wenn die Menschen einigermaßen stabile Präferenzen haben und solange sich ihre reflexive Einbindung in umfassendere soziale und ökonomische Prozesse auf relativ niedriger Ebene abspielt.

In einer Welt, der die Traditionen abhanden kommen, wird das praktische, ortsgebundene Wissen – ebenso wie die damit einhergehende Autonomie – zu einem entscheidend wichtigen Faktor. Das liegt daran, daß das reflexive Individuum (als Staatsbürger wie als Konsument) ein »bewegliches Ziel« darstellt, das über lokale Kenntnisse verfügt sowie über eine Menge Informationen, die auch den potentiellen Planern im Zentrum zu Gebote stehen. Ein weiterer Grund ist der, daß ebendiese Reflexivität die Handlungs- und Reaktionsweisen prägt, die in lokalen Praktiken gründen. In dieser Hinsicht wird der Standpunkt von Hayek und Oakeshott erhärtet, wenn man davon absieht, daß solche Praktiken im allgemeinen nicht traditionsgebunden sind, während dort, wo sie auf Traditionen beruhen, die traditionalen Eigenschaften in reflexiver Weise aufrechterhalten oder erneuert werden.

Summa summarum: der Gedanke, daß die »irrationalen« Eigenschaften der kapitalistischen Wirtschaft durch die Sozialisierung der Produktion überwunden werden können, läßt sich nicht mehr rechtfertigen, was allerdings nicht nur auf die von Hayek und den übrigen Autoren genannten Gründe zurückzuführen ist. Seit dieser Gedanke dahin ist, sind die lange Zeit vom Sozialismus getragenen radikalen Hoffnungen ebenso aussichtslos wie der Altkonservatismus, der früher ihr Gegner war. Ein hohes Maß an zentraler Planung ist für eine moderne Wirtschaft nur solange erträglich und mit ihrem Gedeihen verträglich, als bestimmte Bedingungen erfüllt sind, nämlich: solange es sich um eine in erster Linie nationale Wirtschaft handelt, solange das soziale Leben von globalisierenden Einflüssen abgeschirmt und nicht gründlich durchdrungen wird, und solange der Grad der institutionalisierten Reflexivität nicht hoch ist. Sobald sich diese Umstände ändern, versagt der Keynesianismus, und Ökonomien des sowjetischen Typs stagnieren.

Der »erkenntnistheoretische Einwand«, den v. Mises und Hayek gegen die zentral gesteuerte Planung vorgebracht haben, ist zwar stichhaltig, aber ganz wirksam wird er erst, wenn bestimmte tiefgreifende Veränderungen der Gesellschaft eintreten. Das Komplexitätsargument ist beeindruckend, aber nicht zwingend. Auch in den kompliziertesten ökonomischen Verhältnissen kann Planung sehr häufig Ergebnisse erzielen, die den vom Markt gezeitigten überlegen sind, und außerdem ist Planung erforderlich, um Situationen oder Werte zu schützen, die vom Markt wahrscheinlich zunichte gemacht werden. Von den Kritikern der radikalen Propagandisten des freien Marktes ist einhellig betont worden, daß Planung, einerlei, ob sie von Staaten, Unternehmen oder sonstigen Gruppen durchgeführt wird, in vielerlei Gestalt ein wesentliches Element des kapitalistischen Wirtschaftens bleibt. Der Markt ermöglicht Entscheidungsprozesse von unten nach oben, die sehr häufig die Voraussetzung sind für wirtschaftliche Leistungsfähigkeit. Doch die Wichtigkeit der von unten nach oben führenden Entscheidungen, der Autonomie und der Dezentralisierung ist nicht nur auf den Bereich des Marktes beschränkt, sondern in einer Zeit hochgradiger Reflexivität machen diese Faktoren auch auf anderen Gebieten Fortschritte. Das kybernetische Modell der Wirtschaftsregulierung gerät zusammen mit dem hierarchischen Modell bürokratischer Verfahrensweisen in Verfall.

Sofern der sozialstaatlich orientierte Sozialismus konservativ geworden und der Kommunismus ausgestorben ist, fragt es sich, ob nicht ein »dritter Weg« möglich wäre, also ein »marktwirtschaftlicher Sozialismus«. Das war gewiß die Überzeugung vieler osteuropäischer Dissidenten, die zum Sturz des kommunistischen Systems beigetragen haben. Sie hatten nicht vor, den Kommunismus durch den Kapitalismus zu ersetzen. Es gibt auch heute noch bestimmte Formen des marktwirtschaftlichen Sozialismus, die von wortgewandten Befürwortern verteidigt werden. In diesem Zusammenhang werde ich keinen Versuch machen, mich mit der inzwischen kompliziert gewordenen Literatur zu diesem Thema auseinanderzusetzen. Nach meiner Auffassung gibt es gute Gründe für die Behauptung, daß der marktwirtschaftliche Sozialismus keine realistischen Chancen besitzt. Einige dieser Gründe werde ich in aller Kürze nennen, ohne jedoch so zu tun, als könnten sie jemanden überzeugen, der nicht schon skeptisch ist.

Vorstellungen von einem Dritten Weg, die oft von der Idee bestimmt sind, aus der skandinavischen Sozialdemokratie könne ein ausgeprägterer Sozialismus hervorgehen, schreiben gewöhnlich den Arbeiterkollektiven eine maßgebliche Rolle zu. Als man in Schweden über den Meidner-Plan diskutierte, wurde der Vorschlag gemacht, die Arbeiter sollten Fonds bilden und die Gelder derart in Unternehmen oder Gesellschaften anlegen, daß die Aktienbesitzer letztlich ausgeschaltet würden. Die Arbeiter besäßen dann Anteile an genossenschaftlichen Betrieben und hätten das Recht, die Geschäftsführung zu wählen. Im Gegensatz zum üblichen Aktienbesitz wäre es nicht möglich, die Anteile der Arbeiter auf dem freien Markt zu kaufen und zu verkaufen.

Es gibt keinen Grund zu bezweifeln, daß Arbeiter-Genossenschaften unter bestimmten Umständen eine Zeitlang florieren können. Dagegen ist die Annahme, derartige Erfolge ließen sich auf die Gesamtheit oder den größten Teil der Wirtschaftsordnung übertragen, ganz und gar nicht überzeugend. Sofern marktwirtschaftliche Preisbestimmung nötig ist, um mit anderen Gütern einschließlich der Arbeitskraft erfolgreich zu wirtschaften, kann das Kapital hiervon nicht ausgenommen werden, sonst würden die in zentral geplanten Ökonomien zu Tage tretenden Schwierigkeiten einfach wieder zum Vorschein kommen. Es stünden nämlich keine marktwirtschaftlichen Kriterien oder Korrekturmöglichkeiten zu Gebote, um akkumuliertes Investitionskapital wirksam zum Einsatz zu bringen.

Weitere Probleme liegen ebenfalls auf der Hand: Es könnte zwar sein, daß die regelmäßige Wahl der Betriebsleitung manchmal zu ökonomisch vorteilhaften Ergebnissen führen würde, doch es gibt viele Situationen, in denen das nicht der Fall wäre. Das in den Unternehmen angelegte Kapital wäre Risiken tendenziell abgeneigt, und so könnte es, wie in der Sowjetunion, dahinkommen, daß die Betriebe stagnieren. Es gäbe kaum Anreize, neue Arbeiter in existierende Kollektive aufzunehmen, denn dadurch würde der Anteil jedes einzelnen vermindert. Nur selten würde jemand aus diesen Genossenschaften ausscheiden, denn der Betreffende könnte seine Anteile nicht mitnehmen. Der marktwirtschaftliche Sozialismus würde »ein hohes Maß an strukturell bedingter Arbeitslosigkeit« an den Tag legen sowie »technologische Stagnation, chaotische politisierte Kapitalversteigerungen und periodisch auftretende Episoden autoritärer Eingriffe von seiten der Zentralregierung, um Mißbräuche der Arbeiter-Genossenschaften zu verhindern oder ins Lot zu bringen. [...] Der marktwirtschaftliche Sozialismus ist ein heilloses Mittelding zwischen der zentralen Planwirtschaft des Sozialismus und den maßgeblichen Institutionen des marktwirtschaftlichen Kapitalismus.«[13]

Einen Dritten Weg dieser Art gibt es nicht, und mit dieser Einsicht kommt die Geschichte des Sozialismus als Avantgarde der politischen Theorie zum Abschluß.

Sozialismus und Sozialstaat

Der in die Defensive geratene Sozialismus konzentriert sich auf den Sozialstaat, das zentrale Anliegen der Reformsozialisten. Indem ich nun den Sozialstaat vom Standpunkt des reformistisch gesinnten Sozialismus interpretiere, berufe ich mich vor allem auf zwei Quellen: T. H. Marshalls bereits kurz angeführte Analyse der Herausbildung staatsbürgerlicher Elemente und Anthony Croslands Buch über die Zukunft des Sozialismus, das früher in manchen Gruppierungen der britischen Labour Party als Bibel galt und auf dessen Titel auch der meines Buches anspielt.

Seit es moderne Gesellschaften gibt, sind in ihnen, wie Marshall sagt, zwei entgegengesetzte Einflüsse am Werke gewesen: die polarisierenden Wirkungen der kapitalistischen Wirtschaft einerseits und die integrierenden Wirkungen des staatsbürgerlichen Handelns andererseits. Durch die kapitalistischen Klassenspaltungen werden große Bevölkerungsteile voneinander getrennt, während das staatsbürgerliche Element (im Gegensatz zu Marx' Auffassung bzw. im Gegensatz zu den üblichen Marxinterpretationen) tendenziell soziale Kohäsion schafft, denn die staatsbürgerlichen Rechte kommen praktisch allen Angehörigen der nationalen Gemeinschaft zu. Juridische und politische Rechte, die zusammen die von Marx so genannten »bürgerlichen Rechte« ausmachen, liefern die Freiheiten sowie die ausgleichenden Machtmittel, um »soziale« oder wohlfahrtsstaatliche Rechte durchzusetzen. Das Aufkommen sozialer Rechte ist nach Marshall ein fast ausschließlich dem 20. Jahrhundert vorbehaltenes Phänomen. In den Anfangsstadien des Kapitalismus büßten diejenigen, die keine Lohn-

13 Gray, *Beyond the New Right*, S. 95.

arbeit zu verrichten vermochten oder einen extrem geringen Lohn erhielten, den größten Teil ihrer Rechte ein. Wer im Armenhaus landete, wurde beinahe wie ein Verbrecher behandelt.

Durch die politischen Staatsbürgerrechte, meint Marshall, ist die Arbeiterklasse stark genug geworden, ihre Stimme zu Gehör zu bringen. Das Ergebnis ist, aufs Wesentliche reduziert, der Sozialstaat. Der Sozialstaat ist ein Kompromiß zwischen den Klassen, der die von Marx vorhergesagte (und von Marshall gefürchtete) Revolution verhindert. Marshall schreibt: »Die staatsbürgerlichen Elemente und das kapitalistische Klassensystem fechten im 20. Jahrhundert einen Kampf aus. [...] Die Ausbreitung sozialer Rechte ist nicht mehr bloß ein Versuch, die offensichtliche Plage des in den untersten Gesellschaftsschichten herrschenden Elends abzuschwächen. [...] Man gibt sich nicht mehr damit zufrieden, das Erdgeschoß im untersten Teil des Gebäudes der Gesellschaft aufzustocken und den Überbau in seinem bisherigen Zustand zu belassen. Vielmehr hat man damit begonnen, das ganze Haus umzubauen.«[14]

Die eindringlichsten bzw. besonders ernst genommenen Kritiker dieser Position waren eine große Zeitlang die Marxisten. Was Marshall dargelegt habe, meinten sie, sei eine längerfristig nicht zu haltende instabile Sachlage. Sozialeinrichtungen könnten zwar einige der schlimmsten Auswüchse der kapitalistischen Klassentrennungen lindern und einige der irrationalen Momente des kapitalistischen Markts kaschieren, doch irgendwann würden die Belastungen für diesen Kompromiß zu groß werden – nur in einer sozialistischen Gesellschaft wäre es möglich, derartige Spannungen ganz abzufangen. Letzten Endes wurden die Belastungen tatsächlich zu groß, aber nicht in erster Linie aufgrund der von diesen Kritikern aufgezeigten Faktoren.

Marshall war bestrebt, sich vom Marxismus zu distanzieren, während er einige marxistische Prämissen dennoch gelten ließ. Crosland wählte einen ähnlichen Ausgangspunkt. Er wies darauf hin, daß viele Marxisten die Möglichkeit der Schaffung leistungsfähiger Sozialeinrichtungen in einem kapitalistischen Rahmen ablehnen, da sie glauben, zuerst müsse der Kapitalismus vernichtet

14 T.H. Marshall, *Class, Citizenship and Social Development*, Westport: Greenwood, 1973, S. 84, 96 f.

werden. Um nachzuweisen, daß die Anschauungen dieser Marxisten falsch sind, analysiert Crosland das kapitalistische Klassensystem und die Theorie des kapitalistischen Zusammenbruchs im Detail. Dabei kommt er zu dem Schluß, Marx habe »dem modernen Sozialisten wenig oder gar nichts zu bieten, weder im Hinblick auf praktische politische Maßnahmen noch hinsichtlich der zutreffenden Analyse unserer Gesellschaft, ja nicht einmal in bezug auf die richtigen Begriffswerkzeuge oder den geeigneten begrifflichen Rahmen«.

Der Kapitalismus führt nach Croslands Anschauung weder zur absoluten noch zur relativen Verelendung der Arbeiterklasse. Die Kapital besitzende Klasse habe ihre Macht nicht gesteigert, wie Marx geglaubt hatte. Ganz im Gegenteil habe sie einen großen Teil ihrer Macht verloren. Infolge des Zusammenwirkens der Verstaatlichung und der Zunahme von sozialstaatlichen Einrichtungen habe der Staat viele Entscheidungen und Ressourcen an sich gerissen, die früher in den Händen des Privatkapitals gelegen hatten. Ferner meint Crosland, die – seinerzeit noch für problemlos erreichbar gehaltene – Vollbeschäftigung habe ebenfalls das Gleichgewicht der Kräfte zwischen Betriebsleitung und Arbeitern verändert, nämlich zugunsten der letzteren. Das Resultat sei, daß man ein Land wie Großbritannien eigentlich gar nicht mehr als kapitalistische Gesellschaft bezeichnen dürfe.

Wenn der Kapitalismus verschwunden ist, fragt es sich, wozu dann der Sozialismus nötig sei. Crosland kommt (wie schon viele vor ihm) zu dem Schluß, der Sozialismusbegriff habe keine genau umrissene Bedeutung. Das einzige gemeinsame Kennzeichen sozialistischer Theorien sei ihr ethischer Gehalt. Der Sozialismus sei das Streben nach Ideen wie soziale Zusammenarbeit, allgemeine Wohlfahrt und Gleichheit – Ideen, die durch die Verurteilung der Übel und Ungerechtigkeiten des Kapitalismus in einen Zusammenhang gebracht werden. Der Sozialismus beruhe auf der Kritik des Individualismus und sei abhängig vom »Glauben an gemeinsames Handeln und ›Beteiligung‹ sowie von kollektiver Verantwortung für soziale Wohlfahrt«.

Der Sozialstaat hat nach Crosland schon eine ganze Menge geleistet auf dem Weg zu diesen Zielen. Der »Sozialstaat mit Vollbeschäftigung ist eine äußerst verdienstvolle und vortreffliche Gesellschaftsform, wenn man historische Maßstäbe anlegt und ihn mit dem Kapitalismus der Vorkriegszeit vergleicht. Vielen Wegbereitern des frühen Sozialismus wäre er wie ein Paradies vorgekommen. Armut und Unsicherheit sind im Begriff zu verschwinden. Der Lebensstandard steigt rasch; die Angst vor Arbeitslosigkeit nimmt ständig ab; und der normale junge Arbeiter hat Zukunftshoffnungen, die seinem Vater niemals in den Sinn gekommen wären.«

Aber immer noch bleibe ein Stück des Weges zurückzulegen: in Richtung noch größerer Gleichheit, weniger Klassentrennungen und geringeren »vermeidbaren sozialen Elends«. Weitere wirtschaftliche Umverteilung des Vermögens sei erforderlich. Aber vor allem müsse es der künftigen Politik, wie Crosland meint, darum gehen, »soziale« Ungleichheiten und Konflikte zu vermindern. »Sozialer Unmut« rühre hauptsächlich von einer Situation her, in der die Menschen nicht imstande sind, einen Platz in der Gesellschaft zu finden, der ihrer Begabung entspricht, und in der die Inhaber von Positionen mit Reichtum oder Macht ihre Privilegien von einer Generation an die nächste weitergeben können. Chancengleichheit reiche nicht aus. Mehr soziale Gleichheit hieße: ein in höherem Maße egalitäres Bildungssystem, Verminderung des ererbten Wohlstands und die weitere Umstrukturierung der Arbeitsbedingungen. Gefördert werden sollte ein »hohes Maß an Demokratie der Arbeitsverhältnisse«, worunter Crosland vor allem korporatistische Elemente versteht. Weitergehende Verstaatlichung der grundlegenden Industriezweige wird empfohlen, obwohl Crosland einsieht, daß das kein Allheilmittel ist, denn verstaatlichte Betriebe können ebenso wie die privaten ihre Leistungsfähigkeit einbüßen, weshalb eine Art von Wettbewerb generell von Vorteil sei.

Am Schluß seiner Ausführungen ändert Crosland plötzlich die Gangart und ruft zu einer Kritik der besonders nüchternen Spielarten des Sozialismus auf, fordert »mehr Freizügigkeit und Frohsinn im Privatleben«: »Wir brauchen nicht nur höhere Exportraten und Altersrenten, sondern auch mehr Straßencafés, nachts heller beleuchtete und lustigere Straßen, eine spätere Polizeistunde, mehr feste Stadttheater, qualifiziertere und entgegenkommendere Hotel- und Gastwirte, nettere und sauberere Restaurants, mehr Cafés am Flußufer, mehr Vergnügungsparks wie in Battersea, mehr Wandschmuck und Bilder an öffentlichen Gebäuden, bessere Entwürfe für die Gestaltung von Möbeln, Geschirr und Damenkleidung[!], Skulpturen im Zentrum neuer Wohnsiedlungen[?], besser gestaltete Straßenlampen, Telephonzellen und so weiter ad infinitum.« Denn »wir wollen nicht, daß das Zeitalter des Überflusses anbricht, um dann bloß festzustellen, daß wir nicht über die Werte verfügen, die uns lehren könnten, wie man es genießt«.[15]

Vorläufige Bewertung

In den Jahrzehnten, die seit der Veröffentlichung der Bücher von Marshall und Crosland verstrichen sind, haben sich die von ihnen erwarteten und befürworteten wirtschaftlichen Veränderungen im großen und ganzen nicht eingestellt, wie wir alle inzwischen erfahren haben. An Vollbeschäftigung kann man sich in den meisten Ländern des Westens kaum noch erinnern, und die Einrichtungen des Sozialstaats, die jene Autoren für fest verankert hielten, machen einen deutlich zerbrechlichen Eindruck. Die zukunftsorientierte radikal-politische Kritik, die einst das Markenzeichen der besonders kühnen Formen des sozialistischen Denkens war und der trotz des Schlußschnörkels schon in Croslands Erörterung merklich gedämpft klingt, haben die Neoliberalen in eigene Regie genommen. Heute sind die Konservativen, wie im Einleitungskapitel festgestellt wurde, radikal geworden und die radikalen Kritiker konservativ. Den Hauptakzent legt der sozialistische Konservatismus nun auf den Schutz des mittlerweile unter Beschuß geratenen Sozialstaats.

Was ist schiefgegangen? Als die Ideen von Marshall und Crosland gedruckt vorlagen, kamen die gründlichen Einwände nicht von der Rechten, sondern von der Linken, und manche Aspekte dieser Kritik sind auch heute noch interessant und wichtig. Marshall stellt es so hin, als sei der Ausbau der staatsbürgerlichen Rechte so etwas wie ein Evolutionsvorgang gewesen, und ähnlich schildert Crosland die Konsolidierung des Sozialstaats. Die staatsbürgerlichen Rechte haben sich, ebenso wie manche der wichtig-

15 Alle Zitate aus C. A. R. Crosland, *The Future of Socialism*, London: Cape, 1967, S. 3, 69, 342, 355, 361.

sten Merkmale unserer Sozialeinrichtungen, nicht schlicht »entwickelt«. Sie sind errungen worden, und zwar zum Teil infolge aktiver Kämpfe, weshalb sie auch weit stärker im Brennpunkt der Spannungen und Konflikte stehen, als die beiden Autoren nahelegen. Die von Marshall genannten »juridischen« Rechte z. B. sind keine ein für allemal gegebene Errungenschaft. Inwieweit es sich dabei für manche Randgruppen nicht bloß um formale, sondern um reale Rechte handelt und wie diese interpretiert werden sollten – das sind Fragen, die den Kern der modernen demokratischen Politik betreffen, und nicht bloß Stadien im Entstehungsprozeß des Sozialstaats. Diese Fragen sind mit Problemen bezüglich der staatsbürgerlichen Ordnung verknüpft, die weit komplexer sind, als aus Marshalls Darstellung hervorgeht.

Die von Marshall genannten »ökonomischen Rechte des Staatsbürgers« und die von Crosland geschilderten »wirtschaftlichen Erfolge« des Sozialstaats stellen keine Mittel dar, durch die es gelingen könnte, die Klassentrennungen in der angedeuteten Weise zu mildern. Sozialstaatliche Rechte führen nicht zur Beilegung oder Abfederung von Klassenspaltungen und diversen strukturellen Konflikten, sondern sind deren Angelpunkt. In dieser Hinsicht haben sich Marshall und Crosland gerade bei ihren Einwänden gegen Marx zu sehr an dessen Worte gehalten. Der Sozialstaat ist weder das Ergebnis einer wohltätigen Regierung (Marshall und Crosland) noch ein Werkzeug zur Beschwichtigung der Arbeiterklasse (Marxismus). Er ist eine spannungsreiche Verknüpfung jener beiden Stränge des Sozialismus, von denen bei Durkheim die Rede ist. Der eine, vom Keynesianismus repräsentierte Strang befaßte sich mit der Steuerung des Wirtschaftslebens, während es dem anderen um den Schutz der ökonomisch Benachteiligten ging. Eine Zeitlang sorgten die globalen Wirtschaftsverhältnisse dafür, daß diese Verknüpfung nicht nur erträglich, sondern sogar vorteilhaft war. Als sich diese Verhältnisse änderten, begann das Gebäude zu zerbröckeln.

Aus Gründen, auf die in späteren Kapiteln eingegangen wird, läßt sich weder der Sozialstaat noch das allgemeinere Ziel der bewußten Sozialisierung des Wirtschaftslebens so verteidigen, wie es bis vor relativ kurzer Zeit noch sinnvoll erschien. Hier sind die folgenden Überlegungen von Belang:

1) Die Grenzen der von Marshall vertretenen Auffassung der ökonomischen Staatsbürgerschaft sind inzwischen gründlich bloßgestellt worden. Juridische und politische Rechte können nicht als »etablierte« und stabile Basis »sozialer Rechte« aufgefaßt werden. Vielmehr beinhalten sie einen Kampf für mehr Demokratie, der ganze Teile der Bevölkerung (etwa die Frauen) angeht, die sich zu Marshalls Zeit noch nicht ganz von ihrem traditionellen Status losgesagt hatten. Die »ökonomische Staatsbürgerschaft« wurde von Marshall zu passiv und auch zu sehr von oben herab gesehen, während der Zusammenhang zwischen Staatsbürgerschaft und Nationalstaat nicht energisch untersucht, sondern als Selbstverständlichkeit hingenommen wurde.

2) Durch die verschärfte globale Wirtschaftskonkurrenz erlangt die nicht als Gesamtbetrag, sondern als Grenzkapazität aufgefaßte Produktivität des Kapitals oder der Arbeit eine neue Bedeutung. Die Umstände, die dazu geführt haben, werden später stärker ins einzelne gehend analysiert werden müssen. Diese Entwicklung hat jedoch die Konsequenz, daß Versuche, den Sozialstaat als Umverteilungsmechanismus zu benutzen, heute noch größere Schwierigkeiten bereiten als bisher. Politische Umverteilungsmaßnahmen wirken sich wahrscheinlich nachteilig aus, da sie das Niveau der Vermögensbildung reduzieren und daher Gefahr laufen, auch für diejenigen, die eigentlich am meisten davon profitieren sollten, suboptimale Ergebnisse zu erzielen.

3) Was die Bekämpfung der Armut und periodischer Einkommenseinbußen im Leben des einzelnen betrifft, hat sich der Sozialstaat nicht durchweg als wirksam erwiesen, was im einzelnen jedoch zu endlosen Debatten geführt hat. Die meisten Forscher sind hier zu dem Ergebnis gelangt, daß »fast alle öffentlichen Ausgaben im Bereich der Sozialversorgung den Bessergestellten in höherem Maße nützen als den Armen«. Direkte Einkommenszahlungen scheinen die wichtigste Unterstützungsform zu sein, die allenthalben zur Verbesserung der Stellung langfristig benachteiligter Menschen beigetragen hat.

4) Der Sozialstaat ist an ein unausgesprochenes oder auch offener einbekanntes Modell des Systems bzw. (um es genauer zu sagen) des unterstellten Systems der traditionellen Familie und der Geschlechterrollen gebunden. Die sozialstaatlichen Leistungen

waren bisher hauptsächlich darauf gerichtet, die männlichen Mitglieder der Lohnarbeiterschaft zu unterstützen, während Haushaltsleistungen für Familien ohne männlichen Ernährer erst in zweiter Linie zum Zuge kamen. Nach 1945 wurden die Sozialsysteme zu einer Zeit eingerichtet, da die weibliche Beteiligung am Arbeitsprozeß noch relativ gering war, während Hausarbeit in der »Arbeits«-Statistik unberücksichtigt blieb. Wer zu den »männlichen Sektoren« des Sozialstaats gehörte, wurde als Hauptträger von Rechten und als Käufer von Verbraucherleistungen behandelt, während die Angehörigen der »weiblichen Sektoren« als abhängige Kunden galten – eine Situation, die die patriarchalische Familie widerspiegelte und sie wahrscheinlich stützen half.

5) Faßt man Sozialstaatsabhängigkeit nicht bloß als ökonomischen Sachverhalt, sondern im Sinne einer Menge von Einstellungen und kultureller Verhaltensweisen auf, ist sie ein durchaus reales Phänomen, das allerdings in mancher Hinsicht umstritten ist, was zumindest teilweise an dem gewissenlosen Gebrauch liegt, den einige neoliberale Autoren von diesem Sachverhalt gemacht haben. Anstatt den einzelnen in der von Marshall und Crosland vorhergesehenen Weise in die Gesamtgesellschaft zu integrieren, führt die soziale Unterstützung manchmal wenn schon nicht zu »Passivität«, so doch zu einer Lage, in der deren Empfänger der Gesellschaftsordnung entfremdet werden.

6) Dadurch, daß der Sozialstaat im gleichen Maße, in dem er Konflikte abschwächt, selber in den Brennpunkt der Auseinandersetzung gerät, werden den möglichen staatlichen Mitteln zur Finanzierung seiner Leistungen Grenzen gesetzt. Diese Problematik ist seit der Mitte der siebziger Jahre gründlich erörtert worden, und obwohl die Vorschläge zur Verbesserung der Situation auseinandergehen, besteht zwischen rechten und linken Kritikern des Sozialstaats ein gewisses Maß an Einigkeit über dessen strukturelle Grenzen. Durch Steuerproteste werden Schranken gesetzt hinsichtlich der Ressourcen, auf die die Regierungen zurückgreifen können, um den Sozialstaat unter Verhältnissen zu subventionieren, unter denen sie um randständige Wahlstimmen konkurrieren müssen. Diese Klemme lockert sich tendenziell nicht, sondern wird eher enger. Da die Wählerentfremdung zunimmt, können sich die Parteien immer weniger nur auf ihre Stammwähler verlas-

sen und müssen die in der Mitte zu fassen bekommen. Nun entsteht Widerstand gegen geringfügige Steuererhöhungen, die den Trägern der Lasten früher im großen und ganzen akzeptabel vorkamen.

7) Die Bürokratie des Sozialstaats hat, wie von Autoren der Neuen Rechten betont worden ist, die Tendenz, ihre Flexibilität einzubüßen und unpersönlich zu werden. Diese Bürokratie kann denen, an die sie die Mittel weiterleitet, gleichgültig oder sogar feindselig vorkommen: eine »Autorität«, die der einzelne nicht beeinflussen kann. Verstaatlichte Industriezweige arbeiten oft ineffizient und verschwenderisch; Sozialeinrichtungen verlieren die Fähigkeit, auf die Bedürfnisse derjenigen zu reagieren, denen sie Beistand leisten sollen.

8) Früher besaß man die Überzeugung, ein entwickelter Sozialstaat, dessen Industrie sich in ziemlich hohem Maße in Staatshand befindet, sei ein Mittel zur Sicherstellung der Vollbeschäftigung, die allerdings als Lohnarbeit der Männer begriffen wurde. Indes immer mehr Frauen bezahlte Arbeit annehmen, während nichtentlohnte Tätigkeiten einschließlich Hausarbeit in immer höherem Maße als Arbeit anerkannt werden, wird der Begriff »Vollbeschäftigung« fragwürdig. Außerdem vermehren hohe Arbeitslosigkeitsraten im herkömmlichen Sinn die finanziellen Schwierigkeiten des Sozialstaats, da den Beschäftigungslosen Zahlungen zustehen.

9) Das Muster der bezahlten sozialstaatlichen Leistungen wandelt sich je nach den Veränderungen der Klassengrenzen (die unter anderem auf den wachsenden Wohlstand der fest bezahlten Beschäftigten zurückgehen), demographischen Veränderungen, familienbezogenen Entwicklungen wie z. B. der steigenden Scheidungsrate und anderen Faktoren. Diese Wandlungen wirken sich auch auf die Haushaltsprobleme des Sozialstaats aus und vermehren zum Teil die Aufgaben, die er übernehmen muß. Die demographischen Veränderungen bedeuten z. B., daß zu jeder Zeit eine erkleckliche Anzahl der Einwohner über das Rentenalter hinaus ist und womöglich Anspruch hat auf Hilfe von seiten des Staats.

10) Abschließend sei der gewiß nicht unwichtige Punkt erwähnt, daß einige Aspekte des einzelmenschlichen Lebens, die für Maßnahmen radikal-politischer Kritik als relevant erachtet werden könnten, von Einrichtungen des Sozialstaats nur oberflächlich

berührt werden. Diese Feststellung steht mit einigen Einwänden, die von Konservativen gegen den Sozialismus erhoben worden sind, in Verbindung. Der Sozialstaat beschränkt sich weitgehend auf ökonomische Angelegenheiten und läßt andere Fragen außer acht, zu denen auch emotionale, sittliche und kulturelle Belange gehören. Der Konservative ist bestrebt, mit diesen Fragen hauptsächlich durch die Verteidigung der Tradition zu Rande zu kommen. Diesen Weg können die Sozialisten aufgrund ihrer fortschrittlichen Gesinnung nicht einschlagen. Daher sind Sozialisten im allgemeinen nicht darauf eingestellt, Probleme der Politik der Lebensführung zu behandeln, obwohl diese eigentlich ganz wesentlich zu den Fragen der Wohlfahrt gehören.

An Croslands Analyse zeigt sich dieser Mangel ganz deutlich. Der Schlußabschnitt von Croslands Buch, in dem er auf die Möglichkeit eines erfüllten Lebens in der sozialistischen Gesellschaft eingeht, steht in kaum einem Zusammenhang mit Argumenten des Hauptteils. Dieser Abschnitt liest sich wie ein Anhängsel, wie eine Versicherung des Inhalts, daß Sozialisten gar nicht die Miesmacher sind, für die sie von vielen ihrer Gegner gehalten worden sind. Der Ton ist eher der eines persönlichen Manifests als einer Reihe von Schlußfolgerungen, die sich aus dem theoretischen Rahmen der Untersuchung ergeben.

Angesichts dieser eindrucksvollen Liste von Problemen dürfte es kaum wundernehmen, daß die Erörterung des Sozialstaats von den Sozialisten heutzutage aus der Defensive geführt wird. Eine solche Strategie ist nicht bloß eine Reaktion auf die Angriffe der Neoliberalen bzw. auf die von Neoliberalen an der Macht durchgesetzten politischen Maßnahmen, sondern es ist eine nüchterne Einstellung, die von den Problemen, denen der Sozialstaat gegenübersteht, erzwungen wird.

III

Die sozialen Revolutionen unserer Zeit

Wenn es zutrifft, daß die Begriffe »Rechts« und »Links« nicht mehr ihre frühere Bedeutung haben und daß beide politischen Perspektiven in jeweils eigener Weise ans Ende gelangt sind, so liegt das daran, daß sich das Verhältnis zwischen uns (als Individuen wie als Menschheit insgesamt) und der modernen sozialen Entwicklung gewandelt hat. Heute leben wir in einer Welt der hergestellten Unsicherheit, in der das Risiko etwas völlig anderes ist als in früheren Perioden der Entwicklung moderner Institutionen. Zum Teil hängt dies von dessen Ausmaß ab. Manche Risiken sind heute Risiken mit »Groß-Konsequenzen«, denn die Gefahren, die sie darstellen, betreffen potentiell jeden oder zumindest eine gewaltige Anzahl von Menschen auf der gesamten Erdoberfläche. Ebenso wichtig ist jedoch der Gegensatz der Ursachen. Der Begriff der hergestellten Unsicherheit bezieht sich auf Risiken, die gerade von den durch die Aufklärung angeregten Entwicklungen hervorgerufen werden, also auf unsere bewußte Einmischung in die eigene Geschichte und unsere Eingriffe in die Natur.

Die Risiken mit »Groß-Konsequenzen«, die uns heutzutage drohen, sowie viele weitere Risikoumfelder geringeren Umfangs gehen auf gesellschaftliche Ursachen zurück. Die Risiken, die mit dem globalen Treibhauseffekt, dem Loch in der Ozonschicht, der allgemeinen Umweltverschmutzung oder der Wüstenbildung in Verbindung gebracht werden, sind das Ergebnis menschlicher Tätigkeiten. Sie gehen einher mit einer Vielfalt weiterer menschengemachter Risiken wie Großkriegen, Zerrüttung der globalen Wirtschaftsordnung, Überbevölkerung des Planeten oder »Technoepidemien«, also Krankheiten, die durch Auswirkungen der Technologie hervorgerufen werden, die z. B. die Luft, das Wasser oder die Nahrung verseuchen.

Freilich gibt es einige Gebiete menschlichen Tuns, auf denen das Sicherheitsniveau höher ist als früher. So sind Reisen, die einst angesichts zahlreicher Wagnisse nur von besonders furchtlosen Forschern unternommen werden konnten, heute bequem und relativ sicher für jeden möglich (d. h. für jeden, der sie zu bezahlen vermag). Doch zugleich werden beinahe überall neue Unsicherheiten sichtbar. Die Unsicherheiten, die den konsequenzenreichen Risiken innewohnen, sind vielleicht besonders besorgniserregend, weil man kaum oder gar keine Möglichkeit kennt, sie »auszutesten«. Man kann nicht daraus lernen und dann weitermachen, denn wenn etwas schiefgeht, sind die Resultate wahrscheinlich verheerend. Wir sind dazu verurteilt, uns in unabsehbarer Zukunft mit diesen Risiken herumzuschlagen. Daß man sich für die richtige Strategie entschieden hat, kann man nicht anhand gewisser Vorfälle erkennen, sondern man kann es nur vermuten, wenn bestimmte Ereignisse ausbleiben. Über einen langen Zeitraum hinweg werden wir im Grunde nichts weiter sagen können als »So weit, so gut«.[1]

Risiken mit »Groß-Konsequenzen« sind vom Leben des einzelnen recht weit entfernt. Sie mögen zwar dringlich sein, aber von den meisten Alltagsangelegenheiten scheinen sie weit abzuliegen. Dennoch sind unsere tagtäglichen Handlungen durch und durch betroffen von hergestellten Unsicherheiten weniger großer Reichweite. Denn auf individueller oder kollektiver sowie globaler Ebene schafft die Akkumulation reflexiv geordneten Wissens offene und problematische Zukunftsabläufe, mit denen wir uns auf unserem Weg durch die Gegenwart sozusagen »beschäftigen« müssen. Dadurch beeinflussen wir Veränderungsprozesse, deren restlose Kontrolle sich jedoch stets unserem Zugriff entzieht.

Von dieser Einsicht ausgehend, haben einige Autoren in letzter Zeit vorgeschlagen, die Menschen sollten das, was wir zu beherrschen bestrebt waren, wieder als etwas Externes behandeln. Angesichts der unüberwindbaren Komplexität der Gesellschaft und der Natur sollten wir die prometheische Haltung, von der Marx so stark beeinflußt war, mehr oder weniger preisgeben. Eine gewisse Abstandnahme von den Ambitionen der Aufklärung ist gewiß notwendig. Doch die soziale und die materielle Welt sind heute weitgehend reflexiv strukturiert; und aus solchen reflexiven Prozessen kann man sich nicht zurückziehen, einerlei, wie sehr man

1 John Sours, *Starving to Death in a Sea of Objects*, New York: Aronson, 1981.

sich im klaren sein mag über die daraus folgenden problematischen Konsequenzen und die so hervorgerufenen Paradoxien. Die »neue Mittelaltergesinnung« hat in manchem durchaus recht, insoweit sie erkennt, daß hergestellte Risiken nicht ausschließlich durch die weitere Entwicklung technischen Wissens ausgeschlossen werden können. Die von solchen Risiken aufgeworfenen Probleme enthalten politische und moralische Elemente, die nicht auszuräumen sind. So kann die Entscheidung über den Bau eines Kernkraftwerks keine rein technische sein, bei der man sich auf eine neutrale Risikoschätzung beruft. Hier geht es um eine Frage der politischen Besonnenheit im Sinne John Lockes. Selbst das Risiko zufälliger Schäden läßt sich nicht genau berechnen, geschweige denn Risiken wie Terrorismus, der Einsatz von Reaktorplutonium für Kriegszwecke oder (per definitionem) von noch unbekannten Verschmutzungselementen, die womöglich das Leben künftiger Generationen in Mitleidenschaft ziehen.

Einfache und reflexive Modernisierung

Eine Welt der hergestellten Unsicherheit resultiert aus der langfristigen Entwicklung des industriellen Bereichs. Ihre Merkmale wurden allerdings eine Zeitlang überdeckt, weil der Prozeß der einfachen Modernisierung die Oberhand hatte. Bei einem solchen Modernisierungsvorgang scheint die Entwicklung des Kapitalismus oder der Industrie ein vorhersagbarer Prozeß zu sein, auch wenn er wie bei Marx in revolutionärer Weise begriffen wird. Es wird allgemein akzeptiert, daß die Wissenschaft und die mit ihr verbundenen technologischen Fortschritte Anspruch auf unantastbare Wahrheit haben, während dem Wachstum der Industrie eine klare »Richtung« zugesprochen wird.

Die reflexive Modernisierung reagiert auf verschiedene Umstände. Ihren Ursprung hat sie in den tiefreichenden sozialen Wandlungen, die in der Einleitung genannt wurden und die hier ausführlicher dargelegt werden müssen: der Wirkung der Globalisierung; den Veränderungen im Alltag und im persönlichen Leben; der Entstehung einer posttraditionalen Gesellschaft. Diese Einflüsse entstammen der abendländischen Moderne, doch heute betreffen sie die Welt als ganze; und in gebrochener Form strahlen sie zurück, um so eine Umgestaltung der Moderne an ihrem Ursprungsort einzuleiten.

Die derzeitige Periode der Globalisierung ist nicht bloß eine Fortsetzung der Ausbreitung des Kapitalismus und des Abendlands. Wollte man ihren spezifischen Ausgangspunkt bestimmen, wäre es die erste gelungene Nachrichtenübertragung per Satellit. Seit dieser Zeit ist verzögerungsfreie elektronische Kommunikation über den ganzen Erdball nicht nur möglich, sondern beginnt beinahe unmittelbar in das Leben vieler Millionen einzugreifen. Nicht nur kann jetzt jeder dieselben Bilder zur selben Zeit sehen, sondern verzögerungsfreie globale Kommunikation durchdringt das Gefüge der Alltagserfahrung und beginnt diese umzustrukturieren, woraufhin diese globale Kommunikation ihrerseits wieder umstrukturiert wird, was dann einen stetig fortlaufenden Prozeß ergibt.

Die Globalisierung ist weder das gleiche wie die Entwicklung eines »Weltsystems« noch geschieht sie bloß »dort draußen«, wo sie mit ganz erdumspannenden Einflüssen zusammenhängt. Zugleich ist sie ein Phänomen, das sich auch »hier drinnen« abspielt und das unmittelbar verknüpft ist mit den Umständen des lokalen Lebens. Unter der Globalisierung sollten wir uns keinen einheitlichen Prozeß vorstellen, der in eine einzige Richtung tendiert, sondern eine komplexe Menge von Veränderungen mit gemischten und recht häufig auch widersprüchlichen Ergebnissen. Die Globalisierung beinhaltet zwar die Vorstellung einer Weltgemeinschaft, doch von sich aus bringt sie sie nicht hervor. Die Minuspunkte sind im gleichen Maße wie die integrativen Faktoren Anzeichen für das Vorhandensein einer solcher Gemeinschaft.

Die Einflüsse der Globalisierung wirken nicht nur einheitsstiftend, sondern auch trennend; sie schaffen neue Formen der Schichtung und bringen in verschiedenen Gegenden oder Örtlichkeiten oft entgegengesetzte Folgen hervor. Diese Ereignisse und Veränderungen bewegen sich nicht mehr nur vom Abendland in Richtung übrige Welt. Die industrielle Entwicklung des Ostens etwa steht in unmittelbarem Zusammenhang mit dem Abbau der älteren Industriezweige innerhalb der Kernländer der globalen Ordnung. Zwei unmittelbar benachbarte Gebiete oder auf engstem Raum zusammenlebende Gruppen können völlig verschiedenen Systemen der Globalisierung angehören, so daß das phyische Nebeneinander ganz sonderbare Auswirkungen zeigt. Es kann durchaus sein, daß auf der einen Straßenseite im Ausbeutungsbetrieb geschuftet wird, während auf der anderen Straßenseite ein mächtiges Finanzzentrum steht.

Auf kultureller Ebene führt die Globalisierung tendenziell zur Diasporabildung. Oft kommt es vor, daß sich Geschmacks-, Gewohnheits- und Überzeugungsgemeinschaften von ihrem ursprünglichen Ort und auch aus nationalen Grenzen ablösen. Sehr häufig bilden bestimmte Züge der Diasporakultur Normen aus und lassen sich so von der Massenreklame und der kulturellen Kommodifizierung beeinflussen. Arten der Kleidung – vom Anzug bis zu Blue Jeans –, Vorlieben für eine bestimmte Musik, für Filme oder gar für eine Religion nehmen globale Dimensionen an. Diasporakultur wandert nicht mehr nur durch die physische Bewegung der Völker und ihrer Kulturen, obwohl auch dieses Moment noch von Bedeutung ist. Selbst in Situationen der Armut – und manchmal vielleicht gerade in solchen – kommt es zum Austausch zwischen Diasporakulturen. Allerdings gibt es hier ebenso wie bei anderen Globalisierungsprozessen keine eindeutige Bewegung in Richtung kultureller Geschlossenheit. Globalisierung führt auch zum Beharren auf der Andersartigkeit, zum Streben nach Wiederherstellung verlorengegangener lokaler Traditionen und zur Betonung der eigenständigen kulturellen Identität, die sich an der Wiederbelebung von Nationalismen und Volksgruppenmerkmalen ablesen läßt.

Globalisierungseinflüsse haben die Tendenz zur Verlagerung lokaler Handlungskontexte, die dann von den Betroffenen reflexiv umgeordnet werden müssen, wobei diese Umordnungsvorgänge ihrerseits auf die Globalisierung zurückwirken. Daher kommt es im innersten Geflecht des Alltagslebens zu bedeutenden Veränderungen, die sogar den Aufbau der Personenidentität prägen. Das Ich wird zum reflexiven Projekt, und in immer höherem Maße gilt das für den Körper. Das Individuum kann sich nicht zufriedengeben mit einer Identität, die bloß übernommen oder ererbt wird bzw. auf einem traditionsbestimmten Status aufbaut. Die Identität der Person muß weitgehend entdeckt, konstruiert und aktiv aufrechterhalten werden. Auch der Körper wird, ebenso wie das Ich, nicht als »Schicksal« hingenommen, als physisches Gepäck, das mit dem Ich einhergeht. In immer höherem Maße müssen wir nicht mehr nur entscheiden, wer wir sein und wie wir handeln sollen, sondern auch, wie wir uns der Außenwelt präsentieren sollen.

Die Zunahme der Störungen des Eßverhaltens ist ein negatives Anzeichen für das Fortschreiten dieser Entwicklungen auf der Ebene des Alltagslebens. Anorexie, Bulimie und sonstige pathologische Verhaltensweisen bei der Ernährung sind heute noch tendenziell auf die Länder der Ersten Welt beschränkt, beginnen nun aber auch in Gesellschaften der Dritten Welt in Erscheinung zu treten. In vielen Teilen der Welt verhungern die Menschen, ohne daß sie etwas dafür können, weil sie in Verhältnissen äußerster Armut leben. Ihre ausgemergelten Leiber bezeugen das Ausmaß der globalen Ungleichheit. Der eingeschrumpfte Körper des Anorektikers sieht physisch genauso aus, reflektiert jedoch ganz andere soziale und materielle Gegebenheiten. Der Anorektiker verhungert inmitten der Überfülle. Die Anorexie stellt sich in einer Welt ein, in der zum ersten Mal in der Geschichte für sehr viele Menschen gewaltige Mengen von Nahrung zur Verfügung stehen, und zwar sehr viel mehr, als nötig ist, um die Grundnahrungsbedürfnisse zu befriedigen.[2]

Anorexie und Bulimie rühren nicht nur daher, daß man im Westen Wert auf Schlankheit legt, sondern auch daher, daß Ernährungsgewohnheiten im Hinblick auf eine Vielfalt von Wahlmöglichkeiten zwischen verschiedenen Nahrungsmitteln ausgebildet werden. Hier besteht ein enger und offensichtlicher Zusammenhang mit der Globalisierung. Die Erfindung des Containertransports und neuer Verfahren der Gefrierkonservierung von Nahrungsmitteln – Neuerungen, die es erst seit wenigen Jahrzehnten gibt – bedeutet, daß Speisen über lange Zeiträume hinweg gelagert und von einem Ende der Welt zum anderen verfrachtet werden können. Seit dieser Zeit leben alle, die in wohlhabenden Ländern und Gegenden wohnen, diät, d.h., sie müssen eigene Entscheidungen treffen darüber, wie und was sie essen wollen, und diese Entscheidungen betreffen Nahrungsmittel, die praktisch das

2 Susie Orbach, *Hunger Strike*, London: Faber, 1986.

ganze Jahr über verfügbar sind. Die Entscheidung, was gegessen wird, ist zugleich eine Entscheidung darüber, wie man es mit dem Körper halten will – und daraus ergibt sich bei Personen, die besonderen sozialen Spannungen ausgesetzt sind (und zu diesen zählen insbesondere junge Frauen), die eherne Selbstdisziplin der Anorexie.[3]

Die Anorexie ist eine durch die Auswirkungen der hergestellten Unsicherheit auf das Alltagsleben ausgelöste Defensivreaktion. Unser tagtägliches Leben ist, wie man sagen kann, in einer Weise experimentell geworden, die dem »Großversuch« der Moderne insgesamt entspricht. In vielen Situationen des sozialen Lebens bleibt uns keine andere Wahl, als zwischen verschiedenen Alternativen zu wählen – selbst wenn wir uns dafür entscheiden, »traditionell« zu bleiben. »Alltagsexperimente« werden zu einem wesentlichen Teil unseres täglichen Handelns in Kontexten, in denen die aus vielfältigen Quellen – ortsgebundenen Kenntnissen, der Überlieferung, wissenschaftlichen Schriften und Massenkommunikationsmitteln – stammenden Informationen in irgendeiner Weise gedeutet und benutzt werden müssen. Während man sich darüber im klaren ist, daß es eine Vielfalt anderer Verfahrensmöglichkeiten gibt, muß die Tradition in immer höherem Maße überdacht, verteidigt und gesiebt werden.

Dabei ist es wichtig zu erkennen, daß der experimentelle Charakter des täglichen Lebens dessen konstitutives Merkmal ist. Die Art und Weise, in der wir an die Entscheidungen herangehen, die im Zuge unserer Handlungen getroffen werden müssen, trägt ihrerseits dazu bei, die Institutionen, auf die wir reagieren, zu strukturieren. Nirgends fällt das deutlicher ins Auge als im Bereich der persönlichen Beziehungen. Heute muß der einzelne nicht nur entscheiden, wann und wen er heiraten will, sondern auch, ob er überhaupt heiraten will. Das »Kinderkriegen« braucht mit der Ehe gar nichts mehr zu tun zu haben und stellt für Männer wie für Frauen eine gewichtige und schwierige Entscheidung dar, ist also etwas ganz anderes als in früheren Verhältnissen, in denen dergleichen vielfach eine Selbstverständlichkeit darstellte. Heute muß man sogar über die eigene sexuelle Orientierung befinden und begreifen, was es mit »Beziehungen« auf sich hat und wie sie am

3 Anthony Giddens, *Modernity and Self-Identity*, Cambridge: Polity, 1991, 3. Kapitel.

besten aufgebaut werden können. In allen diesen Fällen handelt es sich nicht um Entscheidungen, die über gegebene Handlungskontexte getroffen werden; vielmehr helfen sie in unsteter Weise mit, Charakter und Entwicklung dieser Kontexte zu bestimmen und umzugestalten.

Die Verlagerung der lokalen Handlungskontexte (also die »Entbettung« bestimmter Tätigkeiten) läßt sich so verstehen, daß sie Prozesse gesteigerter Enttraditionalisierung nach sich zieht. Wir gehören der ersten Generation an, die in einer durch und durch posttraditionalen Gesellschaft lebt. (Dieser Ausdruck »posttraditional« ist dem Wort »postmodern« in vieler Hinsicht vorzuziehen.) Eine posttraditionale Gesellschaft ist keine nationalstaatliche Gesellschaft, denn hier ist ja von einer globalen kosmopolitischen Ordnung die Rede. Es ist auch keine Gesellschaft, in der die Traditionen zu existieren aufhören, denn in vieler Hinsicht bestehen Anreize oder Anstöße zur Stützung oder Wiederbelebung von Traditionen. Es ist jedoch eine Gesellschaft, in der die Tradition einen anderen Rang erhält. Im Kontext einer global werdenden kosmopolitischen Ordnung werden Traditionen ständig miteinander in Verbindung gebracht und dazu genötigt, »sich zu erkennen zu geben«.

Die moderne Gesellschaft ist im Kontext eines Bruchs mit der Vergangenheit entstanden. Die »zwei großen Revolutionen«, mit deren jeweiliger Wirkung die Neuzeit beginnt, waren Kräfte der Enttraditionalisierung. Die Ausbreitung der kapitalistischen Produktionsweise führte zur Entwurzelung vieler örtlicher Gemeinschaften und zur Zersetzung etlicher lokaler Gepflogenheiten und Gebräuche. Die auf Verallgemeinerung abzielenden Codes der Demokratie behandeln politische Verfassungen nicht als etwas von der Vergangenheit Übernommenes, sondern als etwas Herzustellendes. Dabei beruhte die Stabilisierung der einfachen Modernisierung aber auch auf der Umgestaltung der Tradition. Es wurden neue Traditionen erfunden, so z.B. die Traditionen des Nationalismus und erneuerter Religionsformen. Andere Grundzüge der Tradition, die etwa die Rollen der Geschlechter und die Familie betrafen, wurden im ausgehenden 18. und im 19. Jahrhundert umgeprägt.

Im Zeichen der einfachen Modernisierung war die Welt ein

kulturell mannigfaltiges Gebilde. Ihre kulturelle Vielfalt beruhte jedoch ganz entschieden auf der Fortdauer geographischer Trennungen. Das galt sogar in hochentwickelten Ländern. Arbeitergemeinschaften etwa, die mit bestimmten Arten der industriellen Fertigung verbunden waren, entstanden erst nach der industriellen Revolution, begründeten dann aber oft ihre eigenen lokalen Traditionen. Heute erleben wir, daß diese Traditionen ihrerseits fast überall zerfallen oder verändert werden.

In einer Zeit einschneidender Enttraditionalisierung müssen sich diejenigen, die an Traditionen festhalten, nach dem Warum fragen, und dieselbe Frage wird auch von anderen an sie gerichtet. Hier verbindet sich die Globalisierung mit aktiv geführten Kämpfen und Auseinandersetzungen. So sind traditionelle Vorstellungen von Geschlechterrollen und damit verknüpfte Handlungsweisen von feministischen Bewegungen in Frage gestellt worden. Diese Bewegungen haben öffentlich zur Sprache bringen wollen, was im Rahmen der traditionellen Geschlechterrollen nicht artikuliert wurde. »Weiblichkeit« ist ein unbestimmter Begriff; und jetzt wird auch die Männlichkeit, die so lange als etwas Selbstverständliches vorausgesetzt wurde, in Augenschein genommen.

Die tiefreichende Wirkung der Enttraditionalisierung erklärt, warum der Begriff und das Vorhandensein des Fundamentalismus so wichtig geworden sind. Der Fundamentalist ist, wie gesagt, jemand, der die Tradition in traditioneller Weise zu verteidigen bestrebt ist – und das unter Umständen, in denen diese Verteidigung zutiefst fragwürdig geworden ist. Das »Beharren« des Fundamentalismus auf der Tradition und seine Betonung der »Reinheit« werden nur verständlich, wenn man sich dieser Begriffe bedient.

In einem religiösen Zusammenhang wurde der Ausdruck »Fundamentalismus« zum erstenmal um die Jahrhundertwende gebraucht, um die Verteidigung der protestantischen Orthodoxie gegen die Vorstöße des modernen Denkens zu bezeichnen.[4] Erst in den letzten dreißig Jahren etwa ist der Ausdruck allgemeiner

---

4 Die umfassendste Untersuchung zu diesem Thema ist: Martin E. Marty/R. Scott Appelby, *The Fundamentalism Project*, 3 Bände, Chicago: Chicago University Press, 1993.

gebräuchlich geworden – was darauf hinweist, welch neuen Datums die Kräfte der Enttraditionalisierung sind, deren Gegenstück er darstellt.

Der Fundamentalismus ist, wie seine Neuartigkeit zeigt, keine weit zurückreichende Reaktion auf die Moderne. Erst heute, im Kontext der Enttraditionalisierung, der Globalisierung und des Austauschs zwischen Diasporakulturen besteht die Tendenz, daß die Verteidigung der Tradition diesen schrillen Ton anstimmt. Das Ausschlaggebende am Fundamentalismus ist nicht der Einsatz für die Tradition als solcher, sondern die Art und Weise dieses Einsatzes im Verhältnis zu einer Welt der Fragestellungen und des Dialogs. Daß man die Tradition in traditioneller Weise verteidigt, bedeutet, daß man in einer Situation des Eingekesseltseins ihre rituelle Wahrheit behauptet. Mit der Verweigerung der Beteiligung am Diskurs, zu der man in einer Welt der kosmopolitischen Kommunikation tendenziell genötigt ist, verteidigt der Fundamentalismus nicht nur eine Reihe spezifischer Lehrmeinungen, sondern ein *Prinzip*. Das ist der Grund, weshalb fundamentalistische Positionen sogar in solchen Religionen (wie dem Hinduismus und dem Buddhismus) entstehen können, die sich bisher ganz ökumenisch und anderen Überzeugungen gegenüber tolerant verhalten haben.

Trifft diese Anschauung zu, sollte der Begriff des Fundamentalismus nicht nur auf den religiösen Bereich angewendet werden. Fundamentalismen – Traditionsverteidigung in traditioneller Form – können sich in jedem der Enttraditionalisierung ausgesetzten Basisbereich des sozialen Lebens herausbilden. Dazu gehören unter anderem die Beziehungen zwischen Volksgruppen, der Nationalismus, Geschlechterrollen und die Familie. Religiöse Fundamentalismen haben bekanntlich die Tendenz zur Überschneidung mit anderen Kontexten. Der protestantische Fundamentalist z. B. wird wahrscheinlich ausgeprägte Überzeugungen vertreten hinsichtlich der Notwendigkeit, die Nation, die Familie usw. in »traditioneller« Form zu bewahren. Doch daß der Begriff des Fundamentalismus so umfassend angewendet werden kann, steht in keinem direkten Zusammenhang damit, daß religiöse Überzeugungen auch in diesen Bereichen eine Rolle spielen. Das kommt vielmehr daher, daß dies samt und sonders Kontexte sind, die von der Tradition mit Beschlag belegt sind, jetzt aber in den offenen Diskursraum hinausgenötigt werden.

Die Enttraditionalisierung betrifft nicht nur die soziale Welt, sondern wirkt auch auf die Umgestaltung der Natur ein und wird ihrerseits von dieser Umgestaltung beeinflußt. Die Tradition war früher, ebenso wie die Natur, ein »externer« Kontext des sozialen Lebens, also etwas Gegebenes, wogegen man kaum angehen konnte. Das Ende der Natur (als dem eigentlich Natürlichen) fällt zusammen mit dem Ende der Tradition (als dem eigentlich Traditionalen).

Die soziale Reflexivität ist sowohl Voraussetzung als auch Ergebnis der posttraditionalen Gesellschaft. Entscheidungen müssen auf der Basis mehr oder weniger ununterbrochener Reflexionen über die Bedingungen des eigenen Handelns getroffen werden. Hier bezieht sich »Reflexivität« auf den Gebrauch von Informationen über die Bedingungen der Tätigkeit, um auf diese Weise die Beschaffenheit dieser Tätigkeit regelmäßig umzuordnen und neu zu bestimmen. Sie betrifft einen Handlungsbereich, in dem die sozialen Beobachter ihrerseits sozial beobachtet werden; und heute ist ihr Spielraum wahrhaftig global. Wer das bezweifelt, wird gut daran tun, den veränderten Status der Ethnologie zu betrachten. In der Zeit der einfachen Moderne, die den Stempel der Vorherrschaft des Abendlands trug, galt die Ethnologie als Erforschung der Völker, die im großen und ganzen keine Widerworte gaben. Der Ethnologe pflegte eine fremde Kultur zu besuchen, und nach seiner Rückkehr wurde eine Monographie verfaßt, die dann in der Bibliothek deponiert wurde.

Das ist heute nicht mehr der Fall. In den Tiefen des Dschungels stoßen die Ethnologen heute mit einiger Wahrscheinlichkeit auf Eingeborene, die mit einigen ethnologischen Gedanken oder sogar mit ethnologischen Texten vertraut sind. Völkerkundliche Darstellungen werden benutzt, um eigene Kulturen zu deuten, um traditionelle Fertigkeiten und Gewohnheiten zu rekonstruieren, und vor Gericht gelten sie als Beweismaterial. Solche Erscheinungen sind oft wichtig, wenn es um Machtkämpfe geht. So war die Vorstellung von den australischen »Aborigines« oder den nordamerikanischen »Indianern« abendländischen Ursprungs, doch diese Konstrukte sind von denen, auf die sie sich beziehen, verwendet worden, um in die regionale und nationale Politik – und sogar in Auseinandersetzungen vor internationalen Gerichtshöfen – einzugreifen.

Wiederbelebte oder gehütete Traditionen können, wie wir alle wissen, leicht zum Kitsch verkommen. Die reflexive Einsicht in diese stets gegebene Möglichkeit ist sogar eine der Triebkräfte des Fundamentalismus. So machte der Romancier Yukio Mishima den bekannt gewordenen, wenn auch fruchtlosen Versuch, im Japan der Nachkriegszeit die verfallenden Werte und Gebräuche der Samurai zu neuem Leben zu erwecken. Dieses Bemühen, das im rituellen Selbstmord des Autors gipfelte, kam den meisten Japanern ein wenig albern vor, entbehrte aber nicht einer gewissen Würde. Das gleiche ließe sich wahrscheinlich nicht von den Einwohnern des japanischen Dorfes Suya Mura sagen, das in Japan und anderen Ländern durch eine ethnologische Studie von John Embree berühmt wurde. Eines Tages besuchte Embrees Frau die Gegend erneut, wo sie etwa fünfzig Jahre früher zusammen mit ihrem Mann Feldforschung betrieben hatte. Wie sie feststellte, lag den Einwohnern weniger am Austausch von Erinnerungen als an der Möglichkeit, ihre Anwesenheit zu benutzen, um das Dorf zum Touristenort zu machen, und zwar als »Japans ethnologisches Dorf«.[5]

In einer Gesellschaft mit hochgradiger Reflexivität tritt die Aneignung von Expertenwissen – in allen ihren Formen – tendenziell an die Stelle der Lenkung durch Tradition. Dabei handelt es sich um eine per definitionem aktive, nicht um eine passive Gesellschaft. Auch wenn sich die Individuen, Gruppen und Kollektive einer solchen Gesellschaft an Traditionen halten oder Traditionen wiederbeleben, sind sie nachgerade gezwungen, eine aktive Haltung zu den Voraussetzungen ihres Daseins einzunehmen. Nicht nur soziale Bewegungen, sondern auch Selbsthilfegruppen aller möglichen Arten sind ein kennzeichnendes Merkmal einer posttraditionalen Ordnung. Es kann zwar sein, daß sie nur lokal vorkommen, doch oft ergeben sich daraus Globalisierungsfolgen und die Beteiligung an globalen Diasporagruppen.

5 Dieses ist eines von vielen Beispielen, die John Knight schildert, vgl. »Globalisation and new ethnographic localities«, in: *Journal of the Anthropological Society of Oxford*, Bd. 3, 1992.

Strukturelle Folgen

Der stürmische Expansionismus der kapitalistischen Wirtschaft ist, ebenso wie früher, ein Ansporn für Prozesse der Globalisierung. Doch der Kapitalismus war, wie weiter unten ausführlicher dargelegt wird, nie der einzige Globalisierungseinfluß, und heute ist seine weltweite Wirkung noch komplexer und vielseitiger als in der Vergangenheit.

Seit dem Niedergang der Sowjetunion und der Umorientierung der wirtschaftlichen Wachstumsmechanismen in China sowie den anderen verbliebenen kommunistischen Gesellschaften gibt es in weit vollständigerem Sinne als je zuvor eine kapitalistische Weltwirtschaft. Diese Wirtschaft ist jedoch sehr viel gründlicher von reflexiven Mechanismen durchdrungen als ehemals; und unabhängig von der Macht, die westliche Staaten und Instanzen immer noch an der einstigen »Peripherie« ausüben, wird diese Wirtschaft immer stärker dezentralisiert. Früher fiel es den sozialistischen Theoretikern der »Entwicklung der Unterentwicklung« leicht, einen Sündenbock für die Übel der Welt ausfindig zu machen, nämlich den Einfluß des Kapitalismus. Diese Zielscheibe ist jetzt nicht mehr so leicht zu treffen, egal, wie kritisch man auch heute noch den ungezügelten Prozessen kapitalistischen Wirtschaftens gegenüberstehen mag. Nach dem Muster der Verschwörungstheorien konzipierte Auffassungen der globalen Disparitäten greifen heute nicht mehr so gut, wie es früher zumindest nach Ansicht einiger Beobachter der Fall zu sein schien.

Die globale Verbreitung der kapitalistischen Wirtschaftsform hat beträchtlichen Einfluß auf die Schwierigkeiten des Sozialstaats in reichen Ländern und zeitigt – wie weiter unten untersucht werden soll – erhebliche Folgen hinsichtlich der Klassenbeziehungen. Ohne Gegenkräfte behält der Kapitalismus seine Tendenz, sowohl in den einzelnen Ländern als auch zwischen verschiedenen Ländern Einkommenspolarisierungen zu schaffen. Die Staaten, die in der Lage sind, hochentwickelte Sozialsysteme zu finanzieren, können dieser Tendenz mit beachtlichem Erfolg entgegentreten, allerdings nur um den Preis zunehmender sozialer und finanzieller Belastungen.

Neoliberale Interpretationen der Wirtschaftsentwicklung pochen darauf, daß die Beschneidung der sozialstaatlichen Leistungen eine notwendige Bedingung für die Konkurrenzfähigkeit in einer sich globalisierenden Wirtschaft sei. Nach derartigen Interpretationen gehört zu den wirtschaftlichen Wachstumsprozessen in offenen Ökonomien entweder so etwas wie ein Pareto-Effekt, der einhergeht mit nach unten »durchsickernden« Mitteln, oder eine immer weiter auseinanderklaffende Ungleichheitskluft sei schlicht der Preis, der für die Konkurrenzfähigkeit bezahlt werden müsse. Vieles ist davon abhängig, ob eine solche Anschauung zutrifft oder nicht, denn das ist das Schlüsselargument für die nach wie vor aufgestellte Behauptung, daß die linken Theoretiker bei ihrer Analyse des »Sozialstaatskompromisses« den angebotsorientierten Überlegungen nicht genügend Aufmerksamkeit geschenkt hätten.

In den folgenden Kapiteln werde ich vorschlagen, den Bezugsrahmen dieser Auseinandersetzung einer durchgreifenden Korrektur zu unterziehen. Hier reicht die Feststellung, daß weiter auseinanderstrebende wirtschaftliche Ungleichheit innerhalb einer Gesellschaft weder faktisch noch gar notwendig eine Bedingung wachsenden Gesamtwohlstands ist. Im Gegenteil, zunehmende Gleichheit kann mit konventionell gemessenem raschem Wirtschaftswachstum einhergehen und dieses höchstwahrscheinlich aktiv fördern. In den asiatischen Ländern, deren wirtschaftliche Entwicklung in den letzten drei oder vier Jahrzehnten Aufmerksamkeit erregt hat, ist das Einkommen der schlechter bezahlten Arbeiter sowohl in absoluten Zahlen als auch relativ zum Einkommen der leitenden Angestellten und Unternehmer gestiegen. Südkorea und Taiwan z. B. haben seit Mitte der sechziger Jahre rapide Fortschritte gemacht, also zur gleichen Zeit, in der die Kluft zwischen Armen und Reichen geschrumpft ist. Umgekehrt ist in vielen afrikanischen und lateinamerikanischen Ländern während der gleichen Periode die wirtschaftliche Stagnation mit sinkenden Einkommen der besonders schlecht bezahlten Arbeiter einhergegangen.

Aus Gründen, auf die ich weiter unten ausführlich eingehen werde, müssen wir auf der Hut sein hinsichtlich der Bedeutung des Begriffs »zunehmende Gleichheit«. Die erfolgreichen asiatischen Länder stützen sich nicht auf sozialstaatliche Mechanismen westlichen Stils, um die Gleichheit voranzubringen, sondern sie verschaffen den ärmeren Gruppen Mittel zur aktiven Verbesserung ihrer Lebensverhältnisse. Die Ärmeren verfügen schon allein aufgrund ihrer Anzahl insgesamt über sehr viel größere Ressourcen als die Reichen. Außerdem »sparen« die Ärmeren in den asiatischen Ökonomien, indem sie in andere investieren, mit denen sie durch Familien- oder Freundschaftsbande eng verbunden sind. Die Rendite derartiger »Investitionen« steckt in zunehmender sozialer Solidarität, woraus sich aber wahrscheinlich auch wichtige Folgen für die wirtschaftliche Produktivität ergeben. In Gesellschaften, in denen die Kluft zwischen Arm und Reich extrem groß ist, besteht die Tendenz zu solchen »Investitionen« nicht.

Die Globalisierung kapitalistischer Wirtschaftsbeziehungen führt auf den ersten Blick dahin, daß die Großkonzerne in der innerstaatlichen Wirtschaft wie in der Weltwirtschaft insgesamt die Oberhand behalten. Tatsächlich üben sie gewaltige Macht aus, da sie imstande sind, Kapitalinvestitionen von einem Ort zum anderen zu transferieren, wobei sie oft wenig Rücksicht nehmen auf die Folgen ihres Handelns für das Leben der betroffenen Bevölkerung. Dennoch ist die Verteufelung der Großkonzerne, die früher unter manchen Linken so beliebt war, heute nicht mehr sonderlich sinnvoll.

Globalisierungseinflüsse verhindern tendenziell die Herausbildung von Monopolen oder Oligopolen, zu der es im Inneren der nationalen Wirtschaften nicht selten gekommen ist. Die viel beredete Neigung der kapitalistischen Produktionsweise zur Monopolbildung hing in Wirklichkeit wahrscheinlich vom Zusammenwirken von Staat und Kapital ab, dem heute das Wasser abgegraben wird. Die Großkonzerne bewegen sich jetzt, genauso wie andere Organisationen, in einem ökonomischen Umfeld, das unbewegliche bürokratische Ordnungen ablehnt. Daraus folgt zwar nicht, wie einige Autoren gemeint haben, daß die Riesenkonzerne völlig aufgesplittert werden, doch es würde schwerfallen, die Behauptung zu begründen, daß die gegenwärtigen ökonomischen Bedingungen zu einer ungehinderten Ausbreitung der ökonomischen oder sozialen Macht dieser Konzerne führen.

Die Großkonzerne nehmen Einfluß auf neue Formen der sozialen und wirtschaftlichen Regionalisierung, sind dabei aber selbst nicht unbedingt die wichtigsten Akteure. Sich wandelnde Regionalisierungsmuster reagieren auf umfassendere Aspekte der Globalisierung oder, genauer ausgedrückt, auf wechselnde Beziehungen zwischen dem Lokalen und dem Globalen. Regionalisierungsprozesse sind hier wie in anderen Zusammenhängen dialektisch. Viele lokale, schon lange existierende Gemeinschaften lösen sich auf oder werden völlig umstrukturiert, aber zugleich tragen ebendiese Veränderungen zur Entstehung lokaler Gemeinschaften bei.

Zusammen führen die Wirkungen der Globalisierung und der sozialen Reflexivität zu Veränderungen des Schichtensystems in wirtschaftlich hochentwickelten sowie in anderen Gesellschaften. In der neueren soziologischen Literatur ist eine Menge geschrieben worden über die Folgen der sinkenden Arbeiterzahlen bei gleichzeitiger Zunahme der Angestellten und Selbständigen. Das sind Veränderungen, die sich in komplexer Weise mit dem weitverbreiteten Eintreten von Frauen in den Bereich der bezahlten Berufstätigkeit überschneiden. Daß derartige Veränderungen von großer Bedeutung sind, läßt sich nicht bestreiten, denn sie betreffen auch das Klassensystem und darüber hinaus das politische Leben der modernen Gesellschaften, und zugleich werden diese Veränderungen ihrerseits stark von der Globalisierung beeinflußt.

Ebenso wichtig ist jedoch der Umstand, daß die Zunahme der sozialen Reflexivität Formen von »doppelter Diskrimination« nach sich zieht, von denen die Unterprivilegierten betroffen sind. Zu den Auswirkungen der materiellen Benachteiligung kommt hinzu, daß diese Menschen von der reflexiven Einbeziehung in die allgemeine Gesellschaftsordnung ausgenommen werden. Hier fungieren die Ausschließungsmechanismen normalerweise in sozialer wie in psychischer Hinsicht. Anders ausgedrückt, sie betreffen nicht nur die Unterwerfung unter Arten der Machtanwendung, die von der technischen Steuerung Wissen voraussetzender Systeme ausgehen, sondern greifen auch die Integrität des Ich an. Über dieses Thema werde ich in späteren Kapiteln noch einiges sagen.

Das Aufkommen der Politik der Lebensführung

Der Begriff der Emanzipation ist sei eh und je von maßgeblicher Bedeutung gewesen für die politische Haltung der Linken und, aufgrund der entsprechenden Gegenreaktionen, auch für die Haltung der Rechten. Emanzipation bedeutet Freiheit bzw. Freiheiten verschiedener Art: Freiheit von der Tradition, von den Fesseln der Vergangenheit; Freiheit von willkürlicher Machtausübung sowie Freiheit von den Zwängen materieller Armut oder Deprivation. Eine emanzipatorische Politik ist eine Politik der Lebenschancen. Es geht dabei um die Steigerung der Autonomie des Handelns.

Emanzipatorische Politik bleibt offensichtlich nach wie vor wichtig für jedes Programm radikal-demokratischer Kritik. Heute kommt jedoch eine Reihe von Themen hinzu, die von den eben geschilderten Veränderungen ausgelöst werden, also von der Enttraditionalisierung sowie vom Verschwinden der Natur. Mit diesen Themen werden Fragen der Politik der Lebensführung aufgeworfen. Bei dieser und den mit ihr verbundenen Auseinandersetzungen und Kämpfen geht es darum, wie wir in einer Welt leben sollten, in der alles, was früher naturbedingt (oder traditionsgebunden) war, nunmehr in gewissem Sinne gewählt oder entschieden werden muß.

Die Politik der Lebensführung ist nicht nur eine Politik der Entscheidungen, sondern auch der Identität. Ein Grund, weshalb die Debatten zwischen der Rechten und der Linken bei vielen Nichtfachleuten auf Unmut stoßen, liegt darin, daß diese neuen Handlungsbereiche dabei einfach nicht zur Sprache kommen. Es wäre ein grundlegender Fehler, wollte man die Politik der Lebensführung so auffassen, als ginge sie bloß die Wohlhabenderen an. In manchen Hinsichten ist das Gegenteil der Fall. Es sind einige der ärmsten Gruppen, denen Probleme der Enttraditionalisierung heute besonders arg zu schaffen machen (und das nicht nur in den fortgeschrittenen Gesellschaften). So gibt es heute zahlreiche Frauen, die aus der ehelichen Beziehung ausscheiden und zur gleichen Zeit, da sie auf diese Weise ihre Selbständigkeit betonen, ihr Leben umgestalten. Viele zählen jedoch zu den »neuen Armen«, besonders wenn sie einem Haushalt mit nur einem Elternteil vorstehen. In wirtschaftlicher Hinsicht benachteiligt, wird außerdem von ihnen verlangt, daß sie neue Formen des häuslichen Lebens und der Verwandtschaftsbeziehungen erproben.

Die Politik der Lebensführung ist keine Politik des persönlichen Bereichs, jedenfalls nicht ausschließlich. Die dabei ins Spiel kommenden Faktoren haben auf viele Aspekte des sozialen Lebens übergegriffen, mit zum Teil äußerst weitreichenden Konsequenzen. Ökologische und feministische Belange sind bei solchen Auseinandersetzungen zwar von ganz besonders großer Bedeutung, doch damit ist dieses Gebiet keineswegs erschöpft. Vielmehr helfen Überlegungen zur Politik der Lebensführung erklären, warum diese Themen dermaßen in den Vordergrund getreten sind. Auf diese Weise wird auf eine Welt reagiert und eingegangen, in der die Tradition eben nicht mehr traditional und die Natur nicht mehr natürlich ist.

Die Politik der Lebensführung erfaßt auch ganz herkömmliche Politikbereiche, so z. B. die der Arbeit und des wirtschaftlichen Handelns. Von vielen wurde die Berufstätigkeit, wie auch eine Reihe anderer Gebiete des sozialen Lebens, bis vor ganz kurzer Zeit als Schicksal erlebt. Die meisten Männer konnten damit rechnen, einen großen Teil ihres Lebens in der Welt der Lohnarbeit zu verbringen, während die Frauen oft auf den häuslichen Bereich beschränkt waren. Der Protest gegen dieses »Schicksal« ging zunächst meistens auf emanzipatorische Regungen zurück. Das galt etwa für die von Männern beherrschte Gewerkschaftsbewegung, die besonders unter körperlich arbeitenden Menschen Anklang fand, von denen die Arbeit in höherem Maße als von allen anderen als eine Menge vorgegebener Bedingungen empfunden wurde, die ihnen wenig Gelegenheit zu selbständigem Handeln bot. Für die früheren Formen des Feminismus galt dies ebenfalls.

Heutzutage wird die Arbeit sogar von eher benachteiligten Gruppen nur selten als Schicksal aufgefaßt (sonderbarerweise würde man heute eher die Arbeitslosigkeit als Schicksal empfinden). Allgemein herrscht das reflexive Bewußtsein, daß das, was als »Arbeit« gilt, heute weit umfassender definiert wird als früher und daß der Begriff der Arbeit fragwürdig und umstritten ist. Aufgrund von Veränderungen der Klassenstruktur übernehmen weniger Menschen automatisch den Beruf der Eltern bzw. die typischen Beschäftigungen homogener Berufsgemeinschaften. Dadurch, daß nun sehr viele Frauen Berufe ergriffen haben, wurde deutlich, daß Entscheidungen getroffen und Prioritäten gesetzt werden müssen, die nicht nur das Bemühen um diesen oder jenen Arbeitsplatz betreffen, sondern auch die Frage, welcher Rang dem Beruf im Verhältnis zu anderen Werten des Lebens zukommen sollte. Hier sind außerdem viele weitere Faktoren von Belang. So wird z. B. dadurch, daß viele junge Menschen Jahre auf höheren Schulen zubringen, der »natürliche« Übergang von der Schule zur Arbeit unterbrochen. Viele Studenten durchstreifen heute die Welt, ehe sie auch nur versuchen, auf dem Arbeitsmarkt unterzukommen. Ebenso dürfen sich nun auch die Älteren verhalten, sobald sie in ein späteres Lebensstadium eingetreten sind.

In der Politik der Lebensführung geht es nicht bloß um die Art und Weise, wie sich die einzelnen entscheiden sollten, sobald sie mehr Alternativen vor sich haben als früher, sondern es geht um die Herausforderungen, denen die Menschheit insgesamt gegenübersteht. Von manchen ist behauptet worden, für uns heute habe die ökologische Krise die gleiche Bedeutung, die in früheren Formen der industrialisierten Gesellschaft den Krisen des Kapitalismus zukam. An dieser Vorstellung ist zwar etwas daran, doch so formuliert wirkt sie nicht zwingend. Der Kapitalismus ist schließlich nicht, wie die Sozialisten gehofft und vorhergesagt hatten, überwunden worden. Außerdem geht es nicht an, die ökologischen Fragen, die uns beunruhigen, als Probleme zu begreifen, die ausschließlich die Umwelt betreffen. Vielmehr sind sie sowohl ein Anzeichen als auch eine Folge der maßgeblichen Bedeutung der Politik der Lebensführung. Von ihr werden mit besonderem Nachdruck die Fragen aufgeworfen, denen wir uns stellen müssen, sobald der »Fortschritt« eine zweischneidige Sache geworden ist, sobald wir neue Verantwortungen für künftige Generationen übernehmen und sobald ethische Dilemmata auftauchen, die außer acht zu lassen oder zu verdrängen wir von den Mechanismen des ununterbrochenen Wirtschaftswachstums gedrängt werden.

Sozialer Wandel und die Rolle des aktiven Vertrauens

Eine von der Enttraditionalisierung betroffene Gesellschaftsordnung ist eine Ordnung, in der die Bevölkerung aktiver und reflexiver wird, wobei das Wort »reflexiv« allerdings richtig aufgefaßt werden muß. Wenn die Vergangenheit ihren Einfluß verloren hat oder zu einem unter vielen verschiedenen Handlungsgründen wird, können bereits eingebürgerte Gewohnheiten das Tun nur in begrenztem Maße lenken, während die Zukunft mit ihren zahlreichen offenen »Szenarios« das Interesse zwingend in Anspruch nimmt. Hier geht es im Kontext der hergestellten Unsicherheit um die Frage der Erzeugung aktiven Vertrauens: eines Vertrauens in andere oder in Institutionen (einschließlich politischer Institutionen), das aktiv hervorgebracht und abgestimmt werden muß.

Das aktive Vertrauen beinhaltet in der Verknüpfung mit einer Gesellschaft der gescheiten Leute einen mit Belangen der Politik der Lebensführung eng verwobenen Begriff der generativen, erfinderischen Politik. Diesen Begriff verwende ich hier, um ihn orthodoxen Vorstellungen der Linken wie der Rechten gegenüberzustellen. Eine solche Politik bezieht sich auf vielfältige Gegebenheiten:

1) Es werden Bedingungen gefördert, unter denen erwünschte Ergebnisse erzielt werden können, ohne bei der Bestimmung der Wünsche oder der Herbeiführung der Ergebnisse »von oben herab« zu verfahren (welche Wünsche hier von wem gehegt werden, bleibe einstweilen dahingestellt).

2) Es werden Situationen geschaffen, in denen aktives Vertrauen aufgebaut und aufrechterhalten werden kann, einerlei, ob es sich um Regierungseinrichtungen handelt oder um Instanzen, die mit ihnen zusammenhängen.

3) Es wird denen Autonomie gewährt, die von bestimmten Programmen oder politischen Maßnahmen betroffen sind; in vielen Kontexten muß diese Autonomie überhaupt erst herausgebildet werden.

4) Es werden Ressourcen geschaffen, die der Autonomie nützen, und dazu gehören auch materielle Güter. Hierbei geht es um Ressourcen, die der Produktivität in dem weiter oben genannten umfassenderen Sinne förderlich sind.

5) Die politische Macht wird dezentralisiert. Aufgrund des erforderlichen Informationsstroms von unten nach oben und wegen der Anerkennung der Autonomie ist Dezentralisierung eine Voraussetzung politischer Leistungsfähigkeit. Das Hin und Her zwischen Dezentralisierung und politischer Zentralgewalt ist jedoch kein Nullsummenspiel. Es kann manchmal vorkommen, daß die Autorität der Zentralgewalt aufgrund politischer Absprachen oder wegen vermehrter Legitimität durch Dezentralisierung gestärkt wird.

Legt man diese Kennzeichnung zugrunde, ist die erfinderische Politik keineswegs auf die offizielle politische Sphäre beschränkt, sondern umfaßt eine Vielfalt von Bereichen, in denen politische Fragen auftauchen und beantwortet werden müssen. Mit einer solchen Vorstellung von erfinderischer Politik steht auch das aktive Vertrauen in engem Zusammenhang. Da es nicht mehr auf vorgegebenen Allianzen beruht, ist es in höherem Maße von den jeweiligen Gegebenheiten und Kontexten abhängig als die meisten früheren Formen von Vertrauensbeziehungen. Gleichheit wird zwar nicht unbedingt vorausgesetzt, doch mit einer unterwürfigen Haltung, die sich aus traditionsbedingten Formen der Rangzuschreibung ergibt, ist dieses Vertrauen nicht zu vereinbaren. Aktives Vertrauen verlangt die vermehrte »Sichtbarkeit« sozialer Beziehungen, trägt aber auch seinerseits aktiv dazu bei, diese Sichtbarkeit zu steigern.

Unter den Gegebenheiten der reflexiven Modernisierung lebt ein großer Teil der Bevölkerung im selben »Diskursraum«. Politische Fragestellungen bilden eine Gruppe von Themen innerhalb einer Vielfalt von Möglichkeiten, sich reflexiv am Geschehen zu beteiligen (oder sich davon fernzuhalten). Von manchen Autoren wird behauptet, die Fragen bezüglich politischer Maßnahmen seien so komplex geworden, daß sie nur noch von wenigen Spezialisten verstanden würden. Betrachtet man die Lage jedoch aus anderer Sicht, hat es noch nie eine Zeit gegeben, in der in öffentlicherem Rahmen und anhaltender als heute Informationen über Gegenwartsereignisse und -probleme erörtert worden sind.

Daß aktives Vertrauen von den Umständen abhängt und ausgehandelt werden muß, bedeutet nicht, daß die eingebürgerten politischen Parteien deshalb weniger Unterstützung erhalten, obwohl auch das in manchen Kontexten der Fall sein kann. Es treten jedoch allgemeine Fragen der Einwilligung in den Vordergrund. Wo das nationale Gemeinwesen nur noch einen unter mehreren Bezugspunkten im Leben des einzelnen darstellt, kann es vorkommen, daß viele Menschen bei Vorgängen im (herkömmlichen) politischen Bereich nicht mehr »hinhören«. Dennoch ist das »Abschalten« vereinbar mit besonderer Aufmerksamkeit, sobald es um Fragen geht, die vom einzelnen für folgenreich erachtet werden. Dem gelegentlichen Anschein zum Trotz kann es sein, daß die Frage, wie regiert wird, viele heute in weit höherem Maße interessiert als zur Zeit der einfachen Modernisierung.

Die Möglichkeit, jederzeit wieder einschalten zu können und die Politik während der meisten oder ganzen übrigen Zeit außer acht zu lassen, ist zweifellos ein Pluspunkt der liberalen Demokratie. Systeme, die »allzuviel Demokratie« anstreben und das Formalpolitische auf viele Lebensbereiche übertragen, werden, wie Norberto Bobbio sagt, in Wirklichkeit *undemokratisch*.[6] In einer Welt der gescheiten Leute kann es jedoch nicht ausbleiben, daß die meisten Menschen meistens das meiste von dem wissen, was die Regierung selbst weiß. Diese Situation kann manche Maßnahmen, die eine Regierung durchführen möchte, vereiteln, aber sie kann auch bedeuten, daß dann, wenn sich die Leute wieder einschalten, mehr Unterstützung vorhanden ist, als man erwartet hat.

Eine wichtige Rolle spielt hier die diffuse Wirkung der »abstrakten Systeme« (also aller möglichen Arten von Expertenwissen) auf das Leben von heute. Unter dem doppelten Einfluß der Globalisierung und der Enttraditionalisierung beruhen viele Aspekte des tagtäglichen Lebens nicht mehr auf lokal herausgebildeten Fertigkeiten, sondern werden von Systemen mit Expertenwissen erobert. Die revolutionären Veränderungen unserer Zeit spielen sich nicht so sehr im Bereich der herkömmlichen Politik ab, sondern eher an den Bruchlinien der Wechselwirkung zwischen lokalen und globalen Umgestaltungen. Hier ist von etwas Tieferem die Rede als der Wirkung des technologischen Wandels auf das Leben der Menschen, obwohl auch dieses seine weitreichende Wirkung hat. Das Technologische gehört mit zu den abstrakten Systemen, die daneben aber noch jede sonstige Form von Expertenwissen

6 Norberto Bobbio, *Il futuro della democrazia*, 1984.

umfassen, die an die Stelle alteingesessener lokaler Fertigkeiten oder Fähigkeiten tritt.

Die immer stärkere Rolle, die das Expertentum im Leben der Gesellschaft spielt, gerät ins Netz der Reflexivität, denn Expertenwissen ist nicht mehr ausschließlich den Fachleuten vorbehalten. Ohnehin kann niemand auf mehr als einem winzigen Gebiet Experte sein. Jeder Fachmann wird zum Laien, sobald es um die vielfältigen sonstigen abstrakten Systeme geht, die sein Leben beeinflussen. Dennoch kann sich jeder Nichtexperte grundsätzlich und oft auch in der Praxis Expertenkenntnisse aneignen, die im Kontext sozialer Tätigkeiten zur Anwendung kommen. Alle Formen von Expertentum setzen aktives Vertrauen voraus, denn hier tritt jeder Anspruch auf Autorität neben den weiterer Autoritäten, und oft sind die Experten selbst unterschiedlicher Meinung.

Aus der Saint-Simonschen Sicht der Zukunft, die auch den Sozialismus angeregt hat, stammt die Vorstellung, das politische Leben werde von Experten gesteuert werden, und zwar von Naturwissenschaftlern und Ingenieuren. Aus dieser Idee ist, sei's zum Vorteil oder Schaden, nichts geworden. Sinnvoll ist sie überhaupt nur mit Bezug auf die einfache Modernisierung, in deren Rahmen Naturwissenschaft und Technologie unbezweifelbare Wahrheiten hervorbringen sollten. Politik läßt sich nicht auf Expertentum reduzieren. Aber das Expertentum wird seinerseits nie imstande sein, sich die in traditionaleren Autoritätssystemen möglichen Legitimitätsansprüche anzueignen.

Daß es sich so verhält, hat mehrere Gründe. Der Experte hat höchstens vorläufig Anspruch auf Autorität, denn seine Anschauungen können von anderen mit gleichrangiger Befugnis angefochten werden. Außerdem verändert sich der Wissensstand auf den meisten Gebieten ziemlich rasch, so daß etwas, was zu einer bestimmten Zeit zuversichtlich behauptet wird, schon bald überholt sein kann. Überdies bleibt Expertenwissen in einer Zeit sozialer Reflexivität nicht ausschließlich dem Fachmann vorbehalten. Alle von Spezialisten erhobenen Wissensansprüche, die für die praktischen Aufgaben des sozialen Lebens von Belang sind, verlieren tendenziell an Gewicht, da sie, wenn auch häufig in unvollkommener Form, Allgemeingut werden. Das Ansehen der Wissenschaft selbst, das in früheren Stadien der Entwicklung der modernen

Institutionen von entscheidender Bedeutung war, wird von ebender skeptischen Einstellung untergraben, die selbst der Antrieb des wissenschaftlichen Vorgehens ist.

Die praktische Bedeutung des zuletzt genannten Sachverhalts ist weitreichend. Wer z. B. Probleme mit seiner Gesundheit hat, hält sich auch heute noch vielleicht zunächst an die Schulmedizin und deren Technologie, um diese Probleme loszuwerden, und richtet sich womöglich nach der ersten Diagnose, deren er habhaft wird. Vor dem Hintergrund aktiver Vertrauensmechanismen könnte es aber auch sein, daß sich der Betreffende entscheidet, überdies eine zweite oder eine dritte Diagnose einzuholen. Außerhalb der Schulmedizin gibt es eine Fülle alternativer Behandlungsmethoden und Therapien, die um Beachtung ringen. Kranke, die solche Verfahren in Betracht ziehen, werden wahrscheinlich feststellen, daß sie auch intern umstritten sind. So gibt es z. B. viele verschiedene Arten von Psychotherapie, die zum Teil sogar beanspruchen, organische Erkrankungen zu heilen. Es gibt hier keinen Überexperten, der uns den Weg weist.

Die dadurch ausgelösten Dilemmata machen sich einschneidend bemerkbar. In verschiedenen Kontexten ist es möglich, an eingebürgerten Verfahrensweisen festzuhalten, wenn es etwa um medizinische Angelegenheiten, politische Loyalität, Diätformen, Sexualität und viele andere Dinge geht. Doch es kann kaum unbemerkt bleiben, daß jedes Lebensstilmuster, auch wenn es eine noch so große Tradition besitzt, nur eine von mehreren möglichen Lebensweisen darstellt. Unter solchen Umständen kann es oft vorkommen, daß Gewohnheiten die Zufallsbedingtheit des aktiven Vertrauens mildern. Doch da Gewohnheiten auf schwachen Füßen stehen, wenn man sie mit traditionaleren Vorgehensweisen vergleicht, kommt es in persönlichen oder kollektiven Spannungs- oder Krisensituationen rasch dahin, daß das Vertrauen entzogen und auf eine andere Instanz übertragen wird.

Alle diese Merkmale finden sich im persönlichen Bereich wie auch auf dem Gebiet des Gefühlslebens. Bei sexuellen Beziehungen und im Verhältnis zwischen Eltern und Kindern muß das Vertrauen durch aktives Eingehen auf den oder die anderen erst gebildet werden. Die Ehe hat sich für viele Menschen durchgreifend gewandelt. Sie ist zum öffentlichen Zeichen dafür geworden, daß man jemandem aktives Vertrauen entgegenbringt. Vor wenigen Jahrzehnten noch spielte die Rhetorik der »Bindungen« im Bereich des persönlichen Lebens kaum eine Rolle. Sobald man in den Stand der Ehe eintrat, war die Ehe ein »natürlicher« Zustand – man war entweder verheiratet oder man war es nicht. Die Ehe bedeutete ohnehin eine Bindung und war von den sozialen Normen als solche definiert. Es war nicht nötig, die »Bindung« zu betonen und sie in der heutzutage so verbreiteten Weise zu erörtern.

Die Rolle des aktiven Vertrauens im Verhältnis zwischen Eltern und Kindern fällt vielleicht weniger ins Auge, ist deswegen aber nicht weniger wichtig. Die Autorität der Eltern über ihre Kinder wird heute zumindest in vielen Gruppen weit weniger hingenommen als früher – genau das, was konservative Autoren zur Verzweiflung treibt. Was immer die weiteren Konsequenzen dieses Wandels sein mögen, hier handelt es sich um eine Situation, in der die Beziehungen zwischen Eltern und Kindern auf beiden Seiten in immer höherem Maße ausgehandelt werden. Selbst ganz junge Kinder verfügen heute im Verhältnis zur älteren Generation über weit mehr Selbständigkeit als früher. Es ist weder Zufall, daß über Kindesmißbrauch in letzter Zeit sehr vieles, was bisher wahrscheinlich verborgen gehalten wurde, ans Licht gekommen ist, noch daß heute weltweit so viel über die Rechte der Kinder diskutiert wird. Was dem konservativen Kritiker als anstößiger Verfall der Elternautorität und des Kindergehorsams erscheinen mag, ist eine komplexere und eher hoffnungsvolle Erscheinung, als von dieser im wesentlichen pessimistischen Interpretation angenommen wird. Die Autorität der Eltern über die Kinder wird heute weniger willkürlich gehandhabt als früher. Eltern werden von Kindern oder anderen häufiger aufgefordert, ihre Handlungen zu begründen. Daraus ergeben sich zwar, ebenso wie in anderen Bereichen der Enttraditionalisierung, viele Schwierigkeiten und Spannungen. Aber daraus folgt keineswegs, daß die Autorität der Eltern stets geschwächt wird. Wenn sie stärker auf Zustimmung als auf direkter Machtausübung fußt, kann sie sogar zunehmen.

Das Eindringen abstrakter Systeme ins soziale Leben und die von diesem Phänomen heraufbeschworenen Reaktionen berühren nicht bloß den lokalen Lebensbereich und die Identität der Person, sondern diese Wirkungen erstrecken sich bis hin zu den umfassendsten globalen Ordnungssystemen, zu denen auch die diversen Kontexte mit »Groß-Konsequenz-Risiken« gehören.

Hergestellte Unsicherheit und globale Risikoumfelder

Es gibt vier hervorstechende Kontexte, in denen wir konsequenzenreichen Risiken gegenüberstehen, die aus der Ausbreitung der hergestellten Unsicherheit hervorgehen. Jeder dieser Kontexte entspricht, wie ich zu zeigen versuchen werde, einem institutionellen Bereich der Moderne.

Der erste betrifft den Einfluß der modernen sozialen Entwicklungen auf die Ökosysteme der Welt. Unser Verhältnis zur Umwelt ist in mehrerer Hinsicht problematisch geworden. Es ist wahrscheinlich, daß die materiellen Ressourcen, die nötig sind, um das menschliche Leben und insbesondere die Lebensweise in den industrialisierten Teilen der Welt aufrechtzuerhalten, in mittelfristiger Zukunft gefährdet sind. Der erste Bericht des Club of Rome betonte noch die Bedrohung nicht erneuerungsfähiger Ressourcen, während heutzutage der Akzent der Umweltexperten eher auf die Fähigkeit der Welt zur Abfallbeseitigung gelegt wird. Die Liste der Gefahren ist wohlbekannt: die wahrscheinliche Erwärmung des Erdballs infolge des sogenannten »Treibhauseffekts«, der Raubbau an der Ozonschicht, die Zerstörung der Regenwälder, Wüstenbildung und Verseuchung der Gewässer in einem Maße, das wahrscheinlich die Regenerationsprozesse behindert.

Eine zweite Krise betrifft die umfassende Ausbreitung der Armut. Man hat hier sogar von einem »Holocaust« der Armut gesprochen. Die Statistiken sind zwar nicht genau, doch sie lassen, wie immer man rechnet, ein alarmierendes Ausmaß an Deprivation erkennen. Über 20 Prozent der Weltbevölkerung leben in Verhältnissen absoluter Armut, wenn man diesen Begriff im Sinne einer Situation definiert, in der die Menschen nicht regelmäßig imstande sind, ganz grundlegende Bedürfnisse des Lebensunterhalts zu erfüllen.

Die Ursachen der globalen Armut sind komplex, und der Gesamttrend der Veränderung ist nicht leicht zu deuten. Die Zeiten, in denen man die Schuld an globalen Ungleichheiten einfach der Ausbreitung des Kapitalismus zuschieben konnte, sind sicher vorbei, obwohl kaum Zweifel daran bestehen können, daß sich der kapitalistische Markt oft auf die Verteilung von Reichtum und Einkommen polarisierend auswirkt. Außerdem ist klar geworden, daß es nicht immer ein Mangel an ökonomischer Entwicklung ist, durch den Verarmung entsteht, sondern daß manchmal diese »Entwicklung« selbst die Ursache ist. Es kann vorkommen, daß eine Lebensweise, die zwar ökonomisch gesprochen äußerst anspruchslos, aber doch immerhin selbständig und im Sinne der lokalen Tradition strukturiert war, dem Zerfall preisgegeben ist, sobald ein Entwicklungsprojekt – die Anlage eines Staudamms, einer Plantage oder einer Fabrik – in Gang gebracht wird.[7]

Davon betroffene Menschen befinden sich wahrscheinlich selbst dann, wenn ihr materieller Lebensstandard ein wenig ansteigt, in einer Situation relativer Armut; sie werden in eine Gesellschaft gezwängt, auf die sie nicht vorbereitet sind und von der sie an den Rand gedrängt werden. Der Begriff der relativen Armut ist bekanntlich schwieriger zu fassen als der der absoluten Deprivation, wobei manche Autoren geltend machen, jegliche Armut sei relativ, wodurch der Begriff eine unbestimmte Definition erhält. Wenn man die üblichen Maßstäbe anlegt, zu denen auch die offizielle Armutskennzeichnung gehört, kommt man jedenfalls zu dem Urteil, daß es auch in den reichsten Gesellschaften Millionen von armen Menschen gibt.

Eine dritte Krisenursache ist die weite Verbreitung von Massenvernichtungswaffen, samt der Existenz weiterer Situationen, in denen die Möglichkeit kollektiver Gewaltanwendung droht. Aufgrund der Beendigung des Kalten Kriegs ist die Wahrscheinlichkeit einer nuklearen Auseinandersetzung, die eventuell eine weitgehende Vernichtung menschlichen Lebens auf der Erde nach sich zöge, geringer geworden, ohne daß diese Bedrohung jedoch völlig ausgeräumt wäre. Es gibt heute vielleicht sogar fünfzehn Länder, die Kernwaffen besitzen. Ihre Zahl hat seit dem Kalten Krieg zugenommen, denn nach dem Zusammenbruch der Sowjetunion sind neue Nationen hervorgetreten, die über Kernwaffen

7 Paul Ekins, *A New World Order*, London: Routledge, 1992.

verfügen. Da eine Vielzahl »friedlich« genutzter Reaktoren existiert, die Plutonium erzeugen können, und da dieser Stoff im Welthandel zirkuliert, ist es wahrscheinlich, daß die Verbreitung der Kernwaffen weiter zunimmt.

Das Problem der Gewalt und ihrer etwaigen Verminderung oder Verhinderung stellt eine der schwierigsten Fragen dar, die durch das Verschwinden der Konfrontation zwischen den Supermächten zum Vorschein gekommen sind. Es gibt, wie wir alle (reflexiv) wissen, eine neue Weltordnung, doch sie erscheint beinahe ebenso beunruhigend wie die alte. Das Problem liegt nicht bloß in der Zunahme des angesammelten Waffenmaterials, sondern in der Verschärfung der lokalen Spannungen in verschiedenen Gegenden, die vielfach noch mit nationalistischen, religiösen und ethnischen Spaltungen gekoppelt sind. Rückblickend ist klar, daß die während des Kalten Krieges herrschende Distanz zwar äußerst gefährlich war, gleichzeitig aber in manchen Gegenden der Welt stabilisierend gewirkt hat.

Gewalt in großem Maßstab ist vor allem ein Problem der globalen Struktur des militärischen Bereichs. Aber zugleich tritt sie natürlich auch in vielfältigen normaleren Situationen auf. Die Gewalt, die den Frauen z. B. auch außerhalb des Kriegskontexts von Männern angetan wird, ist ein Phänomen von übergreifender Bedeutung. Sofern Marilyn French recht hat mit ihrer These, daß es einen »Krieg gegen die Frauen« gibt, ist dieser Krieg nicht auf einen bestimmten Teil des Erdballs beschränkt.[8]

Eine vierte globale Krisenursache betrifft die in großem Maßstab erfolgende Unterdrückung demokratischer Rechte und »das Unvermögen einer stets steigenden Anzahl von Personen, auch nur einen geringen Teil ihrer menschlichen Fähigkeiten zu entwickeln«.[9] Das Ausmaß militärischer Herrschaft scheint zwar rückläufig zu sein, aber 1993 gab es immer noch über fünfzig Militärregimes in verschiedenen Teilen der Welt. Laut Amnesty International werden in mehr als achtzig Ländern der Erde Menschen aus Gewissensgründen inhaftiert – bloß aufgrund ihrer Religion, ihrer Sprache oder ihrer ethnischen Herkunft.

8 Marilyn French, *The War Against Women*, London: Penguin, 1992. Dt. Übersetzung: *Der Krieg gegen die Frauen*, München: Goldmann, 1993.
9 Ekins, *A New World Order*, S. 1.

Hier bestehen enge Zusammenhänge mit den zuvor genannten Kategorien. Der Kalte Krieg stützte einen heuchlerischen Dialog über »demokratische Rechte«, und in dieser Zeit verlor der Begriff seinen Gehalt – er diente der Bemäntelung strategischer Supermachtinteressen. Eine amerikanische Regierung nach der anderen machte deutlich, daß sie kein Regime dulden würde, das mit den Interessen der USA nicht zu vereinbaren wäre, während andere Regime, die diesen Interessen nicht zu entsprechen schienen, aktiv destabilisiert wurden. Die Sowjetunion verkündete ihre Unterstützung der »Demokratie« ebenso lauthals wie ihr globaler Gegner, doch zur gleichen Zeit verfolgte sie ebenfalls eine Politik, die im wesentlichen von geopolitischen Zielen bestimmt wurde.

Das Ende des Kalten Krieges hat deutlich werden lassen, daß es in der globalen Gesellschaft strukturelle Basisfaktoren gibt, die eine Verweigerung demokratischer Rechte begünstigen. Die Unterdrückung der Demokratie war nicht bloß ein Phänomen des Kalten Krieges oder etwa gar des politischen Autoritarismus. Viele Personen sind außerstande, »auch nur einen geringen Teil ihrer menschlichen Fähigkeiten zu entwickeln«, weil sie zur Armut gezwungen sind oder weil sie durch ihre Lebensumstände behindert werden.

Die vier oben unterschiedenen Gruppen globaler Übel stehen in Verbindung mit verschiedenen institutionellen Bereichen der modernen Zivilisation. Das geht aus meinem ersten Diagramm hervor:

(Kapitalismus)	Ökonomische Polarisierung	Ökologische Gefahren	(Industrialismus)
(Überwachung)	Verweigerung demokratischer Rechte	Gefahr eines großen Krieges	(Mittel zur Gewaltanwendung)

Die globale Ausbreitung der Moderne ist, wie die Linke stets betont hat (und worüber jetzt Einigkeit besteht zwischen Linker und Rechter), weitgehend von der Dynamik der kapitalistischen Wirtschaft vorangetrieben worden. Die moderne Welt ist allerdings nicht ausschließlich *kapitalistisch*, sondern sie kennt daneben noch weitere strukturierende Dimensionen, wie ich in anderen Schriften ausführlich zu zeigen versucht habe. Zu diesen Dimensionen gehören: der *Industrialismus*, der als Produktionsweise den Wandel unseres Verhältnisses zur materiellen Natur vorantreibt; die Kontrolle über die militärische Macht und die Mittel zur *Gewaltanwendung*; die Kontrolle über Informationen oder *Überwachung* als Mittel zur Schaffung der Verwaltungsmacht.

Bei jeder dieser Dimensionen – sowie im Verhältnis zu jedem der vier Risikoumfelder – muß von seiten der radikal-politischen Kritik folgende Frage gestellt werden: Welche soziopolitischen Alternativformen könnten möglicherweise existieren? In meinem zweiten Diagramm werden Antworten auf diese Frage angedeutet, die im vorliegenden Buch im Mittelpunkt stehen werden:

(Kapitalismus)	Nachknapp-heitsökonomie	Humanisierte Natur	(Industrialismus)
(Überwachung)	Dialogische Demokratie	Ausgehandelte Machtver-hältnisse	(Mittel zur Gewaltanwendung)

1) In manchen Spielarten des Marxismus war der Begriff der Nachknappheitsökonomie zumindest in einigen Lesarten ein Begriff von hervorragender Bedeutung. Lange wurde er als »utopistisch« verlacht von Autoren, denen daran lag, die »realistischere« ökonomische Alternative der dirigistischen Steuerung der Wirtschaft voranzubringen. Nunmehr haben sich die Dinge verkehrt. Die Vorstellung von einer zentralen Lenkung des Wirtschaftslebens findet auf radikal-politischer Seite keine Anerkennung mehr. Dagegen wirkt der Begriff der Nachknappheitswirtschaft, wie ich weiter unten zu zeigen versuche, nicht mehr völlig utopisch. Ebenso wie bei den übrigen hier beschriebenen politischen Möglichkeiten ist auch in diesem Fall ein *utopischer Realismus* angebracht. Der Gedanke hat zwar utopische Züge, aber er ist nicht unrealistisch, denn er entspricht beobachtbaren Trends.

Die marxistische Vorstellung von einer Nachknappheitsgesellschaft war die Vision einer Ära des allgemeinen Überflusses, in der es gar keine Knappheit mehr geben würde. In dieser Form ist der

Gedanke in der Tat völlig utopisch und ohne den geringsten Wert in einer globalen Situation, in der es nicht um die unbegrenzte Entwicklung, sondern um die Erhaltung der Ressourcen geht. Bei mir bedeutet der Begriff der Nachknappheit etwas anderes, denn er bezieht sich auf eine Situation oder, genauer gesagt, auf einen Komplex von Situationen, in dem das Wirtschaftswachstum nicht mehr von überragender Bedeutung ist.

Nachknappheit bedeutet nicht, daß überhaupt keine Knappheit existiert, denn auf jeden Fall wird es stets »positionelle« Güter geben. Tendenzen in Richtung einer Nachknappheitsökonomie kommen dort zum Vorschein, wo Akkumulationsprozesse weithin als *Bedrohung oder Zerstörung* positiv bewerteter *Lebensweisen* wahrgenommen werden, wo die Akkumulation *im Hinblick auf ihre eigenen Ziele deutlich kontraproduktiv* wird (d. h. wo »Überentwicklung« suboptimale wirtschaftliche, soziale oder kulturelle Konsequenzen nach sich zieht) und wo im Bereich der Politik der Lebensführung Einzelpersonen oder Gruppen Entscheidungen über den Lebensstil treffen, durch die *die Maximierung wirtschaftlicher Erträge begrenzt oder geradezu behindert wird*.

In hochentwickelten Gesellschaften steht der Versuch, die wirtschaftliche Ungleichheit zu verringern, in engem Zusammenhang mit der Ausbildung des Sozialstaats, dem Kernanliegen des in die Defensive geratenen Sozialismus. Fragen der Ungleichheit werde ich weiter unten auch tatsächlich in diesem Kontext erörtern. Dabei werde ich allerdings geltend machen, daß eine derartige Erörterung unmöglich ist, wenn dabei nicht auch auf umfassendere Probleme der globalen Armut Bezug genommen wird.

2) Zur Humanisierung der Natur gehört die Ökologie, doch ökologische Fragen müssen in der Art und Weise angegangen werden, die von der Analyse der Enttraditionalisierung nahegelegt wird. Die Natur ist in ähnlicher Weise wie die Tradition an ihr Ende gelangt. Der Punkt, an dem unsere »natürliche Umwelt« durch Naturverlust der Natur versiegt ist, läßt sich zwar nicht genau bestimmen, aber irgendwann im letzten Jahrhundert ist das uralte Verhältnis zwischen Mensch und Natur in die Brüche gegangen und umgedreht worden. Anstatt uns in erster Linie um das zu

kümmern, was die Natur uns zufügen könnte, müssen wir uns nun den Kopf zerbrechen über das, was wir der Natur angetan haben.

Sich dem Problem der Humanisierung der Natur stellen heißt: von der Existenz einer »formbaren Natur« ausgehen, einer Natur, wie sie innerhalb der posttraditionalen Ordnung fungiert. Entscheidungen über das, was man bewahren oder wiederherzustellen bemüht sein sollte, können nicht unter Bezugnahme auf vom Menschen unabhängige Sachverhalte getroffen werden. Fragen des Raubbaus an Ressourcen und der Umweltschädigung lassen sich manchmal analysieren, indem man untersucht, inwieweit sie von natürlichen Regenerationzyklen abweichen. In anderen Hinsichten jedoch muß man – bezüglich der Tradition wie der Natur – bei der Frage nach Bewahrung (bzw. Wiederbelegung oder Wiederaufbau) auf das Problem eingehen, wie es möglich ist, bei zukünftigen Plänen das Vergangene zu berücksichtigen und zu interpretieren.

3) Die Umwelt wird heute nicht nur von recht friedlichen Formen der Technologie bedroht, sondern in nicht minder verheerender Weise auch von großangelegten Kriegen. So war es nicht immer; vielmehr besteht ein Zusammenhang zwischen Industrialisierung und Kriegführung. Die Waffentechnik der industrialisierten Zeit ist imstande, gewaltige Landstriche zu zerstören oder die Atmosphäre der Erde insgesamt zu verseuchen. Sogar ein recht begrenzter Atomkrieg könnte die Bedingungen für einen »nuklearen Winter« schaffen. Ebenso wie bei anderen konsequenzenreichen Risiken weiß auch hier niemand, wie wahrscheinlich das ist. Daneben bestehen weitere Formen der industriellen Rüstung, die zu extremer Umweltverschmutzung führen können. Und wer weiß, was die nächsten zehn, zwanzig oder hundert Jahre weiterer Waffenentwicklung noch bringen werden?

Sofern Gewalt den Einsatz physischer Kräfte zur Durchsetzung der eigenen Zwecke bedeutet, ist sie natürlich etwas Alltägliches, und nicht nur mit militärischer Macht oder Krieg verknüpft. Eine normative politische Theorie der Gewalt kann sich nicht bloß mit dem Frieden befassen; zumindest muß sie, wenn sie Verallgemeinerungen anstellt, hinausgehen über eine hypothetisch angenommene kriegfreie Situation. In der Welt von heute gibt es, wie ich zu zeigen versuchen werde, ein neues Verhältnis zwischen der Gewalt einerseits und der Möglichkeit dialogischer Verständigung andererseits, und dieses Verhältnis gilt im Prinzip für alle Formen der Gewalt, von der Gewalt zu Hause bis zum Krieg.

4) Ist eine gewaltfreie Gesellschaftsordnung überhaupt möglich? Die Idee als solche ist gewiß utopisch. Doch die aktive Verminderung des Ausmaßes an Gewalt in allen gesellschaftlichen Bereichen vom individuellen Rechtsanspruch bis hin zu globalen Bereichen ist durchaus eine realistische Möglichkeit und, wie in anderen Bereichen konsequenzenreichen Risikos, gewiß notwendig, wenn die Menschheit die drohende Gefahrenzeit überleben soll. Das genaue Gegenteil von Gewaltanwendung ist die ausgehandelte Macht – ein Phänomen, das an Demokratie gebunden ist. Demokratisierung steht in Zusammenhang mit den Überwachungskapazitäten der Staaten und anderer Organisationen der spätmodernen Welt, also der vierten unter den oben genannten Dimensionen unserer modernen Institutionen. Diese Frage der Demokratie, ihrer Formen und Möglichkeiten, werde ich im nächsten Kapitel behandeln.

IV

Zwei Theorien der Demokratisierung

Die Popularität der Demokratie

Auf einmal haben alle die Demokratie entdeckt! Die politischen Theorien des Liberalismus tragen zwar schon lange das Markenzeichen der Begeisterung für demokratische Regierungsformen, doch der Altkonservatismus und der revolutionäre Sozialismus sind dazu stets auf Distanz gegangen. Gibt es heute noch Vertreter einer politischen Theorie, die nicht im einen oder anderen Sinne Demokraten wären?

Selbst diejenigen, die wie manche neoliberale Autoren Zweifel an der Leistungsfähigkeit formaldemokratischer Institutionen hegen, sind zu Befürwortern der Demokratisierung geworden. Nach ihrer Anschauung führt der Markt dort, wo die demokratische Politik nicht hinreicht, zur Demokratisierung. Außerdem ist die Demokratiebegeisterung nicht auf die theoretische Ebene beschränkt. In vielen Ländern verschiedener Weltgegenden sind in den frühen neunziger Jahren Schritte eingeleitet worden, mit denen ein Mehrparteiensystem an die Stelle einer autoritären Regierung oder eines Einparteienregimes gesetzt werden soll. So haben z. B. allein in Afrika in der Zeit zwischen 1989 und der Mitte des Jahres 1993 über zwanzig Länder den Versuch gemacht, Verfassungsmäßigkeit und parlamentarische Institutionen im Sinne der Demokratie einzuführen.

Warum ist die Demokratie heute so gut wie überall populär geworden? Wie sollte man den Begriff der Demokratie auffassen? Welches sind, vom Standpunkt des utopischen Realismus gesehen, die Aussichten ihrer künftigen Entwicklung?

Es gibt zwei gegensätzliche Wege, auf denen man die erste dieser Fragen zu beantworten sucht. Den ersten Weg werde ich den orthodoxen Ansatz nennen. Gemeint ist die Anschauung von Francis Fukuyama, die aber keineswegs auf ihn allein beschränkt ist. Die orthodoxe Auffassung der Demokratisierung macht aus dem Verschwinden der historisch gegebenen Alternativen eine Tugend bzw. im Falle Fukuyamas eine philosophische Begründung: Die Demokratie sei heutzutage einfach deshalb allgemein populär, weil sie das beste politische System darstelle, das der Menschheit bisher in den Sinn gekommen sei. Die meisten Nationen und Völker sähen das jetzt auch ein. Der Faschismus sei schon lange gescheitert, den Kommunismus gebe es nicht mehr, und eine Militärherrschaft könne keine leistungsfähige Regierung ans Ruder kommen lassen. Was übrigbleibt, ist die im wirtschaftlichen Bereich mit dem Kapitalismus gekoppelte liberale Demokratie. Manche sind voller Begeisterung über diese Lage, während andere (wie Fukuyama) sie nur mit einer gewissen Resignation hinnehmen.

Die orthodoxe Anschauung ist nicht neu. »Ein zweifaches Hoch auf die Demokratie!« – diese durchaus nicht subtile Formulierung E. M. Forsters mit ihrem leidenschaftslosen Bekenntnis zur Demokratie wurde von Max Weber schon um die Jahrhundertwende auf tragfähige soziologische Begriffe gebracht. Weber stand unter dem Einfluß der altkonservativen Kritik der Demokratie und der kapitalistischen Produktionsweise, ohne daß er diese Kritik jedoch akzeptiert hätte. Die Demokratie gestattet der Bevölkerung zu wählen, um so darüber zu entscheiden, wer sie regieren soll, und unter bestimmten Voraussetzungen kann sie dazu beitragen, geeignete politische Führer hervorzubringen. Sie erlaubt ein gewisses Maß an Wahlfreiheit, das ein Einparteiensystem per definitionem nicht bietet; und das gleiche gilt im Vergleich mit der sozialisierten Wirtschaft auch für den kapitalistischen Markt. Davon abgesehen ist die Demokratie, wie Weber meint, ein fades Geschäft und die bürgerliche Gesellschaft Mittelmaß ohne Heroismus.

Die meisten, die heute den orthodoxen Ansatz vertreten, haben die aristokratischen Werte des Heldenmuts und der Verwegenheit, die Webers eingeschränkte Würdigung der Demokratie prägten, längst abgeschüttelt. Was die orthodoxe Darstellung heute auszeichnet, ist, daß sie erst jetzt, seit dem Zerfall des Kommunismus, zur Orthodoxie *geworden* ist und außerdem dazu benutzt wird, ebendiesen Zerfall zu erklären.

Diese Erklärung könnte man als Einholtheorie der Demokratie kennzeichnen. Sie besagt Folgendes: Die Umwälzungen in Osteuropa haben sich deshalb abgespielt, weil der Kommunismus in nicht mehr akzeptablem Ausmaß autoritär wurde und sich als ökonomischer Fehlschlag erwies. Man brauchte ihn gar nicht von außen anzugreifen, sondern er zerbröckelte weitgehend von innen her. Während frühere Aufstände gegen die kommunistische Autokratie in Osteuropa gescheitert waren, hatten die Oppositionsbewegungen diesmal Erfolg (sehr viel mehr Erfolg, als sie selbst oder andere vorhergesehen hatten), denn das System hatte von sich aus einen dermaßen fortgeschrittenen Verfallsgrad erreicht. Osteuropa mußte den Westen einholen, und jetzt hat es immerhin die Möglichkeit, es zu versuchen. Die einzige noch offene, wenn auch ernste und schwierige Frage bezieht sich nach orthodoxer Anschauung darauf, wann und ob es den ehemals kommunistischen Gesellschaften gelingen kann, die liberalen Demokratien des Westens einzuholen. Die gleiche Frage gilt auch für die Länder der Dritten Welt: Werden sie imstande sein, auf dem von den westlichen Demokratien bereits beschrittenen Weg zu folgen – jetzt, da »der Weg« nicht mehr zum Sozialismus führt? Denn wie die Marxisten gern im Hinblick auf den Sozialismus zu sagen pflegten: die einzigen Alternativen sind liberale Demokratie plus Kapitalismus oder Stagnation.

Fukuyamas Lesart dieser Anschauung hat eine Beherztheit und einen Schwung, die den rivalisierenden Auffassungen abgehen. Die liberale Demokratie kennzeichnet nach Fukuyama den »Endpunkt der ideologischen Evolution der Menschheit« und die »endgültige menschliche Regierungsform«. »Von Lateinamerika bis Osteuropa, von der Sowjetunion bis zum Nahen Osten und Asien sind vermeintlich starke Regierungen in den letzten drei Jahrzehnten gescheitert. Sie haben zwar nicht in allen Fällen stabilen liberalen Demokratien Platz gemacht, aber die liberale Demokratie bleibt das einzige klar umrissene politische Ziel, das den unterschiedlichen Regionen und Kulturen rund um die Welt gemeinsam vor Augen steht.«[1]

Warum sind starke Staaten schwach geworden? Der Autoritarismus der Rechten wie der Linken ist nach Fukuyamas Meinung darum gescheitert, weil es nicht gelungen ist, die eigene Macht hinreichend zu legitimieren. Solche Regime verfügen nicht über

1 Zitate hier und im folgenden nach Francis Fukuyama, *Das Ende der Geschichte*, München, Kindler, 1992, S. 11, 14, 53, 80, 287, 280, 438.

einen Vorrat an Wohlwollen, der ihnen in schwierigen Zeiten das Überleben sichert; sie sind nicht so flexibel wie liberale Demokratien. Ein erstaunliches Merkmal des in dieser Zeit erfolgten Verfalls autoritärer Regierungen ist – vor allem in Osteuropa – das Ausbleiben blutiger Auseinandersetzungen bei einem Machtwechsel. Dieser »freiwillige Rückzug« von der Macht sei zwar in der Regel durch akute Krisen ausgelöst worden, sei aber letzten Endes dadurch ermöglicht, daß sich »unaufhaltsam die Überzeugung« durchsetzte, »daß in der modernen Welt die Demokratie die einzig legitime Regierungsform ist«. Die wirtschaftliche Ohnmacht der Sowjetunion habe eigentlich nur ihre grundlegende Schwäche an den Tag gebracht, nämlich ihren Mangel an Legitimität.

Im Gegensatz zu manchen anderen Autoren, nach deren Ansicht eine gewisse Spannung besteht zwischen Liberalismus und Demokratie, faßt Fukuyama die beiden Komponenten der liberalen Demokratie als eng zusammengehörig auf: Der Liberalismus bedeutet die Herrschaft des Gesetzes, die Anerkennung des Rechts der freien Meinungsäußerung und des Rechts auf ungehinderten Besitz von Eigentum. Die Demokratie beinhaltet das Stimmrecht aller Staatsbürger sowie das Recht zur Gründung politischer Zusammenschlüsse. Dieses Recht kann als eines von mehreren, ja als das wichtigste der liberalen Rechte angesehen werden, und daher rührt die Verbindung zwischen Liberalismus und Demokratie. Die Demokratie wiederum läßt sich allerdings nur durch Bezugnahme auf Verfahren definieren, während eine inhaltliche Bestimmung, wie sie die kommunistischen Staaten angestrebt hatten, unmöglich sei. Ein Staat ist demokratisch, »wenn das Volk das Recht hat, in regelmäßig stattfindenden geheimen, allgemeinen und gleichen Wahlen in einem Mehrparteiensystem seine Regierung zu wählen«.

Ebenso besteht ein enger und offenkundiger Zusammenhang zwischen der liberalen Demokratie und dem Kapitalismus. Diese Bindung ist aber nicht, wie die Neoliberalen behaupten, ökonomischer Art. An dieser Stelle müssen wir nach Fukuyamas These vielmehr auf Hegel zurückgreifen. Daß die liberale Demokratie allenthalben voranschreitet, hängt mit der Vorstellung zusammen, daß die Geschichte ein »Kampf um Anerkennung« sei. Der Wunsch nach Anerkennung hat zwar manches Auf und Ab erlebt, doch zur Zeit des Bürgertums wird er zum festen Bestandteil liberaler Überzeugungen in Gestalt der Einsicht, daß jeder einzelne das Recht auf ein autonomes und würdevolles Leben hat. In Verbindung mit dem Kapitalismus schafft die liberale Demokratie materielle Güter in Hülle und Fülle, doch die Triebfeder der Demokratisierung ist nicht Reichtum, sondern »das durch und durch nichtmaterielle Ziel der Anerkennung unserer Freiheit«. Die liberale Demokratie »anerkennt« alle Menschen, indem sie ihnen ihre *Rechte* »gewährt und schützt«. Die liberale Demokratie und der Kapitalismus sind deshalb aneinander gebunden, weil die ökonomische Entwicklung die Voraussetzungen der individuellen Autonomie verbessert. Das durch Wissenschaft und Technologie vorangetriebene Wirtschaftswachstum verlangt ein hochentwickeltes Bildungssystem, und durch allgemeine Schulbildung wird »eine gewisse Nachfrage nach Anerkennung« erzeugt, »die es bei ärmeren Menschen mit geringerer Bildung nicht gegeben hat«.

Aber wie befriedigend wird das Leben im sozialen Universum der siegreichen liberalen Demokratie sein? Hier erinnern Fukuyamas Schlußfolgerungen an Weber, denn wie dieser stützt er sich auf Nietzsche, nach dessen Auffassung Kühnheit, Heldenmut, Edelkeit und selbst Tugend nur in aristokratischen Gesellschaften zu haben sind. Die bürgerliche Gesellschaft ist gleichbedeutend mit der Herrschaft des Mittelmaßes – in dieser Beziehung findet sich in Fukuyamas Ausführungen mehr als nur ein Anklang an den Altkonservatismus. Auch eine gewisse Ähnlichkeit mit neueren konservativen Kritikern des moralischen Relativismus legt er an den Tag. Es mag zwar sein, daß es nichts gibt, was über die liberale Demokratie hinausginge, aber eine derartige Ordnung schafft auch ihre eigenen Probleme und inneren Schwächen: »Das moderne Denken steht einem künftigen nihilistischen Krieg gegen die liberale Demokratie, der von ihren eigenen Kindern geführt wird, nicht im Weg. Der Relativismus ist keine Waffe, die man nur auf ausgewählte Feinde richten könnte, er trifft unterschiedslos nicht nur die ›Absolutismen‹, Dogmen und Sicherheiten der westlichen Tradition, sondern auch die von dieser Tradition hochgehaltenen Werte der Toleranz, Meinungsvielfalt und Freiheit.«

Was immer man von dem »Kampf um Anerkennung« halten mag, in einer wichtigen Hinsicht unterscheidet sich Fukuyamas

Buch von neoliberalen Interpretationen der Überlegenheit der Demokratie und des Kapitalismus. Denn Fukuyama geht nicht davon aus, daß es der ökonomische Individualismus sei, der die beiden miteinander verbindet. Es sei nicht das eigennützige Streben im Konkurrenzkampf, das die Ausbreitung der Demokratie erkläre, sondern die Demokratisierung habe weitgehend unabhängige Ursachen, die mit dem Wunsch nach Autonomie und Achtung zusammenhängen. Das ist eine Anschauung, die auch ich selbst im folgenden bejahe. In anderen Hinsichten dagegen weisen Fukuyamas Anschauungen schwerwiegende Mängel auf.

Der Kapitalismus hängt nach Fukuyama deshalb mit der Demokratie zusammen, weil er eine materielle Selbständigkeit zuläßt, durch die eine Verallgemeinerung wechselseitiger Achtung möglich wird. Fukuyamas Standpunkt setzt jedoch die sogenannte »Akkumulation ohne Ende« voraus. Aber ist es nicht so, daß diese »Akkumulation ohne Ende« Widersprüche eigener Art enthält, die ebenso gravierend sind wie die der liberalen Demokratie, vielleicht sogar noch gravierender? Ökologische Überlegungen haben im Rahmen von Fukuyamas Erörterung keinen rechten Stellenwert. Er sagt dazu nichts weiter, als daß der Kapitalismus der Umwelt weniger Schaden zugefügt habe als der Kommunismus.

Außerdem ist aus Fukuyamas Theorie nicht zu ersehen, warum die Demokratisierung in allerjüngster Zeit so rasche Fortschritte gemacht hat. Die von ihm erörterten Prozesse erstrecken sich zumeist über weit längere Zeiträume. Heute seien wir alle Erben der »vor über vierhundert Jahren einsetzenden bürgerlichen Revolutionen«. Warum hat die Welt dann so lange gebraucht, um das zu begreifen? Die einzige Antwort, die Fukuyama bzw. die übrigen Verfechter der orthodoxen Anschauung vorbringen, läuft darauf hinaus, daß man hin und wieder vom richtigen Weg abgekommen sei. Bis vor kurzem habe man anderen – mangelhaften – historischen Alternativen zuviel Beachtung geschenkt: Der Altkonservatismus war bestrebt, die Entwicklung der bürgerlichen Gesellschaft zu verhindern, während der Kommunismus sie überwinden wollte, ehe sie recht in Gang gekommen war. Die rasche und allgemeine Demokratisierung mußte warten, bis diese Scheuklappen beseitigt waren.

Diese Erklärung wirkt ebenso wenig überzeugend wie Fukuyamas Deutung der Bedrängnisse, denen die liberale Demokratie wahrscheinlich ausgesetzt sein wird. Das Problem des Wertrelativismus ist durchaus real; aber seinen Konsequenzen geht Fukuyama weder in philosophischer noch in soziologischer Hinsicht nach. Ist der Wertrelativismus, wie Fukuyama behauptet, ein Produkt der liberalen Demokratie, oder geht er eher aus der Verbreitung der kapitalistischen Marktwirtschaft hervor? Denn die kapitalistische Ökonomie respektiert ja, wie die Neoliberalen betonen, weder die Moral noch die Werte, wenn man von den im Vertragsgedanken vorausgesetzten Werten einmal absieht.

Die von Fukuyama angedeutete Problematik des Nihilismus könnte sich, wie die Frage der »Akkumulation ohne Ende«, als beunruhigender erweisen, als er meint. Sofern die neokonservativen Kritiker des Relativismus recht haben, führt die Zerstörung der traditionellen Werte zu einem grundlegenden und womöglich nicht mehr zu behebenden Verfall der gesellschaftlichen Solidarität. Bei Fukuyama ist meistens vom Verschwinden der auch von Weber hochgehaltenen Werte des Heldentums und der männlichen Kampfbereitschaft die Rede. Doch die Gefahr, die der sozialen Ordnung von seiten gelangweilter und enttäuschter Recken droht, ist wahrscheinlich weit geringer als die von seiten des zügellosen Hedonismus oder des in Enttäuschung umgeschlagenen zwanghaften Strebens nach materiellem Erfolg.

Die Schwierigkeiten, denen die liberale Demokratie nach Fukuyamas Überzeugung ausgesetzt ist, ortet er offenbar größtenteils im Kommenden, in der Zukunft, sobald die Demokratisierung sich in der ganzen Welt weiter entfaltet hat. Doch wie es scheint, stecken liberaldemokratische Gemeinwesen schon hier und jetzt beinahe überall in Schwierigkeiten. In vielen liberalen Demokratien ist eine weitgehende Entfremdung von den politischen Institutionen oder wenigstens Gleichgültigkeit gegenüber diesen Einrichtungen zu beobachten. Die Präferenzen der Wähler sind in den meisten westlichen Ländern instabil geworden. Viele Menschen haben das Gefühl, daß parteipolitische Vorgänge für die Probleme oder Chancen des eigenen Lebens kaum von Belang sind. Die Unzufriedenheit über die politische Führung hat dermaßen um sich gegriffen, daß sie mehr darstellt als ein bloß zufälliges Phänomen, das sich auf eine bestimmte Generation von Politikern bezieht. Außerdem bleibt die liberale Demokratie trotz der Möglichkeit, ihre Normen zu universalisieren, weitgehend auf den Nationalstaat beschränkt. Dieses schon vor langer Zeit von Kant bemerkte Paradox nimmt unter den Gegebenheiten der neuen Globalisierungsdialektik noch schärfere Gestalt an.

Eine Alternativanschauung

Alle diese Sachverhalte liefern triftige Gründe, weshalb man nicht nur dem Standpunkt Fukuyamas, sondern der orthodoxen Analyse der Demokratisierung überhaupt skeptisch gegenüberstehen sollte. Ich selbst möchte eine andere Interpretation vorschlagen: eine Interpretation, die hoffentlich in überzeugenderer Weise erklärt, warum sich die liberale Demokratie allgemein ausbreitet, die aber auch Hinweise darauf gibt, warum diese Form der Demokratie zur gleichen Zeit unter Druck geraten ist.

Demokratisierungsprozesse sollten meines Erachtens heute im Hinblick auf die sozialen Veränderungen begriffen werden, die im vorigen Kapitel beschrieben wurden. Werfen wir zunächst einen Blick auf die Umgestaltungen in Osteuropa. Diese hatten natürlich komplexe Ursachen, und ich möchte mich hier nur über bestimmte Aspekte dieser Vorgänge äußern. Die Ereignisse des Jahres 1989 weichen, wie viele Beobachter (einschließlich Fukuyama) festgestellt haben, in einigen maßgeblichen Hinsichten von früheren Umwälzungen des 20. Jahrhunderts ab, und zwar nicht allein deshalb, weil sie nicht im Namen des Sozialismus stattfanden, sondern eher gegen ihn gerichtet waren. Sie wurden nicht von organisierten revolutionären Parteien angeführt, sie liefen zumeist friedlich ab, und die Staatsgewalt brauchte gar nicht direkt gestürzt zu werden, sondern schmolz gleichsam dahin.

Der Einfluß der elektronischen Medien auf die 1989 erfolgten Veränderungen ist schon oft festgestellt worden.[2] Die Abfolge der Ereignisse, die rasch von einem Land aufs nächste übergriffen, hätte sich ohne die durch das Radio und insbesondere das Fernsehen ermöglichte direkte Berichterstattung wahrscheinlich nicht so

---

2 Deirdre Boden, »Reinventing the global village«, in: Anthony Giddens, *Human Societies*, Cambridge: Polity, 1992.

zutragen können, denn gerade das Fernsehen ist imstande, einzelne zerstreute Vorfälle, die sonst nur abstrakt begriffen werden könnten, in visueller Form dramatisch wiederzugeben. Aber die direkte elektronische Kommunikation ist nur ein Aspekt weiter reichender Globalisierungsprozesse, die allerdings ihrerseits stark von diesen Kommunikationsmitteln geprägt werden. Und gewiß ist es die Globalisierung samt den mit ihr einhergehenden Umgestaltungen des Alltagslebens, die dem heutigen Demokratisierungsdruck zugrunde liegen.

Die »Schwäche starker Staaten«, von der Fukuyama spricht, war in den kommunistischen Gesellschaften nicht von vornherein angelegt, sondern ist durch den Wandel der Verhältnisse im umfassenderen Umfeld der globalen Gesellschaft erst erzeugt worden. Heute werden Demokratisierungsprozesse durch die Ausbreitung der sozialen Reflexivität und die fortschreitende Enttraditionalisierung vorangetrieben. Indes die Reflexivität Fortschritte macht, wird sichtbar, daß die »Schwäche starker Staaten« nicht etwas ist, was insbesondere die starken Staaten beträfe. Prozesse des globalen und lokalen Wandels berühren alle Staaten, was zwar nicht unbedingt in einseitiger Weise zu deren Schwächung führt, wohl aber Wandlungen im Status des offiziellen politischen Bereichs nach sich zieht.

Viele der besonders wichtigen Veränderungen, die heute das Leben der Menschen beeinflussen, entstammen nicht der offiziellen politischen Sphäre und können nur zum Teil in ihr aufgefangen werden. Das ist ein entscheidendes Thema des vorliegenden Buches. Solche Veränderungen prägen die sozialen Umwälzungen, von denen im vorigen Kapitel die Rede war. Sie drängen auf Demokratisierungsprozesse, die zum Teil von ihnen selbst repräsentiert werden, doch diese Demokratisierungswirkungen erstrecken sich über den Gesamtbereich der politischen Arena und tragen zur Destabilisierung des liberaldemokratischen Systems nicht weniger bei als zu dessen Stärkung.

Zum Teil rührt die Anziehungskraft der liberaldemokratischen Institutionen daher, daß sie keine allgemeinen Legitimierungsvoraussetzungen schaffen, sondern einzelnen wie Gruppen gestatten, sich vom politischen Bereich zu lösen. Einerseits ist ein weit größerer Teil der Bevölkerung reflexiv besser informiert über den politischen Bereich als früher. Andererseits wird dieser Bereich für sie zu einem unter vielen lokalen und globalen Bezugspunkten im Rahmen einer kosmopolitischen und globaler werdenden Ordnung. Liberaldemokratische Systeme sowie der Staat überhaupt sind von dieser Situation grundlegend betroffen.[3] Daraus folgt allerdings nicht, daß sich Fukuyamas Lehrsatz umkehren ließe und aus der »Schwäche der Staaten« ihre Stärke würde, d. h., daß der von der neoliberalen Theorie geschilderte »Minimalstaat« der »stärkste« wäre. Dieser Bereich ist jener der erfinderischen Politik, die verbunden werden muß mit einer Würdigung jener Demokratisierungsaspekte, die mehr berücksichtigt, als dann gegeben ist, wenn Demokratie nichts anderes heißt als liberale Demokratie.

Partizipation, Repräsentation, Dialog

Ebenso wie Weber und Bobbio gehe ich davon aus, daß die liberale Demokratie im wesentlichen ein repräsentatives System ist. Sie ist eine Regierungsform, die gekennzeichnet ist von regelmäßigen Wahlen, allgemeinem Stimmrecht, Gewissensfreiheit und dem allgemeinen Recht, sich um Ämter zu bewerben oder politische Vereinigungen zu gründen. Legt man diese Begriffsbestimmung der Demokratie zugrunde, versteht man sie normalerweise im Hinblick auf den Pluralismus und die Artikulation verschiedenartiger Interessen.

Wer ein zweifaches Hoch auf die liberale Demokratie ausbringt, ist dazu in hohem Maße berechtigt. Der Trend zur universalen Ausbreitung der liberalen Demokratie ist unbestreitbar wichtig, wenn man ihn in Zusammenhang bringt mit dem offenbaren Niedergang autoritärer oder totalitärer Regime. Doch die Grenzen liberaldemokratischer Systeme sind inzwischen hinlänglich bekannt und von konservativen ebenso wie von sozialistischen Kritikern häufig vor Augen geführt worden. Wie immer die repräsenta-

---

3 David Held, »Democracy: from city-states to a cosmopolitan order?«, in: Held, *Prospects for Democracy*, Political Studies Special Issue, Bd. 40, 1992, S. 17. Vgl. ferner David Held, *Models of Democracy*, Cambridge: Polity, 1987. Die folgenden Ausführungen stützen sich vielfach auf Helds Arbeiten.

tive Demokratie organisiert sein mag, stets bedeutet sie Regierung durch Gruppen, die weit entfernt sind vom normalen Wähler, und oft wird sie von kleinlichen parteipolitischen Belangen dominiert.

Nach meinem Dafürhalten sind diese endemischen Probleme keine Erklärung für die derzeitigen Schwierigkeiten der liberalen Demokratie, denn daß diese jetzt allein auf weiter Flur dasteht, fällt zusammen mit dem Umstand, daß sie sogar in den Gesellschaften kränkelt, in denen sie besonders fest verankert ist. Außerdem lassen sich jenen Problemen kaum Hinweise entnehmen auf etwaige Möglichkeiten, die Demokratisierung weiter voranzubringen. Hier bieten die üblichen Auseinandersetzungen, bei denen Partizipation und Repräsentation gegeneinander ausgespielt werden, keinen rechten Ansatzpunkt.

Es ist eine andere Richtung, in die wir blicken müssen, nämlich die Richtung der von mir »dialogisch« genannten Demokratie. Die dialogische Demokratisierung ist weder eine Erweiterung der liberalen Demokratie noch gar deren Ergänzung. Insofern sie jedoch überhaupt vonstatten geht, schafft sie Formen des sozialen Austauschs, die beträchtlich, vielleicht sogar entscheidend zur Neugestaltung der sozialen Solidarität beitragen können. Bei der dialogischen Demokratie handelt es sich nicht in erster Linie um die Ausbreitung der *Rechte* oder die Vertretung von *Interessen.* Vielmehr betrifft sie die Förderung des *kulturellen Kosmopolitismus* und bildet einen maßgeblichen Baustein jener Verbindung von Autonomie und Solidarität, von der weiter oben die Rede war.

Die dialogische Demokratie rückt den Staat nicht in den Mittelpunkt, hat für ihn jedoch, wie ich behaupten werde, wichtige Auswirkungen. Durch ihre Stellung im Rahmen der Globalisierung und der sozialen Reflexivität regt die dialogische Demokratie dazu an, im Bereich des liberaldemokratischen Gemeinwesens *die Demokratie zu demokratisieren.*

Was ist Demokratie?

Die der liberalen Demokratie gegenübergestellte »deliberative« Demokratie, von der einige Autoren in jüngster Zeit zu sprechen beginnen, bietet einen Ausgangspunkt für die Betrachtung dieser Fragen. Die liberale Demokratie ist eine Menge repräsentativer Institutionen, die von bestimmten Werten geleitet werden. Die deliberative Demokratie dagegen ist ein Verfahren, durch das man in der politischen Arena in bezug auf politische Maßnahmen Übereinstimmung erzielt oder zu erzielen versucht. Nach David Miller z. B. geht das deliberative Ideal »von der Prämisse aus, daß politische Präferenzen in Konflikt geraten und daß demokratische Institutionen den Zweck haben müssen, derartige Konflikte beizulegen«. Damit eine solche Konfliktlösung demokratisch vonstatten gehen kann, muß sie, wie Miller im Anschluß an Habermas sagt, »durch eine offene und zwanglos geführte Diskussion über die betreffende Frage erfolgen und dabei das Ziel im Auge haben, zu einem übereinstimmenden Urteil zu gelangen«. Nicht unbedingt nötig ist dagegen, daß Übereinstimmung unmittelbar durch eine solche Diskussion erreicht wird. Auch eine Abstimmung wäre möglich. Das Wichtige ist, daß die Beteiligten aufgrund des Gehörten und Gesagten zu einem Urteil gelangen.

Die deliberative Vorstellung von Demokratie unterscheidet Miller von einem »epistemischen« Demokratiebegriff, der zuweilen unter anderem Condorcet und Rousseau zugeschrieben wird. Die epistemische Auffassung der Demokratie behauptet die Existenz eines allgemeinen Willens und nimmt an, dieser Wille könne durch demokratische Verfahren in die Tat umgesetzt werden. Das bedeutet, daß es nach dieser Auffassung möglich ist, bei Fragen, denen die politische Gemeinschaft gegenübersteht, zu einer richtigen oder triftigen Antwort zu gelangen. Eine solche Auffassung setzt nach Ansicht der Verfechter der deliberativen Demokratie einen Maßstab, dem demokratische Institutionen unmöglich gerecht werden können. Der deliberative Ansatz dagegen findet sich damit ab, daß es viele Fragen gibt, die entweder nicht nur eine einzige richtige Antwort kennen oder bei denen die Lösungen heftig umstritten sind. In der deliberativen Demokratie könne Übereinstimmung mit Hilfe verschiedener Mittel erreicht werden. So könnte es sein, daß sich die Beteiligten auf eine Norm oder mehrere Normen einigen, die die Bewertung bestimmter politischer Entscheidungen regeln. Ebenfalls möglich wäre es, daß die Beteiligten übereinstimmend ein Verfahren wählen, das sich auf umstrittene Fälle anwenden läßt. »Bei der deliberativen Auffassung liegt der Akzent nicht auf der Beratschlagung als Entdeckungsverfahren zur Ermittlung der richtigen Antwort, sondern auf der Art und Weise, in der ein Prozeß offener Diskussion, bei dem sich alle Standpunkte Gehör verschaffen können, das Ergebnis zu legitimieren vermag, sobald erkannt ist, daß dieses Resultat die vorangegangene Erörterung widerspiegelt.«[4]

Nach dieser Vorstellung ist es kein ausschlaggebendes Definitionsmerkmal der Demokratie, ob jeder daran partizipiert oder nicht, sondern bestimmend ist, daß es zu einer öffentlichen Beratung über Fragen der Politik kommt. Im Rahmen eines repräsentativen Systems könnten die Voraussetzungen der deliberativen Demokratie dadurch erfüllt werden, daß die Sichtbarkeit des Handelns der gewählten Vertreter gewährleistet ist. Die normalen Wahlverfahren hätten die Aufgabe, die Möglichkeit der Abberufung für den Fall zu verbürgen, daß die Mitglieder umfassender öffentlicher Bereiche Einwände erheben gegen die Art bestimmter Beschlußfassungen oder gegen politische Maßnahmen, die auf deren Grundlage durchgeführt werden.

Aus diesem Ansatz ergeben sich einige wichtige Konsequenzen für die Demokratisierung der Demokratie. In einer zunehmend reflexiven Gesellschaftsordnung, in der es den Menschen auch freisteht, die Politik nach Belieben außer acht zu lassen, reicht das bloße Vorhandensein von demokratischen Wahlverfahren, Repräsentationsmechanismen und parlamentarischen Einrichtungen nicht ohne weiteres aus, um politische Legitimität zu wahren. Zur Schaffung und Erhaltung dieser Legitimität gewinnen die Prinzipien der deliberativen Demokratie wahrscheinlich immer mehr an Bedeutung. Unter Verhältnissen der einfachen Modernisierung, unter denen die Gepflogenheiten und Einstellungen einer Bevölkerung verhältnismäßig stabil und lokal gebunden sind, kann die politische Legitimität zu einem gewissen Teil von traditionellen

4 Zitate nach David Miller, »Deliberative democracy and public choice«, in: Held, *Prospects for Democracy*, S. 55, 57.

Symbolen abhängen. Niemand macht sich große Sorgen um das, was hinter den Kulissen vorgeht. Es ist möglich, daß alle möglichen Arten von Vetternwirtschaft und sogar regelrechte Bestechung nicht nur weiterexistieren, sondern in den Reihen der politischen Führer zur anerkannten Art des Vorgehens werden. Steuern und sonstige Ressourcen, die z. B. vom Regierungs- oder Staatsapparat genutzt werden, können eingeheimst werden, ohne daß öffentlich Rechenschaft abgelegt werden müßte über die Verwendung des Geldes.

In der liberalen Demokratie sollen die Sitzungen der Kammern des Parlaments einen öffentlichen Raum bilden, in dem Übereinstimmung erzielt wird über politische Maßnahmen. Doch inwieweit dieser Raum sozusagen der öffentlichen »Prüfung« zugänglich ist, das fällt ganz unterschiedlich aus. Es kann sein, daß der Parteigeist die Oberhand gewinnt, oder es kann geschehen, daß dieser Raum zu einer im Grunde privaten Diskussionsrunde wird. Deliberative Demokratisierung hieße, daß es auf vielen Gebieten der Regierung zu mehr Transparenz käme, wobei der Bereich der Ressourcenbeschaffung nicht der unwichtigste wäre.

Millers Vorstellung von deliberativer Demokratie ist auf den Bereich der offiziellen Politik beschränkt. Heutzutage müssen wir jedoch die Möglichkeit sehr viel weiter reichender Ordnungen der faktischen und potentiellen Demokratisierung in Betracht ziehen. Derartige Ordnungen betreffen die beiden Bereiche, in denen unser Leben derzeit so grundlegende Veränderungen durchmacht, nämlich das Alltagsleben einerseits und die auf Globalisierung zielenden Systeme andererseits. Bei der Untersuchung der in diesen Bereichen stattfindenden Demokratisierung ist es nützlich, die konventionelle Verknüpfung der Demokratie mit beratenden Versammlungen im Gedächtnis zu behalten. Ausschlaggebend ist aber nicht der Ort des Geschehens, sondern der Aspekt der Offenheit für Beratungen. Das ist der Grund, weshalb ich die Demokratisierung als (faktische und potentielle) Ausweitung der dialogischen Demokratie bezeichne, womit eine Situation gemeint ist, in der fortgeschrittene Autonomie der Kommunikation gegeben ist und in der diese Kommunikation zur Herausbildung eines Dialogs führt, durch den politische Maßnahmen und Tätigkeiten geprägt werden.

Die dialogische Demokratie läuft nicht auf das gleiche hinaus wie eine ideale Sprechsituation. Erstens ist die dialogische Demokratisierung nicht an einen transzendentalen philosophischen Grundsatz gebunden. Im Gegensatz zu Habermas gehe ich nicht davon aus, daß diese Art der Demokratisierung schon im Sprechakt oder im Dialog angelegt ist. Getragen wird das Potential für dialogische Demokratie vielmehr von der Ausbreitung der sozialen Reflexivität als einer Bedingung alltäglicher Aktivitäten und des Bestands größerer Formen kollektiver Organisation. Zweitens ist die dialogische Demokratie nicht unbedingt auf die Herstellung eines Konsenses bedacht. Die besonders »politischen« Fragen innerhalb wie außerhalb der offiziellen politischen Sphäre sind, den Thesen der Theoretiker der deliberativen Demokratie genau entsprechend, ebenjene, die im wesentlichen wahrscheinlich umstritten bleiben. Die dialogische Demokratie unterstellt lediglich, daß der öffentlich geführte Dialog ein Mittel bereitstellt, um im Verhältnis gegenseitiger *Toleranz* mit dem anderen im Nebeneinander zu leben, einerlei, ob es sich bei diesem »anderen« um einen einzelnen handelt oder um eine globale Gemeinschaft von Religionsanhängern.

Die dialogische Demokratie steht daher im Gegensatz zu fundamentalistischen Strömungen jeglicher Art; und ebendarin liegt großenteils ihre Bedeutung im Rahmen einer ausgeprägt reflexiven Gesellschaftsordnung. Dies bedeutet allerdings nicht, daß alle Spaltungen oder Konflikte durch einen Dialog überwunden werden können – das ist durchaus nicht der Fall. Ebensowenig ist damit gemeint, daß der Dialog in jedem System oder in jeder Beziehung stetig geführt werden muß. Vielmehr sollte der Dialog im Sinne der Fähigkeit begriffen werden, durch Einsicht in die Integrität des anderen aktives Vertrauen zu schaffen. Vertrauen ist ein Mittel zur Ordnung sozialer Beziehungen in Zeit und Raum. Es trägt jenes »notwendige Schweigen«, das einzelnen oder Gruppen die eigene Lebensgestaltung und gleichzeitig die Existenz in einem sozialen Verhältnis zu einem oder mehreren anderen gestattet.

Die politische Theorie der liberalen Demokratie beruht auf dem Gedanken, es sei nötig, Staat und Zivilgesellschaft durchgängig streng zu trennen. Das Schicksal des Sozialismus scheint diese These auch bestätigt zu haben. Der Sozialismus hat gegen das genannte Prinzip verstoßen, indem er, wie Bobbio es ausdrückt, die Demokratisierung zu weit getrieben hat. Wenn die meisten Aspekte des Lebens nicht aus dem Bereich der Politik herausgehalten werden, hat der Staat die Tendenz, von oben in sie einzugreifen und zur Autokratie zu werden.

Die Trennung von Staat und Zivilgesellschaft ist in der Tat eine der Hauptleistungen der liberalen Demokratie. Sie bedeutet, wie ich betont habe, daß der einzelne die politische Arena außer acht lassen kann, wenn er das will. Hier muß man wieder zurückgehen auf die miteinander verknüpften Prozesse der Globalisierung, der Reflexivität und der Umgestaltung des tagtäglichen Lebens. Diese tragen zwar dazu bei, die umfassende Bewegung in Richtung liberale Demokratie in Gang zu bringen, doch sie können keineswegs *im Inneren* der herkömmlichen politischen Sphäre bleiben. Zur gleichen Zeit, da die liberalen demokratischen Institutionen immer weitere Verbreitung finden, wächst das Unbehagen an diesen Institutionen, und zwar in beiden Fällen aus ungefähr gleichartigen Gründen. Die Menschen werden von »der Politik« desillusioniert, weil – teils reflexiv beherrschbare, teils bedrohlich bleibende – maßgebliche Gebiete des sozialen Lebens von keinem zugänglichen Bereich der politischen Autorität mehr abgedeckt werden. Anders, als sich die Neoliberalen das ausgemalt haben, gelingt es auch der Konsumentenmacht nicht, an die Stelle dieser fehlenden Autorität zu treten. Im gleichen Maße, in dem Bedürfnisse durch Kaufentscheidungen die kapitalistische Warenwelt beeinflussen, werden sie selbst durch die Kommodifizierung beeinflußt. Darüber hinaus verändern von der kapitalistischen Entwicklung angeregte technologische Neuerungen grundlegende Aspekte des sozialen Lebens. Der kapitalistische Markt liefert seinerseits nicht den geringsten Anhaltspunkt, aus dem hervorginge, wie man sich diesen Aspekten stellen oder mit ihnen umgehen sollte. In manchen Hinsichten *vermehrt* die liberale Demokratie im Zusammenspiel mit dem Sozialstaat diese Ohnmachtsanwandlungen, anstatt Abhilfe zu schaffen.

Dialogische Demokratien

Außerhalb des Bereichs der offiziellen Politik schreitet die dialogische Demokratie heutzutage auf vier miteinander zusammenhängenden Gebieten voran. Dabei wirkt das, was auf jedem dieser vier Gebiete geschieht, auf die orthodoxe Politik zurück (und bereitet dieser oft auch Probleme). In jedem dieser Fälle können wir zur Zeit nur von Demokratisierungstendenzen reden, durch die Chancen für eine Erneuerung der politisch-radikalen Kritik erzeugt werden, die aber zugleich von grundlegenden Dilemmata, Schwierigkeiten und Gegentendenzen begleitet sind.

Zunächst ist da die Arena des *persönlichen Lebens*, die heute infolge der bereits genannten Ursachen so vielen Veränderungen unterliegt. Enttraditionalisierung und gesteigerte Reflexivität ändern den bisher gegebenen Charakter der Ehe, der Sexualität, der Freundschaftsbeziehungen, des Verhältnisses zwischen Eltern und Kindern sowie der Verwandtschaftsbande. In hohem Maße strahlen diese wie alle übrigen hier erörterten Veränderungen in sämtliche Weltgegenden aus, wenn auch mit vielen kontextbedingten Variationen.

Je weiter eine posttraditionale Gesellschaft fortschreitet, desto stärker kommt es im Bereich des persönlichen Lebens zu einer Entwicklung, die hinsichtlich der sexuellen Beziehungen, der Ehe und der Familie zur sogenannten Form der *reinen Beziehung* führt. Diese reine Beziehung sollte als Idealtypus im soziologischen Sinne verstanden werden. Es handelt sich um einen Grenzfall, zu dem faktische soziale Beziehungen tendieren, nicht um eine vollständige Beschreibung eines wirklichen Handlungszusammenhangs. Eine reine Beziehung ist eine Beziehung, die man um ihrer selbst willen – also wegen des Vorteils, den die Verbindung mit dem oder den anderen bietet – eingeht und aufrechterhält.

Es liegt im Wesen der Gestaltung reiner Beziehungen und der Sicherung ihrer Fortdauer, daß aktives Vertrauen dabei eine Rolle spielt. In den verschiedenen Intimbereichen des Lebens beruhen das Kennenlernen des anderen und das Auskommen mit dem anderen auf der Zuschreibung von Integrität. Die Beziehung hängt nicht so sehr von einer bestimmten sozialen Rolle ab bzw. von dem, was die andere Einzelperson im Leben »tut«, sondern sie beruht auf dem, was der andere als Person eigentlich »ist«. So war die Ehe früher – und ist in vielen empirisch gegebenen Fällen auch heute noch – eine Verflechtung der Rollen. Das Tun der Männer war verschieden vom Tun der Frauen, weshalb die Ehe eigentlich eine Form von Arbeitsteilung war. Die Ehe wurde nicht von den betreffenden Einzelpersonen angebahnt und durchgesetzt, sondern vielfach von anderen eingefädelt. Die Ehe war so etwas wie ein naturgegebener Zustand.

Im letzten halben Jahrhundert hat sich die Ehe besonders in westlichen Ländern, in gewissem Maße aber auch in der ganzen übrigen Welt, grundlegend geändert. Zumindest im Prinzip ist sie jetzt keine patriarchalische Beziehung mehr, sondern ein Zusammenkommen von Gleichen. Sie ist eine gefühlsmäßige Bindung, die nicht aus wirtschaftlichen Gründen zustande kommt, sondern auf der Basis persönlicher Anziehung, Sexualität und Empfindung geschlossen und getragen wird. Außerdem muß das Ehepaar aktiv dafür sorgen, daß die Ehe »funktioniert«.

Je mehr die Ehe zur reinen Beziehung tendiert, desto stärker wird sie gerade zum öffentlichen Symbol dieser Beziehung. Dadurch wird die Ehe aber nicht bedeutungslos, denn ihr symbolischer Charakter kann sozial wichtig sein und hat rechtlich bindende Form. Ihr »Erfolg« wird jedoch in immer höherem Maße abhängig von Kriterien, die die gleichen sind wie bei Menschen, die ohne Eheschließung zusammenleben, d. h., er wird abhängig von der Vereinbarkeit innerhalb einer für beide Seiten vorteilhaften Beziehung. Indes die Ehe ihren herkömmlichen Inhalt verliert, geschieht das gleiche auch mit der Sexualität. In einer posttraditionalen Ordnung wird die Sexualität zu etwas »Formbarem«. Man muß im Grunde entscheiden, welches die eigene Sexualität ist, und Heterosexualität ist (im Prinzip) kein vorgegebener, »natürlicher« Maßstab mehr. Die Dynamik gleichgeschlechtlicher sexueller Beziehungen mag sich zwar in mancher Hinsicht von der Dynamik heterosexueller Beziehungen unterscheiden, doch größtenteils beruhen sie auf genau gleichen emotionalen Mechanismen.[5]

Erträglich wird die reine Beziehung – sei es in der Ehe oder in anderen Bereichen des persönlichen Lebens – nur, wenn man sich

5 Anthony Giddens, *The Transformation of Intimacy*, Cambridge: Polity, 1992.

dem anderen »öffnet«; die Beziehung beruht auf kognitiver und emotionaler Kommunikation. Damit die Beziehung von Dauer ist, müssen die einzelnen etwas von sich selbst »hingeben«; und dieses Geben ist zugleich ein Mittel zur Mobilisierung aktiven Vertrauens. Um sich dem anderen zu öffnen, muß man sich selbst kennen. Selbstreflexivität – Verbindung zu den eigenen Gemütsbewegungen haben – ist eine Voraussetzung für die Gestaltung einer tragfähigen Beziehung zum anderen. Die emotionale Kommunikation braucht, wie schon geradezu der Begriff sagt, nicht unbedingt besprochen zu werden, sondern sie wird gelebt. Aber die reine Beziehung setzt auch unweigerlich den Dialog voraus. Es ist eine Beziehung, die getragen wird durch die offene Erörterung von »Verfahrensfragen«, also Fragen der gegenseitigen Anteilnahme und Verantwortung.

Hier besteht also eine enge Verbindung zwischen der reinen Beziehung und der dialogischen Demokratie. Der Dialog zwischen einzelnen, die als Gleichberechtigte aufeinander zugehen, ist eine Qualität des Austauschs, die ausschlaggebend ist für das wechselseitige Verhältnis. Es gibt erstaunliche Entsprechungen zwischen der in der therapeutischen Literatur über Ehe- und Sexualfragen behandelten Form einer erfolgreichen Beziehung und den formalen Mechanismen der politischen Demokratie. Beide beruhen auf der Entwicklung des von David Held so bezeichneten *Autonomieprinzips*. Im Rahmen des größeren Gemeinwesens oder im Zusammenhang von Beziehungen muß der einzelne über die nötige psychische und materielle Autonomie verfügen, um erfolgreich mit anderen zu kommunizieren. Der zwanglose Dialog, der zusätzlich im »öffentlichen Raum« stattfindet, ist in beiden Fällen das Mittel, das nicht bloß der Beilegung von Streitigkeiten dient, sondern auch der Schaffung einer Atmosphäre gegenseitiger Toleranz. Das bedeutet, daß sogar der Rahmen des demokratischen Systems – bzw. der Beziehung – »öffentlich« zur Diskussion gestellt werden kann.

Wie ließe sich das alles auf die wechselseitige Beziehung zwischen Eltern und Kindern anwenden? Welche Anzeichen sprechen dafür, daß die Beziehungen zwischen Eltern und Kindern dahin tendieren, reine Beziehungen zu werden? Zu finden sind solche Anzeichen in deutlichen Trends zur »ausgehandelten Autorität«

innerhalb der Familie. Zum Teil ist das dieselbe Tendenz, die von Autoren der Rechten als allgemeiner Verfall der Elternautorität angesehen wird. Tatsächlich nimmt die Autorität der Eltern posttraditionale Züge an. Sie ist keine »Gegebenheit« mehr. Weder für die Eltern selbst noch für die Kinder ist sie ein Faktum des Lebens, sondern sie wird auf beiden Seiten aktiver ausgehandelt. Wenn Kinder und Eltern aufeinander zugehen, verhalten sie sich, ohne daß das ausgesprochen wird, als Gleichberechtigte, obwohl die Eltern in Wirklichkeit über mehr Autorität verfügen.

Eine demokratische Beziehung zwischen Eltern und Kindern ist eine Beziehung der kontrafaktisch ausgehandelten Autorität. Im Grunde sagen die Eltern zum Kind: Wärst du imstande, mit uns in der gleichen Weise wie ein Erwachsener in freier und offener Weise über unsere Beziehung zu reden, würdest du unsere Gründe für unseren faktischen Umgang mit dir akzeptieren. Eine solche »kontrafaktische Demokratie« kann sogar auf die Situation des neugeborenen Säuglings Anwendung finden, ohne daß dieser imstande wäre, sich in solcher Weise mit seinen Eltern zu verständigen. In dem Maße, in dem es zur Entwicklung einer Demokratie der Gefühle käme, zöge sie bedeutsame Konsequenzen nach sich für die Förderung der formalen öffentlichen Demokratie. Wer eine zutreffende Vorstellung von der eigenen Emotionalität hat und auf persönlicher Basis erfolgreich mit anderen zu kommunizieren vermag, ist aller Wahrscheinlichkeit nach gut vorbereitet auf anspruchsvollere Aufgaben im staatsbürgerlichen Bereich. Es ist durchaus möglich, daß Kommunikationsfertigkeiten, die in den verschiedenen Arenen des persönlichen Lebens herausgebildet werden, auch auf umfassendere Kontexte übertragen werden können.

Die Entwicklung der emotionalen Demokratie ist ein in der Enttraditionalisierung des persönlichen Lebens angelegtes Potential, aber bei weitem keine unvermeidliche Konsequenz dieser Enttraditionalisierung. Die von rechtsgerichteten Autoren aufgezeigten Probleme im Bereich der Geschlechterrollen, der Sexualität und der Familie sind nur allzu real. Es liegt keineswegs auf der Hand, daß ein solcher Traditionsabbau nicht einen verheerenden Verfall der Familiensolidarität nach sich ziehen kann und womöglich eine Welt entstehen läßt, in der es zu kurzfristigen, mühsamen Sexualbeziehungen kommt, die nur wenig dauerhafte Befriedigung verschaffen und das Mal der Gewalt an sich tragen. Andererseits ist es tatsächlich so, daß die Demokratie der Emotionen beobachtbaren Trends in den verschiedenen Bereichen des Alltagslebens entspricht, so daß wirklich Anlaß zur Hoffnung gegeben ist.

Ein *zweites* Gebiet der Demokratisierung, das ebenfalls globale Ausbreitung gefunden hat, ist das Umsichgreifen von sozialen Bewegungen und Selbsthilfegruppen. Derartige Bewegungen und Gruppen bringen die heute gesteigerte Reflexivität des lokalen wie globalen Lebens zum Ausdruck, tragen aber auch ihrerseits dazu bei. Soziale Bewegungen haben in der politikwissenschaftlichen und soziologischen Literatur große Beachtung gefunden. Doch wenn man die Zahlen, die Wichtigkeit im Leben vieler Menschen und die langfristige Dauer bedenkt, ist die Bedeutung der Selbsthilfegruppen vielleicht noch größer.

Dabei ist offensichtlich, daß weder soziale Bewegungen noch Selbsthilfegruppen unbedingt demokratische Zielsetzungen verfolgen. Einige dieser Bewegungen und Gruppen sind darauf bedacht, den ganzen Rahmen der demokratischen Institutionen in Mißkredit zu bringen. Mitunter werden soziale Bewegungen von Demagogen dirigiert, und solche Personen können eine emotionale Massenidentifikation auslösen, die völlig im Gegensatz steht zur dialogischen Demokratie.

Dennoch ist es sinnvoll, einen inneren Zusammenhang zwischen der Demokratie, sozialen Bewegungen und Selbsthilfegruppen anzunehmen, der großenteils daher rührt, daß sie (im Prinzip) Freiräume schaffen für einen öffentlich geführten Dialog. So kann eine soziale Bewegung z. B. Aspekte gesellschaftlichen Verhaltens in den Diskursraum bringen, die früher nicht diskutiert bzw. durch Anwendung herkömmlicher Verfahren »erledigt« wurden. Der feministischen Bewegung etwa ist es gelungen, die geschlechtliche Identität von Frauen und Männern zu problematisieren, indem das Thema zum Gegenstand öffentlicher Auseinandersetzungen gemacht wurde. Ein ähnliches Ergebnis haben ökologische Bewegungen mit Bezug auf die Umwelt erzielt.

Einige Arten von sozialen Bewegungen und Selbsthilfegruppen befördern bereits durch die Form ihres Zusammenschlusses Demokratisierungsprozesse und stützen diese. So hat die in globalem

Rahmen arbeitende Gruppe der Anonymen Alkoholiker eine Organisationsform, die feststehende Hierarchien verhindert. Diese Gruppe macht bewußt den Versuch, ihren Mitgliedern einen maximalen Diskursraum zu schaffen; und zugleich geht es darum, Autonomie auszubilden. Die Kommunikation mit anderen, die durch vermehrte Selbsterkenntnis ermöglicht wird, trägt ihrerseits zur Selbsterkenntnis bei und ist so das Mittel, durch das der Kranke die Fähigkeit erhält, die Sucht zu überwinden.

Soziale Bewegungen, insbesondere jedoch Selbsthilfegruppen, können eine bedeutende Rolle spielen bei der Demokratisierung von zahlreichen Bereichen der »Subpolitik«, um Ulrich Becks Ausdruck zu verwenden. In vielen Fällen stehen sie natürlich in tiefgründiger Verbindung mit den im persönlichen Leben gegebenen Foren der emotionalen Demokratie. Was soll der Begriff »Selbsthilfe« im weitesten Sinne anderes heißen als Förderung der Autonomie? Viele Arten von Selbsthilfegruppen sind entstanden, denen es um Sexualität, persönliche Beziehungen, Ehe und Familie geht.[6]

Selbsthilfegruppen werden in vielen Kontexten wichtig, in denen sich ständiger technologischer Wandel samt der Denaturierung der Natur immer wieder den demokratischen Kontrollen entzieht, die im Bereich der offiziellen Politik verfügbar sind. Ein treffendes Beispiel ist hier das Gebiet der Reproduktionstechnologien. Es gibt nur wenige andere Veränderungen, die das Leben der Menschen, zumal das Leben der Frauen, in gleichem Maße beeinflußt haben. Wie auch sonst überall, kommt es hier zu Reibereien zwischen den Möglichkeiten vermehrter Autonomie und erneuerten Formen der Ausbeutung und Unterdrückung. Selbsthilfegruppen haben jedoch entscheidend dazu beigetragen, den Fachleuten Macht zu entreißen und ganz generell den Nichtfachleuten wieder Zugang zum Expertenwissen zu verschaffen. Der technische Wandel hat zwar das Eindringen der weitgehend den Männern vorbehaltenen Ärzteprofession in das perinatale Erleben der Frauen erleichtert. Doch die Betroffenen haben sich nicht passiv damit abgefunden, sondern sich rührig organisiert, um ihre Autonomie im aktiven Dialog mit den »Experten« zurückzugewinnen.

6 Anthony Giddens, »Leben in der posttraditionalen Gesellschaft«, in: Beck/Giddens/ Lash, *Reflexive Modernisierung*, Frankfurt: Suhrkamp, 1996.

Ein *dritter* Demokratisierungskontext findet sich in der Arena der Organisationen: hier ist der doppelte Einfluß von Globalisierung und Reflexivität ganz deutlich. Seit der allgemeinen Ausbreitung des Kapitalismus sieht es, wie schon erwähnt, so aus, als würden die Großkonzerne uneingeschränkt die Weltwirtschaft beherrschen. Ganz so haben sich die Dinge aber nicht entwickelt. In einem Magazinartikel heißt es etwa: »Einst stolzierten die Riesenkonzerne hochgemut über den Erdball und gebärdeten sich als Vorreiter des Wirtschaftswachstumswunders unseres Jahrhunderts. Jedes ehrgeizige Unternehmen verfolgte das Ziel, es ihnen gleichzutun und ebenso wie sie mächtig genug zu sein, die Schläge, durch die die kleineren Rivalen immer wieder zu Fall gebracht wurden, mit einem Achselzucken abzutun. Die Gegenwart bereitet den größten Konzernen jedoch Sorgen. [...] Es waren die zu Anfang des Jahrhunderts errungenen Siege der Massenfertigung, denen die meisten Riesenfirmen, die seither die betreffenden Industriezweige überragen, ihre Entstehung verdanken. Daß das Größere auch besser sei, wurde nur selten bestritten. [...] Doch jetzt schicken viele Großunternehmen das mittlere Management in die Wüste, kappen die Unkosten und organisieren sich neu, so daß ›Zusammenschlüsse‹ von selbständigen Betriebseinheiten entstehen – das heißt, sie machen den Versuch, sich ihren kleineren Rivalen anzugleichen. [...] Die Ära des Aufbaus der Konzernreiche ist vorbei. Nun hat eine Zeit begonnen, in der der globale Wettbewerb umfassender und grimmiger wird, was viele Risiken und Ungewißheiten mit sich bringt.«[7]

Weber begründete die Leistungsfähigkeit der großen Organisationen samt ihrer bürokratischen Hierarchie mit allgemeingültigen Prinzipien der sozialen Rationalität. Webers Theorie hatte offensichtlich kybernetische Züge, obwohl er sie benutzte, um die Bestrebungen des Sozialismus anzugreifen. Nach Weber ist die Bürokratie die leistungsfähigste Organisationsform, weil sie Informationen und Macht an der Spitze konzentriert. Je niedriger die Position innerhalb einer Organisation, desto starrer und begrenzter sind tendenziell die Aufgaben des Betreffenden.

Es liegt ganz und gar nicht auf der Hand, daß diese Organisationsform heute völlig im Verschwinden begriffen ist oder daß es,

7 »The fall of big business«, in: *The Economist*, 17. April 1993, S. 13 f.

wie viele Autoren behauptet haben, zu einem pauschalen Umschwung kommt in Richtung dezentralisierter und flexiblerer Leitungssysteme. Der soziale Wandel hat stets die Tendenz zu einem dialektischen Ablauf. Eine Bewegung in *eine* Richtung ruft normalerweise auch entgegengesetzte Trends hervor. Bei Organisationen geschieht wahrscheinlich das gleiche. In der ökonomischen Sphäre z. B. dürfte flexible Lenkung für einige Menschen dazu führen, daß andere in anderen Bereichen zunehmenden Zwängen ausgesetzt sind. Es kann durchaus sein, daß Großkonzerne, die sich bedroht sehen, Mittel und Wege finden, um sich zur Wehr zu setzen. Dezentralisierungsprozesse in einem Sektor bewirken womöglich, daß in einem anderen Sektor erneut zentralisiert wird.

Doch einige der Veränderungen, von denen die Organisationen heute betroffen sind, schreiten wahrscheinlich weiter voran, und die Gesamtrichtung der Entwicklung ist allem Anschein nach klar. Demokratisierungsprozesse im Inneren der Organisationen wirken deshalb besonders frappierend, weil sie völlig im Gegensatz stehen zu den Lehren über Stufenleitern und bürokratische Organisationsformen, die in der vorigen Generation noch galten. Eine nachbürokratische Organisation kann sowohl die soziale Reflexivität einspannen als auch auf Situationen hergestellter Unsicherheit sehr viel wirksamer reagieren als ein Kommandosystem. Organisationen, die im Hinblick auf aktives Vertrauen strukturiert werden, geben mit Notwendigkeit auch Verantwortung ab und sind abhängig von einem ausgedehnten Dialograum. Die »auf Verantwortung basierende Organisation« sieht ein, daß Reflexivität eine Rückkehr zum Bedürfnis nach lokalem Wissen nach sich zieht, auch wenn lokales Wissen dieser Art nicht einfach traditionsverhaftet ist.[8]

Der *vierte* Bereich der dialogischen Demokratisierung betrifft die umfassendere globale Ordnung. Demokratisierungseinflüsse auf Weltebene sind lange im Sinne der konventionellen Auffassungen der Theorie der internationalen Beziehungen begriffen worden. Die »internationale Arena« wurde als »über« den Nationalstaaten stehend begriffen. Nach dieser Vorstellung brächten alle Tendenzen in Richtung Demokratisierung den Aufbau politischer

8 Peter F. Drucker, *Post-capitalist Society*, Oxford: Butterworth Heinemann, 1993, 5. Kapitel.

Institutionen nach dem Vorbild einer ganz groß geschriebenen liberalen Demokratie mit sich. Die »leeren« oder »anarchischen« Bereiche im Verbindungsfeld zwischen den Nationalstaaten müßten, anders ausgedrückt, nachträglich ausgefüllt werden. Derartige Gedanken sind zwar nicht völlig belanglos geworden, aber es sieht so aus, als sei ihre Bedeutung dort, wo Globalisierung und soziale Reflexivität durch und durch miteinander verflochten sind, eher begrenzt. Denn es gibt viele Globalisierungszusammenhänge, die nicht durch den Nationalstaat vermittelt sind, sondern diesen zumeist umgehen.

Es ist möglich, ja wahrscheinlich, daß es auf globaler Ebene zur Entwicklung von Formen der repräsentativen Demokratie kommt, die den im Inneren der Staaten bestehenden entsprechen. So beinhaltet etwa Helds Modell der kosmopolitischen Demokratie die Einrichtung regionaler Parlamente, die ganze Kontinente umfassen und in letzter Instanz den Vereinten Nationen verantwortlich sind. Ohne Fortschritte der dialogischen Demokratie unterlägen solche Organisationen jedoch den gleichen Beschränkungen wie die auf Staaten bezogenen Systeme der liberalen Demokratie. Auf globaler Ebene zöge die dialogische Demokratisierung die Demokratisierung der Demokratie nach sich, aber daneben auch die Ausbreitung weiterer dialogischer Mechanismen.

Welche Mechanismen könnten das sein? Zum Teil würden dazu auch Faktoren und Einflüsse gehören, die bereits genannt worden sind. In vielen Situationen ist es sozialen Bewegungen und Selbsthilfegruppen mit globaler Verbreitung gelungen, gegenüber Staaten und kommerziellen Organisationen Dialogräume aufzuschließen. Es gibt z. B. auf der ganzen Welt keine Regierung mehr, die ökologische Probleme leugnen kann. Im Grunde stehen solche Probleme heute im Mittelpunkt weltweiter Dialoge mit einer Vielzahl kollektiver Akteure.

Ein potentieller Dialograum eröffnet sich allerdings auch an all den Punkten, an denen der globale Kosmopolitismus zwischen den Kulturen und Traditionen Kontakte herstellt, einerlei, ob diese im Niedergang oder im Aufstieg begriffen sind. Hier kommt es wahrscheinlich, wie ich weiter unten in einem anderen Kapitel darlegen werde, zu einem nüchternen Kompromiß zwischen dialogischer Demokratisierung und Gewalt. An dieser Stelle wird das

Problem des Fundamentalismus unabweisbar. Denn der Fundamentalismus kann, wie ich vorgeschlagen habe, genau in dem Sinne aufgefaßt werden, daß er den Dialog verweigert in einer Welt, in der verschiedene Traditionen wie nie zuvor in regelmäßigen Kontakt miteinander gebracht werden.

Die Demokratie und das Problem der Solidarität

In jedem der oben angesprochenen Bereiche ist die Entwicklung der dialogischen Demokratie derzeit eher Möglichkeit als Wirklichkeit. Doch die Bestimmung dieser Kontexte potentieller Demokratisierung gestattet es uns, den Zusammenhang zwischen Demokratie und der Herstellung neuer Solidaritätsbeziehungen zu erkunden.

Auf jeder Seite des politischen Spektrums wird heute die Zerrüttung der Gesellschaft befürchtet und eine Wiederbelebung der Gemeinschaft verlangt. Sofern radikal-kritische Politik in unserer Zeit restaurativ sein muß, fragt es sich, ob wir imstande sind, die Idee oder die Realität der Gemeinschaft unter den gegenwärtigen sozialen Bedingungen wiederzuentdecken. Die Vorzeichen stehen nicht gut. Schließlich kommen aus der Soziologie schon seit langem stetige Hinweise auf die Zerstörung der Gemeinschaft und der meisten Formen von Gemeinschaftssolidarität. Die Gemeinschaft ist, wie Durkheim und Ferdinand Tönnies um die Jahrhundertwende geltend gemacht haben, von Verbänden verdrängt worden, also von unpersönlichen Bindungen, die durch die ökonomische Arbeitsteilung strukturiert werden. Durkheim meinte, die Gemeinschaft könne in der Berufssphäre in gewissem Maße wiederbegründet werden; es sei möglich, daß Gewerkschaften und Berufsverbände Quellen sozialer Solidaritäten bildeten, die andernorts fehlen. Das hat sich jedoch als undurchführbarer Traum erwiesen.

Die Lösung, behaupten viele, könne darin bestehen, daß man die Zivilgesellschaft zumindest in mancher Hinsicht wiederherstellt. Doch wer eine Erneuerung der Zivilgesellschaft verlangt, um auf diese Weise die Gemeinschaft wieder ausfindig zu machen, stößt auf etliche Probleme:

1) Die Idee der Zivilgesellschaft war ebenso wie deren Realität mit dem Staat und dessen Zentralisierung verknüpft. Ich für mein Teil würde sogar behaupten, daß sie ein *Aspekt* dieser Zentralisierung war, nämlich eine Reihe wiedererfundener Traditionen. Wie sollte es also möglich sein, die Zivilgesellschaft in einer Zeit der Enttraditionalisierung zu erneuern, in der der Staat – besonders in seiner integriertesten Gestalt, nämlich als Nationalstaat – mit verstärkten Formen der Globalisierung in Konflikt gerät?

2) Es könnte sich erweisen, daß eine Erneuerung der Zivilgesellschaft nicht zur Emanzipation führt, sondern gefährlich wird. Sie könnte nämlich ein Aufwallen fundamentalistischer Strömungen auslösen, die mit einem immer stärker werdenden Gewaltpotential gekoppelt wären. Einer der großen Erfolge des Nationalstaats war die hochgradige innere Befriedung, die zumindest in den industrialisierten Gesellschaften erreicht wurde. Organisierte zivile Gewalt in Gestalt von Bürgerkriegen ist längst nicht mehr die Regel, sondern zur ganz seltenen Ausnahme geworden. Es kann jedoch durchaus sein, daß diese Friedensstiftung im Inneren nur vor dem Hintergrund ständiger Vorbereitung auf äußere Kriege durchgesetzt wurde. Solidarität im Inneren, deutlich umrissene Feinde draußen – das war schließlich der Kontext, in dem die Bürgerrechte sich vergrößerten. Wenn die Staaten keine Feinde mehr haben, sondern nur diffusen Drohungen, einem potentiell, aber nicht faktisch feindseligen internationalen Umfeld ausgesetzt sind, könnten Auflösungstendenzen im Inneren wiedererstarken.

3) Zwischen Demokratisierung und Erneuerung der Zivilgesellschaft besteht möglicherweise eine Spannung. Die Entwicklung der vom Liberalismus befürworteten abstrakten und allgemeingültigen Rechte führt weder auf nationaler noch auf sonst einer Ebene zur Gemeinschaftsbildung. Manche Kritiker haben sogar den Gedanken nahegelegt, daß eine weitere Ausbreitung der Rechte in die Gemeinschaftsordnungen der Zivilgesellschaft eingreift und sie zerstört. Diese Vorstellung geht auf Tocqueville zurück, der an einer bekannten Stelle über den Individualismus der Amerikaner geschrieben hat: »Jeder von ihnen ist, ganz auf sich zurückgezogen, dem Schicksal aller anderen gegenüber wie unbeteiligt: seine Kinder und seine besonderen Freunde sind für ihn die ganze Menschheit; was seine übrigen Mitbürger angeht, so

ist er zwar bei ihnen, aber er sieht sie nicht; er berührt sie, aber er spürt sie nicht; er lebt nur in sich und für sich selbst, und wenn ihm auch noch eine Familie bleibt, so kann man doch zumindest sagen, ein Vaterland hat er nicht mehr.«

Die Wiederherstellung der sozialen Solidarität ist ein konservatives Problem, auf das sich die konservativen Kritiker des Liberalismus und der Linken stürzen, doch es läßt keine konservativen Lösungen zu. Nach Anschauung der Konservativen aller Richtungen muß das Gemeinschaftsgefühl sich auf die Vergangenheit beziehen, und gestützt werde es durch das Empfinden, die Gruppe mit ihrem Vorrat an Einsichten sei wichtiger als das Individuum. Von der Tradition ist die Gemeinschaft tatsächlich nicht zu trennen; aber ebensowenig ist es, wie ich betont habe, möglich, auf Tradition zurückzugreifen, um soziale Probleme der Gegenwart zu lösen. Zumindest dort gelingt das nicht, wo die Tradition in traditioneller Weise verteidigt wird. Daraus folgt, daß es ebenfalls unmöglich ist, auf die Zivilgesellschaft in einer *ihrer* traditionalen Formen zurückzugreifen. Denn die Zivilgesellschaft im üblichen Sinne des Wortes wurde durch soziale Arrangements hervorgebracht, die heute nicht mehr existieren.

Tocqueville sprach auch für viele andere, als er darstellte, wie es angesichts des strahlenden Egoismus zu einem Niedergang der gemeinschaftlichen Verantwortung kommt, bis sich das Schauspiel isolierter Individuen darbietet, »die sich rastlos um sich selbst drehen, um sich kleine und gewöhnliche Freuden zu verschaffen, die ihr Herz ausfüllen«.[9] Man sollte jedoch einen Unterschied machen zwischen Egoismus und Individualisierung, die weder vom Egoismus herstammt noch (unbedingt) zu ihm hinführt. Das Voranschreiten der sozialen Reflexivität bedeutet, daß den einzelnen gar keine andere Entscheidung bleibt, als Entscheidungen zu treffen; und durch diese Entscheidungen wird bestimmt, wer sie sind. Die Menschen müssen zur Sicherung eines kohärenten Gefühls der Ichidentität »ihre eigene Lebensgeschichte entwerfen«. Das aber ist ohne Interaktion mit anderen ausgeschlossen, und ebendieser Umstand schafft neue Solidaritätsbeziehungen. Das hier ausschlaggebende Element ist die Erzeugung von Vertrauen, insbe-

---

9 Zitate nach Alexis de Tocqueville, *Über die Demokratie in Amerika*, hg. von J. P. Mayer, Stuttgart: Reclam, 1985, S. 343.

sondere auf dem Wege des Übergangs zu aktiveren Vertrauensmechanismen.

Das Problem der sozialen Solidarität muß vor dem Hintergrund des Verschwindens des »kulturellen Segmentalismus« betrachtet werden, also jenes kulturellen Kosmopolitismus, der sich durch geographische Trennung erhalten hat. In einem segmentalen System funktionieren lokale Gemeinschaften durch Ausschließung, die Unterscheidung zwischen Zugehörigen und Außenstehenden. Ferner beruhen sie auf den oben genannten infrastrukturellen Traditionen der Familie und der Geschlechterrollen. Wer sich unter »Gemeinschaft« nur etwas Positives vorstellen kann, sollte die einer solchen Ordnung eigenen Beschränkungen bedenken. Traditionale Gemeinschaften können starken Druck ausüben, und im Regelfall haben sie das tatsächlich getan. In der Gestalt mechanischer Solidaritätsbeziehungen zermalmt die Gemeinschaft die Autonomie des einzelnen und zwingt zur Konformität.

Rückkehr zum kulturellen Segmentalismus bedeutet zunehmende Wahrscheinlichkeit sozialen Verfalls, also das genaue Gegenteil dessen, was durch die Forderungen nach Wiederbelebung der Zivilgesellschaft erreicht werden soll. Zu einer wirksamen Erneuerung der sozialen Solidarität kann es nur kommen, wenn zugleich auch Autonomie und Demokratisierung sowie der aus sozialer Reflexivität sich ergebende Einfluß anerkannt werden. Eine solche Erneuerung muß nicht nur Rechte, sondern auch Pflichten festlegen. Die Pflicht ist nicht bloß deshalb wichtig, weil sie einen »vertikalen« Zusammenhang mit den Bedürfnissen anderer herstellt, sondern auch deshalb, weil sie der langfristigen Aufrechterhaltung von Bindungen an andere dient.

Zuerst wollen wir überlegen, in welcher Weise Vertrauen, Pflicht und Solidarität in den verschiedenen Bereichen des persönlichen Lebens – Familie, sexuelle Beziehungen, Freundschaft und Verwandtschaft – miteinander zusammenhängen können. In einer posttraditionalen Ordnung beruht das Vertrauen in persönliche Beziehungen auf der Voraussetzung der Integrität des anderen. Vertrauen fußt auf einer »positiven Spirale« der Unterschiede. Daß man den anderen kennenlernt und sich allmählich auf ihn verläßt, setzt voraus, daß der Unterschied als Mittel zur Ausgestaltung einer positiven emotionalen Verständigung benutzt wird. Hier handelt es sich um aktives Vertrauen, während zwanghafte Abhängigkeit das Zeichen einer unglücklichen Beziehung zum anderen ist. Vertrauen in andere erzeugt eine Solidaritätsbeziehung, die sowohl die Zeit als auch den Raum überbrückt. Der andere gilt als jemand, auf den man sich verlassen kann, und daraus, daß man sich auf ihn verläßt, entsteht eine wechselseitige Verpflichtung. Die Intimität wird hier nicht, wie einige gemeint haben, zum Ersatz für Gemeinschaft oder zu einer entarteten Form von Gemeinschaft, sondern sie bildet ebendas Medium, durch das ein Gemeinschaftlichkeitsgefühl erzeugt und in Gang gehalten wird.

Pflicht, die auf aktivem Vertrauen beruht, beinhaltet Wechselseitigkeit. Pflichten sind bindend, weil sie beidseitig gelten, und ebendas verleiht ihnen Autorität. Dieser Satz dürfte für Pflichten zwischen Eltern und Kindern ebenso gelten wie für Pflichten zwischen Ehepartnern, Liebenden oder Freunden. Dabei ist zu betonen, daß die Pflicht hier auf der Vermittlung des Unterschieds beruht, die ihrerseits einem gewissen Sinn für Integrität entspricht. Pflicht rührt nicht von Rechten her. Die Rechte, die man im Rahmen einer Beziehung hat, bestimmen die eigene Autonomie, ohne jedoch die Pflichten gegenüber dem anderen zu definieren. Im Gegensatz zur Pflicht steht die moralische Unzuverlässigkeit, denn durch sie wird die Integrität des anderen aufs Spiel gesetzt. Durch Pflichten werden Beziehungen insoweit stabilisiert, als die Bedingung der beiderseitigen Integrität erfüllt ist.

Der wechselseitige Zusammenhang zwischen dialogischer Demokratie, persönlichem Leben und sozialer Solidarität löst allerdings keine umfassenderen Fragen der Gemeinschaft, der Gesellschaft und der globaleren sozialen Systeme. Auch hier liegt das Problem nicht nur in der Schaffung oder Aufrechterhaltung von Solidaritätsbeziehungen, sondern darin, Konflikte, Zusammenstöße und Kastenbildung in den Fällen zu verhindern oder auf ein Mindestmaß zu reduzieren, in denen Solidaritätsbeziehungen tatsächlich stark sind. Der Begriff der dialogischen Demokratie deutet auf mehrere allgemeine Kontexte hin, in denen Demokratisierung dazu führen könnte, daß die soziale Kohäsion bei gleichzeitiger Vermeidung derart negativer Konsequenzen gestärkt wird. Diese Kontexte könnte man mit der Demokratisierung in einen Zusammenhang bringen und wie folgt darstellen:

Kontext/Bereich aktiven Vertrauens
persönliche Beziehungen/wechselseitige Verpflichtung auf der
Grundlage von Integrität und Kommunikation
abstrakte Systeme/soziale Sichtbarkeit und ausgehandelte Verantwortlichkeiten
Staat/ziviler Zusammenschluß (Oakeshott)
globale Ordnungen/kosmopolitische Kommunikation

Im Reich der abstrakten Systeme – der vielen Expertensysteme,
die heute unser Leben beeinflussen – konzentriert sich die dialogische Demokratie auf Fragen der »Subpolitik«, zu denen insbesondere auch die Auswirkungen wissenschaftlicher und technologischer Neuerungen auf das soziale Leben gehören. Zweifel am
Expertentum kommen nicht auf, solange die Wissenschaft eine
»Tradition« darstellt und solange man mit Expertenkenntnissen so
verfährt, als wären diese mit der »traditionalen Autorität« verwandt. Im Rahmen einer stärker reflexiven Gesellschaftsordnung
geraten diese Voraussetzungen ohnehin unter Druck und beginnen zu zerfallen. Doch häufig haben die auf Expertenwissen beru-
henden Neuerungen gesellschaftlich spaltende Folgen und werfen
eigene Probleme auf, insofern über das Tun der Experten wieder
nur von anderen Experten geurteilt werden kann. Die Unverantwortlichkeit im Bereich der »Subpolitik« ergibt sich, wie Beck
ausführt, unmittelbar aus der Trennung von Theorie und Praxis,
auf der die wissenschaftliche Orthodoxie zumindest bis vor
kurzem stets bestanden hat. Keine Verantwortung für die Konsequenzen, unvoreingenommene Überprüfung der Theorien, Freiheit der Forschung von allen ethischen Einschränkungen – dies
war die Basis, auf der nicht nur die Ansprüche der Wissenschaft
auf wahre Aussagen beruhten, sondern auch die zufälligen Auswirkungen der Technik auf die Gesellschaftsordnung.[10]
Zur Herrschaft der Wissenschaft und des Expertentums gibt es
keine Alternative. Doch sobald sogar unser Alltagsleben experimentelle Züge annimmt, bedeuten die Entwicklung von Autonomie und der Schutz der Solidarität, daß es zur dialogischen
Auseinandersetzung mit ihnen ebenfalls keine Alternative gibt.

10 Ulrich Beck, *Gegengifte. Die organisierte Unverantwortlichkeit*, Frankfurt: Suhr-
    kamp, 1988.

Dabei können die Selbsthilfegruppen und sozialen Bewegungen, wie bereits erwähnt, eine wichtige Rolle spielen und spielen sie tatsächlich schon. Aber das gleiche gilt auch für alle sonstigen Instanzen – einschließlich der regierungsabhängigen und transnationalen Institutionen –, die sich mit der Siebung und Steuerung der Wissensansprüche von Experten befassen.

Die »Öffnung« der Wissenschaft ähnelt der »Öffnung«, die für die Herstellung von Vertrauen im persönlichen Leben kennzeichnend ist. In beiden Fällen schließt Öffnung nicht die Existenz von Autorität aus. Sie stellt auch nicht unbedingt eine Bedrohung jener Unabhängigkeit dar, über die die Wissenschaft verfügen muß, damit sie nicht dem Dogmatismus anheimfällt. Die Öffnung der Wissenschaft ist eigentlich ein unentbehrlicher Bestandteil der Versuche, mit Problemen der Wahrheit und der Verantwortung zu Rande zu kommen, in Zeiten, in denen Ansprüche auf gültiges Wissen sich nicht mehr auf Induktion berufen können und »für sich selbst sprechen«. Dies sind Fragen, auf die ich in einem späteren Kapitel zurückkomme.

Was die Expertensysteme angeht, steht im Mittelpunkt der Beziehung zwischen dialogischer Demokratie und Solidarität vermutlich die Frage des Vertrauens. Das aktive Vertrauen unterstellt im Gegensatz zum »Akzeptieren« oder zum »sich darauf Verlassen« auf beiden Seiten Sichtbarkeit und Verantwortung. Es mag zwar sein, daß die reflexive Beschäftigung mit abstrakten Systemen die Laien verwirrt und beunruhigt, während sich die Experten darüber ärgern, doch sie nötigt beide dazu, sich Problemen der Verantwortung zu stellen, die sonst verborgen blieben.

Dem Fundamentalismus ist das aktive Vertrauen in dem Maße feind, in dem es sich auf Unterschiede gründet – und ebendadurch ist es mit der dialogischen Demokratie verknüpft. Was für den »Unterschied« zwischen Experten und Laien gilt, das trifft auch auf die umfassenderen Bereiche der zivilen und globalen Ordnungen zu. In dieser Hinsicht kann es nützlich sein, sich an Oakeshotts Erörterung des sogenannten »zivilen Zusammenschlusses« zu halten. Der zivile Zusammenschluß beruht auf der Kultivierung des »zivilen Zustands«, den Oakeshott im Anschluß an Vico ein »Verhältnis zwischen Menschen« nennt, womit eben kein »Prozeß« gemeint ist, »der aus funktional oder kausal verbundenen Einzelteilen besteht; sondern es ist ein kluges Verhältnis, in dessen Genuß man nur durch Lernen und Verstehen kommt«. Der zivile Zusammenschluß »ist keine organische, entwicklungsgeschichtliche, teleologische, funktionale oder syndromische Beziehung, sondern ein mit dem Verstand begriffenes Verhältnis zwischen klugen Akteuren«. Es handelt sich also, anders ausgedrückt, nicht um die großgeschriebene Gemeinschaft, aus deren Richtung, wie man meinen könnte, die Gefahren der völkischen Fremdenfeindlichkeit oder nationalistischer Strömungen drohen.

Ebensowenig ist der zivile Zustand ein Markt, bei dem es sich vielmehr um eine Form des »unternehmerischen Zusammenschlusses« handelt. Die »Umgangssprache des zivilen Verstehens und Austauschs« ist weder eine Sprache des Handels noch eine der Liebe oder der Zuneigung. Der zivile Zustand kann begriffen werden als Situation, »in der sich die Akteure als *cives* anerkennen, da sie durch Einsicht in eine aus Regeln bestehende Praxis miteinander verbunden sind«.[11] Nach Oakeshott nehmen solche Regeln, sobald sie Bestandteile einer formalen Vorschrift werden, Gesetzeskraft an und bringen den Einfluß der Tradition zum Ausdruck.

Die in Oakeshotts Auffassung enthaltenen zentralen Einsichten, die ich hier betonen möchte, betreffen die These, daß der zivile Zusammenschluß keine Gemeinschaft darstellt, sowie die These, daß die genannten Regeln auf einem »klugen« Verhältnis beruhen. Einerlei, ob Oakeshott selbst das gemeint hat oder nicht, werde ich davon ausgehen, daß dieses »kluge« Verhältnis ein Leben bedeutet, das die Autonomie der anderen respektiert. Der zivile Zustand in einer posttraditionalen Ordnung läßt sich, wenn er besonders wünschenswerte Erscheinungsformen annimmt, in einer Weise verstehen, die John Dewey nicht weniger verdankt als Oakeshott. Die demokratische Ordnung setzt, wie Dewey geltend macht, eine »sozial großzügige« Einstellung voraus. Das »zivile Leistungsvermögen«, schreibt Dewey, »ist weder mehr noch weniger als die Fähigkeit, an einem Erlebnis des Gebens und Nehmens teilzuhaben«.[12]

Der zivile Zusammenschluß würde nach dieser Lesart nicht auf

11 Zitate nach Michael Oakeshott, *On Human Conduct*, Oxford: Clarendon, 1991.
12 *Democracy and Education*, London: Macmillan, 1916, Dt. Übersetzung: *Demokratie und Erziehung*, Weinheim: Beltz, 1993.

aktivem Vertrauen in alles überragende persönliche Beziehungen beruhen, sondern auf der »positiven Bewertung der Unterschiede«. Hier gäbe es außerdem eine direkte Verbindung zwischen zivilem Zusammenschluß und der kosmopolitischen Beteiligung an Gruppen, Ideen und Kontexten, die nicht unmittelbar etwas mit dem Bereich des Staates zu tun haben. Die Neue Rechte pocht tendenziell darauf, daß eine kosmopolitische Einstellung unweigerlich in feindlichem Verhältnis stünde zu Bindung und Verpflichtung. Nach diesen Kritikern ist das eine Haltung, wonach alles erlaubt ist, so daß es folglich nichts gebe, was überhaupt einen besonderen Wert besitze.

Aber warum sollte man den Kosmopolitismus – eine Art von globaler Ausbreitung des zivilen Zusammenschlusses – nicht in entgegengesetztem Sinne verstehen? Die kosmopolitische Einstellung würde nicht auf der gleichen Bedeutung aller Werte beharren, sondern betonen, in welcher Weise Individuen und Gruppen verantwortlich sind für die von ihnen vertretenen Ideen und ihre Handlungen. Der Kosmopolit verhält sich nicht wie z. B. der Dilettant, der jede Verpflichtung ablehnt, sondern er verhält sich wie jemand, der imstande ist, die Art der betreffenden Verpflichtung zu artikulieren und zu beurteilen, was sich daraus für die Personen mit anderen Wertvorstellungen ergibt.

Ich möchte kurz zusammenfassen: Druck in Richtung Demokratisierung – die allerdings stets mit entgegengesetzten Einflüssen konfrontiert ist – wird durch die miteinander gekoppelten Prozesse der Globalisierung und der institutionalisierten Reflexivität in Gang gebracht. Die Enttraditionalisierung löst lokale Handlungskontexte auf und verändert zur gleichen Zeit die Beschaffenheit der globalen Ordnung. Auch wenn man unerschütterlich an Traditionen festhält, kommt es notgedrungen zunehmend zu Berührungen zwischen ihnen. Globalisierung, Reflexivität und Enttraditionalisierung schaffen somit »Dialogräume«, die ausgefüllt werden müssen. Dabei handelt es sich um Räume, in denen man sein Engagement dialogisch praktizieren kann, indem man sich auf aktive Vertrauensmechanismen stützt, die aber auch von fundamentalistischen Strömungen besetzt werden können (und ebenfalls, wie wir später sehen werden, von zwanghaften Verhaltensweisen oder Suchttendenzen).

Der Bereich der persönlichen Beziehungen ist eine maßgebliche Arena potentieller Demokratisierung: ein Gebiet mit außerordentlich raschen Veränderungen, die auf offiziellere und öffentlichere Milieus unmittelbar übergreifen. Da es dabei um Trennungslinien ganz grundlegender Art geht, wie etwa die zwischen den Geschlechtern und zwischen den Generationen, ist die mögliche Demokratisierung des persönlichen Lebens heute von erstrangiger Bedeutung für viele Aspekte der politischen Reform. Die dadurch ermöglichten Formen der sozialen Solidarität lassen sich allerdings nicht direkt auf die umfassenderen institutionellen oder politischen Ordnungen übertragen, denn die dazu erforderlichen Vertrauensmechanismen beruhen auf der Anerkennung der persönlichen Integrität.

Diese Integrität spielt in öffentlichen Institutionen zwar eine ganz wichtige Rolle, ist dort aber nicht die ausschlaggebende Quelle der Solidarität. Auf den anderen genannten Gebieten (abstrakte Systeme, Staat und globalere Verbindungen) müssen die Mittel zur Herausbildung aktiven Vertrauens anderer Art sein. Sichtbarkeit und Verantwortung sind in diesen Kontexten die Leitmotive, doch in jedem dieser Bereiche werden sie jeweils ein wenig gegensätzlich strukturiert. Im Verhältnis zum Einfluß der Wissenschaft und, allgemeiner gesprochen, der Expertensysteme unterstellt die dialogische Demokratisierung die Einmischung von Laien, Organisationen und staatlichen Einrichtungen in Kontexte, von denen die Wissenschaftler womöglich gern behaupten würden, daß sie »autonom« seien. Durch solche Phänomene werden Fragen komplizierter Art aufgeworfen, mit denen ich mich im 8. Kapitel eingehender befassen werde.

Der Kosmopolitismus als Einstellung wie als institutionalisiertes Phänomen ist das Bindeglied zwischen der Demokratisierung der Demokratie im Inneren des Staates und globaleren Formen der Interaktion zwischen Staaten oder Organisationen. Der wenn auch nicht ganz im Sinne von Oakeshotts Schilderung aufgefaßte zivile Zusammenschluß wiederum ist die Voraussetzung der Existenz eines kosmopolitischen Staates, wobei es sich um einen Staat handelt, der (im Prinzip) nicht als Gemeinschaft aufgefaßt wird, sondern als ein Miteinander von Menschen, die in einem »klugen« wechselseitigen Verhältnis leben. Die bekannte Janusköpfigkeit des Nationalismus rührt daher, daß er sich auf beiden Seiten der Trennlinie zwischen dem zivilen Zusammenschluß und der Vorstellung vom Staat als einer Gemeinschaft mit eigener »Persönlichkeit« bewegt. Es überrascht daher nicht, daß der Nationalismus in einer posttraditionalen Zeit aggressiven fundamentalistischen Strömungen nahesteht und von neofaschistischen Gruppen ebenso verfochten wird wie von anderen Bewegungen oder Kollektiven.

Falls eintritt, was Held ausgemalt hat, und es tatsächlich zur Ausbreitung der kosmopolitischen Demokratie kommt, könnte die dialogische Demokratie auf globalerer Ebene allmählich einem zivilen Zusammenschluß gleichen. Ohne eine solche Globalisierung der *cives* bleiben kommunikative Mechanismen kosmopolitischer Art unweigerlich begrenzt und diffus, obwohl ihre Auswirkungen auf die Weltgesellschaft deshalb nicht geringer wären. Aus einleuchtenden Gründen gibt es keine Arena, in der die Fähigkeit des Dialogs zur Schaffung und Aufrechterhaltung aktiven Vertrauens von größerer Bedeutung wäre.

Demokratie, Ungleichheit und Macht

Die Demokratisierung liegt im Kampf mit der Macht und ist bestrebt, diese in ausgehandelte Verhältnisse zwischen Gleichberechtigten oder in Beziehungen differentieller Autorität zu verwandeln. Aber die sei's dialogisch oder sonstwie geartete Demokratie hat offensichtlich ihre Grenzen. Diese Grenzen betreffen insbesondere die penetrante Ausbreitung von Ungleichheit. Dialog beruht zwar nicht auf materieller Gleichheit, setzt aber voraus, daß unterschiedlich verteilte Ressourcen nicht dazu benutzt werden, die Äußerung bestimmter Ansichten zu verhindern oder die Voraussetzungen des dialogischen Austauschs in ein drastisches Ungleichgewicht zu bringen. Eine der großen Stärken linker Kritik an der liberalen Demokratie ist schon seit langem die Forderung nach einer Verknüpfung der Demokratie mit Maßnahmen zu wirtschaftlicher Gleichstellung.

Nach Auffassung vieler Linker ist der Sozialstaat ein – oder sogar das – Vehikel derartiger Gleichstellungsprozesse. Es sind (vor allem in T. H. Marshalls Schriften) Theorien aufgestellt worden, wonach der Sozialstaat einen unerläßlichen Bestandteil langfristiger Prozesse der sozialen Emanzipation darstellt, die von der politischen zur ökonomischen Gleichheit führen. Diese Anschauungen Marshalls haben zwar großen Einfluß gehabt, halten der Überprüfung aber nicht stand. Anstelle von Marshalls Entwicklungstheorie der Rechte sollten wir die Bereiche der staatsbürgerlichen Ordnung, des Gemeinwesens und der Ökonomie als separate institutionelle Rahmen betrachten, die jeweils eigene Dilemmata und Möglichkeiten in sich bergen. Die Rechte und Vorrechte, die sie den weniger begünstigten Gruppen der Gesellschaft zukommen lassen, können in keiner Hinsicht für »sicher« erklärt werden, denn wahrscheinlich sind sie mehr oder weniger chronischen Spannungen und Streitigkeiten ausgesetzt.

Vor allem die Befürworter des Sozialstaats betrachten Armut als die Kehrseite des Reichtums. Ist dies nicht logisch? Armut muß nach dieser Auffassung bekämpft werden, weil sie gegen die Normen der ökonomischen Gleichheit verstößt. Die Verminderung der Ungleichheit nehme notwendig die Form der Umverteilung an, durch die mit Hilfe von sozialen Institutionen Vermögen und Einkommen der Wohlhabenderen an die Armen weitergegeben werden. Eine solche emanzipatorische Politik hat jedoch keinen sonderlichen Wert, wenn keine Überlegungen zur Politik der Lebensführung angestellt werden. Die Gründe hierfür werde ich im folgenden Kapitel deutlich zu machen versuchen. Diese Erörterung bedarf eines umfassenden Kontextes, denn der Sozialstaat hängt mit Themen zusammen, die nicht nur Armut und Ungleichheit betreffen.

V

Widersprüche des Sozialstaats

Strukturelle Grundlagen des Sozialstaats

Der Schutz des Sozialstaats kommt vielen auf der Linken wie ein unerläßliches Merkmal einer zivilisierten Gesellschaft vor: es bleibt nicht den Bedürftigen und Kranken überlassen, für sich selbst zu sorgen, sondern durch tätiges Eingreifen der Regierung erhalten sie die Chance, ein befriedigendes Leben zu führen. Diese Situation bedarf jedoch einer näheren Untersuchung, denn Sozialsysteme sind nur zum Teil ein Werk der Sozialisten. Ja, besonders radikale sozialistische Theoretiker haben sogar eine Menge Zeit darauf verwandt, diese Institutionen zu kritisieren.

Eines der Probleme, das der Ausdruck »Sozialstaat« aufwirft, liegt darin, daß nicht klar ist, welcher Teil des Wortes die nähere Bestimmung des anderen ist. Der reformsozialistische Ansatz geht davon aus, daß es der Staat sei, der soziale Gerechtigkeit herbeiführe. Der Staat greife in die Wirtschaft ein, um die Sozialordnung gerechter zu gestalten. Wie jedoch, wenn wir annehmen, daß »Staat« durch »soziale Gerechtigkeit« bestimmt wird? In diesem Fall sind solche Eingriffe in der *Definition* des modernen Staats enthalten und machen womöglich einen Teil seiner administrativen Form aus. Diese Interpretation, die ich für die richtige halte, erklärt auch das Faktum, daß die Schaffung der Sozialsysteme mindestens bis zur Zeit nach dem Zweiten Weltkrieg nicht nur von einer bestimmten Seite des politischen Spektrums ausging.

Armut, Arbeitslosigkeit, Krankheit und dergleichen mehr sind nach einer solchen Anschauung nicht bloß Gegebenheiten, mit denen der Staat so gut er kann zurechtkommen muß, sondern sie entwickeln sich im Prozeß der Staatsbildung. Dabei werden sie nicht allein vom Staat definiert, sondern auch durch Konflikte und Auseinandersetzungen zwischen staatlichen Instanzen und anderen Organisationen und Gruppen. Dieser Prozeß der sozialen Konstitution ist ein langfristiger Vorgang, der nicht auf die letzten fünfzig oder auch hundert Jahre beschränkt ist. So war der »Pauperismus« nicht nur ein Zustand von Einzelmenschen, die in einer »Zivilgesellschaft« lebten, in die der Staat sodann eingriff, sondern er gewann durch solche Eingriffe erst Gestalt. Im Grunde trug gerade dieser Umstand dazu bei, die »Zivilgesellschaft« als solche zu begründen. Um auf ein Motiv des vorigen Kapitels zurückzukommen: Die Zivilgesellschaft, die anscheinend den Ausgangsbereich der Einrichtung von Sozialsystemen darstellt, kam erst durch deren Aufbau zustande. Sie ist nie bloß eine Reihe von Einrichtungen »außerhalb« des Staates gewesen.

Seit dem ausgehenden 17. Jahrhundert standen im Mittelpunkt des »Armendiskurses« in den sich industrialisierenden Ländern die nationale Integration und die Anhäufung nationalen Reichtums. »Armut« war nicht als Zustand der Mittellosigkeit definiert, sondern ergab sich aus den Bedürfnissen der »Industrie«. Das Wort »industria« verknüpft die Betriebsamkeit mit der Einstellung des Fleißes. Die Armen waren diejenigen, die nicht arbeiten konnten oder nicht arbeiten wollten. Der Zusammenhang zwischen Pauperismus und fehlender moralischer Erziehung lag auf der Hand: »Arbeit für die, die arbeiten wollen; Strafe für die, die nicht arbeiten wollen; Brot für die, die nicht arbeiten können.« Sittliche Zielstrebigkeit wiederum stehe in unmittelbarer Verbindung mit sozialem Wohlergehen. Denn die Armut, schrieb Matthew Hale, »läßt die Menschen in einem aufrührerischen und ruhelosen Zustand«, während die Bekämpfung der Armut »ein Akt der staatsbürgerlichen Besonnenheit und der politischen Weisheit« sei.[1]

Bis ins frühe 19. Jahrhundert wurde das englische Wort »industry« nur als Adverb gebraucht und dem Pauperismus gegenübergestellt, ohne speziell auf die kapitalistische Produktion Bezug zu nehmen. Die Anfänge des Sozialstaats lassen sich nicht auf Versuche der Bestimmung und Kontrolle des Pauperismus zurückführen, obwohl auch dieses Bemühen sicher bleibende Wirkungen gezeitigt hat. Vielmehr gehen die Anfänge zurück auf die »aktive« im Gegensatz zur »passiven« Proletarisierung, um mit Claus Offe zu reden.[2] Die passive Proletarisierung war die von den Betroffenen nicht gewünschte oder bekämpfte Vertreibung einer Vielzahl

---

1 Zitate nach Mitchell Dean, *The Constitution of Poverty*, London: Routledge, 1991, S. 25, 27.
2 Claus Offe, *Contradictions of the Welfare State*, London: Hutchinson, 1984.

von Menschen aus ihrer beruflichen Tätigkeit in der Landwirtschaft oder auf dem Bauernhof. Die aktive Proletarisierung – der bereitwillige Abschluß des Arbeitsvertrags – hat sich allerdings nicht als unumgängliche Folge der passiven Proletarisierung ergeben. – Staatliche Eingriffe wirkten primär darauf hin, eine Verbindung zwischen der aktiven und der passiven Form herzustellen. Hier stoßen wir auch auf den Punkt, an dem der »Verwaltungsstaat« allmählich zum »Sozialstaat« umgestaltet wurde. Dieser Vorgang beruhte keineswegs auf einer mysteriösen funktionalen Übereinstimmung des Staates mit den kapitalistischen Unternehmen, sondern er war das Ergebnis der Einsicht von Staatsbeamten und Industriellen, daß eine Sozialpolitik nötig war, um einzelne zu schützen, die in Situationen geraten waren, in denen der Markt keine Abhilfe schaffen konnte und herkömmliche Quellen der Unterstützung schon weitgehend versiegt waren. In geringerem Maße war er auch das Ergebnis der Forderungen von Arbeiterbewegungen zur Verbesserung ihrer Lebensverhältnisse.

In letzter Zeit sind mehrere Interpretationen der Frühgeschichte der Sozialstaatseinrichtungen vorgelegt worden, die wie z. B. die Arbeit von Abraham de Swaan betonen, daß wir die Sozialversicherung »weder organisierten Arbeiterklassen verdanken noch war sie das Produkt einer zwecks Befriedung ausgeheckten kapitalistischen Verschwörung«.[3] Die Entwicklung des Sozialstaats »war ein allmählicher und häufig ahnungsloser Prozeß, der von ehrgeizigen Politikern und beamteten Schwarmgeistern ebenso in Gang gebracht wurde wie von der abstrakten Vorstellung von einer zerbröckelnden Gesellschaftsordnung oder der Furcht vor gewaltigen sozialen Unruhen«.[4] In den meisten westlichen Ländern waren die Grundelemente des Sozialstaats schon lange vor dem Zweiten Weltkrieg versammelt, also zu einer Zeit, da zumindest in den europäischen Ländern vorwiegend rechtsgerichtete Regierungen die Macht inne hatten. Dies resultierte aus der Erkenntnis der Notwendigkeit, die Massenarbeitslosigkeit zu bewältigen. Einige der ausschlaggebenden Sozialmaßnahmen stammten jedoch sogar

3 Abraham de Swaan, *In Care of the State*, Cambridge: Polity, 1989. Dt. übers.: *Der sorgende Staat*, Frankfurt/M., New York, 1993, S. 20.
4 Douglas E. Ashford, *The Emergence of the Welfare State*, Oxford: Blackwell, 1986, S. 4.

aus der Zeit des Ersten Weltkriegs. Die Mobilisierung von Wirtschaft und Gesellschaft war während des Krieges die wichtigste Forderung. Durch die im Ersten Weltkrieg gestärkte Rolle des Staates kam es zur Einführung von Formen der sozialen und wirtschaftlichen Vorsorge, die dann während des Zweiten Weltkriegs gefestigt und erweitert wurden.

Es gibt verschiedene strukturelle Grundlagen des Sozialstaats. Erstens wurzeln die Sozialstaatseinrichtungen in dem Bemühen, eine Gesellschaft zu schaffen, in der der Arbeit (im Sinne von industrieller Lohnarbeit) eine maßgebliche und bestimmende Rolle zukommt. Es hat zwar den Anschein, als wendeten sich soziale Maßnahmen – insbesondere die Sozialhilfe – nur an diejenigen, die aus dem einen oder anderen Grund nicht auf dem Arbeitsmarkt unterkommen. In Wirklichkeit jedoch sind diese Maßnahmen sowohl in den früheren als auch in späteren Phasen ihrer Geschichte mit der Förderung der »industria« im Sinne der betriebsamen Tätigkeit verknüpft. Zweitens ist der Sozialstaat seit eh und je ein nationalstaatliches Gebilde, und dieser Zusammenhang ist durchaus kein Zufall. Zu den Hauptfaktoren, die die Entwicklung der Sozialsysteme vorangebracht haben, gehörte auch der Wunsch der regierenden Autoritäten, die nationale Solidarität zu fördern. Von der frühesten bis in die späte Zeit gehörte die Einrichtung von sozialen Sicherungssystemen zum allgemeineren Prozeß der Staatsbildung. Wer Sozialstaat sagt, spricht auch vom Nationalstaat.

Drittens geht es dem Sozialstaat von seinen Ursprüngen bis heute um die Bewältigung von Risiken, denn Risikobewältigung ist im Grunde ein maßgeblicher Bestandteil dessen, was durch »Regieren« derzeit überhaupt noch geleistet werden kann. Sozialstaatliche Maßnahmen sind eine Form von Sozialversicherung. Versicherung meint hier jeden auf eine offene Zukunft gerichteten Plan zur Risikobewältigung – ein Mittel, um auf (vorhersagbare) Gefahren zu reagieren. Bei der Sozialversicherung geht es um die Beseitigung von Risiken in einer Reichtum schaffenden und zukunftsorientierten Gesellschaft, insbesondere natürlich um die Beseitigung derjenigen Risiken, die nicht vom Verhältnis Lohn/Arbeit »gedeckt« werden.

Diese Einstellung war ein Reflex einer Begegnung zwischen der

Moderne und den überlieferten Formen sozialer Ordnung. Denn in vormodernen Gesellschaften war die Armut – ebenso wie etwa eine Mißernte – etwas, was eben »passierte«: ein Naturereignis. Das Aufkommen des Begriffs der Sozialversicherung spiegelte eigentlich keine neuen Einsichten über soziale Ungerechtigkeiten, sondern das Erstarken der Vorstellung von der Möglichkeit *menschlicher Kontrolle* über das soziale und ökonomische Leben. Hier spielten vor allem die in Gestalt des Keynesianismus geäußerten Kritiken an der klassischen Volkswirtschaftslehre eine ganz wichtige Rolle, insbesondere bei den Reaktionen auf die Weltwirtschaftskrise. Seit den dreißiger Jahren herrschte über mehrere Jahrzehnte hinweg die ökonomische Auffassung vor, wonach es möglich sei, das Risiko der Massenarbeitslosigkeit zu bewältigen.

Die Vorstellung, Sozialstaatseinrichtungen könnten als Systeme zur Risikobewältigung aufgefaßt werden, paßt gut zu der von Goodin und Le Grand vorgelegten überzeugenden, wenn auch heterodoxen Interpretation der Gründe für den Ausbau des Sozialstaats nach dem Zweiten Weltkrieg. Nach ihrer Anschauung war es die allenthalben spürbare Ungewißheit einer Zeit des totalen Krieges – und zwar eines Krieges, der die Zivilbevölkerung der meisten beteiligten Nationen unmittelbarer betraf als der Erste Weltkrieg –, die »zu einer neuen populären Forderung nach Risikoverteilung führte und alte Hindernisse niederriß«.

Das Kriegserlebnis führte der Bevölkerung vor Augen, daß Risiken gemeinsam getragen wurden, denn die Bomben fielen schließlich allen auf den Kopf. Vor dem Krieg – und sogar noch nach der Weltwirtschaftskrise – bezogen sich die meisten Sozialhilfemaßnahmen auf die chronisch Armen. Aus dem Erleben der Kriegszeit ergab sich die Konsequenz, daß das Augenmerk mehr auf universalistische und weniger auf einkommensspezifische Programme gerichtet wurde. Es hieß nun nicht mehr, daß die Armen »stets unter uns« sind, sondern man sah in der Armut einen Beleg für das Unglück, das mehr oder weniger jeden ereilen kann. »Unter den Bedingungen der Kriegszeit konnte jedermanns Zukunft auch die eigene sein. Diese Einsicht nötigt jeden dazu, vorurteilslos über die Interessen aller nachzudenken. Der Sozialstaat und ähnliche Einrichtungen stellen die geeignete Reaktion seitens der

Institutionen dar. Solche Reaktionen erstarren und überdauern den Augenblick der Unsicherheit, der zu ihrer Entstehung geführt hat. [...] Nach unserem Eindruck sind die Ungewißheit der Kriegszeit und die Verteilung der Risiken ganz überzeugende Gründe, die nicht nur den Ursprung, sondern auch die Dauer und nun das Vergehen des Sozialstaats der Nachkriegszeit einleuchtend erklären.«[5]

Werden soziale Programme als Risikoverteilung gedeutet, so paßt das zu den Themen Solidarität und Förderung des regsamen Fleißes. Beiden Belangen kam zur Zeit des Krieges größere Bedeutung zu. So schreibt Beveridge gegen Ende seines Berichts: »Die Verhütung von Mangel und die Verminderung und Heilung von Krankheiten sind das besondere Ziel der sozialen Versorgungseinrichtungen und im Grunde ein gemeinsames Interesse aller Bürger. Vielleicht ist es im Krieg möglich, diesen Tatbestand deutlicher zu erkennen als im Frieden, denn der Krieg führt zu nationaler Einheit und zur Bereitschaft, persönliche Interessen der gemeinsamen Sache zu opfern.«[6] Auch die Betonung der Arbeitsleistung spielt unter Kriegsbedingungen eine maßgebliche Rolle, denn zu dieser Zeit werden kollektive Anstrengungen gefördert, und es herrscht »mehr als« Vollbeschäftigung, da viele Menschen länger arbeiten als unter anderen Verhältnissen.

Sozialisten und Arbeiterorganisationen hatten seit langem auf einige der Maßnahmen gedrungen, die während der Reifezeit des Sozialstaats nach dem Zweiten Weltkrieg übernommen wurden. Der regierende Reformsozialismus war das Hauptvehikel für die Durchsetzung der Sozialvorsorge. Damit adoptierten und pflegten die Sozialisten jedoch ein Kind, das nicht ausschließlich ihr eigener Sprößling war. Das gelang ihnen dadurch, daß sie den Sozialstaat im Sinne des Zwillingsimperativs des sozialistischen Denkens umdeuteten: zentralistische Steuerung des Wirtschaftslebens und Streben nach mehr Gleichheit. Durch Einbeziehung der Arbeiterschaft ins Regierungsgeschäft wurde der Sozialstaat zum Symbol eines Kompromisses zwischen den Klassen, der anscheinend das seit langem bestehende »soziale Problem« löste

5 Zitate hier und im folgenden nach Robert E. Goodin/Julian Le Grand, *Not Only the Poor*, London: Allen and Unwin, 1987, S. 46, 47.
6 W. H. Beveridge, *Social Insurance and Allied Services*, London: HMSO, 1942.

und zur gleichen Zeit wirtschaftliche Leistungsfähigkeit garantierte.

Probleme des Sozialstaats: Arbeit und Klassen

Wer den nach 1945 entstandenen Sozialstaat für eine bedeutende Errungenschaft hält, hat zweifellos recht. Es gibt zwar, was das Niveau der Entwicklung und der allgemeinen Wirkungen der Sozialstaatseinrichtungen angeht, beträchtliche Unterschiede zwischen einzelnen Ländern, doch der inzwischen erzielte Fortschritt in Richtung einer Überwindung der von Beveridge genannten »fünf Übel« ist erstaunlich. Dennoch reichen die Probleme, denen die verschiedenen Spielarten des Sozialstaats jetzt in diversen Gesellschaften gegenüberstehen, sehr tief. Sie betreffen jeden der wichtigen Themenbereiche des Sozialstaats: Arbeit, Solidarität und Risikobewältigung. Die meisten Interpreten der Bedrängnisse des Sozialstaats haben den Akzent auf die ersten beiden Faktoren gelegt, während ich für mein Teil die grundlegende Bedeutung des dritten Faktors betonen werde.

Alle drei Faktoren jedoch werfen wichtige Fragen auf. Der erste betrifft nicht nur den Charakter der Arbeit in modernen Gesellschaften, sondern auch maßgebliche Probleme der Geschlechterrollen und der Familie. Der zweite beinhaltet unter anderem, daß man einen Blick auf die Klassenanalyse wirft, denn die integrativen Wirkungen des Sozialstaats sollen vor allem der Verminderung der Klassenunterschiede dienen. Der dritte Faktor bringt es mit sich, daß man das Thema der externen im Verhältnis zu den hergestellten Risiken eindringlicher verfolgt.

Es ist ausreichend bezeugt, daß der Sozialstaat die Gleichsetzung der Arbeit mit bezahlter Berufstätigkeit im Rahmen des Arbeitsmarkts als Selbstverständlichkeit vorausgesetzt und sie sogar noch unterstützt hat. Damit hat er folglich auch den patriarchalischen Begriff der Familie unterstellt. Vollbeschäftigung – eines der wichtigsten Ziele gerade der sozialistischen Befürworter von sozialen Systemen – hieß Beschäftigung für die Männer. Das war ein Modell der schicksalsgegebenen Arbeit (für die Männer) und der schicksalsgegebenen Haushaltstätigkeit (für die Frauen).

Dieses Modell gehörte einer Zeit an, in der die Identität der Geschlechterrollen noch keiner reflexiven Infragestellung ausgesetzt war und da »vom Standard abweichende« Arbeit einschließlich der Hausarbeit nach offizieller Begriffsbestimmung überhaupt nicht als Arbeit galt.[7]

Solche Systeme stehen nicht mehr in Einklang mit einer Situation, in der die Frauen in sehr großer Zahl zur Gruppe der Lohnarbeiter gehören, und sind darüber hinaus für eine Gesellschaft unangemessen, in der die zentrale Rolle der Industriearbeit nach und nach in Frage gestellt wird. Die Vorstellung von der ganztägigen, ständigen Beschäftigung ist, wie Patricia Hewitt feststellt, »am Sozialhilfesystem, am Arbeitsrecht und an den Versorgungsmaßnahmen für Ruhestand und Rente deutlich zu erkennen. Diese Vorstellung durchdringt die Kultur der Unternehmen, der Geschäftsleitung und des öffentlichen Lebens. Sie berührt die Organisation und die Strategien der Gewerkschaften sowie die meisten Erörterungen des Themas Vollbeschäftigung. Indirekten Einfluß übt sie auch auf Entscheidungen in vielen anderen Bereichen der Politik aus, darunter Verkehrswesen, Freizeitgestaltung, Kinderversorgung und die Betreuung der abhängigen Alten. Tiefreichende Wirkungen hat sie außerdem auf die Strukturierung des Familienlebens, von der sie ihrerseits abhängig ist«.[8]

Heute gerät das Modell des dauerhaft und ganztägig Beschäftigten unter Beschuß von seiten einer Vielzahl konkurrierender Organisationsformen der Arbeit: Ausbreitung der Teilzeitarbeit, freiwillige Unterbrechungen der beruflichen Laufbahn, selbständige Tätigkeit und Heimarbeit. Obwohl Bemühungen um eine kürzere Wochenarbeitszeit oft nichts anderes sind als kaschierte Forderungen nach Lohnerhöhung, haben sie dennoch in den meisten Ländern zu einer Verringerung der durchschnittlichen Arbeitszeit geführt. In allen diesen Bereichen gerät das Ethos der »industria« (weiter unten spreche ich von *Produktivismus*) unter Druck.

Der Zusammenhang zwischen Sozialstaatsmaßnahmen und der

---

7 Nancy Fraser, »Women, welfare and politics of need interpretation«. Deutsche Übersetzung in: Nancy Fraser, *Widerspenstige Praktiken*, Frankfurt a. M.: Suhrkamp 1994, S. 222-248.

8 Patricia Hewitt, *About Time: The Revolution in Work and Family Life*, London: Rivers Oram, 1993, S. 2.

Konsolidierung des Nationalstaats ist in der Literatur nur selten gründlich analysiert worden. Dabei hilft dieser Zusammenhang nicht nur den Aufbau der Sozialsysteme erklären, sondern ist zugleich eine der wichtigsten Ursachen der Spannungen, durch die diese nunmehr in Bedrängnis geraten. Das Modell der »festen Ganztagsbeschäftigung«, dessen Dominanz die Ausbreitung der Sozialsysteme lenkte, beruhte auf dem ökonomischen Vorrang der Massenproduktion und der zentralisierten Organisation des Kapitals und der Lohnarbeit. Der Sozialstaat war ein integrierter Nationalstaat, in dem der »Korporatismus« die nationale Solidarität stärkte, diese aber auch voraussetzte. Die neue Globalisierungsphase attackiert nicht nur die ökonomische Basis des Sozialstaats, sondern auch die Bindung seiner Bürger an die Gleichsetzung von Wohlstand mit nationalem Wohlstand. Der Staat ist nun weniger imstande, das Wirtschaftsleben zentral zu steuern, und zur gleichen Zeit werden die souveränen Möglichkeiten des Nationalstaats durch eine Mischung von Globalisierung und sozialer Reflexivität untergraben.

Die Tatsache, daß der Niedergang des Sozialstaats mit dem Wandel der globalen Staatenordnung in Beziehung steht, ist gerade durch die politischen Erfolge der Neuen Rechten in gewissem Maße verdeckt worden. Die Neoliberalen führten den Angriff auf den »überforderten« Sozialstaat im Namen der Befreiung der Konkurrenzwirtschaft von bürokratischen Fesseln und geschwächten Arbeitsmärkten. Zur selben Zeit verteidigten sie aber nicht nur den Staat und die Nation, sondern stellten sogar die Forderung, in der internationalen Arena müsse ein »starker Staat« auftreten. Das Paradoxe dieser Position wurde von den Kritikern schon bald bemerkt und entsprach den oben genannten allgemeineren Paradoxien der politischen Theorie der Neuen Rechten. Eine Zeitlang jedoch war die Neue Rechte zumindest dort, wo sie die Macht innehatte, dazu imstande, diesem Widerspruch die Spitze zu nehmen und auf der These zu beharren, daß ein Angriff auf den Sozialstaat zu vereinbaren sei mit der Stärkung der Nation. Im Grund trugen genau dieselben Faktoren, die die Stellung des Nationalstaats im Globalsystem veränderten, dazu bei, den früher engen Zusammenhang von nationaler Solidarität und den Sozialsystemen zu schwächen.

Eine der besonders bekannten Thesen über die Bedrohung des Sozialstaats läuft auf die Behauptung hinaus, es seien gerade seine Erfolge, die seine Schwächung herbeigeführt hätten. Mit anderen Worten: Sobald das wirtschaftliche Klima ungünstig werde, bemühten sich diejenigen, die am meisten davon profitiert hätten, die inzwischen errungene Stellung gegen stärker benachteiligte Gruppen zu verteidigen. Der vom Mittelstand ausgehende Steuerprotest rühre von dem eigennützigen Wunsch her, das angenehme Leben zu sichern, indes manche Gruppen der Mittelschicht derselben Hand, die sie einst nährte, nunmehr Schaden zufügten. Gerade infolge der Ausbreitung des kapitalistischen Sozialstaats genieße die Mehrheit der Bevölkerung der entwickelten Gesellschaften einen hohen Lebensstandard. Die Angehörigen dieser Mehrheit hätten die Möglichkeit, den Sozialsystemen, die ihnen zu ihrer jetzigen Position verholfen habe, den Rücken zu kehren oder überhaupt auf diese Maßnahmen zu verzichten. Sie bilden die »zufriedene Mehrheit, die zufriedene Wählermehrheit oder, um es noch umgreifender zu sagen: die Kultur der Zufriedenheit«, von der Galbraith spricht: »Man meint, die Zukunft der zufriedenen Mehrheit liege im Grunde in deren eigener Hand. Nur wenn der gegenwärtige Wohlstand und die Zukunftsaussichten faktisch oder potentiell in Gefahr geraten – wenn sich die Regierung und die scheinbar weniger Verdienstvollen aufdrängen bzw. ihre Bedürfnisse oder Forderungen geltend zu machen drohen –, wird der Zorn der zufriedenen Mehrheit sichtbar, und dann kann er in der Tat sehr deutlich sichtbar werden. [...] Es überrascht nicht, daß der Eigennutz die vorherrschende, ja die ausschlaggebende Stimmung der zufriedenen Mehrheit ist.«[9]

Diese Argumentation hat zwar viel Anklang gefunden, aber sie ist dennoch sehr fragwürdig. Erstens könnte man nicht nur von einer Kultur der Zufriedenheit, sondern ebensogut von einer Kultur der Angst sprechen. Eine von der Enttraditionalisierung betroffene Ordnung bietet zwar vielen Menschen wichtige Formen der Freiheit, aber sie schafft auch zahlreiche neue Ursachen von Spannungen und Problemen: im Alltag, national wie global. Die Angehörigen der Mittelschicht oder reichere Leute sind ge-

9 John Kenneth Galbraith, *The Culture of Contentment*, London: Sinclair-Stevenson, 1993, S. 17.

gen solche Turbulenzen heute weniger deutlich geschützt als früher. Das ist sogar auf der wirtschaftlichen Ebene der Fall, auf der nur noch wenige Berufe eine Garantie gegen Arbeitslosigkeit bieten.

Die Reaktion der Mehrheit auf diese Situation besteht nicht bloß darin, daß man schlicht am einmal Errungenen festhält. Der Umstand, daß die Bessergestellten insgesamt eher mehr vom Sozialstaat profitieren als die ärmeren Gruppen, entzieht sich in dieser reflexiven Welt wahrscheinlich nicht ihrer Kenntnis. Die Gründe, aus denen sich viele zum Teil und zumindest in mancher Hinsicht gegen den Sozialstaat wenden, sind komplexer, als die These von der Kultur der Zufriedenheit nahelegt. Die Kritik am bürokratischen Verhalten des Sozialstaats ist nicht auf die neoliberalen Intellektuellen beschränkt. In einem gesellschaftlichen Umfeld, in dem man in zahlreichen Lebenssituationen keine andere Entscheidung hat als zu entscheiden, können zentral organisierte Umverteilungssysteme durchaus als Verletzung der Autonomie angesehen werden, auch wenn sie materiellen Gewinn bringen. Umgekehrt scheinen diejenigen, die ein durch solche Systeme ermöglichtes Leben einfach hinnehmen und wie bisher weitermachen, die Übernahme von Verantwortung zu verweigern, die andere sich aufladen müssen.

Was hier zur Debatte steht, ist demnach nicht die egoistische Weigerung, an der Umwelt Anteil zu nehmen, sondern die um sich greifende Einsicht, daß sich die Welt recht dramatisch geändert hat, und mit ihr auch die Bedingungen des alltäglichen Daseins. Indes sich das Verhältnis der Mitglieder der angeblich zufriedenen Mehrheit zum Staat und zur Nation ändert, nehmen sie eine unbefangenere und skeptischere Haltung zu vielen Aspekten ihres Lebens ein (was vielfach zweifellos auch mit einer defensiven Einstellung einhergeht). Sie sind sich des Phänomens der Sozialabhängigkeit bewußt und reagieren argwöhnisch, mitunter vielleicht auch aggressiv darauf. Sie sind weniger bereit, sich den staatlichen Autoritäten zu beugen, sei es in Gestalt der politischen Führung oder des bürokratischen Beamtentums. Daher ist es wahrscheinlich, daß sie mehr in Frage stellen und weniger akzeptieren, wozu auch die Steuerlasten gehören – und dies vor allem dort, wo der Ertrag ihrer »Investition« nicht sichtbar ist, sondern im Gesamthaushalt der obersten Regierung versteckt liegt. Außerdem sind sie sich klar über die relative Ohnmacht der Regierungen bei der Steuerung dessen, was sie zu regieren behaupten, einschließlich der eigenen Volkswirtschaft.

Zur gleichen Zeit ereignen sich auch auf breiterer Ebene ganz grundlegende Veränderungen des Klassensystems. Auf die Lebenschancen des einzelnen wirkt die Klassenzugehörigkeit derzeit in stärker »gebrochener« Weise als früher oder bis vor kurzem. Die Entstehung von auf Klassenzugehörigkeit basierenden Bewegungen, die nach Marx die Grundlage globaler politischer Revolutionen bilden sollten, ist, wie sich herausgestellt hat, eher mit Kämpfen im Inneren des Nationalstaats verknüpft gewesen. Seit die reflexive Modernisierung um sich gegriffen hat, haben sich die Verbindungen zwischen klassengebundenem und kollektivem sozialem Engagement extrem gelockert. Früher bestanden verschiedene Verbindungen zwischen der Zugehörigkeit zu einer Klasse und gemeinschaftlichem Erleben und Handeln. Eine dieser Verbindungen ergab sich aus der räumlichen Abgegrenztheit und der gemeinsamen Berufserfahrung im lokalen Bereich. Viele dieser traditionellen Zusammenschlüsse – insbesondere Zusammenschlüsse der Arbeiterklasse – sind seither in die Brüche gegangen. Neue Formen der Abgrenzung, die sich aus globalisierten Schichtentrennungen ergeben, führen nur in seltenen Fällen zu den gleichen Beziehungen der Klassensolidarität.

Ein zweiter Faktor, durch den sich Klassenzugehörigkeit mit der sozialen Gemeinschaft verknüpfte, war die Arbeitsteilung zwischen den Geschlechtern. Klassenbedingtes Gemeinschaftshandeln war nicht nur in erster Linie eine Sache der Männer, sondern wurde noch dadurch verstärkt, daß andere Arten von Arbeit – zu denen auch nichtbezahlte Formen von Arbeit gehörten – gesellschaftlich unsichtbar blieben. Unterschiede in den Geschlechterrollen fallen bei bezahlter wie unbezahlter Arbeit, wie wir wissen, nur selten mit den Grenzen zwischen den Klassen zusammen. Schließlich gab es früher erkennbare kulturelle Symbole, die mit Klassensolidarität verbunden waren und von der Stoffmütze bis zum königlichen Szepter reichten. Diese Symbole sind im Zuge der Enttraditionalisierung verschwunden oder haben ihre mobilisierende Kraft verloren.

Einige Folgen dieser Entwicklungen lassen sich aufzählen:

1) Zumeist wird die Klasse nicht mehr als eine Zugehörigkeit erlebt, sondern als Beschränkung (und Chance), die vielfältige Ursachen besitzt. Individualisiert und zum Ausdruck gebracht wird die Klasse durch die »Biographie« des einzelnen. Als kollektives Schicksal wird sie in immer geringerem Maße erfahren.

2) Das Individuum bezieht sich nicht nur als Produzent, sondern auch als Konsument auf das Klassensystem. Die von Individuen und Gruppen nachhaltig aktivierten Formen des Lebensstils und Geschmacks werden zu ebenso erkennbaren Merkmalen der sozialen Unterschiede wie die jeweilige Position im Produktionsprozeß.

3) Probleme, die womöglich von klassenbedingten Faktoren herrühren oder stark von solchen Faktoren beeinflußt sind, werden eher »lateral« als »horizontal« wahrgenommen. Sie werden nicht als Ergebnis der Vergangenheit erfahren, sondern als Resultat der Umstände, die zu einer bestimmten Zeit auf den einzelnen oder die Gruppe einwirken. Bei der Klassenzugehörigkeit ist der »Transmissionsriemen zwischen den Generationen« zerrissen. Das heißt nicht, daß die Klassenherkunft der einzelnen belanglos geworden ist für ihre Lebenschancen – ganz und gar nicht. Da die Kinder heute jedoch nur noch selten denselben Beruf ergreifen wie ihre Eltern und vielleicht sogar kaum eine Vorstellung haben vom Kontext der Arbeit ihrer Eltern, wirkt ihre Erfahrung tendenziell eher wie ein Neuansatz.

4) Die Klasse ist daher in geringerem Maße als früher der Rahmen der »Lebenserfahrung«. Ein hoher Anteil der Beschäftigten (vor allem der Männer), die als Arbeiter tätig sind, haben zu irgendeinem Zeitpunkt auch als Angestellte gearbeitet oder können damit rechnen, irgendwann in der Zukunft in Angestelltenberufen unterzukommen. Die Laufbahn vieler wird jedoch infolge erzwungener Arbeitslosigkeit unterbrochen werden. Außerdem betrifft die Arbeitslosigkeit nicht mehr nur diejenigen, die am unteren Ende der Stufenleiter der Klassen stehen. Unter den Gegebenheiten des globalisierten wirtschaftlichen Wettbewerbs und der Beschleunigung technologischer Neuerungen wird die Erfahrung der Arbeitslosigkeit in allen Bereichen des Berufsspektrums zur Normalität.

5) Trotz des Wachstums der sekundären Wirtschaft ist die Zugehörigkeit oder Nichtzugehörigkeit zum Arbeitsmarkt heute von größerer Wichtigkeit als früher. Die nichtökonomischen Hilfsnetze, zu denen etwa die traditionale Unterstützung seitens der Verwandten oder des Ehegatten – sowie auch des Staates – gehören, kommen damit nicht mehr zurecht. Die »neuen Armen« sind diejenigen, die auf dem Arbeitsmarkt schlechtgestellt oder sogar völlig davon ausgeschlossen sind.

Die Frage der Unterschicht

Die Zeit, während deren sich der Sozialstaat zur Wehr setzte, also der Zeitraum zwischen Mitte der siebziger Jahre und heute, ist zugleich eine Zeit gewesen, in der das Niveau der (relativen) Armut in den meisten industrialisierten Gesellschaften gestiegen ist. In wieweit ist diese Art der Armut von Sozialsystemen nicht nur nicht abgemildert, sondern erst geschaffen worden? Und in welchem Sinne bilden diejenigen, die in chronischer Armut leben, eine Unterschicht? Diese Fragen stehen nun seit etwa zwei Jahrzehnten im Mittelpunkt heftiger Auseinandersetzungen zwischen der Rechten und der Linken.

Der Ausdruck »Unterschicht« hatte ursprünglich eine recht klare soziologische Bedeutung, die auch nicht sonderlich umstritten war. Da er jedoch ins Zentrum der polemischen Debatte über die Vor- oder Nachteile des Sozialstaats gezerrt worden ist, hat er eine politische Färbung erhalten. Manche Linke weigern sich, diesen Begriff weiterhin zu verwenden, und zwar nicht deshalb, weil er keine Realität mehr beschreibe, sondern er mit der rechtsgerichteten Kritik am Sozialstaat verbunden ist.

Galbraith ist ein Autor der Linken, der die Existenz einer Unterschicht anerkennt und sogar behauptet, daß sie von »zutiefst funktionaler« Bedeutung sei für die Gesellschaften von heute. In den Vereinigten Staaten besteht die Unterschicht, wie er sagt, aus Menschen, »die nicht den bequemen Wohlstand des prototypischen Amerikaners teilen«. Ihre Mitglieder finden sich »in den Zentren der großen Städte oder als weniger ins Auge springende Gelegenheitsarbeiter auf heruntergekommenen Bauernhöfen bzw. in einstigen Bergwerksgemeinden«. Zur Unterschicht gehören hauptsächlich »Angehörige von Minderheitengruppen, Schwarze oder Menschen hispanischer Abkunft«. Sie umfaßt Personen, die bereit sind, Tätigkeiten zu übernehmen, mit denen die Mehrheit der ortsansässigen Bevölkerung nichts zu tun haben will. Eine weitgehend gleichartige Situation findet sich, wie Galbraith meint, auch in den europäischen Ländern. Lästige Arbeiten, die von der angestammten Bevölkerung nicht mehr übernommen werden, gehen an Einwanderer über, die aus dem südlichen Mittelmeergebiet stammen, aus Nordafrika, aus Südasien und aus sonstigen Gegenden.

Bei Galbraith heißt es: »Die moderne Gemeinschaft – das marktwirtschaftliche System – bedarf einer solchen Unterschicht, und sie muß sich bei anderen Ländern bedienen, um diese Unterschicht aufrechtzuerhalten und zu erneuern.« Doch die Bedingungen, unter denen diese Klasse lebt, erzeugen Verbrechen, zerrütten Familien und führen zu allgemeinem sozialem Ordnungsverlust. Eine derartige Situation entsteht vor allem deshalb, weil bestimmte Schranken die Aussichten der Angehörigen dieser Unterschicht auf soziale Aufwärtsmobilität begrenzen. Rassismus und weitere Einflüsse verhindern die vollständige Einbürgerung.

Von rechts betrachtet, sieht die Sache ganz anders aus: Die Unterschicht wird von der Sozialstaatsabhängigkeit erzeugt, durch die soziale und ökonomische Verhältnisse festgeschrieben und institutionalisiert werden, die sonst weit weniger starr wären. Die Unterschicht besteht nicht aus den Opfern des Marktsystems, sondern aus Einzelpersonen, die eigenmächtig aus diesem System ausscheiden und lieber die Sozialleistungen ausnutzen. Ein Leben von der Sozialhilfe ermangelt tendenziell der moralischen Lenkung, weshalb es auch zur Zerrüttung des stabilen Gemeinschafts- und Familienlebens kommt. Diese Tendenz, schreibt Charles Murray, »verseucht mittlerweile ganze Stadtviertel«.[10] Wer sich beim Sozialstaatssystem bediene, sei nicht geneigt, sich der sozialen Gesamtheit verpflichtet zu fühlen, sondern habe eher Verachtung übrig für diese Gemeinschaft. Ziellosigkeit durchdringe allmählich das ganze Leben dieser Menschen und führe dazu, daß sie zur Eltern-

10 Charles Murray, *The Emerging British Underclass*, London: Institute of Economic Affairs, 1990, S. 4.

schaft und zum Eigentum eine verantwortungslose Haltung einnehmen. Das Ergebnis seien mehr uneheliche Kinder, viele Haushalte mit nur einem Elternteil und ein hohes Maß an Kriminalität. Ist eine dieser widersprüchlichen Interpretationen stichhaltig? Wenn ja, welche? Welche Anzeichen sprechen überhaupt dafür, daß die Entstehung von Unterschichten ein reales Phänomen ist?

Ob eine eigene Unterschicht wirklich existiert, hängt von ganz konventionellen soziologischen Indikatoren ab, nämlich davon, ob es Gruppen gibt, deren Lebenschancen merklich von denen der Menschen in günstigeren Klassenlagen abweichen. In den Vereinigten Staaten durchgeführte Untersuchungen weisen in der Tat darauf hin, daß ein beträchtlicher Teil der Armen – und ihrer Nachkommen – über lange Zeiträume hinweg in der Armut steckenbleibt. Im Rahmen eines Überblicks über das verfügbare Datenmaterial kommt Wilson zu dem Schluß, daß es eine »sichere Basis gibt für die Behauptung, es sei zur Entstehung einer im Ghetto lebenden Unterschicht gekommen, an der die Probleme langfristiger Armut und Sozialstaatsabhängigkeit sichtbar werden«.[11] Ähnliche Schlußfolgerungen lassen sich auch im Hinblick auf andere industrialisierte Länder ziehen, obwohl der Grad der »Klassenverhärtung« erheblich variiert.

Bei der Analyse der allgemeinen Sozialstaatsprobleme hängt eine ganze Menge davon ab, wie man den Konflikt zwischen linken und rechten Interpretationen des Ursprungs von Unterschichten bewertet. Zunächst kann man sagen, daß die Argumentation von Galbraith mit ihrem Rückgriff auf den Gedanken der funktionalen Notwendigkeit wenig überzeugend wirkt. Eine Zeitlang war es so, daß die Nachfrage nach Arbeitskräften eine Wanderbewegung von der Dritten Welt in die fortgeschrittenen Länder ausgelöst hat. Doch einige der in Unterschichten vertretenen Gruppen – darunter insbesondere die amerikanischen Schwarzen – sind nicht erst neuerdings in die betreffende Gesellschaft eingewandert. Außerdem ist gar nicht einsichtig, inwiefern die langfristig Arbeitslosen, die vom Rest der Gesellschaft als finanzielle Belastung wahrgenommen werden, von funktionaler Bedeutung sind für die Gesellschaftsordnung.

11 William Julius Wilson, *The Truly Disadvantaged*, Chicago: University of Chicago Press, 1987, S. 10.

Die Argumentation der Rechten stößt allerdings ebenfalls auf grundlegende Einwände. Sofern z. B. Sozialleistungen bei der Unterschicht zur Arbeitslosigkeit und zur Zerrüttung des Familienlebens führen, sollten diese Trends doch wohl rückläufig sein, sobald diese Leistungen gekürzt werden, wie es während der letzten zwanzig Jahre in vielen westlichen Ländern der Fall gewesen ist. Diese Trendwende ist ausgeblieben. Unter den jüngeren Angehörigen von Minderheiten in amerikanischen Städten hat die Arbeitslosigkeit ein verheerendes Ausmaß angenommen, aber auch in Großbritannien und anderen Ländern ist sie steil gestiegen. Strukturelle Arbeitslosigkeit sowie die damit verbundene und vor allem in den Vereinigten Staaten ausgeprägte Innenstadtflucht von Familien, die der Arbeiterklasse oder dem Mittelstand zuzurechnen sind, gehören zu den maßgeblichen Einflüssen. Die dadurch ausgelösten Vorgänge verstärken sich dann tendenziell selbst: »In einem Stadtviertel, in dem nur wenige Familien feste Beschäftigung kennen, während in der überwiegenden Mehrzahl der Familien langfristige Arbeitslosigkeit vorkommt, erleben die Menschen eine soziale Isolierung, die sie aus dem Berufsnetz ausschließt, das in anderen Vierteln durchgängig funktioniert und wichtig ist für die Information über die in verschiedenen Stadtteilen frei werdenden Stellen oder für gute Referenzen. Sobald die Aussichten auf Beschäftigung geringer werden, verläßt man sich nicht nur zunehmend auf andere Alternativen wie Sozialhilfe und Schattenwirtschaft, sondern diese werden allmählich auch als mögliche Lebensform angesehen.«[12]

Was hier in Gang gesetzt wird, ist so etwas wie eine destruktive Spiralbewegung, die von Sozialleistungen manchmal nicht verhütet, sondern eher noch beschleunigt wird. Hier bestehen ganz reale Übereinstimmungen mit den Umständen der Armut in globalerem Rahmen. Es wird eine Ereigniskette ausgelöst, die zur Zerstörung lokaler Kulturen und zur Selbsthilfe führt. Bürokratische Hilfsprogramme können zwar in gewisser Weise zur Linderung einer solchen Situation beitragen, doch in anderen Hinsichten werden sie die Sachlage womöglich noch verschlimmern. Das Resultat ist Ambivalenz und psychisches Unbehagen. Die Menschen werden abhängig von Versorgungssystemen, denen sie

12 Ebd., S. 57.

fremd gegenüberstehen und auf die sie kaum Einfluß haben. Da nimmt es nicht wunder, wenn sie diese Einrichtungen durchaus zu ihrem privaten Vorteil nutzen und nicht im geringsten dankbar sind für die Leistungen von seiten der Gesamtgesellschaft. Ihre Abhängigkeit von der Gemeinschaft geht nämlich einher mit dem Ausschluß von der uneingeschränkten Teilnahme an dieser Gemeinschaft.

Die zur Entstehung von Unterschichten führenden sozialen Einflüsse sind zunächst struktureller Art, greifen dann jedoch auf die Kultur über; sobald sie im Spiel sind, können sie tiefreichende kulturelle Demoralisierung nach sich ziehen. Die heute zwischen der Linken und der Rechten geführten Debatten über diese Frage sind im Grunde eine Wiederholung der Kontroverse, die vor mehreren Jahrzehnten in den Sozialwissenschaften aufkam, als Oscar Lewis seinen Begriff der Armutskultur darlegte. Auf der Grundlage seiner Forschungen in Lateinamerika meinte Lewis, daß die Menschen, sobald sie wirtschaftlich an den Rand gedrängt werden, Anpassungsreaktionen ausbilden, die von einer Generation an die nächste weitergegeben werden. Die Kultur der Armut, schrieb Lewis, ist »eine Reaktion der Armen auf ihre Randposition in einer stark individualistisch geprägten kapitalistischen Klassengesellschaft«. Schon im Alter von sechs oder sieben Jahren haben die Slumkinder »normalerweise die grundlegenden Werte und Einstellungen ihrer Subkultur aufgenommen und sind psychisch nicht darauf eingestellt, wirklich Nutzen zu ziehen aus einem Wechsel der Verhältnisse oder aus verbesserten Chancen, die sich im Laufe ihres Lebens womöglich ergeben«.[13]

Es kann zu einer Verknüpfung von Sozialstaatsabhängigkeit und Armutskultur kommen. Gleichwohl sollten wir keinesfalls annehmen, daß die Merkmale der Armutskulturen einen völligen Gegensatz zu sozialen und kulturellen Einstellungen bilden, die auch anderswo zu finden sind. Es mag zwar sein, daß verarmte Gruppen durch bestimmte Strukturen »versteckt« werden vor den Wohlhabenderen, die nur selten oder nie die Gebiete aufsuchen, in denen sich die Armut konzentriert. Unter globalisierten sozialen Bedingungen wird ihr Leben jedoch nicht in kultureller Isolation

---

13 Oscar Lewis, »The culture of poverty«, in: Daniel Patrick Moynihan, *On Understanding Poverty*, New York: Basic, 1968, S. 188.

geführt. Ethnische Unterschiede zwischen ihnen und der Mehrheitsbevölkerung ergeben sich häufig bei der Herausbildung von Unterschichten und können zum Kennzeichen der kulturellen Ausschließung werden. Häufig sind es allerdings gerade diese Unterschiede, durch welche die Armen mit globalisierten kulturellen Umfeldern in Verbindung gebracht werden, etwa im Hinblick auf Sitten, Religion, Kleidung oder Musik. Bei Einwanderern kann dergleichen dazu dienen, die Verbindung zu dem Land und der Kultur ihrer Herkunft aufrechtzuerhalten, doch häufig bilden sie eine kulturelle Diaspora von außerordentlicher Reichweite.

Unterschichten sind nicht bloß vereinzelte Gebiete der Mittellosigkeit im Rahmen nationaler Gesellschaften, sondern sie bilden Bruchlinien, an denen die Dritte und die Erste Welt aneinander stoßen. Die soziale Isolation, welche die unterprivilegierten Gruppen vom Rest der innernationalen Sozialordnung trennt, spiegelt die Trennung der Reichen von den Armen im globalen Maßstab. Sie ist außerdem kausal mit dieser Trennung verknüpft. Es geht auch nicht an, die Armut in der Ersten Welt so zu behandeln, als stünde sie in keinem Zusammenhang mit Ungleichheiten auf weit umfassenderer Skala. Das ist eine Problematik, die im nächsten Kapitel erneut angeschnitten werden muß.

Die Zukunft der sozialen Sicherheit
Ein vorläufiger Überblick

Das Projekt des Sozialstaats ist einesteils deshalb mißglückt, weil es die nach und nach sichtlich zum Scheitern verurteilten Bestrebungen des Sozialismus verkörperte, und andernteils aufgrund der Auswirkungen umfassenderer sozialer Veränderungen, die eines der Anliegen dieses ganzen Buches bilden. Der »Klassenkompromiß« der Sozialinstitutionen konnte nur solange relativ stabil bleiben, als die Bedingungen der einfachen Moderne erfüllt waren. Dies waren Umstände, unter denen »industria« und Lohnarbeit den Mittelpunkt des Gesellschaftssystems bildeten. Es gab noch ein enges Verhältnis zwischen den Klassenzugehörigkeiten und den Formen der Gemeinschaft. Der Nationalstaat war stark und sogar im Begriff, seine Souveränität in mancher Hinsicht weiter auszudehnen. Risiken konnten immer noch weitgehend als äußere Gefahren angesehen werden, mit denen man durch ganz herkömmliche Sozialversicherungssysteme fertig zu werden hatte. Unter Verhältnissen zunehmender Globalisierung und vermehrter sozialer Reflexivität gilt keine dieser Bedingungen mehr in der gleichen Weise.

Einer der wichtigsten strukturellen Mängel des Sozialstaats der Nachkriegszeit lag darin, daß zwischen der Steigerung wirtschaftlicher Leistungsfähigkeit und den Versuchen einer Umverteilung keine eindeutige Beziehung bestand. Es stellte sich heraus, daß die Sozialsysteme nicht nur außerstande waren, große Teile der Vermögen und Einkommen umzuverteilen, sondern aus dem Sozialstaat wurde unter anderem sogar ein Mittel zur Förderung der Interessen einer expandierenden Mittelschicht. Der Klassenkompromiß wurde nicht direkt zwischen dem Kapital und der Arbeiterklasse geschlossen, sondern es handelte sich um einen Kompromiß, der die mittleren Sektoren der Gesellschaftsordnung stärkte.[14]

Umverteilung ist ein mehrdeutiger Ausdruck. Nach Auffassung der Sozialisten bezieht sich das Wort auf die Verminderung der wirtschaftlichen Ungleichheit. Was die Erreichung dieses Ziels angeht, hat sich der Sozialstaat als nicht sonderlich wirksam erwiesen, was weitgehend daran liegt, daß vor allem die Mittelschicht Nutzen aus den Sozialleistungen gezogen hat. Die Linderung der Armut ist nicht hauptsächlich dadurch geglückt, daß die Mittel von den Reicheren auf die Armen umverteilt wurden, sondern dadurch, daß der Reichtum allgemein zugenommen hat, wodurch alle aufgestiegen sind. Das gilt für die skandinavischen Gesellschaften mit ihren besonders ausgeprägten Sozialprogrammen ebenso wie für andere Länder. Umverteilung kann sich allerdings auch auf die Verteilung der Risiken beziehen. Das ist der Bereich, in dem die Erfolge des Sozialstaats am deutlichsten geworden sind. Was die Sozialsysteme wirklich geleistet haben, ist eine Ausbreitung der Sozialversicherung vor allem auf den gesamten Lebenszyklus.

Dieser Erfolg ist ein echter und bedeutsamer Fortschritt. Er setzt jedoch voraus, daß die Risiken in relativ stabiler Weise auf die

14 Gray, *Beyond the New Right*.

Gesellschaft verteilt sind. Außerdem ist dabei unterstellt, daß Risiken entpolitisiert oder dadurch bewältigt werden können, daß man sie »in Schach hält«.[15] In einer Zeit der reflexiven Modernisierung wird diese Aufgabe allerdings sehr viel schwieriger. Das hergestellte Risiko steht zum menschlichen wie zum natürlichen Handlungsumfeld in instabiler Beziehung. Diesem Risiko kann man nicht mehr mit Versicherungsstatistiken begegnen, indem man die »üblichen Störungen« der Umfelder (einschließlich der kapitalistischen Produktion und der Natur) berücksichtigt.

Die Frage des Gegensatzes zwischen äußerem und hergestelltem Risiko ist, wie ich zu zeigen versuchen werde, grundlegend für ein Umdenken in Sachen Wohlfahrt und deren Verhältnis zum Staat im Rahmen der industrialisierten Länder von heute. Ursprünglich war der Sozialstaat kein sozialistisches Projekt, sondern wurde erst immer stärker in den Umkreis des Sozialismus – oder zumindest des Reformsozialismus – einbezogen. In dieser Gestalt reflektiert er die Paradoxien des sozialistischen Denkens, gehört aber auch (was noch wichtiger ist) mit zu einem inzwischen gescheiterten historischen Unterfangen. Den meisten Sozialisten – wie auch anderen, eher zurückhaltenden Befürwortern – kam es so vor, als wiese der Sozialstaat einen Weg vorwärts in eine lenkbare und egalitäre Zukunft, einerlei, ob diese als Zwischenstation auf dem Weg zum »vollendeten Sozialismus« bzw. zu einer Spielart des Kommunismus gesehen wurde oder nicht. Seit dem Scheitern der historischen Ambitionen des Sozialismus muß man den Sozialstaat in ganz anderem Licht sehen – und auch aus diesem Grund ist es nützlich, die Heterogenität seiner Grundlagen zu betonen.

15 Vgl. Martin Janicke, *State Failure*, Cambridge: Polity, 1990.

VI

Erfinderische Politik und positive Wohlfahrt

Sozialsysteme und hergestellte Unsicherheit

Der Zusammenhang zwischen Sozialsystemen und der Risikovorsorge ist, wie im vorigen Kapitel angedeutet wurde, grundlegend. Im Hintergrund der Risikoberechnung steht nachgerade die ganze gewichtige Philosophie der Aufklärung. Denn der Begriff des Risikos ist ein unentbehrlicher Bestandteil des Unterfangens, die Zukunft zu steuern und den Geschichtsverlauf den Zwecken des Menschen nutzbar zu machen. Dabei stehen die Begriffe »Risiko« und »Unfall« in enger Verbindung. In den meisten Kontexten der vormodernen Zeit gab es eher Unglücksfälle als Unfälle, denn das Unglück galt gleichsam als Kehrseite des Schicksals. Es war buchstäblich die »Mißgunst der Fortuna«.

Der Begriff des Unfalls wurde zur gleichen Zeit geprägt und verbreitet, als auch die Vorstellung vom regelmäßigen Auftreten von Unfällen aufkam.[1] Unfälle rühren von Gefährdungen her, die sich ermitteln und systematisch einordnen lassen. Deshalb stehen sie mit dem Begriff des »Lebens in Gemeinschaft« oder des Staates in Verbindung, denn sie müssen im Hinblick auf umfangreiche Bevölkerungsgruppen klassifiziert werden. Die Begriffe »Risiko« und »Unfall« enthalten eine eigene Ethik. Ereignisse, die sich auf »natürliche« Weise abspielten, konnten Gutes wie Böses bringen. Einerlei, ob sie von Gott gegeben waren oder nicht, schien es unmöglich, sie zu korrigieren. Dagegen setzt die kollektive Risikobewertung eine Situation voraus und bringt sie zugleich zum Ausdruck, in der Abhilfe sowohl zu Gebote steht als auch erwünscht ist.

Es liegt schon im Begriff des Risikos, daß damit auch Grenzen der Kontrollierbarkeit erkannt werden. Doch wenn man das Risiko als von außen kommendes begreift, bedeutet diese Erkenntnis bloß, daß man mit diesen Grenzen irgendwie zurechtkommen

---

1 François Ewald, *L'état providence*, Paris: Grasset, 1986. Dt. Übersetzung: *Der Vorsorgestaat*, Frankfurt: Suhrkamp, 1993, S. 16ff.

könne, obwohl sie außerhalb des Wirkungsbereichs der Moderne lägen. Die nahtlose Ausbreitung der Moderne in soziale und natürliche Bereiche wird demnach ohne Unterbrechung fortgesetzt, zumindest solange, als die Risiken mit Hilfe herkömmlicher Versicherungsmethoden bewältigt werden können.

Hier könnte es so aussehen, als unterscheide sich das hergestellte Risiko vom externen Risiko vor allem insofern, als es sich der Versicherung entzieht oder diese unmöglich macht. So verweist Ewald darauf, daß konsequenzenreiche Risiken bestimmte Merkmale aufweisen, durch die sie sich abheben von Risiken, wie man sie bisher erlebte oder begriff. Jetzt geht es um Risiken, die mit nicht wettzumachenden Schäden verbunden sind, da ihre langfristigen Folgen unbekannt und nicht richtig abzuschätzen sind. Darin kommen »derart umfassende, diffuse und weitreichende Kausalzusammenhänge und Zeitspannen« zum Ausdruck, daß sie sich den hergebrachten Verfahren der Zuschreibung entziehen. Wir haben keine Ahnung, wie wir mit derartigen Bedrohungen umgehen sollen.[2]

Diese Feststellungen sind wichtig, und über ihre Implikationen wird weiter unten noch manches zu sagen sein. Allerdings sollte man den Übergang vom externen zum hergestellten Risiko nicht nur mit dem Auftreten alles übertreffender Gefährdungen in Beziehung setzen. Der eigentliche Gegensatz liegt, wie ich bereits betont habe, in den Ursachen der Risiken. Gerade weil die hergestellte Unsicherheit keine externe Unsicherheit ist, gelingt es nicht ohne weiteres, in versicherungsstatistischer Weise mit ihr zurechtzukommen.

Die hergestellte Unsicherheit dringt, wie ich in diesem ganzen Buch zu betonen versuche, tief ins Alltagsleben ein. Sie zeigt sich nicht – oder nicht nur – in unmittelbar globalisierten Risikoformen. Im tagtäglichen Leben macht sich das hergestellte Risiko in dem Maße geltend, in dem dieses Leben von der Enttraditionalisierung erfaßt wird, also insoweit, als Natur und soziale Normen immer weniger als »Schicksal« erfahren werden. Die hergestellte Unsicherheit – das Risiko, dem man sich in einem reflexiv organisierten Handlungsrahmen aussetzt – legt aus Gründen, die in Kürze entfaltet werden, eine Vorstellung von *positiver Wohlfahrt*

2 Ebd., S. 545 f.

nahe, die in unmittelbarer Weise sowohl mit der Politik der Lebensführung als auch mit der erfinderischen Politik zusammenhängt.

Zumindest von einigen der Institutionen, die normalerweise unter der Rubrik »Sozialstaat« zusammengruppiert werden, ist der Akzent auf positive Aspekte der eigenständigen Förderung und der Sozialvorsorge gelegt worden. Das gilt besonders im Bereich der Bildung. Doch als System der Sozialversicherung ist der Sozialstaat bislang hauptsächlich im Hinblick auf externe Risiken organisiert. So sind die Maßnahmen der Sozialhilfe im wesentlichen darauf gerichtet, alle Umstände zu erfassen, unter denen die Menschen außerstande sind, ein bestimmtes Grundniveau an Einkommen und Ressourcen zu erreichen. Im großen und ganzen wird den Empfängern staatlicher Hilfe von seiten der Sozialfürsorge zwar keine Schuld gegeben; aber dies bedeutet auch, daß auf seiten der Betroffenen gar keine Verantwortlichkeit mehr vorausgesetzt wird.

Die meisten Sozialmaßnahmen sind in der Tat so angelegt, daß sie nicht an den Ursachen ansetzen, sondern bereits eingetretene Ereignisse zurechtrücken sollen – eine Hauptquelle des »staatlichen Versagens«.[3] Die Probleme des Sozialstaats werden normalerweise als solche der öffentlichen Finanzen gesehen, und so werden sie bei Wahlen auch dargestellt. Soziale Maßnahmen sind immer teurer geworden. Durch Steuerproteste werden der Erhöhung von Staatseinnahmen zur Erfüllung jener Bedürfnisse deutliche Grenzen gesetzt. Zumindest nach Ansicht linksgerichteter Autoren hat hauptsächlich diese Situation zur Ausbreitung der Armut und zur Bildung von Unterschichten geführt.

Ganz anders stellen sich die Dinge dar, wenn man die Schwierigkeiten des Sozialstaats als Ergebnis des Übergangs von der externen zur hergestellten Unsicherheit ansieht. Es geht nicht so sehr um steigende Kosten und die Unmöglichkeit, diese Mittel aufzubringen, sondern die Schwierigkeit liegt darin, daß die Ressourcen in einer Weise eingesetzt werden, die den Problemen, für deren Lösung sie gedacht waren, immer unangemessener sind. Systeme, die für emanzipatorische Zwecke geplant waren, geraten unter Druck oder büßen ihre Leistungsfähigkeit ein, wenn die Politik

3 Janicke, *State Failure*.

der Lebensführung eine zunehmend wichtige Rolle spielt und wenn zu deren Beantwortung Programme einer erfinderischen Politik nötig sind. Die hergestellte Unsicherheit gehört nicht zum »geschlossenen Kreis« der Moderne im Sinne der Aufklärung, denn sie setzt Maßnahmen voraus, die nicht nur die ständige Weiterentwicklung technischen Wissens, sondern im gleichen Maße auch Vorbeugung oder Verhütung beinhalten. Doch die Unwägbarkeit der hergestellten Unsicherheit bedeutet auch, daß solche Maßnahmen weder immer noch auch nur im typischen Fall schlicht von oben her ergriffen werden können. Die reflexive Beteiligung an Expertensystemen – samt allen Formen potentieller Machtbefugnisse sowie allen Abhängigkeiten und Ängsten – wird zum unerläßlichen Rahmen, in dem man dem Risiko auf individueller wie auf globalerer Ebene begegnen muß. Betrachten wir einige einschlägige Beispiele:

Derzeit zumindest kennt niemand die Ursachen der Krebskrankheit. Einige Mediziner, die sich darauf spezialisiert haben, glauben jedoch, daß etwa 80 Prozent der Krebserkrankungen auf Umweltfaktoren zurückgehen. Die Behandlung solcher Krankheiten könnte man nun ausschließlich auf die Linderung der Symptome oder die Ermittlung eines Heilmittels ausrichten – und vielleicht geschieht es ja eines Tages wirklich, daß ein solches Mittel entdeckt wird. »Ursachenbehandlung« dagegen führt uns unmittelbar in die Politik der Lebensführung. Das Risiko der Krebserkrankung wird wahrscheinlich verringert, wenn man sich an die folgenden Regeln hält: nicht rauchen, nicht zuviel starkes Sonnenlicht, Bevorzugung bestimmter Ernährungsweisen, Vermeidung giftiger Substanzen am Arbeitsplatz wie zu Hause und Benutzung der Verfahren zur Früherkennung.

Verkehrsunfälle gehören in modernen Gesellschaften zu den wichtigsten Ursachen von Todesfällen, Verletzungen und Invalidität. In diesen Hinsichten kommt ihnen, vor allem in den jüngeren Altersgruppen, die gleiche Bedeutung zu wie schlimmen Krankheiten. Eine hohe Zahl von verkehrsbedingten Todesfällen und Verletzungen wird, wie viele Beobachter deutlich gemacht haben, trotz der damit einhergehenden Kosten von Regierungen und Nichtfachleuten beinahe widerspruchslos hingenommen. Dabei wäre es durchaus möglich, die Häufigkeit der verkehrsbedingten Sterbefälle und Verletzungen entschieden zu verringern, wenn mehr Maßnahmen der erfinderischen Politik angewandt würden: eine sicherere Ausrüstung der Autos als heute; energisch durchgesetzte, strengere Geschwindigkeitsbegrenzungen; technische Verbesserungen im Straßenbau; Maßnahmen zum Schutz der übrigen Verkehrsteilnehmer; weitgehende Förderung der öffentlichen Verkehrsmittel auf Kosten der privaten Fahrzeuge.[4]

Das dritte Beispiel scheint auf den ersten Blick ganz anderer Art zu sein als die ersten beiden. Ich bin schon oft darauf zu sprechen gekommen, denn es handelt sich um den Bereich der Ehe und Familie. Die derzeit in den meisten oder allen fortgeschrittenen Gesellschaften üblichen Sozialmaßnahmen wurden zu einer Zeit entwickelt, als das Patriarchat noch weitgehend unangefochten galt, während die Ehe als Schicksal hingenommen wurde. Durch die Ehe wurde eine Lebensweise als die für Männer geeignete, eine andere Lebensweise als die für Frauen richtige hingestellt. Das Risiko wurde – und wird normalerweise auch heute noch – in beiden Fällen als im Grunde externes Risiko behandelt. Doch wenn die Ehe für beide Geschlechter zur »Beziehung«, zur Bindung geworden ist, gleichzeitig eine Vielzahl von Frauen bezahlte Arbeit annimmt, ist eine solche Einstellung völlig unangemessen.

Heutzutage werden Ehe- und Familienprobleme von den Sozialsystemen meistens so behandelt, als ginge es um eine Entschädigung für erlittenen »Verlust«. Eine alleinstehende Frau, die als Haushaltsvorstand nicht über ausreichende direkte Mittel für den Lebensunterhalt verfügt, erhält wirtschaftliche Unterstützung. Ihr früherer Ehemann oder Partner ist von Staats wegen dazu verpflichtet, sich an der finanziellen Versorgung der Kinder zu beteiligen. Ein erfinderischer politischer Ansatz würde von der Einsicht ausgehen, daß aktives Vertrauen in den Beziehungen heute eine maßgebliche Rolle spielt, und würde sich sodann auf die Bedingungen konzentrieren, unter denen dieses Vertrauen erzeugt und aufrechterhalten werden kann, auch wenn die Partner nicht zusammenbleiben, sondern sich trennen. Ein solcher Ansatz würde verschiedene Komponenten wie Bildung, Regelungen und

4 Wolfgang Zuckermann, *The End of the Road*, Cambridge: Lutterworth, 1991.

materielle Fragen umfassen. Viele Frauen verlassen ihre Partner z. B. wegen der Gewalt, die ihnen angetan wird. Ein erfinderisches Programm hätte vor allem das Ziel, das Ausmaß dieser Gewalt zu verringern – ein Vorgehen, das sich wirksam auch mit weiteren strategischen Verfahrensweisen vereinen läßt, denen es um die Wiederherstellung der Familie geht, denn Männer, die Frauen gegenüber Gewalt anwenden, sind selbst recht häufig als Kinder in dieser oder jener Weise mißbraucht worden.

Zur weiteren Veranschaulichung wollen wir einen politisch-erfinderischen Ansatz zur Auseinandersetzung mit Gewaltverbrechen betrachten: Die heute üblichen Methoden zur Bekämpfung von Gewaltverbrechen sind äußerst teuer. In den meisten Gesellschaften ist die Reaktion auf solche Verbrechen derzeit reaktiver Art: meistens geht es um die medizinische Betreuung der Opfer, um Verhaftung, Strafverfolgung, Verteidigung und Haft. Doch Strategien, die mit Erfolg bei Rauchen, Alkohol am Steuer und Herzkrankheiten angewandt wurden, lassen sich auch auf die Hauptkategorien gewaltsamen Verbrechens anwenden. Bei derartigen Strategien können die drei Bereiche der primären, sekundären und tertiären Verhütung unterschieden werden.

Nehmen wir das Rauchen als Beispiel! Die primäre Verhütung wendet sich an Nichtraucher, insbesondere Jugendliche, um sie davon abzuhalten, diese Gewohnheit anzunehmen. Bei den meisten dieser Präventivmaßnahmen geht es darum, Einstellungen und soziale Normen zu ändern. Einst galt das Rauchen als schick und fesch; heute wird es, wenigstens zum Teil aufgrund speziell darauf gelenkter Maßnahmen, als ungesund und als Ärgernis für Nichtraucher angesehen. Bei Gewaltverbrechen bedeuteten primäre Verhütungsstrategien, daß man die Vorstellung vom »großen Helden« mitsamt weiteren Aspekten des herkömmlichen Männlichkeitsideals angriffe. Die Verherrlichung der Gewalt könnte irgendwann ebenso archaisch wirken wie heute die Verklärung des Rauchens.

Im Falle des Rauchens beinhalten die sekundären Verhütungsstrategien Maßnahmen, die den Menschen helfen sollen, diese Gewohnheit aufzugeben. Zum Einsatz kommen hier Nikotinsurrogate, Gruppengespräche, Ersatztherapien usw. Bei der Gewaltverhütung könnten solche Strategien verschiedene Formen annehmen. So könnten sie z. B. therapeutische Programme mit sich bringen, die auf die vielen Kinder gerichtet sind, die Opfer von Gewalt geworden sind oder die bei der Auseinandersetzung mit anderen in der Schule und anderswo typischerweise Gewalt anwenden.

Tertiäre Verhütung bedeutet: auf die vom Rauchen hervorgerufenen Pathologien reagieren, sobald sie sich herausgebildet haben. Selbst hier ist es nicht vernünftig, die Sache nur als äußeres Risiko aufzufassen. Die Behandlung der physischen Auswirkungen des Rauchens muß darauf abgestimmt werden, daß die betreffenden Personen anschließend ihren Lebensstil ändern. Das gleiche gilt auch für Gewaltverbrechen. Gefängnisse dienen bekanntlich oft nur der Verstärkung von Einstellungen, die sie angeblich verändern sollen.

Die positive Wohlfahrt verlangt häufig Eingriffe von seiten des Staates, kann sich aber offensichtlich nicht allein auf den Bereich innerhalb der Staatsgrenzen beschränken. Das Anliegen erfinderischer Politik, die Gesundheitsverhältnisse durch Verminderung der Luftverschmutzung etwa zu verbessern, würde eventuell internationale, ja globale Zusammenarbeit erforderlich machen. Der Zusammenhang von »Wohlfahrt« und »Staat« ist daher zum Teil schon durchbrochen.

Auf alle diese Vorschläge könnten Kritiker mit folgenden Einwänden antworten: Sind positive Wohlfahrtsprogramme nicht notwendig langfristig ausgerichtet, während gegenwärtige Sozialmaßnahmen jetzt und hier mit den Bedürftigen zurechtkommen müssen? In welcher Weise wären solche Programme eine Hilfe angesichts der finanziellen Schwierigkeiten des Sozialstaats, da sie doch offenbar weit teurer sind als die derzeit gängigen »Korrekturmaßnahmen«? Und besonders eindrucksvoll ist vielleicht diese Frage: In welcher Weise könnte ein erfinderischer Ansatz dazu beitragen, die Probleme der Armut und der Unterprivilegierung anzupacken?

Jede dieser Fragen ließe sich allerdings auch umdrehen. Einige positive Wohlfahrtsprogramme wären zwar notgedrungen recht langfristig ausgerichtet, aber das spräche nur für sie in einer Welt, in der Gesellschaft und Natur in vielerlei Hinsicht der Ausbesserung bedürfen. Doch es gibt allerhand kürzerfristige Maßnahmen der erfinderischen Politik, deren Einsatz und Durchführung weniger kostspielig ist als Maßnahmen, die auf externe Risiken ausgerichtet sind. Bei mancherlei längerfristigen Formen der positiven Wohlfahrt ist die Einführung sowohl unkompliziert als auch kostengünstig. Ein Beispiel wäre das Reklameverbot für Zigaretten. Bewährungsmaßnahmen, die die Rehabilitierung der Gesetzesbrecher begünstigen, sind, um ein weiteres Beispiel zu nennen, womöglich sehr viel weniger kostspielig als Inhaftierung.

Was Armut und Unterprivilegierung anlangt, ist ein neuer Ansatz vonnöten. Versuche der Umverteilung von Vermögen oder Einkommen durch fiskalische Maßnahmen und herkömmliche Sozialsysteme haben alles in allem nicht funktioniert. Das gilt sowohl für die von industrialisierten Ländern aufgebauten Sozialstaaten als auch für das Verhältnis zwischen den reichen und den armen Nationen dieser Welt. Mit einiger Aussicht auf Erfolg läßt sich die Armut, wie ich behaupten möchte, wahrscheinlich nur dann bekämpfen, wenn man von einem Begriff der positiven Wohlfahrt ausgeht, der auf dem Doppelanliegen der Politik der Lebensführung und der erfinderischen Politik basiert. Diese Problematik werde ich später eingehender erörtern; sie läßt sich aber nicht durch ausschließliche Bezugnahme auf die industrialisierten Gesellschaften analysieren. Da die Sozialsysteme heute so stark von Faktoren der Globalisierung berührt werden, kann es nicht mehr angehen, die westlichen Sozialstaaten so zu betrachten, als könnten sie unabhängig von den Vorgängen in der übrigen Welt gedeihen. Anders ausgedrückt: wollte man einen solchen Versuch machen, würden diese Staaten nicht nur zu Bastionen der Privilegierung, die gezwungen wären, die Dritte Welt gewaltsam in Schach zu halten, sondern auch im Inneren solcher Staaten würden privilegierte Gebiete immer stärker abgetrennt von verarmten und kriminell gewordenen Gruppen der Unterschicht.

Folgerungen aus der globalen Armut

Es könnte so aussehen, als hätte niemand, der über die Zukunft des Sozialstaats im reichen Westen nachdenkt, etwas von den weniger entwickelten Teilen der Welt zu lernen. Die einzigen Probleme, mit denen sich die Auseinandersetzung zu lohnen scheint, betreffen offenbar die Frage, wie man die reichen Länder dazu überreden könnte, etwas von ihrem Wohlstand abzugeben, um den Armen global zu helfen, sowie die Frage, welche Elemente die ärmeren Länder von den in reicheren Staaten aufgebauten Sozialsystemen übernehmen könnten. Ich möchte demgegenüber eine entgegengesetzte Strategie vorschlagen, wonach eine radikal-kritische Sozialpolitik für Nord und Süd viel zu lernen hat aus den Erfahrungen der besonders Notleidenden.

In den Berichten der internationalen Brandt-Kommission, die zunächst den Auftrag zur Untersuchung der globalen Armut hatte, wurde ein umfassender Ressourcentransfer von Norden nach Süden ins Auge gefaßt, um so mit den um sich greifenden Ungleichheiten und den Schulden der Dritten Welt zu Rande zu kommen.[5] Das ist nicht geschehen, was auch nicht sonderlich wundernimmt. Man könnte, um einen Grund zu nennen, auf die Knauserigkeit der reicheren Länder verweisen, was sozusagen dem vermeintlichen Egoismus der »zufriedenen Mehrheit« im Inneren dieser Länder entspräche – doch das hieße, die Mängel, die schon in diesen Berichten selbst stecken, zu übersehen.

Die Berichte der Brandt-Kommission lassen, wie Paul Ekins herausstreicht, ein besonderes Interesse an Staaten und den auf sie einwirkenden Faktoren erkennen. Ferner beschäftigen sich diese Berichte vor allem mit »Entwicklung« im Sinne von Industrialisierung und Wirtschaftswachstum und beziehen sich in ihren Abhilfevorschlägen in erster Linie auf finanzielle Institutionen und Indikatoren.[6] Tatsächlich ist es den Entwicklungsländern gelungen, seit den frühen siebziger Jahren erhebliche Mittel zu erhalten, was zugleich die Ursache ihrer Schulden ist, denn dies waren keine Vermögenstransfers, sondern Darlehen. Der größte Teil dieser Mittel ging jedoch an die Staatsautoritäten und wurde unter anderem für Projekte mit großem Kapitaleinsatz ausgegeben, für Prestigegebäude, Luxusimporte und Waffen. Einige dieser Mittel landeten auch auf privaten Bankkonten im Ausland. Die Berichte

5 *Bericht der Nord-Süd-Kommission: Das Überleben sichern*, Köln: Kiepenheuer & Witsch, 1980.
6 Ekins, *A New World Order*, S. 23. Hier und im folgenden greife ich mehrfach auf die Analyse von Ekins zurück.

der Brandt-Kommission behandeln nicht die Frage, warum es mißlungen ist, die Auslandsdarlehen produktiv einzusetzen. Doch warum sollte es großzügigen Kapitaltransfers anders ergehen?

Das Argument der Brandt-Kommission für einen Geldtransfer von den Reichen an die Armen beruht auf einem gewissen Begriff von Gerechtigkeit, aber auch auf eigennützigen Vorstellungen. Globale Ungleichheiten sind ein Verstoß gegen jedes vernünftige Gerechtigkeitsempfinden. Vermindert man diese Ungleichheiten, so heißt es, werde das dem Wohlstand aller nützen, denn ein weniger armer Süden werde dem Norden mehr Marktchancen für den Verkauf seiner Güter bieten. Diese Auffassung ist jedoch alles andere als überzeugend, denn im Hinblick auf die meisten Kriterien profitiert der Norden üppig an den derzeitigen Verhältnissen. »Die Ressourcen der Dritten Welt stehen ebenso preisgünstig zur Verfügung wie zur Kolonialzeit, während man obendrein noch die Kosten für Auslandsverwaltungen einspart.«[7] Ein gründlicherer Reformplan, der nicht von der Lage in der Ersten, sondern von der Situation in der Dritten Welt ausgeht, ist erforderlich, um aus dieser Sackgasse herauszugelangen.

Ein solches Programm muß die Vorstellung von Entwicklung im Sinne von Wirtschaftswachstum in Frage stellen, dabei aber dennoch die gewaltigen Probleme erkennen, die von der globalen Armut ausgehen. Es darf nicht bestrebt sein, die Moderne erfolgreich auf alle Gegenden zu übertragen, sondern es muß die Moderne herausfordern. Der Frontverlauf liegt bereits fest: »Auf der einen Seite stehen der Szientismus, der Entwicklungsgedanke und die Vorstellung vom starken Staat, und sie haben die gewaltigen Bataillone des Establishments im Rücken: die moderne Technologie und die Institutionen des Weltkapitalismus und der Staatsmacht. Auf der anderen Seite stehen die Menschen, in erster Linie jene 30 Prozent der Menschheit, die sich nicht dem Projekt der Moderne verschrieben haben, zugleich aber von vielen unterstützt werden, die zu den übrigen 70 Prozent gehören und dieses Projekt als in ethischer, sozialer und umweltbezogener Hinsicht für unerträglich ansehen.«[8]

7 Ebd., S. 29.
8 Ebd., S. 209.

Wie sähe eine »alternative Entwicklung« aus? Sie wäre kein Sozialismus im Sinne zentral gesteuerter Wirtschaften, die dann aus der globalen kapitalistischen Ordnung ausscheiden würden. Das ist eine Lösung, die, wie in der industrialisierten Welt, nachweislich nur zu einer Verschlechterung der Situation führt, die sie eigentlich zurechtrücken sollte. Ebensowenig bestünde alternative Entwicklung in einer Reihe von Plänen, die denen, die angeblich davon profitieren sollen, aufgezwungen werden. Sie wäre ein Programm der erfinderischen Politik, das sich auf Maßnahmen und Aktivitäten stützt, die an einigen oder vielen Orten bereits existieren.

Eine alternative Entwicklung würde die folgenden Merkmale aufweisen:

1) Diese Art von Entwicklung würde sich, wie es bereits auf der ganzen Welt geschieht, auf *reflexives Engagement* stützen und dieses weiter fördern. Gemeint ist die Beschäftigung einheimischer sozialer Bewegungen und Selbsthilfegruppen mit den Kräften, die ihr Leben umgestalten. Als Beispiel wollen wir die von Indianeraktivisten in Amerika aufgebaute Organisation »Seventh Generation Fund« (SGF) nehmen. Die traditionellen Indianerkulturen, meinen die Führer des SGF, haben der in Nordamerika vorherrschenden Gesellschaft eine ganze Menge zu bieten. Diese Organisation ist bestrebt, die wirtschaftliche und politische Autonomie der Indianergemeinschaften wiederaufzubauen und Aspekte ihres kulturellen Erbes zu schützen. Benannt ist sie nach dem Irokesenbrauch, vor der Umsetzung der getroffenen politischen Entscheidungen darüber nachzudenken, welche möglichen Auswirkungen das auf die siebente Generation haben könnte. Das Ziel dieser Gruppe ist die Förderung einer selbständigen ökonomischen Entwicklung, die sich bei Waren und Dienstleistungen auf den Einsatz regenerierbarer Ressourcen und lokaler Fertigkeiten stützt.

2) Zu den Grundanliegen der alternativen Entwicklung gehört die Schadensbegrenzung, sei es im Hinblick auf die lokale Kultur oder im Hinblick auf die Umwelt. Die Modernisierung hat beinahe überall neben ihren vielen Vorteilen auch schädliche Konsequenzen nach sich gezogen. In vielen Situationen kann man nicht damit rechnen, daß die weiter fortschreitende Modernisierung damit fertig werden wird, denn sie selbst hat zu ihrer Entstehung beigetragen. Das ist ein wichtiger Punkt, an dem eine Verbindung

besteht zwischen radikal-kritischer Entwicklungspolitik und dem philosophischen Konservatismus. Bewahrung sollte als eine in vielen Fällen rationale Reaktion auf die Destruktivität der Moderne begriffen werden.

3) Die alternative Entwicklung würde *Fragen der Lebensführung* als ausschlaggebend ansehen für die Politik der Emanzipation; sie würde nicht einfach umgekehrt verfahren. Emanzipation läßt sich nicht mehr schlicht mit einfacher Modernisierung gleichsetzen, sondern verlangt, daß man sich mit Fragen des Lebensstils und der Ethik auseinandersetzt. Wenn mit Bezug auf die Armen und Hungernden dieser Welt von »Lebensstil« die Rede ist, klingt das zunächst sonderbar; aber eine Reaktion auf Armut kann heute nicht mehr in bloß ökonomischen Maßnahmen bestehen. Die Frage nach dem Wie des Lebens in einem global werdenden Milieu, in dem die lokale Kultur und die Umweltressourcen verpulvert werden, hat gerade für die Armen eine besondere Bedeutung. Der Kampf um Autonomie und Selbständigkeit ist zugleich ein Ringen um die Wiederherstellung der lokalen Mittel als des vorrangigen und mitunter einzigen Weges zur Vermeidung endemischer Deprivation und Verzweiflung.

4) Die alternative Entwicklung würde sich dafür einsetzen, daß *Selbstvertrauen* und *Integrität* als eigentliche Mittel der Entwicklung gelten. Mitunter kann Selbstvertrauen die Förderung marktwirtschaftlichen Handelns nach sich ziehen, aber in der Hauptsache verweist dieser Begriff auf die Wiederherstellung lokaler Solidaritätsbeziehungen und Hilfssysteme. Beispiele für Selbstvertrauen im Entwicklungsprozeß gibt es heute in Hülle und Fülle. Ein prägnantes Beispiel ist die Grameen-Bank in Bangladesch. Der Gründer dieser Bank kümmerte sich nicht um die konventionelle Theorie des Bankwesens, insofern er die Meinung vertrat, daß unter bestimmten Bedingungen Darlehen an Arme weder Almosen zu sein noch sich zu unbezahlbaren Schulden auszuwachsen brauchen, wie das etwa auf nationaler Ebene geschehen war. Grameen möchte günstige Bedingungen schaffen für die lokale Entwicklung unter den Armen auf dem Lande, die über keinen Grundbesitz verfügen. Die Mehrzahl seiner Schuldner sind Frauen. In manchen Dörfern werden Männer als Angehörige der Bank nicht akzeptiert. Der Erfolg ist bisher ganz erheblich, und

die Bank hat eine Rückzahlungsquote von 98 Prozent. Daraus folgt natürlich nicht, daß sich Einzelbeispiele wie dieses verallgemeinern lassen, denn die Gesellschaften auf dieser Welt sind verschiedenartig. So können Selbsthilfeprogramme, an denen Bäuerinnen mitarbeiten, in einigen Kontexten gut funktionieren, während sie in anderen vielleicht kurzlebig sind oder gar nicht erst vom Fleck kommen.

5) Die alternative Entwicklung unterscheidet zwei verschiedene Quellen der ökologischen Krise. Die reichen Gesellschaften verursachen Umweltkatastrophen, indem sie verschwenderische Produktions- und Konsumtionsmuster fördern oder zumindest dulden. Die umweltschädlichen Praktiken der ganz Armen haben eher etwas Sekundäres und Defensives an sich. Während sie wahrscheinlich über Generationen hinweg mit regenerierbaren Mitteln produziert haben, werden sie durch Vertreibung oder Marginalisierung dazu gezwungen, auf kürzerfristige und schädlichere Verfahren zurückzugreifen, um überhaupt überleben zu können. Es wäre müßig, den Armen die Schuld an diesen Umständen zu geben, die weitgehend von anderen Stellen verursacht wird. Doch hier haben wir es mit einer Situation zu tun, in der Reich und Arm – außer auf kürzeste Frist gesehen – die gleichen Interessen haben, denn einmal zerstörte Ressourcen können häufig nicht mehr ersetzt werden.

6) Die Verbesserung der *Stellung der Frauen* im Verhältnis zu der der Männer ist ein Grundbestandteil der alternativen Entwicklung. Frauen besitzen weniger als 1 Prozent des Reichtums dieser Welt und verdienen weniger als 10 Prozent des globalen Einkommens, doch sie leisten zwei Drittel der Arbeit, die insgesamt auf der Welt getan wird. Die meisten in den industrialisierten Regionen bestehenden Unterschiede finden sich in ärmeren Gegenden in verschärfter Weise. Die bezahlte Tätigkeit der Frauen ist weitgehend auf die besonders peripheren Sektoren des Arbeitsmarktes konzentriert, in denen die Arbeitsbedingungen die schlechtesten sind, die Lohntüte kläglich ausfällt und es um die Sicherheit des Arbeitsplatzes schlecht bestellt ist. Aber auch hier muß die emanzipatorische Politik um Belange der Politik der Lebensführung ergänzt werden. Es geht nämlich nicht nur darum, mehr Gleichheit zwischen den Geschlechtern herbeizuführen, denn Wandlun-

gen des Weiblichkeits- und des Männlichkeitsbegriffs sowie der damit verknüpften Verhaltensmuster sind erforderlich und setzen sich beinahe überall auch durch.

Die Beteiligung der Frauen am Arbeitsmarkt kann dazu beitragen, daß das Bevölkerungswachstum sich verringert, doch das ist keineswegs eine notwendige Folge. Der wichtigste Einzelfaktor, der sich auf das Bevölkerungswachstum auswirkt, ist die lokale Autoritätszunahme auf seiten der Frauen: ihre Fähigkeit, im Hinblick auf die Fortpflanzung eigene Entscheidungen zu treffen.

7) Die Gesundheitsfürsorge ist für die ganz Armen immer schwierig. Das Konzept der alternativen Entwicklung betont die Vorrangstellung der *autonomen Gesundheitsfürsorge*. Diese Art der Fürsorge räumt auch der wissenschaftlichen Medizin des Westens eine gewisse Bedeutung ein, ist sich aber im klaren über deren Grenzen und nachteilige Tendenzen. In äußerst armen Gebieten, in denen es an allem fehlt, muß die wissenschaftliche Medizin als eine von mehreren Möglichkeiten der Gesundheitspflege und der Krankheitsbehandlung aufgefaßt werden. Das vielleicht bekannteste Handbuch der Gesundheitspflege in extrem armen Gemeinschaften ist David Werners *Where There Is No Doctor*. Werners Ansatz läßt sich ganz umfassend anwenden und betont die folgenden Punkte:

– Gesundheitsfürsorge ist nicht nur jedermanns Recht, sondern jeder ist auch selbst dafür verantwortlich.

– Das Hauptziel jedes Programms bzw. jedes Einsatzes für die Gesundheitspflege sollte die informierte Selbstfürsorge sein.

– Normale Menschen, die über klare, unkomplizierte Informationen verfügen, können die häufigsten Gesundheitsprobleme zu Hause verhüten und behandeln, und zwar frühzeitiger, kostengünstiger und oft besser als der Arzt.

– Medizinische Kenntnisse sollten nicht das behütete Geheimnis einer auserlesenen Minderheit sein, sondern ungehindert allen zu Gebote stehen.

– Menschen mit geringer Schulbildung kann man ebensosehr vertrauen wie den Gebildetsten. Sie sind auch genauso gescheit.

– Elementare Gesundheitspflege sollte nicht gespendet werden, sondern es sollte zur Fürsorge angeregt werden.[9]

9 David Werner, *Where There Is No Doctor*, Palo Alto: Hesperian Foundation, 1977. Dt.

8) Der Druck, der von der *Familie* ausgeht, ist oft hart, besonders für Frauen und Kinder. Dennoch stellen Familienbeziehungen für die ganz Armen überall ein emotionales und materielles Hilfsreservoir dar, dem keine andere Institution gleichkommen kann. Vor allem bieten die Familienbande den einzelnen eine Art Versicherung, die sie schützt, wenn die Zeitläufte besonders ungünstig sind. Vom Standpunkt der umfassenderen globalen Gemeinschaft kann diese Situation freilich Rückwirkungen haben. Es kann sein, daß die Menschen deshalb eine große Familie wollen, weil die Zukunft um so gesicherter erscheint, je mehr Kinder – insbesondere männliche Kinder – vorhanden sind, da man im Alter von den Jungen versorgt werde. Doch selbst wenn die Familiengröße schrumpft und Ungleichheiten innerhalb der Familie abgebaut werden, bleibt die Familie ein wichtiger Schutzmantel. Eine alternative Entwicklung wäre bestrebt, die Familienbindungen zu stützen und zugleich patriarchalische Verhältnisse und Kinderausbeutung zu bekämpfen.

9) In der Familie wie in anderen Bereichen würde ein solches Entwicklungsmodell den Akzent nicht nur auf die Rechte legen, sondern auch auf die Verantwortlichkeiten. Die Anerkennung formaler und inhaltlicher Rechte (wie z. B. der Rechte von Frauen und Kindern) bedeutet zugleich die Angabe von damit einhergehenden Pflichten. Verantwortung und Selbstvertrauen stehen in Einklang miteinander. Wenn Almosen (wie es etwa mitunter bei Entwicklungshilfemaßnahmen geschieht) ohne Erwartung einer Gegenleistung verteilt werden, kann das Ergebnis Abhängigkeit sein.

10) Es wäre kurzsichtig, wenn man so tun wollte, als ließe sich eine alternative Entwicklung rein lokal organisieren. Eine derartige Entwicklung ist auch abhängig von Maßnahmen der »gewaltigen Bataillone« des Staates, der Konzerne und der internationalen Organisationen. Diese Maßnahmen müssen jedoch erfinderischer Art sein, auf lokale Forderungen Rücksicht nehmen und die lokalen Interessen schützen. Bleibt diese Rücksichtnahme aus, werden globale Ungleichheiten durch die Entwicklungsprogramme möglicherweise nicht abgebaut, sondern verschlimmert werden.

Übersetzung: *Wo es keinen Arzt gibt... Gesundheitshandbuch. Handbuch für medizinische Hilfe und Selbsthilfe in tropischen und subtropischen Ländern*, Bielefeld: Reise Know-How Verlag, 1995⁶.

Eine alternative Entwicklung

Eine alternative Entwicklung – zeichnet sie sich nicht, gegen alle Widerstände, auch in den höher entwickelten Gesellschaften ab? Und ist eine solche Alternativentwicklung nicht zugleich der einzige Weg, auf dem es, wenn auch nicht sofort, möglich wäre, die Reichtumsproduktion im Norden so umzugestalten, daß sie sich mit zunehmendem Wohlstand im Süden vereinbaren ließe? Bei diesem Problem geht es um das Entstehen einer Nachknappheitsgesellschaft, und das ist ein Prozeß, der zwar vielleicht immer noch von den Bewohnern der reicheren Länder gelenkt wird, dessen Folgen jedoch die ganze Welt betreffen.

Die Nachknappheitsgesellschaft wird von mir nicht mit dem Ende des Wirtschaftswachstums gleichgesetzt. Sie bildet auch keine soziale Ordnung, in der die meisten Menschen wohlhabend genug geworden sind, um zu tun, wonach ihnen der Sinn steht. Eine Nachknappheitsgesellschaft beginnt, wie bereits festgestellt, dort zu entstehen, wo das Wirtschaftswachstum Schaden anrichtet oder offensichtlich kontraproduktiv wird. Sie entwickelt sich dort, wo man das Ethos des Produktivismus weithin in Frage zu stellen beginnt und sich um die Anerkennung und Entfaltung anderer Lebenswerte bemüht.

In Sachen Wirtschaftswachstum sind viele Kritiker heute geneigt, den im Überfluß lebenden Ländern die rhetorische Frage zu stellen: Wieviel ist genug?[10] Wieviel ist nun wirklich genug? Bei dieser Frage scheint es um die Grenzen der Umweltbelastung zu gehen, darum, wieviel die Erde aushalten kann – und das ist zum Teil richtig. Vor allen Dingen aber geht es, wie ich geltend machen möchte, um eine Frage der Lebenspraxis. Die fortwährende Produktion und Konsumtion von Gütern ist in den wohlhabenden Sektoren der Welt zur Triebkraft des Lebens geworden, während die Armen unaufhörlich ums bloße Überleben kämpfen. Ein Beobachter schreibt: »Als Ursache des ökologischen Verfalls wirkt nur das Bevölkerungswachstum ebenso schlimm wie der hohe Güterverbrauch, und die Bevölkerungszunahme wird heute immerhin von vielen Regierungen und Bürgern dieser Welt als Problem wahrgenommen. Die Konsumtion dagegen gilt beinahe allgemein

10 Alan Thein During, *How Much Is Enough?*, London: Earthscan, 1992.

als etwas Gutes, ja, in immer höherem Maße wird sie als oberstes Ziel der nationalen Wirtschaftspolitik hingestellt.«[11]

Die sogenannte »globale Konsumentenklasse« umfaßt etwa ein Fünftel der Weltbevölkerung, also ungefähr eine Milliarde Menschen, die vor allem in den hochindustrialisierten Gegenden leben. Ihr Lebensstil hat eine gewaltige Steigerung des Rohstoffverbrauchs, aber eine noch sehr viele größere Zunahme des Verbrauchs von Gütern und Dienstleistungen nach sich gezogen. In den Läden leuchtet eine blendende Warenvielfalt, während allenthalben Einkaufszentren aus dem Boden schießen. Doch mit diesem Überfluß geht eine Situation einher, in der die Mehrheit der Reichen auf globaler Ebene von den Armen dieser Welt eingekreist wird.

Nützlich ist hier eine ausführliche Betrachtung der Ähnlichkeiten zwischen den Problemen, mit denen in den industrialisierten Bereichen der Welt die staatlichen Sozialsysteme konfrontiert sind, und den Schwierigkeiten der Hilfsmaßnahmen, durch die der Armut in der Dritten Welt abgeholfen werden soll. In beiden Fällen zeigen die Versuche, den Unterprivilegierten unter die Arme zu greifen, oft Wirkung. Doch die recht häufig von linksgerichteten Autoren geübte Kritik an den Entwicklungshilfemaßnahmen im Süden gleicht in frappierender Weise manch kritischen Äußerungen der politischen Rechten über den Sozialstaat.

Einige Beispiele wurden bereits genannt: Die Errichtung z. B. großer Staudämme in armen Regionen des Südens kann, wenn auch in sehr viel größerem Maßstab, Wirkungen zeitigen, die an die Konsequenzen anklingen, die man mit dem Bau riesiger Wohnsiedlungen in den Armenvierteln der Industrieländer in den sechziger und siebziger Jahren in Verbindung bringt. Staudämme galten in den Ländern der Dritten Welt früher allgemein als wichtiges Symbol des industriellen Fortschritts. Tatsächlich können sie der Gesamtwirtschaft zweifellos manche Vorteile einbringen, aber manchmal setzen sie die Umsiedlung vieler, mitunter sogar Tausender ortsansässiger Menschen voraus, deren hergebrachte Lebensweise vernichtet wird und die dann oft sogar in rein ökonomischer Hinsicht schlechter dastehen als vorher. Eine Studie über mehr als fünfzig von der Weltbank finanzierte Projekte, die auch

11 Ebd., S. 21.

Zwangsumsiedlungen einschlossen, fand kein einziges Beispiel, in dem der Lebensstandard der Betroffenen den früheren Standard erreicht hätte.[12]

Entwicklungshilfemaßnahmen führen nach Aussagen mancher Beobachter – ebenso wie im Fall der Sozialsysteme – zur Schaffung von Bürokratien, die ziemlich häufig wenig leisten und deren Interessen sich von den Interessen derjenigen unterscheiden, denen sie dienen sollen. Unter anderem daran kann es liegen, daß die Maßnahmen nur einen Bruchteil derjenigen erreichen, die dadurch unterstützt werden sollen. Wenn die Entwicklungshilfe lokale Traditionen und Mittel des Lebensunterhalts zerstört, verlieren die Empfänger womöglich nicht nur den Mut, sondern bilden Einstellungen aus, die der in den wirtschaftlich fortgeschrittenen Gesellschaften aufgekommenen Sozialstaatsabhängigkeit ähneln. Maßnahmen, die mit den besten Absichten ergriffen werden, führen in beiden Fällen zu abartigen Ergebnissen. Im Falle der Entwicklungshilfe haben einige Autoren sogar von einer »tödlichen Hilfe« gesprochen.[13]

Hier wollen wir zunächst auf zwei anscheinend verschiedenartige und gewiß nicht miteinander verbundene Diskussionsstränge eingehen, die für diese Fragen von Belang sind. Die erste Thematik wird von Charles Murray angeschnitten, einem der prominentesten und zugleich umstrittensten Kritiker des Sozialstaats. Murray ist ein eindringlicher Befürworter der Anschauung, daß Sozialsysteme zur Entstehung von verarmten und mutlosen Unterschichten führen. Dennoch solle sich die Auseinandersetzung über Sozialleistungen wegbewegen von den »Streitereien um Sozialbetrug und statt dessen allmählich über die Frage nachdenken, was eigentlich grundlegend ist für das gelungene Leben der Menschen, die vom Sozialstaat unter die Fittiche genommen werden«. Im Dasein des Menschen gehe es, wie Murray weiter ausführt, nicht bloß darum, einen gewissen Lebensstandard zu erreichen, sondern auch um die Verwirklichung bestimmter Lebenswerte. Solche Werte können gar nicht wirklich angestrebt werden, ohne daß die einzelnen zugleich über ein »hohes Maß an Selbstbeherrschung und Selbständigkeit verfügen und nicht nur von der Gemeinschaft

12 Ebd., S. 95.
13 Brigitte Erler, *Tödliche Hilfe*, Köln: Rutscker, 1994[13].

nehmen, sondern ihr auch etwas geben«. Derartige soziale Arrangements seien zwar durchsetzbar, aber nicht im Kontext der gegenwärtigen Einrichtungen des Sozialstaats. Ihre Verwirklichung sei möglich, doch nach Murray besteht diese Möglichkeit ausschließlich im Rahmen der von Edmund Burke beschworenen »Trüppchen«.[14]

Murray, dessen Arbeiten unter dem Einfluß seiner Erlebnisse in ländlichen Gebieten Thailands stehen, stellt die Frage, was denn eigentlich auszusetzen sei an der Armut (sofern die Menschen über dem Existenzminimum leben). Warum sollte man so generell daran interessiert sein, die Armut zu bekämpfen? Wir streben, wie Murray behauptet, nach Abschaffung der Armut, um die Summe des menschlichen Glücks zu vergrößern. Die Vorstellung, der Glücksbegriff sei zu unwägbar für eine objektive Definition, lehnt Murray ab. Zusammenfassend könne man sagen, das Glück sei »anhaltende und berechtigte Zufriedenheit mit dem eigenen Leben als Ganzen«. Indem er Abraham Maslows Hierarchie der menschlichen Bedürfnisse umgestaltet, läßt Murray drei Ermöglichungsbedingungen des Glücksstrebens gelten, nämlich materielle Ressourcen, Sicherheit und Selbstachtung. Was die materiellen Ressourcen anlangt, ist seines Erachtens für das Streben nach Glück nicht viel mehr nötig als eine Minimalversorgung. Er bezieht sich auf Erhebungen aus einer ganzen Reihe von Ländern, die das Verhältnis zwischen Einkommen und geäußertem Glücksempfinden betreffen, und versucht auf dieser Grundlage zu zeigen, daß steigende Einkommensstufen, sobald eine recht niedrige Schwelle überschritten ist, nicht zu mehr Glück oder Lebenszufriedenheit führen. Was zählt, sind nicht Reichtum oder Einkommen, sondern Sicherheit und Selbstachtung. Um nach Glück zu streben, ist kein hohes Maß an materiellen Gütern nötig, solange einige weitere Bedingungen erfüllt sind. Armut ist nicht unbedingt das einzige, wovor man Furcht oder Abscheu empfinden sollte. Die ausschlaggebende Bedingung des guten Lebens ist, wie Murray im Anschluß an Maslow sagt, die Selbstverwirklichung.[15]

14 Zitate nach Charles Murray, »The prospect for muddling through«, in: *Critical Review*, Bd. 4 (1990).
15 Charles Murray, *In Pursuit of Happiness and Good Government*, New York: Simon and Schuster, 1988.

Auf die Frage, ob die Reichen von den Armen lernen können, geht Murray nicht ein, und er befürwortet keineswegs den »Kommunismus« im Sinne Durkheims, wonach die Armut dem Reichtum eindeutig vorzuziehen sei. Dagegen könnte man Murrays Argumente heranziehen, um die Herbeiführung von mehr *Gleichheit* (im Gegensatz zum Fortbestehen der Ungleichheit) zu rechtfertigen. Der Besitz von Reichtümern muß nämlich ebensowenig glücklich machen, wie Mittellosigkeit notwendig eine Quelle von Elend ist. Warum sollte man also nicht versuchen, die Lebensbedingungen der Reichen und der Armen stärker anzunähern, auch wenn man sich dazu nicht der Übertragung von Reichtum oder Einkommen bedient? Was das Streben nach Glück betrifft, ist der eigentliche Feind, wie man geltend machen könnte, weder die Armut noch der Wohlstand, sondern der Produktivismus im Sinne der obigen Begriffsbestimmung.

Vergleichen wir nun die Argumente Murrays mit den Ausführungen von Serge Latouche über die globale Situation der Armen. Das durchschnittliche Prokopfeinkommen der Angehörigen der reichsten Gesellschaften unserer Welt beträgt, wie Latouche darlegt, etwa das Fünfzigfache des Einkommens in den ärmsten Ländern. Nun stellt er die rhetorische Frage, ob die Menschen in den Überflußländern fünfzig Mal so glücklich seien wie die Bewohner der armen Regionen. Natürlich nicht. Latouche meint ebenso wie Murray, daß es möglich sei, auch in kärglichen Verhältnissen ein glückliches Leben zu führen.

Die Armen dieser Welt scheinen, wie Latouche sagt, auf den ersten Blick auf einem »Planeten der Schiffbrüchigen« zu hausen, der zwischen den Untiefen der Moderne umherdriftet. Überall – in den wirtschaftlich fortgeschrittenen Gesellschaften wie in den Ländern des Südens – steht die Lebensweise der Armen im Gegensatz zum Leben der globalen »Konsumentenklasse«. Doch die »Gesellschaft der Ausgeschlossenen« ist nach Latouche nicht unweigerlich eine Katastrophe. Ganz im Gegenteil, trotz der Entbehrungen, denen die Armen tagaus, tagein ausgesetzt sind, sei die »informelle Gesellschaft« mit allen »ihren Schrecken und ihren Wundern« vielseitig und fruchtbar.

Zwischen 60 und 80 Prozent der Arbeiten in den Städten der Dritten Welt fallen in diesen Bereich der informellen Ökonomie, und dies sogar in Gesellschaften, die nicht zu den ärmsten gehören. Wie ist es möglich, einen solchen Sektor als »sekundär« zu bezeichnen? Vielleicht sollten wir, wie Latouche nahelegt, die Hypothese erwägen, daß die informelle Gesellschaft nicht bloß den Abladeplatz der Moderne, sondern eine Ordnung darstellt, von der die modernen Institutionen in Wirklichkeit abhängig sind. Die Kultur der Ausgeschlossenen ist womöglich in jeder Hinsicht – außer den materiellen Vorteilen – reicher als der Konsumerismus. Es handelt sich vielleicht nicht nur um den Ursprung einer »anderen Entwicklung«, sondern um den »Vorgriff auf eine andere Gesellschaft« jenseits der Moderne.

An dieser Stelle weist Latouches Argumentation frappierende Parallelen zur Kapitalismuskritik der Neokonservativen auf. Die Ausbreitung der Moderne, sagt er implizit, nutzt den Symbolismus und die vitale Moral, die vom Produktivismus unterdrückt oder an den Rand gedrängt werden. Der informelle Sektor hat zwei Aspekte: auf der einen Seite stehen die Mutlosen und Besitzlosen, die oft unter dem Schrecken der Kriminalität leben und Schulden beim Drogenhändler haben; auf der anderen Seite dauern lokale Traditionen fort oder werden neu geschaffen, und es existiert eine strotzende Vielfalt von Tätigkeiten neuer Handwerkergruppen, die von lokal ausgebildeten Fertigkeiten leben und zugleich die Bedürfnisse ihrer Umgebung erfüllen.

Die informelle Ökonomie stellt, um mit Latouche zu reden, ein Repertoire von »Strategien der globalen Reaktion auf die Ausbreitung moderner Institutionen« dar, es sind Reaktionen von Menschen, die »zwischen verlorenen Traditionen und einer unerträglichen Moderne gefangen« sind. Daher ist das Verhältnis zwischen dieser Wirtschaftsform und der modernen Ordnung zugleich Opposition und Symbiose. Die informelle Tätigkeit gehorcht einer anderen Logik als der Produktivismus, egal, ob es sich um deutlich erkennbare »Arbeit« handelt oder nicht. Wenn handwerkliche Tätigkeiten Überschuß erbringen, wird dieser nicht investiert, um die Produktion zu steigern, sondern eher dazu benutzt, die lokalen Loyalitäts- und Solidaritätsbeziehungen zu unterfüttern. Das »Ökonomische« ist hier nicht in der für die formelle Unternehmenswirtschaft kennzeichnenden Art und Weise vom übrigen Leben abgetrennt. Diese Alternative ist keine alternative Entwicklung, sondern eine »Alternative *zur* Entwicklung«.

Nach Latouches Anschauung ist es nicht selten der Fall, daß das zwanghafte Bemühen, den Lebensstandard der Armen dieser Welt zu heben, in Wirklichkeit zu einer Verarmung ihres Lebens führt. Das gelte für die gesellschaftliche Solidarität und sogar für Alter, Krankheit und Tod: »Die Gesellschaften der Dritten Welt enthalten noch manchen verborgenen Schatz, der in ihrer Einstellung zu Alten und Kranken besteht. Krankheit und Alter sind keine natürlichen Heimsuchungen, die den einzelnen von der Welt der Tätigen trennen und die in der Isolation betreut werden müssen, als handelte es sich um Ursachen der Schande. [...] Erfahrungen, die vielleicht notwendig im Wesen des Menschseins liegen, lassen sich nicht völlig leugnen. Wollte man ihre Bedeutung bestreiten, würden wir dadurch ärmer.«[16]

Diese Formulierungen enthalten viele Anklänge an manche Spielarten des Konservatismus und lassen womöglich an eine rein rückwärtsgewandte Betrachtungsweise denken. Latouche pocht darauf, daß dies keineswegs der Fall sei. Das vom informellen Bereich repräsentierte »Laboratorium« der menschlichen Erfindungsgabe deute nicht nur in die Vergangenheit, sondern auch in die Zukunft. Es sei sozusagen eine andere Möglichkeit, die Grenzen der Moderne anzusehen, allerdings eine Möglichkeit, die gewichtige »Pluspunkte« aufweise, insofern sie auf alternative Formen des Lebens verweise.

Es liegt auf der Hand, daß die soziale Bedeutung der Armut nicht nur im Verhältnis zum Streben nach Glück bewertet werden kann, und zweifellos gibt es heute nur noch wenige, die Armut als wünschenswerten Zustand befürworten wollten. Es mag zwar sein, daß der Wohlstand nicht unbedingt Glück mit sich bringt, aber häufig bringt er Macht und soziales Ansehen. Wer auf wirtschaftlicher Ebene besonders mittellos ist, verfügt tendenziell über relativ wenig Macht hinsichtlich der wichtigsten Faktoren, die das eigene Leben berühren. Daß die Armen mitunter glücklich sind, ist, wenn man den Kommunismus im Sinne Durkheims ablehnt, kein Argument für die Armut. Diesen Kommunismus kann man

---

16 Zitate nach Serge Latouche, *La planète des naufragés*, Paris: Éditions la Découverte, 1991, S. 110, 118 f., 194 f.

nur durch Bezugnahme auf eine umfassendere Gegenüberstellung mit dem Produktivismus sinnvoll deuten, der z. B. Definitionen zugrunde legt, die Wohlfahrt nur als ökonomische Wohlfahrt begreifen.

Die Fragen, die sich sodann stellen, lauten: Wäre es möglich, daß ein Schritt in Richtung Nachknappheitsordnung Reaktionen gegen den Produktivismus zum Vorschein bringt, die in Einklang stehen mit den von Murray und Latouche vorgeschlagenen Ideen? Und, falls es sich wirklich so verhält, welche Folgerungen sollte man dann daraus ziehen im Hinblick auf die Auseinandersetzungen über den Sozialstaat in den Industriegesellschaften und die Armut in der Dritten Welt? Eine Analyse dieser Probleme bedeutet, daß man einige der strukturellen Spannungen ermittelt, die heute die Überflußgesellschaften in Mitleidenschaft ziehen, und daß man darüber nachdenkt, in welchem Verhältnis diese Spannungen zu der hergestellten Unsicherheit stehen.

Die Diamantstruktur

Der Produktivismus läßt sich, wie ich annehme, nicht durch den Konsumerismus erklären, sondern das Gegenteil ist der Fall. Der Konsumerismus wurzelt vielmehr in einer produktivistischen Weltanschauung, deren recht unmittelbarer Ausdruck er ist. Er ist sozusagen eine rührige Massenerkundung der Politik der Lebensführung, die allerdings nicht von einer Kritik des Produktivismus getragen wird, sondern unter dessen Herrschaft erfolgt. In einer Nachknappheitsordnung wird der bestimmende Einfluß der Lohnarbeit und der ökonomischen Belange in Frage gestellt. Die konsumeristische Gesinnung bricht bereits mit der Vorstellung, die Arbeit trage das Banner des moralischen Sinns (oder könne einen solchen Sinn ersetzen). Doch die Notwendigkeit, Lebensentscheidungen zu treffen, zeigt sich nur in verzerrter und bornierter Weise als Erwerb von Gütern und Dienstleistungen.

Der Sozialstaat ist aus bereits genannten Gründen zutiefst im Produktivismus verankert, der seinerseits in eingebürgerte Muster und Gewohnheiten des Lebensstils verstrickt ist, vor allem bei der Trennung der Geschlechterrollen. Wenn diese Rollenverteilung einigermaßen fixiert ist und ein bestimmter institutioneller Zusammenhang das Leben der Bevölkerung langfristig steuert, kann die Risikobewältigung als etwas weitgehend Externes behandelt werden. Die Ausbreitung der reflexiven Modernisierung plaziert das Individuum in einer ganz neuen »Entscheidungsmatrix« und sorgt, damit zusammenhängend, dafür, daß im Inneren der Institutionen der modernen Gesellschaften eine Reihe miteinander verbundener Spannungen entsteht. Diese Spannungen verlaufen entlang den Verbindungslinien zwischen vier institutionellen Bereichen, die der Enttraditionalisierung ausgesetzt sind und zusammen eine diamantförmige Struktur bilden:

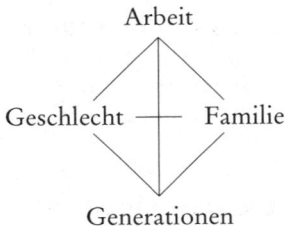

Arbeit

Geschlecht — Familie

Generationen

Bei der Untersuchung dieser Bereiche möchte ich mich auf eine der von Latouche genannten sozialen Kategorien konzentrieren, und zwar auf das Alter – ein Phänomen, das natürlich in engem Zusammenhang mit dem Wechsel der Generationen steht. Zu den Problemen des Sozialstaats gehört, wie es oft heißt, das Altern seiner Bevölkerung, während die Gesellschaften des Südens das entgegengesetzte »Problem« haben, denn die große Mehrheit ihrer Bevölkerung besteht aus Menschen unter fünfundzwanzig. Sofern die gegenwärtigen Trends anhalten, wird es in etwa dreißig Jahren soweit sein, daß die Anzahl der z. B. in den Vereinigten Staaten lebenden Menschen über fünfundsechzig das Zweifache der Zahl der Menschen unter einundzwanzig beträgt.

Was ist das Alter? Nicht nur in statistischer, sondern auch in mancher anderen Hinsicht wird das Alter in westlichen Gesellschaften auf fünfundsechzig festgesetzt, also auf das Lebensjahr, da die Männer in den meisten Ländern seit geraumer Zeit »in Rente gehen«. Das mit fünfundsechzig Jahren einsetzende Alter ist schlicht und einfach ein Kunstprodukt des Sozialstaats. Es ist eine Form von *Sozialstaatsabhängigkeit,* die sehr viel weiter verbreitet ist als irgendeine der anderen von rechtsgerichteten Deutern der Unterschicht registrierten Abhängigkeiten. Das erste offizielle Rentenalter wurde 1889 von Bismarck festgesetzt, als das erste staatliche System der Sozialfürsorge aufgebaut wurde. Das Alter, für das sich Bismarck zunächst entschied, waren die biblischen »siebenzig Jahre«, die dann später von seinen Beamten auf fünfundsechzig herabgesetzt wurden.

Schon das Wort »Pensionär« klingt nach Untauglichkeit und bezeichnet eigentlich eine unselbständige Person. Von den Sozialsystemen wird das Alter nicht als respekteinflößender Rang definiert, sondern als Ausschluß aus der vollen Zugehörigkeit zur Gesellschaft. Altern wird als etwas »Externes« behandelt, als etwas, was einem widerfährt, und nicht als eine aktiv aufgebaute und ausgehandelte Erscheinung. Vor diesem Hintergrund nimmt es nicht wunder, daß die Bevölkerung über fünfundsechzig vielfach als medizinische und finanzielle Bürde für den Rest der nationalen Gemeinschaft wahrgenommen wird.

Doch warum sollte man die alten Menschen, anstatt sie als finanzielles Dilemma anzusehen, nicht als reichhaltige Ressource begreifen, nachgerade als Vorgriff auf eine »alternative Gesellschaft«, wie es bei Latouche heißt? Es besteht keine Notwendigkeit, ältere Menschen als körperlich oder wirtschaftlich von der übrigen Gesellschaft abhängig zu betrachten. Die Annahme, daß Alter soviel heißt wie Kranksein oder Untauglichkeit, ist eine Legende. Außerdem lassen sich viele Krankheiten oder Gebrechen, die statistisch derzeit unter älteren Menschen häufiger vorkommen, durch eine erfinderische Politik behandeln. Eine amerikanische Untersuchung der National Institution on Ageing deutet z. B. darauf hin, daß viele der körperlichen Schwierigkeiten des Alters gar nichts mit dem Älterwerden zu tun haben, sondern mit dem Lebensstil. Hier gibt es enge Parallelen und Überschneidungen mit den weiter oben erörterten Modellen der »positiven« Gesundheitsversorgung, bei denen es ebenfalls um Versuche der Lebensstiländerung geht. Ebenso wie bei den Krankheiten und Gebrechen der Menschen in jüngeren Altersgruppen wird auch die Wahrscheinlichkeit von Krankheiten in relativ fortgeschrittenem Alter stark von Umweltfaktoren beeinflußt, von psychischem oder physischem Streß, Ernährungsgewohnheiten und regelmäßiger körperlicher Bewegung. Es gibt eine Berechnung, wonach sich 80 Prozent der Gesundheitsprobleme der Menschen über fünfundsechzig durch Änderungen des Lebensstils prinzipiell verhüten lassen.[17]

Demographische Wandlungen, die auf zunehmender Lebenserwartung und abnehmender Geburtenrate beruhen, haben dazu geführt, daß sich das Verhältnis zwischen Jungen und Alten in den entwickelten Gesellschaften seit der Zeit Bismarcks geändert hat. Es ist nicht mehr so, daß eine kleine Gruppe älterer Menschen von einer umfassenden Kategorie jüngerer Berufstätiger unterstützt wird, sondern eine große Anzahl lange lebender Ruheständler wird von einer immer kleiner werdenden Gruppe junger Einkommensempfänger unterstützt. Für die Rente einer Person, die 1935 in den USA in Pension ging, kamen mehr als vierzig Beschäftigte auf. Um 1950 war der Anteil auf siebzehn zurückgegangen. Bei denjenigen, die 1990 in Pension gingen, betrug das Verhältnis noch 3,4 zu 1. Im Jahre 2000 wird es vielleicht schon unter 2 zu 1 gesunken sein.[18]

Das ist nun gewiß ein »Problem« großen Ausmaßes, wenn man es als eine Schwierigkeit auffaßt, mit der der Staat »zurechtkommen« muß. Doch wenn man es vom Standpunkt der erfinderischen Politik ansieht, ist es zugleich eine bedeutende Chance für positive Umgestaltungen. In den meisten industrialisierten Ländern sind die Jungen heute im Durchschnitt ärmer als die älteren Gruppen und haben weniger rosige Zukunftsaussichten als diese. In je höherem Maße das Älterwerden nicht als direkte Ursache von Entbehrungen, sondern als Ermöglichung neuer Lebenschancen angesehen wird, desto mehr muß die Vorstellung, wonach die Sozialfürsorge in direkter Beziehung zum Alter stehen soll, in Frage gestellt werden.

Maßnahmen einer erfinderischen Politik für ältere Menschen werden nicht unbedingt die Lebensdauer verlängern, doch sie werden diese Menschen gewiß nicht mehr nur als Ursache der gegenwärtigen Schwierigkeiten des Sozialstaats ansehen, sondern als Personen, die ihrerseits zur Lösung dieser Probleme beitragen.

17 Ken Dychtwald, *Age Wave*, Los Angeles: Tarcher, 1988, S. 35.
18 Ebd., S. 68.

Selbst wenn man nur aufs Materielle schaut, nimmt die Armut der Älteren im Verhältnis zu anderen Gruppen ab. 1979 betrug der Anteil der über Fünfundsechzigjährigen am ärmsten Bevölkerungszehntel in Großbritannien 36 Prozent; 1990 war dieser Anteil auf 22 Prozent gesunken. Bei den Kindern (unter sechzehn) geht der Trend in die umgekehrte Richtung. 1979 betrug der Anteil der Kinder in Haushalten mit unterdurchschnittlichem Einkommen auf die Gesamtbevölkerung bezogen 10 Prozent; 1990 belief sich dieser Anteil bereits auf mehr als 30 Prozent.

Als die Altersgrenze der fünfundsechzig Jahre »erfunden« wurde, stellte man die Lebensstadien noch als Stufenfolge dar, als einen »linearen Lebensplan«, der als Schicksal hingenommen werden mußte: »Um es unkompliziert zu formulieren: zuerst wurde gelernt, dann wurde gearbeitet (in der Familie und im Beruf), anschließend starb man. [...] Ehe man zwanzig war, sollte man wissen, ›was man – für den Rest des Lebens – werden wollte‹. Falls man zufällig eine unverheiratete Frau über dreißig war, war man praktisch eine alte Jungfer. Wenn man sich für einen Ehepartner entschied, galt das ›bis daß der Tod euch scheidet‹. In den Dreißigern und Vierzigern wurden die Kinder großgezogen. Falls man die Fünfziger und Sechziger erreichte, erfüllte man Großelternaufgaben. [...] Der Weg von der Kindheit zum Alter verlief linear. Er ging in eine einzige Richtung, es gab wenig Spielraum für Zaudern, Umwege, Experimente oder eine zweite Chance. Dieser lineare Lebensplan wurde von den Kräften der Tradition getragen.«[19]

Der Ausdruck »zweite Chance« resümiert eine ganze Menge, und zwar nicht nur im Hinblick auf die neuen Möglichkeiten – ebenso wie Ängste und Entbehrungen –, die mit dem Älterwerden einhergehen, sondern auch mit Bezug auf Familie, Geschlecht und Arbeit. Sofern man das Wort »zweite« sozusagen pluralisch auffaßt, muß eine *Politik der zweiten Chancen* einen maßgeblichen Aspekt der Neukonzeption von Wohlfahrt in jedem dieser institutionellen Bereiche ausmachen.

Die längere Lebensdauer hat wichtige und unmittelbare Folgen, die sich auf die übrigen drei Bereiche der Diamantenstruktur auswirken. Neue Beziehungen und mögliche Spaltungen zwischen

19 Ebd., S. 90f.

den Generationen betreffen die Familie ebensosehr wie die Veränderungen, die die zweifellos dennoch fundamentalen Gebiete der Ehe und der Sexualität beeinflussen. Bei fortschreitender Enttraditionalisierung im Bereich des Familienlebens entstehen nicht nur durch Scheidung und Wiederverheiratung neu zusammengesetzte Familien, sondern diese kommen auch durch neuartige Verbindungen zustande, die die Generationen übergreifen. Was womöglich bloß wie ein Zerfallsprozeß aussieht, der sozialstaatliche Probleme aufwirft, ist vom Standpunkt der erfinderischen Politik wieder ein Feld, das nur so schwirrt von Möglichkeiten zur Neugestaltung der Familiensolidarität. Heute kommt es vor, daß vier oder sogar fünf Generationen zur gleichen Zeit leben, und vieles spricht dafür, daß aus dieser historisch beispiellosen Situation neue Formen der Bindung zwischen den Generationen hervorgehen.[20]

Alle derartigen Bindungen werden ebenso wie die innerhalb der Kernfamilie immer weniger durch Blutsverwandtschaft bestimmt und – wie weiter oben analysiert – immer stärker ausgehandelt. Die Kernfamilie bedeutet jedenfalls nicht mehr das gleiche wie zu der Zeit, da man sie noch im Kontext der aufeinanderfolgenden Generationen begriff. Generationen kreuzende oder überspringende Beziehungen sind jetzt schon weit häufiger als früher. Das Verhältnis zwischen Eltern und Kindern ändert sich oft, wenn es im Laufe der Zeit zu einer Beziehung zwischen Erwachsenen wird. Schon recht häufig kommt es z.B. vor, daß Tochter und Mutter über vierzig oder mehr Jahre zusammenleben. Das herkömmliche Verhältnis zwischen Eltern und Kindern bleibt dabei vielleicht nicht einmal zwanzig Jahre lang bestehen.

Bei all dem spielt die von der Enttraditionalisierung betroffene und – zum ersten Mal – in die Defensive gedrängte Männlichkeit eine Schlüsselrolle. Die Grundfrage lautet hier nicht, ob die Männer in der Lage sein werden, unbegrenzt an ihren wirtschaftlichen Privilegien festzuhalten, sondern ob es ihnen gelingt, mit Männlichkeitsidealen zu brechen, die an Leistung im Bereich der Öffentlichkeit, der Berufstätigkeit oder sonstigen Tätigkeiten gebunden sind. Derzeit kommt es nämlich zu einer Kollision zwischen

20 Ulrich Beck/Elisabeth Beck-Gernsheim, *Das ganz normale Chaos der Liebe*, Frankfurt: Suhrkamp, 1990.

der vor allem von Frauen betriebenen »Revolution der Gefühle« und einem widerspenstigen männlichen Geschlechtsbegriff, und dieser Zusammenstoß ist, wie ich weiter unten zu zeigen versuche, ein Hauptgrund für Gewaltausbrüche. Negativ gesehen, besteht eine der Konsequenzen darin, daß die Familie zu einer Vielfalt instabiler oder kurzfristiger sozialer Arrangements entartet, die die »normale« Entwicklung der Kinder gefährden und dazu führen, daß die Anzahl der »zerrütteten Elternhäuser« zunimmt. Der Staat ist sodann genötigt, die Scherben aufzulesen – oder vielleicht war gerade er es, der das Problem überhaupt erst geschaffen hat. Zur gleichen Zeit werden die Frauen dadurch, daß sie ihre überkommenen Geschlechtsrollen in Frage stellen, dazu veranlaßt, sich in immer größerer Anzahl auf einen bereits überfüllten Arbeitsmarkt zu begeben. Sie werden abhängig, wenn auch nicht von einem Ernährer, so doch von einem Arbeitsmarkt, der einfach nicht mehr imstande ist, für sie oder für die Männer genügend Arbeitsplätze zu schaffen.

Auf der Rechten heißt es: Schafft den Mindestlohn ab und verschafft dem Arbeitsmarkt seine nötige Flexibilität – eine Einstellung, die vielleicht einhergeht mit der Forderung nach Rückkehr zu den traditionellen Werten der »Familie«. Die Linke erwidert: Stärkt den Sozialstaat und erhöht die Steuern, damit alle versorgt werden können – so lautete jedenfalls die Parole, bis diese Haltung bei den Wählern nicht mehr durchweg ankam. Beide Ansätze tragen jedoch nicht den Veränderungen Rechnung, die in den letzten Jahrzehnten die Gesellschaftsordnung verändert haben und jetzt neue Chancen bieten, sofern die üblichen Sozialstaatsdebatten anders geführt werden.

VII

Positive Wohlfahrt, Armut und Lebenswerte

In seiner bestehenden Form kann der Sozialstaat nicht überleben, wenn er es dennoch tut, wird er wahrscheinlich ausgehöhlt oder eingeschränkt, und zwar sogar von Regierungen, die die ihm zugrundeliegenden Prinzipien voll und ganz unterstützen. Die Alternative, die sich im Rahmen des utopischen Realismus durchaus umsetzen ließe, ist die Förderung von Tendenzen, die die Entstehung einer Nachknappheitsordnung begünstigen. Zur Erkundung der Parameter einer solchen Ordnung kann der philosophische Konservatismus Erhebliches beitragen, insbesondere wenn er mit den Belangen einer erfinderisch aufgefaßten Politik der Lebensführung in einen Zusammenhang gebracht wird. Die Nachknappheitsgesellschaft ist kein Nationalstaat, sondern eine durch und durch auf Globalisierung angelegte Gesellschaft, die die hergestellte Unsicherheit berücksichtigt und, allgemeiner gesprochen, die Grenzen der Moderne im Sinne einer Moderne, die auf Kontrolle bedacht ist sowie auf vom Produktivismus und von der Technologie erbrachte »Lösungen« der Lebensprobleme.

Es bestehen durchaus enge und potentiell fruchtbare Verbindungen zwischen den strukturellen Veränderungen in den Industriegesellschaften und der Forderung nach einer Überprüfung der Werte, die von Kritikern mit ganz unterschiedlichen politischen Überzeugungen erhoben wird. Ein glückliches und befriedigendes Leben führen ist etwas völlig anderes als die Erzeugung von Wohlstand. Lassen sich die beiden näher aneinander rücken? Und falls es tatsächlich gelingt, die beiden miteinander in Einklang zu bringen: Läßt sich das in einer Weise erreichen, die in bestimmten Einzelgesellschaften oder auf globalerer Ebene für mehr Gleichheit sorgt?

Im Gegensatz zu der von Latouche verfochtenen These gibt es keine Alternative *zur* Entwicklung, jedenfalls nicht in den ärmeren Regionen der Welt, sofern »Entwicklung« im Sinne von Wirtschaftswachstum verstanden wird. Dagegen gibt es sicher verschiedene Formen der Entwicklung mit jeweils unterschiedlichen Strategien und Zielsetzungen, und in dieser Hinsicht bestehen wirklich einige wichtige Verbindungen zwischen immanenten Veränderungstrends in den reichen wie in den ärmeren Ländern.

Arbeit, Produktivismus, Produktivität

Verdeutlichen kann man diese Verbindungen durch einen Vergleich zwischen einigen Merkmalen des informellen Sektors und den Eigenschaften einer sich herausbildenden Nachknappheitsordnung. Ein solcher Vergleich ergibt mehrere Hauptbereiche der Ähnlichkeit, die das Wesen und die Rolle der *Arbeit* im Verhältnis zur *sozialen Solidarität* und der *lokalen Tradition* betreffen. Die »andere Gesellschaft«, für die es nach Latouche zukunftsweisende Anzeichen im Leben der ganz Armen gibt, findet Widerhall in einer Welt der Nachknappheit, in der sie vielleicht auch konkrete Gestalt anzunehmen beginnt. Man könnte nicht sagen, daß die eine »vor« und die andere »nach« der Moderne kommt, sondern beide dienen der partiellen Instandsetzung und Wiederherstellung von Lebensweisen, die von modernen Institutionen im wesentlichen vernichtet oder unterdrückt werden.

Der Produktivismus ist ein Ethos, in dessen Rahmen die Arbeit eine hervorstechende und zentrale Rolle spielt: die Arbeit bringt die Vorrangstellung zum Ausdruck, welche die »industria« im Sinne der rührigen Betriebsamkeit in der modernen Gesellschaft einnimmt. Max Weber hat freilich schon vor langer Zeit dargetan, wie ungewöhnlich die für die moderne Ordnung kennzeichnende Einstellung zur Arbeit ist, wenn man es historisch betrachtet, und zugleich hat er einige der ausschlaggebenden kulturellen Ursachen des Produktivismus aufgezeigt. Im Anschluß an Weber kann man den Produktivismus als ein Ethos ansehen, bei dem die »Arbeit« im Sinne bezahlter Berufstätigkeit klar von anderen Lebensbereichen abgetrennt ist. Die Arbeit wird zur Bannerträgerin des moralischen Sinns: von ihr hängt es ab, ob sich der einzelne als nützlich oder sozial geschätzt empfindet, wobei die Arbeitsmotivation als etwas Autonomes gilt. Warum man arbeiten möchte oder sich zur Arbeit gedrängt fühlt, wird durch Bezugnahme auf das Wesen der

Arbeit selbst definiert – das Bedürfnis nach Arbeit hat seine eigene innere Dynamik.

In einer der Enttraditionalisierung ausgesetzten Gesellschaft ist die Zwanghaftigkeit, wie man wohl sagen darf, die Hauptfeindin des Glücks. Das ist eine Gesellschaft mit der Tendenz zur Auslösung von *Süchten*, wobei unter Sucht eine emotionale oder motivationale Kraft zu verstehen ist, deren das Individuum nicht Herr zu werden vermag. Sinn hat der Suchtbegriff eigentlich nur in einer posttraditionalen Ordnung. In einer traditionalen Kultur ist es völlig vernünftig anzunehmen, daß das, was man gestern tat, einen Leitfaden abgibt für das heutige und das morgige Handeln, einerlei, wie schnell sich die Traditionen ändern mögen. Die Tradition liefert einen sittlichen und interpretativen Rahmen, der die Emotionen in ein bestimmtes Repertoire von Lebenspraktiken übersetzt. Die Sucht dagegen kennzeichnet den Einfluß einer Vergangenheit, deren treibende Kraft keine rationale Grundlage kennt außer ihr selbst.[1]

Weber hat gezeigt, daß die Arbeit einer der ersten Bereiche des sozialen Lebens war, in denen die Enttraditionalisierung einsetzte, und zugleich diagnostizierte er das Zwanghafte daran. Die meisten vormodernen Gesellschaften kannten, wie es scheint, gar kein Wort für »Arbeit«, was vermutlich auch daran lag, daß sich die Arbeit nicht ohne weiteres von sonstigen Tätigkeiten unterscheiden ließ. Außerdem war die Arbeit, insoweit sie doch als abgrenzbare Beschäftigung anerkannt wurde, keine Tätigkeit, die eine spezifisch männliche Rolle definierte.

Man hat viel Wesens gemacht um Webers Erörterung des Puritanismus, und es mag durchaus sein, daß ein »asketischer Puritanismus« dieser Art der erste Antrieb gewesen ist, der zur Bildung der ökonomischen Institutionen der Frühmoderne beigetragen hat. Die moderne Zivilisation basierte nach Weber auf Selbstverleugnung und der Unterdrückung von Bedürfnissen. Hier ist jeder ein weltlicher Puritaner. Wer sich jedoch strikt an diese These hält, wird Schwierigkeiten haben, sobald es darum geht, die Ausbreitung des Konsumerismus zu erklären, der ja beinahe das genaue Gegenteil von Selbstdisziplin und Genügsamkeit zu sein scheint.

---

1 Giddens, »Leben in einer posttraditionalen Gesellschaft«.

Die These Webers ließe sich auch in ganz anderer Weise umdeuten: Die Tendenz zur Akkumulation, die von den Unternehmern der Frühzeit an den Tag gelegt wurde und die sich dann über die ganze Gesellschaft ausbreitete, hat, wie man sagen darf, etwas Obsessives. Sobald der Puritanismus wegfällt, wird diese Tendenz von ihrer eigenen inneren Logik getrieben. Diese Logik beruht nicht auf Selbstverleugnung, sondern auf den Kontrollbestrebungen der Moderne. Dort, wo die Arbeit etwas Autonomes geworden ist, werden die meisten Formen der sittlichen Erfahrung, von denen das menschliche Dasein einst mit der Tradition und der unabhängigen Natur verknüpft wurde, durch den Produktivismus an den Rand des sozialen Lebens gedrängt.

Da die Arbeit hauptsächlich im Hinblick auf eine männliche Rolle definiert ist, wird das Interesse für Gefühle, Betreuung und Verantwortung tendenziell auf die Frauen abgewälzt.[2] Die Frauen werden sozusagen zu Hüterinnen eines Großteils des sittlichen Gewebes des sozialen Lebens, das früher sehr viel inniger mit umfassenderen traditionellen Formen verflochten gewesen war. Die Autonomisierung der Arbeit im Rahmen der einfachen Modernisierung stand daher in enger Beziehung zu einer Umbildung der Trennungen im Geschlechterverhältnis und zu einer Umgestaltung der Familie. Die Frauen wurden zu »Spezialistinnen der Liebe«, während die Männer die Verbindung verloren zu den emotionalen Ursprüngen einer Gesellschaft, in der die Arbeit als Götze verehrt wurde. Da die »Liebesmühe« der Frauen in die Privatsphäre verbannt war, schien sie von geringer Bedeutung zu sein, erlangte aber dennoch die gleiche Bedeutung für den Produktivismus wie die Autonomie der Arbeit selbst. Der Produktivismus – diese »industria«, die den Reichtum der Nationen schuf – setzte eine »Schattenwirtschaft« voraus, in der rein ökonomische Werte im Grunde geringgeschätzt und abgelehnt wurden.

Im informellen Sektor der Gesellschaften des Südens bleibt diese Schattenwirtschaft normalerweise mit patriarchalischen Familienverhältnissen verquickt. Arbeit und familiale Interaktion haben die Tendenz zur Vermischung. In anderen Hinsichten bilden sich jedoch nach und nach Ähnlichkeiten heraus zwischen

2 Carol Gilligan, *In a Different Voice*, Neuaufl. Harvard University Press, 1993. Dt. Übersetzung: *Die andere Stimme*, München: Piper, 1993[4].

dem informellen Sektor und der Nachknappheitsordnung. In der Nachknappheitsgesellschaft beginnt sich der Produktivismus aufzulösen; außerdem wird er aktiv bekämpft. Dafür gibt es mehrere Gründe. In einer Gesellschaft mit ausgeprägter Reflexivität kann eine zwanghafte Einstellung zur Arbeit nicht ohne weiteres hingenommen werden, denn es besteht die Forderung, Motive offen zu erörtern. Der massenhafte Einzug der Frauen in den Markt der Lohnarbeit führt in Verbindung mit der Wirkung des Feminismus zur Zerstörung der infrastrukturellen Bedingungen, die allein dafür sorgten, daß die zwanghafte Arbeitsgesinnung erträglich war. Die Frauen kämpfen für Gleichberechtigung in der Öffentlichkeit und ringen um die Gestaltung eines »öffentlichen Ich«; und während sich die Frauen allmählich weigern, die emotional befrachteten Aufgaben zu erfüllen, auf denen die Autonomie der Arbeit beruhte, sind die Männer in immer höherem Maße gezwungen, sich ihrem eigenen »verborgenen Ich« zu stellen.

Als vorherrschendes Ethos ist die Vorstellung von der Autonomie der Arbeit auch heute noch lebendig, und sie definiert, was die Erfahrung der Arbeitslosigkeit bedeutet. Zur gleichen Zeit zeichnen sich ganz klare Gegentrends ab. Der Zusammenbruch des typisch männlichen Arbeitsmusters ist wahrscheinlicher als der umfassende Einstieg der Frauen in Beschäftigungen männlichen Stils. Die Gesamtzahl der bezahlten Arbeitsstunden der Männer ist in den letzten fünfzig Jahren um die Hälfte gesunken. Bislang sehen die meisten Männer zwar noch ein vollständiges Berufsleben voraus oder rechnen mit einem Leben ganztätiger Arbeit, aber selbst wenn sie es eifrig wünschen, wird sich diese Erwartung für viele als unrealistisch erweisen. Das eng mit dem Sozialstaat verknüpfte Ziel der Vollbeschäftigung hat heute nicht mehr viel Sinn. Die Fragen lauten jetzt anders: Beschäftigung unter welchen Bedingungen? Und in welchem Verhältnis sollte die Arbeit zu den übrigen Lebenswerten stehen?

Ebendies sind die Fragen, die der informelle Sektor in den sich industrialisierenden Ländern (in geringerem Maße auch in den industrialisierten Ländern) gewissermaßen schon »beantwortet« hat. Die Unterscheidung zwischen Arbeit, die einen unmittelbaren wirtschaftlichen Ertrag bringt, und Arbeit, die mit anderen Zielsetzungen angepackt wird, verschwimmt hier. Die Menschen haben Fühlung mit umfassenderen Problemen ihres sittlichen Lebens, die jetzt auch in modernen Gesellschaften offen sichtbar werden.

Eine Gesellschaft, die sich vom Produktivismus entfernt, nimmt nicht unbedingt Abstand von der Wertschöpfung. Das gilt vermutlich für den informellen Sektor ebenso wie für die Nachknappheitsordnung. Hier sollten wir einen deutlichen Unterschied machen zwischen *Produktivismus* und *Produktivität*. Verminderungen der mit Berufsarbeit verbrachten Zeit und Veränderungen der Familienmuster wirken emanzipatorisch, sofern sie vom Produktivismus abgehen und zur Produktivität hinführen. Heutzutage behindert der Produktivismus die Produktivität. Wenn man die beiden auseinanderhält, hilft das erkennen, warum eine Nachknappheitswirtschaft nicht unbedingt eine wachstumslose Wirtschaft zu sein braucht.

Es ist die gesteigerte Produktivität, die zur Verkürzung des Arbeitstags geführt hat. In diesem Sinne bedeutet Produktivität den Ertrag, der durch den Einsatz von *Zeit* erzielt wird, sei es in der Form von Lohnarbeit oder Kapital. Die Produktivität der Arbeitskraft ist für die Arbeitgeber stets von vorrangigem Interesse gewesen, wie der Vertrag zwischen Arbeiter und Kapitalgeber zeigt. Aus diesem Interesse ist der Taylorismus hervorgegangen, also die Anwendung der »wissenschaftlichen Betriebsführung« auf die Gestaltung des Arbeitsplatzes, so daß zu einer bestimmten Zeit der Eindruck erweckt wurde, mit Hilfe dieses Verfahrens sollte die Produktivität durch »Mechanisierung des Arbeiters« maximiert werden. Die in dieser Weise herbeigeführte Produktivitätssteigerung hat sich historisch als ebenso begrenzt erwiesen wie die zentral geplante Wirtschaftsform. Obwohl der Taylorismus keineswegs von der Bildfläche verschwunden ist, hat sich dennoch klar herausgestellt, daß die Produktivität heute eng mit der Selbständigkeit und Flexibilität der Produktionssysteme verbunden ist.

Die Produktivität des Kapitals und der materiellen Ressourcen ist jedoch ebenso wichtig wie die Produktivität der Arbeitskraft und ist lange vernachlässigt worden. Die meisten Wirtschaftswissenschaftler, die orthodoxen wie die eher radikalen, sind lange davon ausgegangen, daß Geldkapital produktiv ist, sobald es investiert wird. Aber gerade die Erfahrung mit den zentral geplanten Wirtschaftssystemen hat gezeigt, daß der Ertrag investierten Kapitals enorm variiert, egal, ob man es länger- oder kürzerfristig betrachtet. Die gleiche Erfahrung lehrt auch, daß die Produktivität der Ressourcen (wie etwa Grund und Boden oder Bodenschätze) keineswegs schon mit diesen Ressourcen selbst gegeben ist.

Die Produktivität des Kapitals hängt, ebenso wie die Produktivität der Arbeit, nicht nur von wirtschaftlichen Bedingungen ab. In keinem dieser Fälle läßt sich die Produktivität in rein ökonomischen Begriffen definieren. Der Grundfehler des Neoliberalismus liegt darin, daß er beide nur im Verhältnis zu den Marktgegebenheiten und der Marktkonkurrenz sieht. Beide sind organisationsbedingt und sprechen unter den derzeitigen Verhältnissen darauf an, wenn Autonomie und von unten nach oben ausgerichtete Entscheidungsverfahren eingeführt werden. Die »Produktivität« läßt sich nur dort in ausschließlich ökonomischer Weise messen, wo die Arbeit autonom ist und kein Gedanke auf die Erneuerung der materiellen Ressourcen vergeudet wird. In einer Nachknappheitsökonomie erlangen soziale Produktivitätsindikatoren neben den wirtschaftlichen Indikatoren grundlegende Bedeutung.

Ob die »schlanke« Produktionsweise, also das zuerst in Japan eingeführte Produktionssystem, mehr oder weniger allgemein umgesetzt werden kann, ist nicht klar.[3] Doch die schlanke Produktionsweise besitzt einige Merkmale, die für meine Erörterung dieses Themas hochinteressant sind. Daß sie zumindest in bestimmten Schlüsselindustrien die Produktivität beeinflußt, steht zweifellos fest, denn es gibt z. B. im Automobilbau eine gewaltige Produktivitätsdifferenz zwischen japanischen und europäischen Firmen.[4]

Die schlanke Produktionsweise hat mit dem leistungsfähigen Einsatz der Zeit zu tun, ohne die Zeit jedoch im Sinne eines Kalküls der kommodifizierten Arbeit als etwas aufzufassen, was nicht verschwendet werden darf. Vielmehr wird der Wert der Zeit im

3 Von großem Nutzen waren mir in bezug auf diese Thematik persönliche Mitteilungen von Peter McCullen. Danken möchte ich ihm dafür, daß er mir einige Schlüsselprobleme hinsichtlich der Beschaffenheit der »lean production« erläutert hat.
4 W. Womak u. a., *The Machine that Changed the World*, New York: Free Press, 1990.

Verhältnis zur Zusammenarbeit und zur eingebürgerten Partner-schaft zwischen Endfertigung und Lieferanten begriffen. Die schlanke Produktionsweise gebraucht weniger von allem (auch weniger unmittelbare Arbeitszeit) als sonstige Produktionssy-steme, doch dabei verfährt sie im Rahmen eines reichhaltigen sozialen Kontexts und als Bestandteil langfristiger Investitions-prozesse. Von vielen Autoren ist gesagt worden, schlanke Produk-tionsmethoden ließen sich nur dann nutzbringend in nichtöstliche Länder einführen, wenn sich der Westen auch in allgemeinerer Hinsicht östliche Werte zu eigen machte. Das betrifft, um ein we-nig aufs folgende Kapitel vorzugreifen, eine Auffassung, wonach die Natur nicht instrumentell behandelt werden darf, sondern in Einklang steht mit den Menschen; eine Haltung des Zutrauens zum eigenen Ich; eine holistische Einstellung zum Selbst und zum Körper. Doch in einer Welt, die es nicht auf Produktivismus, son-dern auf Produktivität abgesehen hat, kommt es, wie ich weiter unten zu zeigen versuche, nicht auf eine Verpflanzung östlicher Werte an, die mit verpflanzten Industrien verbunden sein soll, son-dern es geht um die Wiederherstellung einer Reihe vom produkti-vistischen System zermalmter ethischer Belange.

Wenn Produktivität soviel wie Produktivismus bedeutet, sind die Assoziationen unerfreulich. Wird die Produktivität aus diesem Zusammenhang gelöst, besteht kein Grund, warum sie in einer Nachknappheitsordnung nicht auf außerwirtschaftliche Bereiche übertragen werden sollte. Produktivität steht im Gegensatz zu Zwanghaftigkeit und Abhängigkeit, und zwar nicht nur auf dem Gebiet der Arbeit, sondern auch in anderen Bereichen einschließ-lich des persönlichen Lebens. Zwischen Autonomie und Produk-tivität besteht eine enge Verbindung. Ein produktives Leben ist ein gut geführtes Leben, in dem der einzelne aber auch als unabhängi-ges Wesen mit ausgeprägter Selbstachtung in ein Verhältnis zu anderen treten kann.

Vom Sozialstaat zur positiven Wohlfahrt

An diesem Punkt möchte ich meine oben bereits formulierte These wiederholen: Die derzeitigen Probleme des Sozialstaats sollten weder als finanzielle Krise gesehen werden noch ergeben sie sich daraus, daß die westlichen Gesellschaften auf den Weltmärkten heftiger als bisher konkurrieren müßten, sondern bei dieser Krise geht es um die Bewältigung von Risiken. Was folgt daraus, wenn man die soeben analysierten sozialen und strukturellen Spannungen berücksichtigt?

Legen wir die Annahme zugrunde, das Ziel einer guten Regierung solle darin bestehen, das Streben nach Glück zu fördern, und sowohl die individuelle als auch die soziale »Wohlfahrt« sollten dementsprechend definiert werden. Gehen wir ferner davon aus, daß (seelische und körperliche) Sicherheit, Selbstachtung und die Chance zur Selbstverwirklichung samt Liebesfähigkeit das Glück begünstigen. Der Gedanke, daß die Menschen vor allen Dingen nach Glück streben, geht zumindest bis auf Aristoteles zurück. Doch zugleich könnte man das als verallgemeinerungsfähigen Wert verstandene Glücksstreben als eine Eigenschaft ansehen, die namentlich die Moderne auszeichnet. Durch die »tugendhafte Seelentätigkeit« des Aristoteles wird das Glück mit den attraktiven Seiten der eingebürgerten Tradition in Verbindung gebracht, während Glück als Mittel und Ziel der Emanzipation sich erst sehr viel später herausgebildet hat. Das ist ein Glück, das zwar erst in der Moderne entstand, aber auch durch ebendie Entwicklungskräfte unterdrückt wird, die von den modernen Institutionen auf die Welt losgelassen worden sind.

In verallgemeinerter Form ist das Glück kein für die anderen bedrohlicher Zustand und läuft auch der sozialen Solidarität nicht zuwider. Außerdem ist das Glück, zumindest unter modernen Lebensbedingungen, notwendig ein aktives Streben, jedenfalls wenn es im Sinne der obigen Definition aufgefaßt wird. »Glück«, schreibt einer der bekanntesten Forscher, die sich mit diesem Thema befaßt haben, »ist nicht etwas, was passiert«. Es verdankt sich nicht »der Gunst der Fortuna oder des Zufalls«. Das Glück »ist nicht abhängig von äußeren Ereignissen, sondern von unserer Interpretation dieser Ereignisse«. Es ist »ein Zustand, der vorbereitet, kultiviert werden muß«. Es beruht nicht darauf, daß man die äußere Welt beherrscht, sondern darauf, daß man sein Innenleben in den Griff bekommt. »Wer die innere Erfahrung beherrschen lernt, wird imstande sein, die Qualität des eigenen Lebens zu bestimmen, und das ist die weitestgehende Annäherung ans Glück, die uns zu Gebote steht.«[5]

Diese Gedanken sollte man neben die folgenden Aussagen stellen: »Wir brauchen nicht Opfer zu bleiben. Die Gegenwart ist der Ort der Macht. In der Gegenwart können wir uns stets dazu entschließen, unsere negativen Überzeugungen zu ändern.[...] Mein Körper, meine Gesundheit, meine Beziehungen, meine Berufstätigkeit, meine finanzielle Situation – ja alles im Leben – spiegelt das Gespräch in meinem eigenen Inneren. [...] Alle unsere Erfahrungen entstehen aus dem inneren Dialog. Darum werden wir, wenn wir unsere Gedanken ändern, auch andere Gefühle und andere Erlebnisse haben.«[6] Was könnte sich weiter entfernen von den Auseinandersetzungen um den Sozialstaat, die doch ein völlig anderes Ethos heraufbeschwören? Äußerungen wie die eben zitierten sind wahrscheinlich besonders Linken ein Greuel. Denn seit Marx die Religion das Gemüt einer herzlosen Welt nannte, haben die Linken dazu geneigt, die materiellen Bedingungen als den beherrschenden Einfluß auf die Qualität des dem einzelnen möglichen Lebens zu betonen. Die Macht, sagen sie gern, sei etwas Objektives, das die realen Umstände des sozialen Lebens strukturiere. Welchen Sinn mache es daher, von der Gegenwart als dem »Ort der Macht« zu sprechen, wenn der Betreffende in Armut lebe und ein Leben führe, das nichts weiter sei als Plackerei? Innere Erfahrung, innerer Dialog – dergleichen könne für einen solchen Menschen nur einen faden Ersatz für die eigentliche, die materielle Emanzipation bedeuten. Wer bei sozialen Reformmaßnahmen einen solchen Weg einschlage, werde sich letzten Endes wahrscheinlich schlicht mit den Ungleichheiten und Entbehrungen des Status quo abfinden.

Dennoch darf getrost nochmals unterstrichen werden, daß das Glück ebenso wie sein Gegenteil in keinem eindeutigen Verhältnis zum Reichtum oder zum Besitz der Macht steht. In Italien hat eine Forschungsgruppe Tiefen-Interviews mit jenen Menschen geführt, die der Linken zur Zeit die größten Sorgen bereiten und auf

---

5 Mihaly Csikszentmihalyi, *Flow: The Psychology of Happiness*, London: Rider, 1992, S. 2.
6 Nancy Corbett, *Inner Cleansing: Living Clean in a Polluted World*, Bridport: Prism, 1993, S. 150f.

der Rechten die schlimmsten Befürchtungen auslösen, nämlich mit Obdachlosen oder »Stadtstreichern«. Dabei sind die Forscher auf eine Vielzahl von Belegen für die von Latouche erwähnten »Schrecken« gestoßen, auf Menschen, die die Hoffnung preisgegeben oder sich für ein Leben der Gewalt, der Drogen und des Verbrechens entschieden haben. Doch zugleich waren sie überrascht, wie vielen es gelungen war, trostlosen Lebensbedingungen befriedigende und sogar bereichernde Erfahrungen abzugewinnen. Einer der Befragten, ein Ägypter, der die Nacht in den Parkanlagen von Mailand verbringt, besorgt sich das Essen von der Fürsorge und verrichtet Gelegenheitsarbeit, wenn er welche findet. Er beschreibt sein Leben als eine Odyssee: »Nach dem Krieg von 1967 beschloß ich, Ägypten zu verlassen und per Anhalter nach Europa aufzubrechen. [...] Dabei habe ich manches durchstehen müssen. Mein Weg führte mich durch den Libanon und den dortigen Krieg, durch Syrien, Jordanien, die Türkei und Jugoslawien, ehe ich hierherkam. [...] Das war ein Abenteuer, das bis jetzt zwanzig Jahre gedauert hat, doch so wird es für den Rest meines Lebens weitergehen. [...] Wenn der Löwe eine Schar Gazellen hetzt, kann er jedesmal nur eine von ihnen zu fassen bekommen. Ich versuche mich auch so zu verhalten, und nicht wie die Leute im Westen, die sich verrückt machen mit ihrer Arbeit, obwohl sie auch nicht mehr essen können als ihr täglich Brot.«[7]

Wohlfahrt in der Nachknappheitsgesellschaft

Wie wäre eine Neuorganisation der Sozialsysteme in einer Nachknappheitsordnung möglich? Die folgenden Überlegungen können den Rahmen für eine Beantwortung dieser Frage liefern. Diese Systeme müßten: davon abgehen, die »vorsorgende Nachsorge« als Hauptmittel der Risikobewältigung anzuwenden; über den Produktivismus hinausreichende Lebensbelange einbeziehen; eine Politik der zweiten Chancen entwickeln; eine Reihe sozialer Abmachungen oder Verträge formulieren, die nicht nur das Verhältnis zwischen den Klassen, sondern auch das zwischen weiteren Bevölkerungsgruppen oder -kategorien betreffen; die sogenannte

7 Zitiert in: Csikszentmihalyi, *Flow*, S. 196f.

»erfinderische« Auffassung der Gleichheit in den Mittelpunkt der Bemühungen rücken. Diese Liste klingt beeindruckend, aber schon allein dieser Umstand verdeutlicht, wie schwach die Position derjenigen ist, die die Verteidigung des Sozialstaats zum Kernstück ihrer politischen Einstellung machen.

Vorsorgende Nachsorge bedeutet nicht nur, daß man sich mit Situationen und Ereignissen erst auseinandersetzt, nachdem sie eingetreten sind, sondern ist auch eng verknüpft mit der versicherungsstatistischen Einstellung, die annimmt, die Zukunft lasse sich prinzipiell vorhersagen. Die soziale Reflexivität führt in Verbindung mit der hergestellten Unsicherheit zur Entkräftung beider Annahmen, eröffnet aber zur gleichen Zeit neue Chancen.

Als Beispiel wollen wir nochmals die Stellung der älteren Menschen betrachten. Vom Standpunkt einer erfinderischen Politik ist es wichtig, Bedingungen zu schaffen, die die Begabungen und Fertigkeiten älterer Menschen zu nutzen erlauben und unter denen der »Ruhestand« nicht nach dem Modell »alles oder nichts« organisiert wird. Die Zwangspensionierung bei Erreichung eines festgesetzten Rentenalters wirkt zwar vom produktivistischen Standpunkt funktional, weil sie die Menschen vom Arbeitsmarkt entfernt und so zur Verminderung der Arbeitslosigkeit beiträgt, doch in einem Nachknappheitssystem sieht die Situation anders aus. Während die Älteren im allgemeinen weiterarbeiten dürfen, kommt freiwilliges Ausscheiden und der Wiedereintritt in den Arbeitsmarkt in allen Altersgruppen wahrscheinlich immer häufiger vor. Bildungsurlaub, stufenweise Pensionierung und »Ruhestandsproben« sind durchweg Möglichkeiten, die dort gegeben sind, wo der Ruhestand im traditionellen Sinne im Grunde nicht mehr existiert.

Einige ältere Menschen erproben schon bestimmte Lebensformen, die Latouche im Zuge seiner Würdigung des informellen Sektors empfiehlt. Die Mehrzahl der über fünfundsechzigjährigen Männer und Frauen möchte irgendeiner bezahlten Tätigkeit nachgehen, sofern diese nicht zu hart oder zu mechanisch ist. Sie möchten nicht arbeiten, um irgendwie tätig zu sein, sondern wegen der Genugtuung, welche die Arbeit mit sich bringen kann. Außerdem beurteilen sie den Wert der Arbeit im Verhältnis zu sonstigen Lebensinteressen. Für die Alten gilt ebenso wie für alle übrigen Sektoren der Bevölkerung, daß die Formen des sozialen Lebens heute sehr viel weniger als früher »vorgegeben« sind. Nicht nur in der Welt der Arbeit, sondern auch im Bereich der Familienbeziehungen und der Sexualität verhalten sie sich »sozial experimentierfreudig«.

Darin, daß die Alten offenbar jung bleiben wollen, könnte man eine Verleugnung des Todes erblicken. Doch ebensogut ließe sich geltend machen, daß die Unterbringung älterer Menschen in ihrem eigenen »Wohlfahrtsgetto« einen sozialen Mechanismus darstellt, der ebendiese Verleugnung verewigt und zu den generellen Mitteln der sozialen Verdrängungen gehört, durch die Krankheit und Tod dem Blickfeld der Allgemeinheit entzogen werden.[8] Die Politik der Lebensführung des Alters bewirkt eine Wiederentdeckung der Endlichkeit als Daseinshorizont, sieht in der Bejahung der Endlichkeit aber auch ein Mittel zur Steigerung der Freuden und Annehmlichkeiten des Lebens.

Von der abstrakten Philosophie zur prosaischen Frage der Finanzierung: Wie wäre eine Orientierung des Umgangs mit dem Alter entsprechend der Politik der Lebensführung zu bezahlen? Und wer würde dafür aufkommen? Das sind äußerst schwierige Fragen, wenn man von der Voraussetzung ausgeht, daß die Probleme des Sozialstaats in erster Linie fiskalischer Art sind, sofern also das Alter als »externes Problem« gilt, das einer verteilungstechnischen Lösung bedürfe. Bringt man die übrigen Verpflichtungen in Anschlag, die der Sozialstaat erfüllen muß, ist einfach nicht genug Geld vorhanden, um auch weiterhin allgemeine Rentenpläne zu subventionieren, die ansehnliche Leistungen erbringen. Betrachtet man die Sache vom Standpunkt einer erfinderischen Politik, müssen die Grundprobleme der Kosten und der wirtschaftlichen Leistungsfähigkeit zwar immer noch gelöst werden, doch sie würden nicht nur im Hinblick auf Verteilungsfragen oder mögliche Staatsförderung untersucht werden. Die Umgestaltung der Berufsarbeit ist ein Haupterfordernis für eine Gesellschaft, die auf dem Weg vom Produktivismus zur Produktivität ist, und hier werden wahrscheinlich immer mehr Entwicklungen quer zu den unterschiedlichen Altersstufen verlaufen. Mit anderen Worten, auch ältere Menschen sollten als Teil der Wert schöpfen-

8 Giddens, *Modernity and Self-Identity*, 5. Kapitel.

den Sektoren der Gesellschaft angesehen werden und als fähig gelten, einen Beitrag zum Steueraufkommen zu leisten.

Die Absage an den Vorrang der vorsorgenden Nachsorge bedeutet, daß man sich dem Risiko in direkter und engagierter Weise stellt, ohne sich der Hoffnung hinzugeben, einen durch und durch kontrollierten Handlungsrahmen schaffen zu können. Wenn, wie gegenwärtig, Entscheidungen über den Lebensstil äußerst konsequenzenreich für andere sind, im Prinzip sogar für den gesamten Planeten und außerdem die eigene ferne Zukunft betreffen, müssen neue ethische Grundsätze der individuellen und kollektiven Verantwortung formuliert werden. Mit diesen kann man zumeist nur erfinderisch zurechtkommen; der Staat kann lediglich bestrebt sein, für Umstände zu sorgen, die die Entwicklung dieser ethischen Grundsätze begünstigen, wozu auch die Durchsetzung der entsprechenden negativen Sanktionen gehört. Außerdem sind sie in vieler Hinsicht schon aufgrund ihrer Reichweite nicht faßbar für den Staat. Das gilt z. B. für die gesundheitsschädliche Wirkung von einigen Formen der Umweltverschmutzung.

In manchen Situationen kann das Hinausgehen über den Produktivismus bedeuten, daß lokale Traditionen oder Solidaritätsbeziehungen geschützt werden, selbst wenn das zu Konflikten führt mit dem Ziel der Anhebung des materiellen Lebensstandards. Tradition in traditioneller Weise zu verteidigen ist, wie ich in diesem Buch immer wieder betont habe, potentiell gefährlich. Das gleiche gilt auch, wenn die Autonomie der lokalen Gemeinschaft als übergeordneter Wert behandelt wird. Ein anschauliches Beispiel hierfür liefert das Geschick der in den sechziger Jahren in Amerika befürworteten »community control«. Ursprünglich handelte es sich dabei um ein Schlagwort der Linken. Doch wie die Kritiker schon damals darlegten, war »community control« genau das, wofür die Verfechter der Beibehaltung der Rassentrennung im Bildungssystem eintraten, und es war genau das, worüber die Bewohner der wohlhabenden Vororte in weiter Entfernung von den Armen der Innenstädte ohnehin schon verfügten.[9]

Sobald das gesagt ist, darf man auch behaupten, daß Sozialmaßnahmen, die lokale Bindungen und Lebensformen nicht respektie-

9 Nathan Glazer, *The Limits of Social Policy*, Cambridge, Mass.: Harvard University Press, 1988, S. 122.

ren, beinahe ebenso destruktive Folgen haben können wie die Marktkräfte, denen sie entgegenwirken sollen. Wenn Nathan Glazer schreibt, daß »die Schaffung und der Aufbau neuer Traditionen oder neuer Versionen alter Traditionen als Forderung an die Sozialpolitik ernst genommen werden muß«[10], hat er sicher recht. Doch derartige Traditionen sollten in posttraditionaler Weise begriffen werden, als Formen einer konventionellen oder rituellen Praxis, die offen ist für den dialogischen Kontakt mit anderen. Hier wäre zu beachten, was Claude Lévi-Strauss einmal über diese Fragen geschrieben hat. Eine Freiheit, die »auf rationaler Grundlage geplant ist«, kann sich, wie er darlegt, selbst den Boden entziehen. Denn ein solches Verfahren nimmt keine Rücksicht auf »die zahllosen Alltagsbindungen, das Geflecht der privaten Solidaritätsbeziehungen, die den einzelnen davor bewahren, von der Gesellschaft als Ganzer erdrückt zu werden«.[11] Das können freilich, wie Lévi-Strauss meint, »Traditionen und Bräuche sein, deren Wurzeln im dunkeln liegen«. Aber ebensogut kann es sich um innovative Tätigkeiten der von Latouche herausgestrichenen Art handeln.

Die Begünstigung »zahlloser Alltagsbindungen« muß ein Element einer Politik der zweiten Chancen sein. Daß man »noch einmal anfangen« kann, ist eine unumgängliche Komponente des nicht mehr als Schicksal erlebten sozialen Lebens, sei es im Bereich der persönlichen Beziehungen und der Ehe, der Berufstätigkeit oder auf anderen Gebieten. Durch Sozialmaßnahmen können, wie im Fall der alten Menschen, Gettos geschaffen werden, die zum Ausschluß führen: Was wie ein wirtschaftlicher Vorteil aussieht, dient in Wirklichkeit dazu, den einzelnen auf eine soziale Position oder einen Status festzunageln, dem er nicht ohne weiteres entrinnen kann.

Bei der Politik der zweiten Chancen kann es wie bei anderen Aspekten der Politik der Lebensführung nicht nur um materielle Versorgung gehen, sondern sie muß das persönliche Erleben und die Ichidentität in den Brennpunkt rücken. Als Beispiel nehme man die Frage der Arbeitslosigkeit. Die »Arbeitslosigkeit« war,

10 Ebd., S. 8.
11 Claude Lévi-Strauss, »Reflections on Liberty«, *New Statesman*, 26. Mai 1977, S. 387.

ebenso wie der »Ruhestand«, das Kunstprodukt einer Gesellschaft, in der patriarchalisches Verhalten die Norm bildete und Arbeit mit der Beteiligung am Arbeitsmarkt gleichgesetzt wurde. Wird Arbeit nicht mehr im Sinne des Produktivismus definiert, wird die Frage nach dem eigentlichen Wesen der Arbeitslosigkeit überaus komplex. Es hat zwar den Anschein, als stünden der »innere Dialog« und die »persönliche Erfahrung« in überhaupt keinem Zusammenhang mit dem Problem der Arbeitslosigkeit, aber in Wirklichkeit ist das natürlich nicht so. Ohne ein Grundelement der subjektiven Erfahrung kann Arbeitslosigkeit nicht einmal existieren, denn um arbeitslos zu sein, muß man eine bezahlte Tätigkeit haben wollen. Und zwar nicht bloß irgendeine Tätigkeit. Es gibt nämlich praktisch keinen Arbeitslosen, der jede beliebige verfügbare Stelle annähme.

Normalerweise wird nicht beachtet, daß eine Vielzahl älterer Leute, ja wahrscheinlich die Mehrheit dieser Menschen im Grunde arbeitslos ist, wenn man herkömmliche Bestimmungen des Begriffs zugrunde legt. Umfragen deuten darauf hin, daß etwa 40 Prozent der Stellenlosen über fünfundsechzig (darunter 60 Prozent der Männer in dieser Gruppe) gern arbeiten würden, wenn sich eine geeignete Beschäftigung auftreiben ließe. Hier hängt der »Wunsch nach Arbeit« durch den Zwang der Verhältnisse nicht mehr mit dem Produktivismus zusammen. Das gleiche gilt auch für einen hohen Anteil der Hausfrauen, die Kinder großziehen. Sie sagen, sie würden gern arbeiten, wenn das nur irgendwie einzurichten wäre. Der Produktivismus sieht die bezahlte Berufstätigkeit (für Männer) im Mittelpunkt des Lebens; die subtilen Motive und Erfahrungen im Umkreis der »Berufstätigkeit« und der »Arbeitslosigkeit« werden kurzweg abgetan. Es gilt als »natürlicher« Zustand der Männer zwischen Schulabgang und Rentenalter, einen bezahlten Beruf auszuüben. Arbeitslosigkeit wird dann schlicht als Situation definiert, in der das nicht der Fall ist.

Von diesem Standpunkt ist der Begriff der zweiten Chancen so leicht zu definieren, daß er nachgerade uninteressant wirkt. Die Sozialpolitik besteht dann entweder in der Vergrößerung des Arbeitsmarkts, um der Nachfrage zu genügen, oder in der Bezahlung derjenigen, die keine Beschäftigung haben; die zweite Chance besteht darin, daß man die Arbeitslosen auf freien Stellen unterbringt. In einer Gesellschaft, der es mehr um Produktivität als um Produktivismus geht, wird dieser Begriff jedoch sehr viel inhaltsreicher und schließt psychologische oder experimentelle Elemente ein. Eine Politik der zweiten Chancen würde sich dann auf das Problem konzentrieren, in welchem Verhältnis die Arbeitslosigkeit zu sonstigen Aspekten der Erfahrungen und Lebenswerte der einzelnen steht, sofern man verschiedenartige Übergänge zwischen ihren sozialen Verhältnissen oder Veränderungen dieser Verhältnisse in Betracht zieht.

Die unfreiwillige Arbeitslosigkeit hat, wie eine ungewollte Ehescheidung, oft etwas Traumatisches, weil sie nicht nur wirtschaftliche Nachteile verursacht, sondern auch dem Sicherheitsgefühl und der Selbstachtung des Betreffenden schadet. »Die Gegenwart ist der Ort der Macht« – diese These hat im Zusammenhang der allem Anschein nach rein materiellen Umstände der Arbeitslosigkeit durchaus Sinn. Jeder, der die Erfahrung der Arbeitslosigkeit untersucht, stößt beinahe unverzüglich auf die Frage der Ichidentität, einerlei, ob man dabei von der beschränkten Perspektive des Produktivismus ausgeht oder nicht. Wie Arbeitslosigkeit erfahren wird, hängt weitgehend von subjektiven Einstellungen ab, und sie bestimmen auch die Reaktionen darauf. Diese Reaktionen ergeben sich aus Vorstellungen über die Ichidentität und können diese Vorstellungen aufheben oder verändern. Aus der von Bill Jordan und seinen Mitarbeitern durchgeführten Studie über Menschen, die in Großbritannien ein Leben am Rande des Arbeitsmarkts führen, geht deutlich hervor, wie eng die Verknüpfung zwischen Ohnmacht bzw. Stärkegefühl und den jeweiligen Ichbildern ist. Das Zurechtkommen mit der eigenen Identität ist ausschlaggebend dafür, inwieweit das Verhältnis des Betreffenden zur Welt (nämlich ob er »arbeitslos« ist oder nicht) als lähmend empfunden wird oder Chancen der Selbststeigerung oder Selbsterneuerung erzeugt.[12]

Eine Politik der zweiten Chancen würde die materiellen Bedingungen, die dem einzelnen womöglich das Zurechtkommen mit Änderungen seiner Lebensumstände gestatten, natürlich nicht unberücksichtigt lassen. Mindestens ebenso wichtig ist jedoch der Versuch, für Mittel zu sorgen, durch die sich beschädigte Identitäten reparieren und ein starkes Gefühl der Selbstachtung entfalten

12 Bill Jordan u. a., *Trapped in Poverty?*, London: Routledge, 1992.

lassen. An diesem Punkt werden wahrscheinlich zahlreiche Einwände laut. Können die Menschen ihre seelische Einstellung ändern, wenn sie materielle Entbehrungen ertragen müssen und dies nicht aus eigener Kraft verändern können? Kann oder sollte die Regierung die psychischen Zustände der Individuen beeinflussen?

Die Antwort auf diese Fragen lautet: ja, sie können ihre Einstellung ändern – und diese Einflußnahme findet tatsächlich statt. Inwieweit solche Veränderungen möglich sind, hängt weniger von rein materiellen Umständen ab als von Faktoren wie den »Alltagsbindungen«, auf die dabei zurückgegriffen werden kann. So berichtet eine Frau, die im Rahmen der oben genannten Studie befragt wurde, über ihre Bemühungen, aus der Beschränkung der Hausarbeit auszubrechen und wieder Fuß zu fassen in der größeren Welt. Dieser Frau gelang es einesteils deshalb, weil sie sich nicht mehr so intensiv um die Kinder zu kümmern brauchte, und andernteils deshalb, weil sie in der Lage war, sich durch ein Netz befreundeter Menschen helfen zu lassen: »Vor einiger Zeit war das so, daß ich ... daß ich irgendwie aus allem ausbrechen wollte [lacht]. Freilich, nicht aus allem wollte ich ausbrechen. Wollte versuchen, auf eigenen Beinen zu stehen ... Ist doch schön, wenn man weiß, daß einem selbst der Tag gehört, sobald die Kinder am Morgen in die Schule gegangen sind ... Hatte ganz vergessen, wie das [murmelt unverständlich], naja, hatte völlig vergessen, wie das überhaupt ist.«[13]

Sofern gutes Regieren neben anderen Zielsetzungen auch den Zweck der Förderung des Glücksstrebens hat, muß sich die Regierung zweifellos mit den seelischen Zuständen ihrer Bürger befassen, und nicht nur mit dem Niveau ihres materiellen Wohlstands. Hier können viele Faktoren ins Spiel kommen. Maßnahmen, durch die Netzwerke der sozialen Interaktion gestützt oder geschaffen werden, können günstige Voraussetzungen für die psychische Entwicklung liefern; mannigfaltige Selbsthilfegruppen können eine wichtige Rolle spielen; Situationen, die zur Auszehrung der Selbstachtung führen, können energisch aufs Korn genommen werden – und daneben gibt es noch viele weitere Möglichkeiten.

13 Ebd., S. 314f.

Klassenspaltungen und soziale Konflikte

Der Sozialstaatsausgleich der Nachkriegszeit wird normalerweise vor allem mit Bezug auf die Klassensituation interpretiert. Heute wird dieser »Ausgleich« eher durch die Globalisierung der kapitalistischen Wirtschaftsform als durch die Institutionen des Staates hergestellt. Das Wohlverhalten der Arbeiterbewegung ist nicht das Ergebnis der »Institutionalisierung des Klassenkampfs«, sondern der neuen Bedingungen der globalen Wirtschaftskonkurrenz. Der Arbeitsmarkt gerät immer stärker in den Mittelpunkt der durch neue Ausschließungsmechanismen gebrochenen Verhältnisse zwischen den Klassen.

Die Klasse im Sinne eines kollektiven Akteurs hat ihre Rolle teilweise ausgespielt, doch macht sie sich bei anderen sozialen Spaltungen deutlich bemerkbar, die in den Brennpunkt wirklicher und potentieller sozialer Spannungen rücken. Derartige Spannungen beziehen sich vor allem auf die vier Verbindungslinien der oben analysierten Diamantenstruktur. Ihre Fähigkeit zur Aufhebung der sozialen Ordnung ist ebenso bedrohlich wie früher bei Konflikten zwischen den Klassen, zeigt sich allerdings in anderer Weise. Können die Spaltungen zwischen jüngeren und älteren Altersgruppen tatsächlich zu einer Bedrohung des sozialen Gefüges werden? Wie befremdlich diese Aussicht auch wirken mag, möglich ist das durchaus. In den Vereinigten Staaten hat die Interessengemeinschaft der Ruheständler (American Association of Retired Persons) nicht weniger als dreißig Millionen Mitglieder – handelte es sich um ein unabhängiges Land, rangierte diese Gruppe innerhalb der größten Gesellschaften der Welt an dreißigster Stelle. Dieser Verband ist äußerst rührig und hat im Kongreß erstaunliche Erfolge errungen, unter anderem die Abschaffung der altersbezogenen Zwangspensionierung.

Die Macht und der Einfluß der älteren Menschen, die jetzt aus ihrem »Abhängigkeitsghetto« ausbrechen, wird jedoch wahrscheinlich weit hinausreichen über die Wirkungsmöglichkeiten der Interessenverbände. Ihre Bedürfnisse werden wohl nach und nach einige Aspekte der politischen Prioritätenliste beherrschen, und zwar innerhalb wie außerhalb des offiziellen Wahlprozesses. Anders als bei jüngeren Menschen nimmt der Anteil der älteren

Menschen, die bei nationalen wie bei regionalen Wahlen ihre Stimme abgeben, in den meisten westlichen Ländern zu. »Der Riese beginnt eben erst, wach zu werden«, schreibt ein Autor, »es liegt ein Kampf in der Luft, der die Nation zu spalten und die eine Generation gegen die andere aufzubringen droht«.[14]

An der zweiten Seite des Diamanten kann es zu einem Kampf zwischen Eltern und Kindern kommen, der womöglich Ausdruck der eben genannten Spaltungen ist, aber weitere Ursachen hat. Hervorgerufen wird die Kluft zwischen den Generationen auf dieser Ebene vom Tempo des sozialen und technologischen Wandels, der die Erfahrungen der Kinder von denen der Eltern löst, sowie von dem Groll, den die Kinder, die heute über mehr formale Rechte verfügen als früher, wegen unzulänglicher Betreuung durch die Eltern empfinden mögen.

Der Fortschritt auf dem Gebiet der Kinderrechte ist gewiß zu begrüßen und ein gewichtiger Beitrag zum Potential einer emotionalen Demokratie. Das Recht der Kinder auf Scheidung von ihren Eltern hat zwar in mehreren Ländern Aufsehen erregt, steht aber völlig in Einklang mit posttraditionalen Familienbeziehungen. Die Folgen sind wie im Fall der Ehescheidung nicht von der statistischen Ausbreitung abhängig, sondern von den gesellschaftlichen Bedingungen, denn Rechte können neue Solidaritätsbeziehungen schaffen und alte zerstören. Durch einen immer weiter um sich greifenden Kampf der Kinder gegen die Eltern könnten die Sozialstaatsinstitutionen erheblich unter Druck geraten. Nicht nur der Anteil der von Sozialeinrichtungen betreuten Kinder ist in den meisten Industrieländern während der letzten beiden Jahrzehnte gestiegen, sondern auch unter den Obdachlosen finden sich proportional viele Kinder oder Jugendliche.

Die Jugendlichen stellen auch eine große Anzahl der Arbeitslosen. Einige von ihnen gehören zu den sozialen Vorreitern der Jetztzeit, haben ein feines Gespür für die vielfältigen Bedeutungsnuancen der Arbeit und halten sich bewußt vom Arbeitsmarkt fern, um andere Möglichkeiten zu verfolgen. Die große Mehrheit besitzt jedoch einfach keine Chance, eine Stelle zu finden. Werden sie sich zusammen mit anderen Arbeitslosen der berufstätigen Mehrheit entfremden, die dann ihrerseits mittels der Steuerstruk-

14 Dychtwald, *Age Wave*, S. 63.

tur des Staates einen Klassenkampf gegen sie führt? Möglich ist das, sofern der Sozialstaat weiterhin auf das im herkömmlichen Sinne verstandene Ziel der Vollbeschäftigung ausgerichtet bleibt – ein Ideal, dessen Überlebensfähigkeit um so geringer wird, je näher die Nachknappheitsgesellschaft heranrückt.

Unter den hier bezeichneten politischen und wirklichen Kämpfen ist der Konflikt zwischen den Geschlechtern der im Hinblick auf die persönliche und soziale Emanzipation, aber auch in bezug auf Trennung und Spaltung folgenreichste. Die von den Neoliberalen auf die Tagesordnung gesetzte Wiederbelebung der »Familienwerte« wird normalerweise mit einem Angriff auf den Sozialstaat gekoppelt, doch im Grunde würde das Eintreten für solche Werte, sofern es Erfolg aufzuweisen hätte, zu einer Hauptstütze der Unversehrtheit des Sozialstaats. Das Funktionieren der derzeitigen Sozialsysteme hängt, wie gesagt, ganz grundlegend von eingebürgerten Familienformen und geschlechtsspezifischen Differenzen ab. Der Anspruch der Frauen auf Selbständigkeit und Gleichberechtigung läßt sich nicht rückgängig machen. Dennoch sind es weiterhin Frauen, die auch in modernen Gesellschaften die meisten Aufgaben erfüllen, die mit der Betreuung anderer zu tun haben, und diese Tätigkeiten werden größtenteils nicht vergütet. Eine erneute Betonung der »Familienwerte« unter besonderer Berufung auf die Betreuungsaufgaben der Frauen läuft, wie ein Autor schreibt, begrifflich auf das gleiche hinaus wie eine zusätzliche Besteuerung der Frauen – »eine verborgene und ohne Repräsentation erhobene Steuer«.[15]

Hier geht es nicht bloß um wirtschaftliche Gleichstellung, sondern hier wird gleichsam ein Kampf ausgetragen zwischen zwei allgemein verbreiteten Formen der Politik der Lebensführung. Auch wenn man eine Vielzahl individueller Varianten unterstellen muß, sprechen die Frauen insgesamt »mit einer anderen Stimme« als die Männer.[16] Wer wird für uns alle sprechen? Werden die mit westlichen Formen der Männlichkeit – jener von Max Weber gekennzeichneten rastlosen, zwanghaften Männlichkeit – zusammenhängenden Lebensweisen immer weiter um sich greifen, wo-

---

15 Howard Glennester, *Paying for Welfare*, London School of Economics, Welfare State Programme, 1992, S. 21.
16 Gilligan, *In a Different Voice*.

möglich in Verbindung mit der alle Winkel des Lebens einbeziehenden Vormacht der Marktverhältnisse? Oder wird das Weibliche mit seinem stärkeren Akzent auf Interdependenz, emotionalem Verstehen und Betreuung zunehmend auf den öffentlichen Bereich übertragen? Diese Fragen, deren Antworten weiterhin offenbleiben, hängen mit so gut wie allen sonstigen Problemen zusammen, die im vorliegenden Buch aufgeworfen werden.

Sollte es möglich sein, in den industrialisierten Gesellschaften wie auf globalerer Ebene ein *Abkommen zwischen den Geschlechtern* zu schließen, so wäre das in vieler Hinsicht der Schlüssel zur Wiedergewinnung weiterer Solidaritätsformen. Was mit dem Familienleben geschieht, dient aus offensichtlichen Gründen entweder der Verbindung oder der Spaltung der Generationen. Und die künftige Entwicklung der Spaltungen zwischen den Geschlechtern wird tiefreichende Auswirkungen haben auf Umgestaltungen in der Welt der bezahlten wie der unbezahlten Arbeit, die ihrerseits freilich in erheblichem Maße jene Entwicklung berühren. Sozialsysteme, die auch weiterhin in der einen oder anderen Weise dem patriarchalischen Modell verhaftet bleiben, werden letzten Endes wahrscheinlich aus allen Nähten platzen.

Reich gegen Arm?
Ein erfinderisches Modell der Gleichheit

Dem Sozialstaat ist es im großen und ganzen nicht gelungen, Ressourcen von den wohlhabenderen Gruppen auf die armen zu übertragen.[17] Das von den Neoliberalen befürwortete Modell der Schöpfung von Werten, die nach unten durchsickern, hat ebenfalls nicht funktioniert. In den Ländern, in denen dieses Vorgehen ernsthaft erprobt wurde, ist das Ergebnis ein gewachsener Abstand zwischen Reich und Arm.[18] Was soll man nun tun? Müssen wir uns mit einer Gesellschaftsordnung abfinden, in der alle Hoffnungen auf mehr Gleichheit gescheitert sind? Nein, das brauchen wir nicht, doch die Gleichheit muß in einer Weise neu verstanden werden, die sich an dem im vorigen Kapitel dargelegten Vorschlag orientiert.

17 R. F. Tomasson, *The Welfare State, 1883-1983*, London: Jai, 1983.
18 Christopher Pierson, *Beyond the Welfare State?*, Cambridge: Polity, 1991.

Der Kontext für eine solche Ausgangsvorstellung ist eine Nachknappheitsgesellschaft, die den Produktivismus überwindet, und zwar eine Gesellschaft, die sich nicht auf den Nationalstaat beschränkt, sondern zunehmend an einer globaler werdenden Ordnung teilnimmt. Was würde eine solche Gleichstellung beinhalten? In welchem Sinne würde man – wenn überhaupt – an sozialistischen Gleichheitsidealen festhalten?

Herstellung von Gleichheit ist, wie ich schon früher betont habe, nie zur Gänze in die Kernannahmen des sozialistischen Denkens integriert worden, sondern es entspricht eher dem Restbestand des von Durkheim bestimmten Kommunismusbegriffs. Die »intelligente Kontrolle« des sozialen Lebens – die Unterwerfung der Marktkräfte unter eine zentrale Steuerungsinstanz – steht in keinem besonderen Verhältnis zum Ethos der Gleichheit, außer vielleicht insofern sie die Verfügungsmacht schafft, die den Reichen etwas nehmen könnte, um es den Armen zu geben.

Diesem Problem braucht sich das erfinderische Gleichheitsmodell, das mit dem Konzept der Nachknappheit verbunden ist, nicht zu stellen. Hier besitzt Gleichheit zwei miteinander verknüpfte Bedeutungen: zum einen als allgemeine Zusammenarbeit zur Überwindung kollektiver Minuspunkte und zum anderen als eine allgemeine Überwindung des Produktivismus. Dieses Modell beruht weniger auf strenger Teilung der materiellen Dinge als auf Gleichgültigkeit gegenüber solchen Dingen und geht einher mit einer »defensiven« Auffassung der Grenzen des endlosen Wirtschaftswachstums.

Kommen wir zurück auf die für das Streben nach Glück relevanten Güter: Sicherheit, Selbstachtung und Selbstverwirklichung. Reichtümer erlauben es dem einzelnen nicht unbedingt, sich diese Qualitäten anzueignen, wie materielle Armut auch nicht notwendig zu ihrem Verschwinden führt. Wohlstand ist gewiß nicht ohne jegliche Relevanz für sie, doch *wie* relevant er ist, hängt von den Bedingungen ab, unter denen er geschaffen und umgesetzt wird. Außerdem gibt es noch viele weitere Daseinsverhältnisse, die mehr oder weniger vollständig quer stehen zum Besitz von (individuellem oder sozialem) Reichtum. In einer Gesellschaft, die sich von der Kontrollgesinnung der Moderne entfernt, können weder Unfälle noch die Grundphänomene Geburt, Krankheit und Tod restlos neutralisiert werden. Sie dürfen nicht (wie es das neue Mittelalterideal will) einfach »hingenommen« werden, sonst werden Ohnmacht oder Mutlosigkeit das Resultat sein. Man kann sich ihnen jedoch in einer Weise stellen, die mit dem Gedanken der positiven Wohlfahrt übereinstimmt. Hier wie auch sonst muß dem Risiko als Risiko die Stirn geboten werden, und dazu gehört auch die »Riskantheit des Risikos«.

Wenn man das Glück als obersten und verallgemeinerungsfähigen Wert hinstellt, könnte das scheinbar die Möglichkeit einer Gesellschaft glücklicher Roboter aufkommen lassen, die keine Initiative aufbringen und sich damit zufriedengeben, ziellos durch den Tag zu wandern. Ganz das Gegenteil ist der Fall. Das Streben nach Glück verlangt aktive Auseinandersetzung mit Aufgaben des Lebens und beinhaltet, daß Fähigkeiten und Fertigkeiten mit Freude zum Einsatz gebracht werden. Auf der psychischen Ebene scheint es eine Voraussetzung der Chancen des glücklichen Lebens zu sein, daß man sich Herausforderungen stellt, einerlei, ob man sie selbst ausgelöst hat oder ob sie von außen kommen.[19] Die Armut kann ebenso wie andere potentiell schwächende Lebensumstände bedrückend wirken, weil sie möglicherweise zur Untergrabung solcher Fähigkeiten und Fertigkeiten führt und eine Atmosphäre der Hoffnungslosigkeit erzeugt. Die beiden Feinde des Glücks sind Mutlosigkeit – das Abgleiten in Apathie oder Verzweiflung – und Zwanghaftigkeit, die gehetzte Abhängigkeit von einer unbewältigten emotionalen Vergangenheit.

Positive Wohlfahrtspläne, die sich eher auf hergestellte als auf externe Risiken einstellen, wären darauf gerichtet, das *autotelische Ich* zu fördern.[20] Das autotelische Ich verfügt über inneres Zutrauen, das von Selbstachtung herrührt, und es empfindet eine aus Urvertrauen hervorgehende ontologische Sicherheit, die es gestattet, soziale Unterschiede positiv zu würdigen.[21] Gemeint ist eine Person, die potentielle Bedrohungen in vorteilhafte Herausforderungen zu übersetzen vermag und Entropie in einen ununterbrochenen Strom der Erfahrung verwandeln kann. Das autoteli-

19 Csikszentimihalyi, *Flow*.
20 Ebd., S. 208 ff.
21 Anthony Giddens, *Konsequenzen der Moderne*, übers. von J. Schulte, Frankfurt, Suhrkamp, 1995.

sche Ich versucht nicht, Risiken zu neutralisieren oder davon auszugehen, daß »sich jemand anders mit dem Problem auseinandersetzen wird«, sondern es bietet den Risiken die Stirn und begreift sie als aktive Herausforderungen, die zur Selbstverwirklichung führen.

Die in einer posttraditionalen Ordnung notwendigen Entscheidungen angesichts reflexiv strukturierter Informationen setzen die Schaffung von Bindungen voraus. Die Bindung an Personen oder Lebensziele gehört zu den Hauptkräften des tragenden Engagements, das es dem einzelnen gestattet, unter Druck über den eigenen Schatten zu springen und mit ansonsten beunruhigenden Ereignismustern zurechtzukommen. Die Bindung rückt zwar die Entwicklung des Selbst in den Brennpunkt, ist aber beinahe das Gegenteil des Egoismus. Es ist die Fähigkeit, sich nachhaltig und langfristig für eine Reihe von Aufgaben zu engagieren. »Eine Person, die ihre Aufmerksamkeit einer Interaktion widmet, anstatt sich den Kopf über das Ich zu zerbrechen, erzielt ein paradoxes Resultat. Sie empfindet sich zwar nicht mehr als separates Individuum, aber ihr Ich wird dennoch stärker. Das autotelische Individuum wächst hinaus über die Grenzen der Individualität, indem es seine psychische Energie in ein System einbringt, dem es selbst angehört. Aufgrund dieser Vereinigung von Person und System erscheint das Ich auf einer höheren Komplexitätsstufe. [...] Dazu sind jedoch Entschlossenheit und Disziplin nötig. Die optimale Erfahrung ist nicht das Ergebnis einer hedonistischen Lebensform des träumerischen Nichtstuns. [...] Man muß Fertigkeiten ausbilden, die die Fähigkeiten erweitern und die dafür sorgen, daß man mehr wird, als man ist.«[22]

Infolge der Art und Weise, in der der Sozialstaat aus dem Bemühen hervorgegangen ist, den Armen zu helfen (und deren Verhalten zu steuern), wird »Wohlergehen« nunmehr allgemein mit der Verbesserung des Geschicks der Unterprivilegierten gleichgesetzt. Aber warum sollten sich Sozialmaßnahmen nur der Menschen in ärmlichen Verhältnissen annehmen und nicht auch der Wohlhabenden? Eine solche Folgerung ergibt sich aus dem Begriff der

22 Csikszentmihalyi, *Flow*, S. 212 f. Vgl. ferner Csikszentmihalyi, *The Evolving Self*, New York: Harper & Collins, 1993, insbes. das 8. Kapitel, in dem diese Anschauungen ausführlich dargelegt werden.

positiven Wohlfahrt. Derartige Maßnahmen verstärken, wie ich zu zeigen versuchen werde, nicht die bereits existierenden Ungleichheiten, sondern können einen maßgeblichen Beitrag zu deren Überwindung leisten.

Sicherheit, Selbstachtung, Selbstverwirklichung – das sind nicht nur bei den Armen, sondern auch bei den Reichen knappe Güter, die durch das Ethos des Produktivismus aufs Spiel gesetzt werden, nicht nur durch ungleiche Verteilung. Außerdem müssen die Wirkungen von Verteilungsungerechtigkeiten an dem durch Überfluß ausgelösten kollektiven Schaden gemessen werden, denn dessen Folgen lassen sich keineswegs ausschließlich auf die Armen abwälzen.

Zwanghaftigkeit kann für das Streben nach Glück ebenso schädlich sein wie Hoffnungslosigkeit. Früher wäre eine solche Feststellung womöglich wie ein gutgemeinter Appell an den Kommunismus im Sinne Durkheims erschienen: die Wohlhabenden sollten auf ihre Reichtümer verzichten oder sie den Armen überlassen, da der Besitz von Vermögen in psychischer wie materieller Hinsicht Verderben bringe. Herzensgüte oder Altruismus sind jedoch kaum gefordert in einer Gesellschaft, in der der Produktivismus und die ihm zugrundeliegenden psychischen Orientierungen an ihre Grenzen gestoßen sind und in der die Devise »Mehr vom selben« mittlerweile etwas Selbstwidersprüchliches und Destruktives an sich hat.

Die Befreiung von Abhängigkeiten wird in der Nachknappheitsgesellschaft zur *allgemeinen* Zielsetzung. Die Überwindung der Sozialstaatsabhängigkeit bedeutet Überwindung der Abhängigkeiten vom Produktivismus, und beide lassen sich in der gleichen Weise bekämpfen. Heute stehen wir hier wie auch auf anderen Gebieten an einem Scheideweg. Es ist durchaus möglich, daß schon bestehende Ungleichheiten sich noch weiter verfestigen. Eine derartige Situation vermehrt aber wahrscheinlich weder die Summe des Glücks der Privilegierten noch die Glückssumme der Mittellosen. Für diese führt, wenn die Unterschicht sich ausbreitet, Armut in immer höherem Maße zu Entwürdigung, sozialem Verfall und allen möglichen Arten von Abhängigkeit. Für die Reicheren ist der Preis wahrscheinlich ein Leben im Belagerungszustand, in dem der Wohlstand mit hohen Kosten bezahlt wird und in dem alle Gruppen unter den Wirkungen der Umweltzerrüttung und der damit verbundenen Gefahren zu leiden haben.

Ein erfinderisches Modell der Gleichheit oder der Gleichstellung könnte die Grundlage liefern für ein neues Abkommen zwischen Reichen und Armen. Ein solches Abkommen wäre ein »Leistungsvertrag« (effort bargain), der auf die Veränderungen des Lebensstils ausgerichtet wäre. Die treibenden Motive wären: die Bejahung der *gemeinsamen* Verantwortung für die Bekämpfung der Minuspunkte, die die Entwicklung mit sich gebracht hat; die Erwünschtheit der Veränderung des Lebensstils auf seiten der Privilegierten *und* der weniger Privilegierten; ein *umfassender Begriff* von Wohlfahrt, der weniger an Gedanken der wirtschaftlichen Versorgung der Mittellosen als an der Förderung des autotelischen Ich orientiert ist.

Die gemeinsame Verantwortung für das Zurechtkommen mit »kollektiven Minuspunkten« schreibt sich tendenziell unmittelbar von der zunehmenden Bedeutung des hergestellten Risikos her. Die Luftverschmutzung, das Waldsterben oder die ästhetische Ausplünderung der Umwelt richten sich nicht nach Klassengrenzen. Als externe Risiken aufgefaßt, würde man sie als »Versicherungskosten« deuten, die von den Konzernen oder vom Steuerzahler getragen werden müssen; als hergestellte Risiken begriffen, legen sie statt dessen Veränderungen des Lebensstils nahe. Wer gesünder leben will, hat die gleichen Interessen wie die anderen, insofern er ein verdrießlich gewordenes Leben vor sich sieht, denn die Vorteile des Reichtums bringen zugleich schädliche Wirkungen hervor, die der Reichtum selbst nicht mehr wettmachen kann. Daher stehen hier weder die Erstattung der Kosten für die Reparatur solcher Schäden noch der Erwerb eines privaten Auswegs zur Debatte. Das sind Lösungen, die im Grunde in einer Sackgasse enden.

Die gemeinsamen Interessen der Reichen und der Armen an Veränderungen des Lebensstils betreffen das Abrücken vom Produktivismus und den Übergang zur Produktivität. Dieser Schritt wiederum steht in Verbindung mit anderen Veränderungen, von denen bereits festgestellt wurde, daß sie mit der allmählich zum Vorschein kommenden Nachknappheitsordnung verknüpft sind. Die Autonomie der Arbeit und ihr Gegenteil, die unmißverständlich negative Besetzung der Arbeitslosigkeit, werden tendenziell mit Bezug auf die von Weber gekennzeichnete Zwanghaftigkeit definiert. Diese Zwanghaftigkeit ist geschlechtsorientiert und wurzelt in einer Trennung der Geschlechterrollen, die heute entweder nicht mehr gilt oder unter heftigen Druck geraten ist. Eine Infragestellung der Autonomie der Arbeit und der damit verbundenen Trennung der Geschlechterrollen beinhaltet eine Fülle von Konsequenzen für den Gedanken der erfinderischen Gleichheit. Die produktivistische Einstellung ist nämlich schon seit langem in erster Linie ein Phänomen der männlich ausgerichteten Öffentlichkeit. Niemand kann derzeit mit einiger Sicherheit angeben, ob die männlichen Ideale in Zukunft für beide Geschlechter ausschlaggebend werden. Gäbe es jedoch eine Welt, in der die Männer den wirtschaftlichen Erfolg nicht mehr in der gleichen Weise schätzten wie früher und in der sie sich mehr der Liebe und der emotionalen Verständigung widmeten, so könnte man zumindest sagen, daß diese Welt ganz anders aussähe als die Welt von heute.

Aus der Infragestellung der Autonomie der Arbeit könnten die Privilegierten mehr von den Armen lernen als umgekehrt. Wer mehr oder weniger ständig arbeitslos ist, mag zwar alle möglichen Nöte kennengelernt haben, doch er weiß auch notgedrungen, wie ein Leben aussieht, in dem die bezahlte Berufsarbeit nicht im Mittelpunkt steht oder die wichtigste Triebkraft darstellt. Der Leistungsvertrag mit den Armen würde nicht den direkten Transfer von Vermögen nach sich ziehen, sondern einen Transfer von Beschäftigungschancen bedeuten, der aus einer Änderung der Einstellung zur Arbeit auf seiten der Bessergestellten resultierte. Von einem Beitrag der Armen zur Änderung des Lebensstils zu reden, klingt womöglich sonderbar, denn was soll man sich unter einem solchen Beitrag vorstellen? Er würde sich auf genau die gleichen Merkmale stützen, die von den für die arme Dritte Welt erdachten Modellen einer alternativen Entwicklung hervorgehoben wurden. Selbstvertrauen, Integrität und soziale Verantwortung einschließlich der Sorge um die lokale Umwelt wären die »Abgabe«, welche die übrige Gesellschaft verlangen würde und zu fördern bestrebt wäre.

Welche Rolle hätte der Staat? Gäbe es in der Nachknappheitsgesellschaft immer noch einen Sozialstaat? Nein, den gäbe es nicht mehr. Der Staat würde zweifellos auch weiterhin eine Vielfalt von Gütern und Dienstleistungen liefern und darauf bedacht sein müssen, nicht die Fortdauer von Abhängigkeiten zu fördern, sondern diese zu verhüten. Dabei müßte er jedoch mit mannigfaltigen – lokalen wie transnationalen – Gruppen zusammenarbeiten, vor allem mit Selbsthilfegruppen.

Alle diese Überlegungen werden vom Standpunkt des utopischen Realismus formuliert. Aber wie realistisch ist dergleichen wirklich? Mit welchen sozialen Mitteln ließe sich ein Lebensstil-Abkommen schließen, insbesondere eines zwischen Reichen und Armen? Die Gründe, die für ein solches Abkommen sprechen, sind hinreichend klar, doch es fragt sich, ob der Wille vorhanden ist oder die sozialen Mechanismen zur Verfügung stehen, damit das Abkommen geschlossen werden kann. Was die Industriegesellschaften anlangt, könnte es so aussehen, als wären wir damit wieder auf das Problem des fiskalischen und ethischen Fehlbetrags zurückgekommen.

So muß es sich aber nicht unbedingt verhalten. Es geht mir hier zwar nicht darum, spezifische Reformpakte vorzuschlagen oder darüber nachzudenken, wie sich die Wählerschaft zu ihrer Unterstützung anregen ließe, doch es gibt mehrere mögliche Mittel, ein Lebensstil-Abkommen zwischen Reichen und Armen vorzubereiten:

1) Das gemeinsame Interesse an Umweltschutz und der Verminderung von Giften läßt sich benutzen, um Maßnahmen einzuleiten, die letztlich zu einer Umverteilung zugunsten der Armen führen. Der Grund liegt, wie bereits erwähnt, darin, daß unterprivilegierte Gruppen tendenziell recht häufig zu umweltschädlichen Verfahrensweisen oder Lebensformen genötigt sind, die dann wiederum ihre benachteiligte Stellung noch verschlechtern. Außerdem wird eine Verminderung der allgemeinen Gefahren das Leben der weniger Privilegierten in relativ höherem Maße verbessern als das Leben der Reicheren.

2) Die gleichen Überlegungen gelten auch für den Schutz von Traditionen und lokalen Solidaritätsbeziehungen.

3) Mehr berufliche Flexibilität auf seiten der Wohlhabenden braucht nicht zur Entstehung von zweierlei Arbeitsmärkten zu

führen, wenn zugleich weitere soziale »Schlichtungsabkommen« verwirklicht werden (vor allem das Abkommen zwischen den Geschlechtern). Die durch Transfer von Beschäftigungschancen geförderte Gleichheit läßt sich durch eine Vielzahl kurzfristiger Maßnahmen weiter erhöhen. Dazu können z. B. vom Staat eingerichtete Arbeitsplätze im »dritten Sektor« gehören, durch deren Besetzung Aufgaben im Bereich der Sozialhilfe und der Gemeinschaftsfürsorge erfüllt werden.

4) Die bestehenden Sozialsysteme können so umgebaut werden, daß die auf den Lebenszyklus bezogene Versorgung vom Ziel der Verminderung struktureller Ungleichheiten abgekoppelt wird, namentlich dem der Verhinderung des Entstehens einer ausgeschlossenen Unterschicht.

5) Bei der Vergrößerung der Summe des menschlichen Glücks sind der Einsatz für demokratische Rechte und das Streben nach Gewaltvermeidung ebenso wichtig wie wirtschaftliche Maßnahmen und Versorgungsleistungen. Ökonomische Ungleichheiten spielen hier zwar offensichtlich eine große Rolle, sind aber keineswegs allein ausschlaggebend. Außerdem sind zahlreiche Rückwirkungen möglich, die beitragen können zur Verminderung der wirtschaftlichen Benachteiligung.

Weiterhin stellt sich die Frage, ob ein Lebensstil-Abkommen, wie es hier im Hinblick auf die reichen Länder vorgeschlagen wurde, auch dann funktionieren könnte, wenn man es auf die Spaltungen zwischen Norden und Süden übertrüge. In empirischer Hinsicht ist diese Frage nicht mit einem gewissen Grad an Sicherheit positiv zu beantworten. Analytisch gesprochen, könnte man jedoch zurückfragen, welche andere Möglichkeit es denn überhaupt gebe. Die Verwirklichung direkter Maßnahmen zum großangelegten Vermögenstransfer ist äußerst unwahrscheinlich und könnte ohnehin kontraproduktiv wirken. Ein positiver Schritt in Richtung Nachknappheitssystem von seiten der globalen Konsumentenklasse, der einherginge mit einer »alternativen Entwicklung« für die Armen dieser Welt, wäre das einzige einleuchtende Mittel zur Schaffung einer Welt mit mehr Gleichheit.

Die Frage der Ermittlung der für eine Nachknappheitsordnung relevanten Lebenswerte ist unmittelbar abhängig von ökologischen Fragestellungen, sofern man Ökologie angemessen definiert. Da ökologische Bewegungen heute von vielen für äußerst wichtig erachtet werden, ist es angebracht, an dieser Stelle der Erörterung ausführlich auf sie einzugehen. Das ist die Aufgabe, der ich mich im folgenden Kapitel zuwende.

VIII

Moderne mit negativem Vorzeichen
Ökologische Fragestellungen und die Politik der Lebensführung

Kann der erstaunliche Aufschwung grüner Ideen während der letzten Jahrzehnte als Beginn einer erneuerten politisch radikaldemokratischen Bewegung gelten? Die Verfechter ökologischer Ansichten sind gewiß dieser Ansicht. So meint z. B. Carolyn Merchant, daß die »radikale Ökologie« Vorschläge mache für ein »neues Bewußtsein von unserer Verantwortung für die restliche Natur und die übrigen Menschen. Sie strebt eine neue Ethik der Natur und der Bildung des Menschen an. Sie befähigt die Menschen zu Veränderungen der Welt, die mit einer neuen sozialen Sichtweise und einer neuen Ethik in Einklang zu bringen sind.«[1]

Murray Bookchin ist nur einer von vielen Autoren, die die Ansicht vertreten, daß das ökologische Denken, wie er schreibt, »den Grundgedanken der radikalen Kritik des sozialen Lebens wiederbeleben« könne. Heute habe das radikale Denken, wie er geltend macht, seine Identität verloren. Was wir jetzt »radikal« nennen – also der Radikalismus der Linken –, sei zu einem »scheußlichen Abklatsch von drei Jahrhunderten revolutionären Widerstands« geworden und bestehe aus »bloßen Schatten der direkten Aktion, des kampfbereiten Engagements, der rebellischen Konflikte und des sozialen Idealismus, die kennzeichnend waren für jedes revolutionäre Vorhaben der Geschichte«. Der Marxismus und der Sozialismus überhaupt seien Komplizen der gesellschaftlichen Ordnung, die sie anzugreifen behaupten. Lenins Beschreibung, wonach der Marxismus »nichts weiter« sei »als das dem ganzen Volk nutzbar gemachte staatskapitalistische Monopol«, ist nach Bookchins These keine Vulgärfassung der Marxschen Ideen, sondern bringe den eigentlichen Charakter des sozialistischen Projekts ans Licht. Die Aufklärung habe noch eine ethische Vorstellung vom guten Leben gehabt, die jedoch vom Sozialismus nicht

[1] Carolyn Merchant, *Radical Ecology*, London: Routledge, 1992, S. 1.

entfaltet, sondern verraten worden sei. In den sozialistischen Theorien (sowie in einigen in anderen Hinsichten recht gegensätzlichen Lehrgebäuden) »wird die Natur zum erstenmal als bloßes Objekt der Menschheit, als reiner Nutzgegenstand hingestellt; als eigenständige Macht wird sie nicht mehr anerkannt, und die theoretische Erkenntnis ihrer unabhängigen Gesetze wirkt nun lediglich wie eine List, durch die sie menschlichen Erfordernissen unterworfen werden soll, sei es als Gegenstand der Konsumtion oder als Mittel der Produktion«.

Durch die ökologische Bewegung, schreibt Bookchin im weiteren, könne der Radikalismus gerettet und sogar vertieft werden. Durch die Trennung des Menschen von der Natur und den daran anschließenden ökologischen Verfall seien die meisten Vorteile zunichte gemacht worden, die man im Laufe mehrerer Jahrhunderte wirtschaftlicher »Entwicklung« errungen hatte. Zwischen der Natur und dem sozialen Leben der Menschen müsse wieder eine harmonische Beziehung hergestellt werden, die sich auf tiefgreifende Änderungen unserer derzeitigen Lebensweisen stützen soll. Es obliege uns, »ein neues Empfinden für die Biosphäre« zu kultivieren und »die Verbindung der Menschheit zur Erde, zum pflanzlichen und tierischen Leben, zur Sonne und zum Wind wiederherzustellen«.

In einer ökologischen Gesellschaft würden nach Bookchins Auffassung das Gleichgewicht und die Unversehrtheit der Biosphäre um ihrer selbst willen bewahrt oder wiederhergestellt. Eine solche Gesellschaft würde sich auch für die Vielfalt der menschlichen Gruppen und in der Natur einsetzen. Vorbedingung wäre eine drastische Dezentralisierung der Macht, die an lokale und sich selbst regierende Gemeinschaften überginge. Diese Gemeinschaften würden auf anspruchslosen technischen Verfahren basieren und hätten als Richtschnur »einen ethischen Holismus, der in den objektiven Werten wurzelt, die aus Ökologie und Anarchismus hervorgehen«.[2]

In den Schriften zur politischen Theorie der Grünen wird häufig über die von Arne Naess vertretene »tiefe« Ökologie debattiert, in der vergleichbare Ideen dargelegt werden. Um es knapp zu formu-

2 Zitate aus: Murray Bookchin, *Toward an Ecological Society*, Mantred-Buffalo: Black Rose, 1986, S. 1, 202.

lieren, meint die tiefe Ökologie, es sei eine neue politische und moralische Philosophie nötig, die den Menschen nicht als ein der Natur überlegenes, sondern als ein in ihr verwurzeltes und aus ihr hervorgehendes Wesen ansieht. Der »biosphärischen Gleichheit« entsprechend wird dem Menschen ein Ort auf derselben Ebene zugewiesen, auf der auch alle übrigen Lebewesen stehen. Ferner betont die tiefe Ökologie die wechselseitigen Zusammenhänge in der Natur wie in der sozialen Gemeinschaft. Von »primitiven« Kulturen seien diese Zusammenhänge, wie es heißt, noch begriffen worden, während den modernen Zivilisationen dieses Verständnis abhanden gekommen sei. Vorbilder, zu denen die Menschheit zurückkehren sollte, liefern die Pflanzer sowie die Jäger und Sammler, obwohl diese Gruppen durch den »Fortschritt« der Moderne so gut wie ausgerottet worden sind. Als Richtschnur für alle ökologischen Regionen sollte die menschliche Fähigkeit zum Tragen von Lasten dienen. Die Menschen seien imstande, als »Primitive der Zukunft« zu leben und als »Ein-Wohner« des Landes die ökologische Mannigfaltigkeit wiederzugewinnen.[3] Bei Edward Goldsmith heißt es: »Es sind die traditionalen Gesellschaften der Vergangenheit, von denen wir uns anregen lassen müssen.«[4]

Trotz der feindseligen Haltung solcher Autoren wie Bookchin gegenüber der Linken haben sich viele Autoren dieser Couleur dem ökologischen Denken zugewandt. Der Schritt von Rot zu Grün gewährt dem verhinderten Radikalismus schließlich ein hilfreiches Refugium. Warum soll man nicht an grüne Utopien denken, wenn die sozialistische Revolution nicht mehr machbar ist? Denn wenn der Kapitalismus doch nicht in eine Wirtschaftskrise stürzt, die den Übergang zum Sozialismus aus sich erzeugt, fragt es sich, ob er nicht vielleicht der ökologischen Krise zum Opfer fallen wird. So spricht Alain Lipietz in Anlehnung an das *Kommunistische Manifest* von einem »Gespenst«, das um die Wende zum neuen Jahrtausend in der Welt umgehe, und dieses Gespenst sei nicht mehr der Kommunismus, sondern der ökologische Radikalismus.

3 Arne Naess, »The shallow and the deep, long-range ecology movement: a summary«, *Inquiry*, Bd. 16, 1972.
4 Edward Goldsmith, *The Great U-turn*, Hartland: Green Books, 1988.

»Verbrechen an der Natur«, schreibt Lipietz, »werden immer häufiger, und jedes Verbrechen an der Natur ist ein Verbrechen an der Menschheit«. Die Logik der kapitalistischen Akkumulation beruhe auf der Maximierung der wirtschaftlichen Erträge auf Kosten aller anderen Dinge und führe zu einer Ausbeutung der Natur, durch die wir heute in eine extrem prekäre Situation geraten seien. Die alles umfassende Ausbreitung der kapitalistischen Produktionsweise habe »unser Ökosystem völlig durchdrungen und die Zeit, die uns noch bleibt zur Anpassung an den von uns selbst verursachten Bruch, beträchtlich verringert«. Teillösungen seien ausgeschlossen, nur gründlichere Lösungen seien möglich: »Die Ökologie, die früher an der ›Peripherie‹ der Ökonomie lag, bildet heute den innersten Kern des Problems. [...] Die von uns selbst ausgehende Herausforderung besteht darin, daß wir die Verantwortung übernehmen müssen für das Schicksal des ganzen Planeten.«[5]

Aber obwohl die grünen Bewegungen geneigt sind, sich links anzusiedeln, besteht keine offensichtliche Affinität zwischen der radikalen Ökologie und dem linksgerichteten Denken. Frühe Formen der Ökologie und des Naturschutzgedankens resultierten vor allem aus der Modernisierungskritik der Altkonservativen. Es war Edmund Burke, der schrieb, daß die Französische Revolution alles »vom Weg der Natur abgebracht und in dieses sonderbare Chaos der Verwegenheit und Gemeinheit gelenkt« habe. Die Natur müsse verteidigt werden gegen das Eindringen des ökonomischen Expansionismus, der sowohl ihre inneren Harmonien als auch ihre Schönheiten bedrohe. Solche Gedanken wurden dann im Faschismus wichtig, und die Nationalsozialisten planten bedeutende Naturschutz- und Aufforstungsvorhaben.[6]

Diese historischen Verbindungen zwischen den grünen Weltanschauungen und dem Konservatismus sind offensichtlich. Wie immer die »Bewahrung der Natur« interpretiert wird, weist sie deutliche Verbindungen auf zum Konservatismus im Sinne der Bewahrung des Vergangenheitserbes. Zu den Schlüsselbegriffen der grünen Theorie gehört auch die Vorstellung von einer nachhal-

5 Alain Lipietz, *Towards a New Economic Order*, Cambridge: Polity, 1992, S. 51, 55.
6 David Harvey, »The nature of environment«, in: *Socialist Register*, London: Merlin, 1993.

tigen Entwicklung, der Förderung lokaler Vielfalt oder der Achtung vor der wechselseitigen Abhängigkeit der Dinge, und in diesen Vorstellungen hallen Grundströmungen des philosophischen Konservatismus wider. Die Thesen der ökologischen Theoretiker stimmen manchmal genau mit denen der Konservativen überein. So schreibt Goldsmith z. B. über den Niedergang der Gemeinschaft und der Familie: »Der größte Schaden, den der Sozialstaat angerichtet hat, [...] ist die Auflösung der Familie«. Diese »Grundinstanz des menschlichen Verhaltens, ohne die es gar keine stabile Gesellschaft geben kann, vermag nicht zu überleben in einer Situation, in der der Staat die Aufgaben an sich gerissen hat, die normalerweise von der Familie erfüllt werden sollten«. Anschließend behandelt Goldsmith das Thema der Geschlechterrollen und behauptet, daß die natürlichen Unterschiede zwischen Männern und Frauen die Grundlage der Arbeitsteilung bilden sollten: »Männer und Frauen sehen verschieden aus, und zwar aus dem sehr triftigen Grund, daß sie wirklich verschieden sind. [...] Heute werden die Frauen denselben Bildungsmaßnahmen ausgesetzt wie die Männer und werden auf jede Weise dazu angehalten, mit den Männern zu konkurrieren. Das kann nichts anderes bedeuten als den weiteren Niedergang der Familie, deren Weiterbestehen von einer deutlichen Arbeitsteilung ihrer Mitglieder abhängt.«[7]

Bei John Gray findet sich die Feststellung, daß grüne Autoren und grüne Parteien in letzter Zeit immer wieder von konservativen Kritikern angegriffen worden sind. Unter anderem sei den Grünen vorgeworfen worden, sie propagierten in kaschierter Form sozialistische Ideen, seien wissenschaftsfeindlich, stellten völlig unbegründete apokalyptische Behauptungen auf und zersetzten die Sozialbeziehungen. Dennoch seien den Grünen und dem Konservatismus eine ganze Reihe von Gedanken gemeinsam, nämlich die Idee »des Gesellschaftsvertrags, der nicht als Abmachung zwischen anonymen und kurzlebigen Individuen aufgefaßt wird, sondern als Abmachung zwischen den Generationen der Lebenden, der Toten und der noch Ungeborenen; die Tory-Skepsis in bezug auf den Fortschritt sowie die Einsicht in die entsprechenden Ironien und Täuschungen; der konservative Widerstand gegen un-

7 Goldsmith, *The Great U-turn*, S. 17, 45.

erprobte Neuheiten und großangelegte soziale Experimente sowie ganz besonders der traditionelle konservative Lehrsatz, der einzelne könne nur im Kontext gemeinsamer Lebensformen gedeihen«.[8] Tatsächlich möchte Gray grüne Gedanken für den Konservatismus nutzbar machen, wobei er weiterreichende grüne Vorschläge für Gesellschaftsreformen abschwächt.

Mit dem Konservativismus stehen die ökologischen Ideen allerdings ebensowenig in privilegierter Verbindung wie mit der Linken oder dem Liberalismus. Zutreffender wäre es, die philosophischen Anschauungen der Grünen als Ausdruck der politischen Orientierungswechsel aufzufassen, die in dieser Studie durchweg dokumentiert werden sollen. Die Anschauungen der Grünen sind weder ausgesprochen rechts noch ausgesprochen links. Sie widersetzen sich jenem Fortschrittsdenken, nach dessen Auffassung alles so verändert werden kann, daß es besser wird; doch zur gleichen Zeit vertreten sie Formen des Radikalismus, deren Folgen weit über das hinausreichen, was im üblichen Rahmen des Sozialismus zur Darstellung käme. Aus dieser Feststellung resultiert allerdings nicht, daß wir die politische Theorie der Grünen für bare Münze nehmen sollten; diese Theorie ist im gleichen Maße Ausdruck wie Lösungsvorschlag der sozialen und politischen Probleme, denen wir heutzutage gegenüberstehen. Und selbstverständlich kennt die politische Philosophie der Grünen natürlich eine Vielzahl von Lesarten, die durchaus nicht alle miteinander in Einklang gebracht werden können.

Nachdenken über die Natur

Die Sorge, daß die Welt auf dem Wege der Industrialisierung ihre Reserven erschöpfen würde, reicht zurück bis ins 19. Jahrhundert, aber wirklich weite Verbreitung fand dieser Gedanke erst vor etwa dreißig oder vierzig Jahren. Zunächst beschränkte sich die Beunruhigung auf das Bevölkerungswachstum. So schrieb Fairfield Osborn 1948, daß »die Flut der Erdbevölkerung steigt, während der Vorrat an Lebensressourcen auf der Erde abnimmt«.[9]

8 Gray, *Beyond the New Right*, S. 124.
9 Fairfield Osborn, *Our Plundered Planet*, London: Faber, 1948, S. 68.

Dieses an Malthus gemahnende Thema wurde auch auf die Art und Weise ausgedehnt, in der die wirtschaftliche Entwicklung zur Zerstörung der Umwelt führt. Noch in den siebziger Jahren konzentrierten sich die meisten dieser Erörterungen auf Umweltfragen im Rahmen der nationalen Grenzen und der nationalen Interessen. Dann war es die von einem Rezensenten als »Malthus mit Computer« gekennzeichnete Veröffentlichung des Club of Rome über die Grenzen des Wachstums, die viel dazu beitrug, globalere Fragestellungen in das Zentrum der Auseinandersetzungen zu rücken. Nach den Projektionen des in dieser Studie benutzten Computermodells sollte zu einem bestimmten Zeitpunkt des kommenden Jahrhunderts so etwas wie ein globaler Zusammenbruch eintreten. Dieser Bericht stieß auf erhebliche Kritik. Ein Autor z. B. nannte ihn ein »faszinierendes Beispiel dafür, wie umwerfend mangelhaft und trotzdem äußerst einflußreich eine wissenschaftliche Arbeit sein kann«.[10]

Seit der ersten Veröffentlichung dieses Berichts hat die Beunruhigung über den Raubbau an nicht regenerierbaren Ressourcen nicht nachgelassen, doch inzwischen sind weitere Sorgen hinzugekommen. Die sogenannte »zweite Umweltwelle« richtet ihr Augenmerk vor allem auf die Bedrohungen der Biosphäre. Keine dieser Bedrohungen (wie etwa der globale Treibhauseffekt) gilt als unumstrittener Prozeß. Nach Ansicht der ökologischen Autoren signalisieren sie eine Situation voller Gefahren für die Menschheit und das Ökosystem der Erde. Ihre Kritiker sind der Meinung, diese Gefährdungen würden übertrieben und seien vielleicht gar nicht das Ergebnis menschlichen Eingreifens in die Natur. Nach D. Lal etwa sind die Belege für den globalen Erwärmungsvorgang durchaus nicht eindeutig, und die Wissenschaftler seien uneins darüber, wie die Belege interpretiert werden sollten. Je nachdem, welchen Wissenschaftler man frage, »könnte es sein, daß wir rösten oder frieren oder womöglich gar keine Veränderung erleben«.[11] Daß die Ozonschicht dünner wird, könnte, wie Lal meint, mit Variationen des Sonnenzyklus statt mit menschlichen Tätigkei-

10 L. J. Simon, *The Ultimate Resource*, Princeton: Princeton University Press, 1981, S. 286.
11 D. Lal, *The Limits of International Cooperation*, London: Institute of Economic Affairs, 1990, S. 12.

ten in Verbindung gebracht werden. Von anderen Autoren – auch von solchen, die selbst sehr viel Verständnis haben für ökologische Sorgen – ist in Frage gestellt werden, daß sich gewisse Vorstellungen von Überweidung und der Ausdehnung der Wüstengebiete generalisieren lassen.[12]

Niemand bezweifelt jedoch, daß die menschlichen Handlungen in wenigen Jahrzehnten sehr viel stärker auf die Umwelt eingewirkt haben als je zuvor; und der früher als Außenseiterinteresse geltende Umweltschutz hat sich inzwischen als ein Thema erwiesen, das von beinahe allen Beobachtern ernst genommen wird. Schutz der Natur, Rettung der Natur, Befürwortung grüner Werte – dies sind Gedanken, die inzwischen ganz normal sind. Doch wie sollen wir die Vorstellung von der »Umwelt« und insbesondere den Begriff »Natur« eigentlich auffassen? Denn bei jeder Interpretation des ökologischen Denkens hängt ganz viel von diesen Ausdrücken ab.

Viele grüne Autoren machen einen Unterschied zwischen »Umweltschutz« und »Ökologie«, wobei jener im wesentlichen als reformistisch und diese als revolutionär eingestuft wird. Diese Differenzierung ähnelt der Unterscheidung von Arne Naess zwischen seichter und tiefer Ökologie. Der Umweltschutz oder die seichte Ökologie kümmerten sich nicht um die »Wiedergewinnung der Natur«, sondern um das weniger anspruchsvolle Ziel der Begrenzung des Schadens, den die Menschen der physischen Welt zugefügt haben. Die »Umwelt« sei im Grunde eine Anhäufung von Ressourcen, und die Menschheit müsse, um die eigene Zukunft zu sichern, auf der Hut sein und nicht zu verschwenderisch umgehen mit diesen Ressourcen. Die Einstellung des Umweltschutzes laufe darauf hinaus, daß man sich dafür einsetze, »nicht regenerierbare Ressourcen sparsam zu benutzen und regenerierbare Ressourcen so zu gebrauchen, daß weder ihre Qualität beeinträchtigt noch ihr Vorrat gefährdet wird«.[13] Die Natur werde als ein womöglich schöner und von den Menschen getrennter Gegenstand betrachtet, der jedoch nicht wesentlich mit der Definition einer akzeptablen Form des sozialen Lebens des Menschen selbst

---

12 W. M. Adams, *Green Development*, London: Routledge, 1990, S. 91 ff.
13 A. MacEwen/M. MacEwen, *National Parks*: Conservation or Cosmetics, London: Allen and Unwin, 1982, S. 10.

zusammenhänge. Dagegen schreibt Naess mit Bezug auf die tiefe Ökologie: »Wer sich von der Natur und dem ›Natürlichen‹ entfernt, distanziert sich von einem Teil dessen, woraus das ›Ich‹ aufgebaut ist. Dessen ›Identität‹, ›was bestimmend ist für das individuelle Ich‹ und folglich auch das Selbstgefühl und die Selbstachtung werden zerstückelt.«[14]

Während der Umweltschutz weitgehend ohne Berufung auf den Naturbegriff auskommen kann, ist »Natur« für das ökologische Denken ebenso wichtig wie »Tradition« für den Konservatismus. In beiden Fällen handelt es sich jedoch tendenziell um bereits eingebürgerte Vorstellungen, die dazu eingesetzt werden können, verschiedene Interpretationen oder Standpunkte zu untermauern. Einige Lesarten der Ökologie werden theologisch verbrämt: Es stehe uns nicht zu, in die im Grunde göttliche Schöpfung hineinzupfuschen. Andere Autoren nehmen die Metapher von der Natur als Mutter ernst. Im Gegensatz zu dem mit wissenschaftlichem Naturverständnis in Verbindung gebrachten »mechanistischen Ansatz«, der die Natur als »unbelebte Quelle natürlicher Ressourcen« begreift, vertritt Rupert Sheldrake etwa eine Anschauung, die die Natur als etwas Lebendiges auffaßt. Diese Perspektive gestattet es, eine inhaltsreichere Auffassung der menschlichen Natur zu entwickeln, geprägt »durch die Tradition und das kollektive Gedächtnis, wie sie mit Himmel und Erde verbunden und allen Formen des Lebens verwandt ist«, während sie bewußt zugänglich bleibt für die in der gesamten Evolution zum Ausdruck gebrachte schöpferische Kraft. Diese Einstellung, meint Sheldrake, sei »eigentlich weiblich«, denn die Worte »Natur« und »natürlich« hätten ihren Ursprung im Vorgang des Gebärens.[15] Dieses Thema wird von vielen »Ökofeministen« eingehender behandelt.

Den meisten derartigen Lesarten der grünen Theorie mangelt es gerade deshalb an Präzision, weil der Begriff »Natur« unbestimmt bleibt oder in allzu umfassender Weise verstanden wird. Einige Philosophen, die der Politik der Grünen wohlwollend gegenüberstehen, haben den Versuch unternommen, die ökologische Theo-

14 Arne Naess, *Ecology, Community and Lifestyle*, Cambridge: Cambridge University Press, 1982, S. 164.
15 Rupert Sheldrake, *The Rebirth of Nature*, London: Rider, 1991. Dt. Übersetzung: *Die Wiedergeburt der Natur*, Bern, München, Wien 1993: Scherz, S. 256f., S. 16.

rie mit triftigeren Argumenten zu versehen. Ein hervorstechendes Beispiel sind die Schriften von Robert E. Goodin. Nach Goodins These gibt es durchaus eine kohärente »grüne Theorie der Werte«, auf der die artikulierteren Formen der ökologischen Vorstellungen beruhen und die es erlaubt, »einige der besonders närrischen Anschauungen«, die mitunter zufällig von manchen Grünen vertreten werden, auszuscheiden, also Anschauungen, die mit Bewußtseinsumgestaltung, New Age-Kosmologie und dergleichen mehr zusammenhängen.

Goodin hält drei werttheoretische Ansätze auseinander: Die neoliberale Anschauung analysiert den Wert im Hinblick auf Konsumentenbefriedigung. Diese Theorie beruht auf einer bestimmten Interpretation von Präferenzen. Dagegen erblicken sozialistische und insbesondere marxistische Auffassungen den Wert in der Produktion. Die grüne Theorie unterscheidet sich von beiden, denn sie führt den Wert auf natürliche Ressourcen zurück bzw. auf natürliche Eigenschaften, die Wert verleihen (denn das Wort »Ressource« läßt eher an Umweltschutz denken). Wert verleihen diese Eigenschaften nach Goodin eben deshalb, weil sie nicht aus menschlichen Tätigkeiten, sondern aus natürlichen Prozessen hervorgehen.

Wie ist das möglich? Hier bedient sich Goodin eines Beispiels: Angenommen, eine Erschließungsgesellschaft ist im Begriff, in einem Gebiet voller Naturschönheiten Bohrungen durchzuführen. Das Unternehmen garantiert, es werde das Gebiet nach Abschluß seiner Tätigkeit genauso wiederherstellen, wie es vorher war. Hätte diese Gegend dann immer noch denselben Wert für uns, als wäre sie unberührt geblieben? Nach Goodins Ansicht hätte sie nicht denselben Wert. Die Landschaft sieht zwar in beiden Fällen gleich aus, doch die wiederhergestellte Fassung hätte nicht dieselbe Geschichte wie die unversehrt gebliebene. Ein noch so sorgfältig gefälschter Gegenstand hat nicht denselben Wert wie der echte Gegenstand.

Es ist, wie Goodin sagt, nicht die Geschichte als solche, aufgrund deren wir die natürliche Landschaft wertschätzen, sondern es ist der Umstand, daß eine solche Landschaft als Bestandteil einer umfassenderen natürlichen Welt einen Kontext liefert, in dem die Menschen in der Lage sind, »einen Sinn und ein Muster in ihr Leben hineinzusehen«. »Was die Produkte natürlicher Vorgänge besonders wertvoll macht, ist, daß sie aus etwas hervorgehen, das größer ist als wir selbst.«

Um das zu ermöglichen, darf die Natur nicht vom Menschen tyrannisiert werden. Man denke etwa an ein traditionelles englisches Dorf mit seiner Kirche, seinen Häusern und Hecken (die sich der Natur einfügen) und vergleiche es mit einer Stadt wie Los Angeles (die der Natur ihre eigene künstliche Ordnung aufzwingt). Hier kann man, wie Goodin einräumt, nicht behaupten, das englische Dorf sei irgendwie »natürlicher« als Los Angeles. Beides sind menschliche Hervorbringungen; umgekehrt gehören die Menschen mit zur Natur. »Was hier zur Debatte steht, ist nicht die Natürlichkeit der Erzeugung, [. . .] sondern daß die Menschheit im einen Fall nicht rücksichtslos über andere Teile der Natur hinweggaloppiert. Ebendas gestattet es der Menschheit, Genugtuung zu ziehen aus dem Nachdenken über ihr weiteres Umfeld, und zwar in einer Weise, die nicht zu Gebote steht, wenn dieses weitere Umfeld in höherem Maße von ihr selbst hervorgebracht worden ist.«[16]

Die Schwierigkeit, auf die Goodins Verteidigung der grünen Werte stößt, liegt darin, daß es nicht mehr möglich ist, die Natur in natürlicher Weise in Schutz zu nehmen. Die Behauptung, daß wir, um unserem Leben Zweck und Sinn zu geben, etwas brauchen, das »größer« oder bleibender ist als wir selbst, mag zwar richtig sein, aber das läuft offensichtlich nicht auf das gleiche hinaus wie eine Definition des Wortes »natürlich«. Im Grunde paßt die genannte Behauptung besser zum Begriff »Tradition« als zum Begriff »Natur«, und das ist auch der Grund, weshalb der Traditionsgedanke im Rahmen der grünen Theorie recht häufig auftaucht.

Paradox ist, daß man sich zur Natur erst bekennt, seit sie nahezu verschwunden ist. Heute leben wir in einer umgestalteten Natur, an der gar nichts mehr natürlich ist, und das muß bei unseren Überlegungen zur politischen Theorie der Grünen der Ausgangspunkt sein. Dementsprechend schreibt Ulrich Beck: »Auch und gerade Natur *ist* nicht Natur, sondern ein Begriff, eine Norm, eine

16 Robert E. Goodin, *Green Political Theory*, Cambridge: Polity, 1992, S. 17, 37, 38, 52.

Erinnerung, eine Utopie, ein Gegenentwurf. Heute mehr denn je. Natur wird zu einem Zeitpunkt wiederentdeckt, verzärtelt, wo es sie nicht mehr gibt. Die Ökologiebewegung ist in einem *naturalistischen Selbstmißverständnis* befangen. [...] Natur ist eine Art Ankerwerk, mit dem das auf dem offenen Meer treibende Zivilisationsschiff sein Gegenteil: das Festland, den Hafen, das Riff, auf das es zuläuft, beschwört, kultiviert.«[17]

Das bedeutet nicht, daß wir uns gar keine kohärente Vorstellung mehr machen könnten von der Natur, obwohl A. D. Lovejoy über sechzig verschiedene Bedeutungen aufzuzählen vermochte, in denen das Wort gebraucht worden ist. Dagegen ist jeder Versuch, Werte aus der Natur abzuleiten, zum Scheitern verurteilt. Die ökologische Krise ist eine Krise, die durch den Zerfall der Natur ausgelöst worden ist, sofern man das Wort »Natur« im naheliegendsten Sinne definiert und darunter alle von menschlichen Eingriffen unabhängige Gegenstände oder Prozesse versteht.

Im folgenden möchte ich die These darlegen, wonach ökologische Fragen ein Mittel darstellen, um im Globalisierungskontext mit der reflexiven Modernisierung zu Rande zu kommen. Probleme der Ökologie sind nicht zu trennen von den Folgen der Enttraditionalisierung. Beide werfen die in ein neues Gewand gekleidete uralte Frage auf: »Wie sollen wir leben?« – und dies in einer Situation, in der wir durch den Fortschritt von Wissenschaft und Technologie in Verbindung mit Mechanismen des Wirtschaftswachstums gezwungen sind, uns moralischen Problemen zu stellen, die früher unter der Natürlichkeit der Natur und der Tradition verborgen waren. Die mit der hergestellten Unsicherheit verknüpften Gefahren konfrontieren uns erneut mit der Notwendigkeit, uns diesen Fragen zuzuwenden. Doch wenn sie schlicht als »natürliche Gefahren« angesehen werden, ist das eine Fehldeutung ihrer Beschaffenheit.

Die Thematik, die ich weiter ausführen möchte, ergibt sich aus Gedanken, die schon in früheren Kapiteln ins Spiel gebracht worden sind. Die moderne Zivilisation entfaltet sich, indem sie die Handlungsbedingungen einschließlich der natürlichen Umwelt, die sich einst diesen Einwirkungen entzogen, der Beherrschung

17 Beck, *Gegengifte*, S. 65 f.

durch den Menschen zu unterwerfen versucht. Diese Tendenz zur Beherrschung, die eng verknüpft ist mit der Betonung fortwährender wirtschaftlicher Entwicklung, ohne sich jedoch auf diese zurückführen zu lassen, stößt im Zuge ihrer allgemeinen Ausbreitung und Globalisierung an ihre Grenzen. Eine dieser Grenzen besteht im Vorherrschen der hergestellten Unsicherheit, die diese Beherrschungstendenz selbst in Frage stellt. Eine andere bilden die Auswirkungen einer solchen Einstellung auf grundlegende moralische Fragen und Dilemmata unserer Existenz.

Der Umweltschutzgedanke begreift Risiken im großen und ganzen als äußere Risiken. Die Ökologie dagegen versucht, die uns bedrängenden praktischen und ethischen Probleme unter Rückgriff auf natürliche Kriterien oder die Wiedergewinnung verlorener natürlicher Harmonien zu lösen. Da die erste Erfahrung hier das Erlebnis des Scheiterns ist, tauchen diese Fragen zunächst »mit negativem Vorzeichen« wieder auf. Doch jede von ihnen läßt, wenn man sie positiv wendet, sittliche Überlegungen erkennen, die die Frage betreffen, wie wir in einer Welt der verlorenen Traditionen und der vergesellschafteten Natur leben sollen.

Es lassen sich mehrere Hauptbereiche oder Kontexte auseinanderhalten, in denen die – oftmals mit der Tradition verwobene – »Natur« verschwunden oder im Verschwinden begriffen ist.[18] Mit »Natur« ist hier gemeint, was in unserem Leben »natürlich« oder vorgegeben ist. Sofern das nicht zu paradox ist, bildet die Natur im Sinne der nicht vom Menschen vereinnahmten physischen Umwelt eine Unterkategorie.

Natur:	– Verschmutzung und Verfall der Umwelt
	+ neuerlicher Schutz der außermenschlichen Welt
Fortpflanzung:	– willkürlich verfahrende Gentechnik, Eugenik
	+ positive Aneignung des Lebens, Sexualität

18 Diese Bereiche entsprechen den vier grundlegenden existentiellen Problembereichen des sozialen Lebens, die ich im 2. und 8. Kapitel meines Buches *Modernity and Self-Identity* erwähne.

Globale Systeme:	− Großkatastrophen, Unfälle infolge hergestellter Unsicherheit
	+ globale Zusammenarbeit und nachhaltige Entwicklung
Persönlichkeit:	− umweltbedingte Gesundheitsgefährdungen, Sinnverlust, Sucht
	+ holistische Auffassung von Körper und Ich

Die hier aufgezählten diversen Bereiche möchte ich in den folgenden Abschnitten dieses Kapitels im Hinblick auf die Begriffe »Risiko« und »sittliche Erneuerung« erörtern.

In der Natur und mit der Natur leben

Die Proteste gegen Luftverschmutzung und andere Formen der Umweltschädigung waren zunächst lokal begrenzte Reaktionen auf Unfälle im Sinne Ewalds: Öllecks, verseuchtes Land, ruinierte Bäume. Als äußere Risiken verstanden, gelten die Verfallserscheinungen in der Umwelt bei Wissenschaftlern wie Laien als »Nebenwirkungen«.[19] Mit anderen Worten: die industrielle Entwicklung habe unerwünschte sekundäre Folgen, doch es sei möglich, die damit einhergehenden Risiken abzuschätzen und das Gefahrenniveau unter Kontrolle zu halten. So lasse sich die Qualität der Atemluft in einer gegebenen Stadt überwachen und auf »akzeptablem« Niveau halten, auch wenn das bedeute, daß Fabriken bei steigenden Verschmutzungsgraden manchmal mehrere Tage lang geschlossen bleiben müssen.

Das »akzeptable« Niveau läßt sich jedoch nur für einen gegebenen Zeitpunkt oder Ort mit einiger Genauigkeit bestimmen. Woher soll man wissen, welche Auswirkungen ein bestimmter Prozeß oder eine Menge von Chemikalien in dreißig Jahren oder nach mehreren Generationen auf die Erde oder den Körper des Menschen haben wird? Sofern die Maßnahmen zur Risikobegrenzung

19 Beck, *Risikogesellschaft*, S. 80ff.

technische Neuerungen mit sich bringen, können sie ihrerseits Nebenwirkungen haben, die erst später, ja vielleicht erst sehr viel später entdeckt werden.

Solange das Risiko als äußeres Risiko aufgefaßt wird, kann die Wissenschaft den Laien (wie den Politikern) weiterhin ein Gefühl der Sicherheit und sogar der Geborgenheit vermitteln. Die hergestellte Unsicherheit ruft dagegen ganz andere Vorstellungen hervor, denn Wissenschaft, Technologie und Industrie sind ihre eigentlichen Ursachen. Mancher beginnt dann vielleicht, der Wissenschaft zu mißtrauen und der modernen Industrie mit Skepsis zu begegnen. Doch nur mittels Wissenschaft und Technik können die von ihnen selbst angerichteten Schäden aufgedeckt werden. Der Erfolg der kritischen Ausführungen der ökologischen Theoretiker beruht darauf, daß sie die Wissenschaftsapparatur und die damit einhergehende Infrastruktur voraussetzen. Viele halten sich sogar an die Formulierungen der in anderen Zusammenhängen angegriffenen Wissenschaft und Technik, um mit ihrer Hilfe das Wesen der »Natur« zu definieren.

In den politischen Theorien der Grünen, die eine Rückkehr zur unabhängigen Natur befürworten, tritt eine Reihe von Widersprüchlichkeiten oder Irrtümern auf:

1) In den Schriften der tiefen Ökologie wird häufig aufgerufen zu einer »gewaltlosen Revolution, durch die unsere ganze verschmutzende, plündernde und materialistische Industriegesellschaft umgestürzt werden soll, um an ihrer Stelle eine neue Wirtschafts- und Gesellschaftsordnung zu errichten, die es den Menschen gestattet, in Einklang mit ihrem Planeten zu leben«.[20] Aber selbst wenn die geringste Chance bestünde, eine derartige Strategie umzusetzen, würde das der betonten Tendenz zuwiderlaufen, wonach die wechselseitige Abhängigkeit der Dinge, die Kontinuität usw. maßgeblich seien für die grünen Werte. Ein derartiges Vorhaben ist ebenso selbstwidersprüchlich wie uneinsichtig.

2) Der Schutz der Biosphäre und die Pflege lokaler Bio-Besonderheiten werden immer wieder mit der Erhaltung oder Neuerfindung sozialer oder kultureller Traditionen verwechselt. Man geht

20 Jonathan Porritt/David Winner, zit. in: A. Dobson, *Green Political Thought*, London: Unwin Hyman, 1990, S. 7.

davon aus, daß die »Rückkehr zur Natur« die Bewahrung der Tradition rechtfertigt, und das reicht von der Erhaltung des Dorflebens und der ländlichen Bräuche bis hin zur Wiederbelebung der Religion und des spirituellen Bereichs. So geht Sheldrake etwa von der Analyse der natürlichen Welt unmittelbar zu Feststellungen über, die davon handeln, in welcher Weise sich »für Menschen aus den verschiedensten religiösen Traditionen die Frage nach ihrer spirituellen Beziehung zur lebendigen Welt stellt«.[21] Doch zwischen diesen beiden Elementen besteht kein innerer Zusammenhang.

3) Unterstellt wird, daß diejenigen, die »naturnah« leben, prinzipiell besser mit der Natur harmonieren als der moderne Mensch. Daher rühren auch die häufigen Äußerungen der Bewunderung für Jäger und Sammler oder kleine Pflanzergesellschaften. Doch wie von ethnologischer Seite kritisch eingewandt worden ist, erweist sich die wohltätige Kraft der Natur oft erst dann, wenn sie der Beherrschung durch den Menschen weitgehend unterworfen ist. Auf viele, die naturnah leben, kann die Natur feindlich und furchterregend wirken. Außerdem findet sich bei Gesellschaften mit niedrigem technischem Entwicklungsstand häufig ein hoher Grad von Umweltzerstörung.

4) Naturbeherrschung bedeutet insofern Zerstörung der Natur, als die vergesellschaftete Natur per definitionem keine natürliche mehr ist. Das ist aber nicht eo ipso mit Schädigung der Umwelt gleichzusetzen. Wie aus dem vorigen Punkt hervorgeht, kann die Natur durch Vergesellschaftung gutartig werden und somit tatsächlich eine »Harmonie« ermöglichen, die vorher gar nicht erreichbar war. Überdies kann Naturbeherrschung recht häufig bedeuten, daß nicht nur rein instrumentell oder gleichgültig mit der Natur umgegangen wird, sondern daß man sie pflegt.

5) Die Forderung der radikalen Ökologie nach einer grundlegenden Dezentralisierung des sozialen Lebens – und sogar zur Abschaffung der Städte – beruht auf der Vorstellung, daß biotische Mannigfaltigkeit kooperative Zusammenhänge hervorbringt. Doch dieses Ziel läßt sich kaum mit der These vereinbaren, es müßten scharfe Maßnahmen ergriffen werden, um Umweltschäden zu verhindern. Derartige Maßnahmen wären häufig nur mög-

21 Sheldrake, *Die Wiedergeburt der Natur*, S. 213.

lich, wenn noch mehr zentralisierte, globale Instanzen bestünden, als derzeit existieren.

6) Man geht davon aus, daß kleine lokale Gemeinschaften Solidarität und Demokratie maximieren und sich außerdem anmutiger in die Natur einfügen. Bookchin spricht für viele, wenn er feststellt: »Klein ist nicht bloß ›schön‹, sondern auch ökologisch, menschlich und vor allem emanzipatorisch. [...] Wir müssen anfangen, unsere Städte zu dezentralisieren und ganz neue Ökogemeinschaften aufzubauen, die durch künstlerische Gestaltung an die Ökosysteme angepaßt werden, in denen sie angesiedelt sind.«[22] Im Regelfall bringen jedoch kleine Gemeinschaften keineswegs die von den Ökologen angestrebte Mannigfaltigkeit hervor, sondern beeinträchtigen sie. Wie oben bereits betont wurde, besteht in kleinen Gemeinschaften die Tendenz, daß das Individuum der »Gruppentyrannei« unterworfen wird. Mechanische Solidarität steht im Gegensatz zu geistiger Unabhängigkeit. Die Feindschaft mancher Grünen gegen das Stadtleben erscheint wenn schon nicht durch und durch fehl am Platze, so doch naiv und unrealistisch. Städte sind bereits seit langem Zentren der Mannigfaltigkeit und der kulturellen Feinsinnigkeit. Vielfalt der Interessen und Einstellungen gedeiht in Städten sehr viel eher als im einheitlicheren Milieu der isolierten lokalen Gemeinschaft. Außerdem sind Städte, wie Claude Fischer gezeigt hat, nicht notwendig Umfelder, in denen anonyme, unpersönliche Interaktionen die Oberhand haben über stärker persönlich geprägte.[23]

Die Ökologie räumt natürlich vorkommenden Systemen einen Vorrang vor anderen ein, doch das ist ein Fehler. Es gibt zwar zweifellos eine Reihe von Situationen, in denen sich die Menschheit bemühen sollte, Eingriffe zu vermeiden, die die Natur in Mitleidenschaft ziehen, oder in denen sie versuchen sollte, Nebenwirkungen zu beseitigen. Die meisten Lebensweisen, mit denen wir uns auseinandersetzen müssen, sind jedoch ökosoziale Systeme, denn sie betreffen die gesellschaftlich gestaltete Umwelt. Keine Berufung auf die Natur kann uns helfen zu entscheiden, ob im Einzelfall Zurückhaltung angebracht ist oder nicht. In den meisten Umweltbereichen wüßten wir gar nicht, wie wir es anstellen

22 Bookchin, *Toward an Ecological Society*, S. 68.
23 Claude Fischer, *The Urban Experience*, New York: Harcourt Brace, 1984.

sollten, Natürliches und Soziales zu trennen – und darüber hinaus ist ein solches Unterfangen normalerweise belanglos für die Vorbereitung politischer Maßnahmen. Deshalb müssen wir uns auch nicht der unmöglichen Aufgabe stellen, anzugeben, wieso Los Angeles weniger natürlich sei als ein englisches Dorf, während es uns dazu verpflichtet, Urteile über *alle* Landschaften oder ökologischen Arenen abzugeben. »Die Umwelt« sollte nicht benutzt werden, um auf verstohlene Weise die »Natur« einzuschmuggeln. Los Angeles gehört im gleichen Maße zur Umwelt wie eine Dorfwiese.

Heute beziehen sich demnach alle ökologischen Debatten auf bearbeitete Natur. Das bedeutet freilich nicht, daß die Natur zur Gänze der menschlichen Kontrolle unterstellt sei; die Grenzen dieser Kontrolle werden gerade durch das Scheitern der Versuche ihrer unbeschränkten Ausdehnung offengelegt. Die Frage, inwieweit wir uns natürlichen Prozessen »fügen« sollten, hängt jedoch nicht von dem Umstand ab, daß es einige derartige Prozesse gibt, die viel zu groß sind, als daß wir sie in den Griff bekommen könnten. Vielmehr hängt sie davon ab, inwieweit wir uns darüber einigen, daß es am besten wäre, einige natürliche Phänomene, die wir beeinflußt haben oder beeinflussen könnten, wieder in ihren ursprünglichen Zustand zu versetzen. Jede derartige Wiederherstellung ist zumindest indirekt eine Form von Bearbeitung: die Schaffung von Parametern des »Schutzes«.

Der Umgang mit der Natur muß heute offenbar in beträchtlichem Maße defensiv sein; es sind zu viele neue Bedrohungen und konsequenzenreiche Risiken erzeugt worden, als daß ein anderes Verhalten möglich wäre. Die Kriterien für eine positiv eingestellte Beurteilung der bearbeiteten Natur betreffen nicht die Natur selbst, sondern Werte, die bei der Bearbeitung als Richtschnur dienen, einerlei, ob von stark urbanisierten oder von wilden Gegenden die Rede ist.

Wenn es um Erhaltung geht, muß der Schutz der Tradition unterschieden werden vom Schutz der Natur. Um es anders zu formulieren: wir sollten nicht annehmen, daß wir die Natur verteidigen – oder sie etwa gar in natürlicher Weise beschützen –, wenn wir in Wirklichkeit ein bestimmtes soziales Umfeld oder eine Lebensform schützen. Goodin hat geltend gemacht, diese beiden

Dinge hingen in Wirklichkeit doch miteinander zusammen. Naturschützer wollen oft nicht nur das Land, sondern auch die darauf stehenden Gebäude schützen, z. B. alte Häuser, Kirchen oder Gutsgebäude. Niemand könnte behaupten, daß diese Bauwerke zur Natur gehören, egal, wie weitreichend das Wort interpretiert werden mag. Demnach habe es den Anschein, als stünden sie außerhalb der von Goodin formulierten »grünen Theorie der Werte«, denn da sie von Menschenhand gebaut wurden, sei es offenbar ausgeschlossen zu behaupten, daß derartige Gegenstände »größer« sind als die Menschen. In Wirklichkeit, meint Goodin, können sie doch unter seine Theorie fallen. Denn nicht nur dadurch, daß Gegenstände oder Phänomene räumlich größer sind als wir selbst, können sie unter grüne Wertvorstellungen fallen, sondern auch der Umstand, daß sie einer umfassenderen Geschichte angehören als der eigenen, kann genau die gleiche Wirkung haben. »Man kann also durchaus Gründe nennen, die dafür sprechen, Dinge generell wegen ihrer menschen- oder naturgebundenen Geschichte zu erhalten. Daraus ergibt sich ein intellektuell wichtiges und politisch überzeugendes Argument für die Bewahrung alter Denkmäler und historischer Wahrzeichen.«[24]

Ein derartiges Argument ist jedoch nichts weiter als eine Version des philosophischen Konservatismus und den gleichen Einwänden ausgesetzt, die man auch gegen diesen Konservatismus erheben kann, wenn er die Tradition in traditioneller Weise zu verteidigen bestrebt ist. Es mag zwar durchaus sein, daß wir alte Bauwerke bewahren möchten, doch die Lebensformen, mit denen sie in Zusammenhang standen, würden wir nicht aufrechterhalten wollen, und meistens wären wir sowieso nicht dazu imstande. Aber ohne diese Lebensformen sind die alten Bauwerke wohl kaum »größer« als wir selbst, sondern sie sind Symbole der Vergangenheit, Überreste oder Denkmäler. Wenn wir tatsächlich wenigstens einige der alten Lebensformen bewahren wollen, dürfen wir uns dabei nicht bloß auf die Annahme stützen, daß sie größer seien als wir selbst, denn sie können abträgliche Handlungsweisen nach sich ziehen. So wäre es etwa möglich, daß wir den örtlichen Galgen erhalten wollen, aber nicht die Gepflogenheit, Kleinkriminelle öffentlich daran aufzuhängen.

24 Goodin, *Green Political Theory*, S. 50.

Ebenso wichtig wie die Bearbeitung der Umwelt ist für ökologische Fragestellungen der im Kontext der modernen Industrie gesehene Umgang mit Wissenschaft und Technologie. Wir sind nicht imstande, der wissenschaftlich-technischen Zivilisation zu entrinnen, einerlei, zu welchen »grünen Sehnsüchten« diese Zivilisation Anlaß geben mag. Wer in einer Zeit der hergestellten Risiken lebt, muß sich der Tatsache stellen, daß die »Nebenwirkungen« technischer Neuerungen keine Nebenwirkungen mehr sind. Über diese Frage bleibt noch einiges zu sagen, wobei weiter unten dargelegte Überlegungen zu berücksichtigen sind.

Solange es sich nicht um Probleme handelt, die in ganz krasser Weise das globale Überleben betreffen, wirft jeder Versuch der Entscheidung, welche Gegebenheiten der Natur oder der Vergangenheit bewahrt werden sollten, die Frage auf: »Wie sollen wir leben?« Ökologische Probleme machen deutlich, inwieweit sich die moderne Zivilisation mittlerweile darauf verläßt, daß die Ausbreitung der Kontrollmöglichkeiten und der wirtschaftliche Fortschritt Mittel sind, durch die sich die grundlegenden existentiellen Dilemmata des Lebens verdrängen lassen.

Fragen der Fortpflanzung

Zu den bedeutendsten naturwissenschaftlichen Entwicklungen der letzten Jahre gehört das Zusammenwirken von Biologie und Genetik. Auf die neuen Formen der Fortpflanzungstechnologie vom Schlage der In-vitro-Fertilisation folgt das Projekt der Entschlüsselung und eventuellen Steuerung der Mechanismen des menschlichen Erbguts. Das Ziel des Humangenom-Projekts ist die Registrierung jedes Gens der menschlichen RNS. Etliche ererbte Mängel oder Krankheiten mit genetischer Komponente lassen sich jetzt schon ermitteln und im Prinzip auch beheben. Es ist behauptet worden, daß das Genom-Projekt, sofern die Forscher wirklich die von einigen vorausgesagten Erfolge erzielen, »das 21. Jahrhundert zum Zeitalter des Gens stempeln wird. Das Humangenom-Projekt läßt sich zwar mit dem Apollo-Programm vergleichen, doch es wird das menschliche Leben und die Geschichte des Menschen gründlicher ummodeln als alle hochtechnologischen Erfindungen des Raumzeitalters. [...] Vielleicht werden wir dadurch sogar auf fundamentalster Ebene begreifen, was es heißt, ein Mensch zu sein.«[25]

Die Folgen wirken in alle Richtungen. Die moderne Genetik ist ein großes Geschäft, das nicht nur gewaltige Subventionen von seiten der Regierungen an sich zieht, sondern auch den Reiz gewaltigen Profits für diejenigen mit sich bringt, die imstande sind, die einmal gemachten Entdeckungen zu patentieren und auf den Markt zu werfen. Die Gentechnik ist schon eine eigene Großindustrie. Im Zuge des Humangenom-Projekts werden wahrscheinlich Tausende von menschlichen Genen isoliert, aus denen sich die entsprechenden Proteine in Massenfertigung gewinnen lassen. Einerlei, inwieweit dieses spezifische Projekt Erfolg haben wird, den Genetikern ist es schon heute gelungen, die Funktionen von Proteinen zu ermitteln, die für den menschlichen Organismus lebenswichtig sind, und diese Proteine weithin zugänglich zu machen.

Ein lehrreiches Beispiel ist der Fall des menschlichen Wachstumshormons, da es symptomatisch ist für eine unabsehbare Vielfalt gegenwärtiger und künftiger Möglichkeiten.[26] Ein bestimmter Anteil der Kinder erreicht die normale Größe nicht, weil ihnen das ausreichende Quantum jenes Proteins abgeht, das ein »normales« Wachstum gestattet. Seit den frühen sechziger Jahren ist es möglich, einige wenige dieser Kinder mit Hormonen zu behandeln, die der Hirnanhangdrüse verstorbener Menschen entnommen werden. Wie es scheint, litt jedoch einer der Menschen, von denen das Hormon stammte, an einer seltenen Form einer ansteckenden Gehirnkrankheit. Infolgedessen starben in manchen Ländern, in denen dieses Verfahren angewendet wurde, einige der Behandelten an dieser Krankheit.

Später wurde entdeckt, wie sich dieses Hormon künstlich herstellen läßt, ohne daß die Gefahr einer solchen Ansteckung droht. Das Ergebnis ist allerdings, daß dieses Hormon nun verwendet wird, um Kinder ohne eigenen Mangel an Wachstumshormon zu »behandeln«, deren Eltern jedoch einfach wünschen, daß ihre Kinder größer werden. Die meisten dieser Eltern sind selbst kleine Menschen, doch das Hormon wird bloß deshalb eingesetzt, weil

25 Tom Wilkie, *Perilous Knowledge*, London: Faber, 1993, S. 3.
26 Ebd., 7. Kapitel.

die Eltern meinen, daß die Größe im Leben Vorteile bringt. Das geschieht, obwohl durchaus nicht klar ist, ob das Hormon normale Kinder wirklich größer werden läßt, als sie ohnehin werden würden. Außerdem sprechen einige (allerdings nicht sehr aussagekräftige) Belege dafür, daß alte Menschen, denen dieses Hormon injiziert wird, nicht so leicht an dem Muskelschwund leiden, der mit fortschreitendem Alter einzutreten pflegt. Das menschliche Wachstumshormon ist ferner zu dem Versuch benutzt worden, die Stärke und Ausdauer von Leistungssportlern zu erhöhen, obwohl auch hier wieder der Erfolg umstritten ist. Dennoch ist die Nachfrage so groß, daß vielfach gefälschte Hormonpräparate verkauft werden. Dabei spricht manches dafür, daß das Wachstumshormon geradezu schädlich sein kann für Menschen, die es nehmen, um ihr athletisches Können zu verbessern. Es sind sogar einige Todesfälle darauf zurückgeführt worden.

Die hier erzählte Geschichte (und bisher ist es natürlich bloß eine Geschichte) ist typisch für solche wissenschaftlichen Neuerungen und die Chancen und Gefahren der hergestellten Unsicherheit im allgemeinen. Die Dilemmata, die sich aus dem Humangenom-Projekt und ähnlichen Forschungen ergeben, scheinen in gewissem Maße auf der Hand zu liegen. Wie weit sollen Wissenschaftler gehen dürfen, wenn ihre Forschungen Möglichkeiten eröffnen, deren potentieller Nutzen nicht geringer ist als die erschreckenden Aussichten? Die Anatomie ist kein Schicksal mehr – aber ist es moralisch akzeptabel, daß wir nicht nur die Umwelt gestalten, in der wir leben, sondern auch die eigene physische – und vielleicht sogar unsere psychische – Ausstattung? Einige Autoren haben sich die Schaffung einer neuen Rasse von Übermenschen ausgemalt, die gefeit sein soll gegen eine Vielzahl derzeit üblicher Krankheiten und Behinderungen.[27]

Derartige Reaktionen und Fragen sind sicherlich wichtig, doch sie setzen voraus, daß solche Forschungen im Rahmen ihrer eigenen Begrifflichkeit diskutiert werden sollten, also im Hinblick auf die Handlungsbereiche, zu denen sie unmittelbar gehören. Im Prinzip gibt es jedoch keinen Unterschied zwischen solchen wissenschaftlichen Neuerungen und der Zersetzung der Natur, wie

27 John Harris, *Wonderwoman and Superman*, Oxford: Oxford University Press, 1992.

man sie auf anderen Gebieten menschlichen Tuns vorfindet. Alle mit der hergestellten Unsicherheit verbundenen Komponenten sind auch im Beispiel des Wachstumshormons gegeben. Verfolgt man die Geschichte seiner bisherigen Anwendung, stößt man zunächst auf die »routinemäßige« Entdeckung der Nebenwirkungen: es zeigt sich, daß die anfangs erfolgte Entnahme des Hormons bestimmte Gesundheitsrisiken nach sich zieht. Die gentechnische Erzeugung des Proteins scheint die Risiken des früheren Verfahrens zu minimieren, und zur gleichen Zeit erweitert sie den Spielraum der potentiellen Anwendung des Hormons beträchtlich. Dennoch werden dadurch neue Risiken geschaffen, die nicht so leicht abzuschätzen sind wie die früher erkannten. Wer weiß, ob es längerfristige Auswirkungen gibt, die die Empfänger des Wachstumshormons oder sogar ihre Nachkommen betreffen – und wer weiß, was für Auswirkungen das sein können?

Was sich zunächst als Behandlungsweise einer genauer bestimmbaren Krankheit darstellt, untergräbt und verändert sodann die Definition dessen, was »normal« heißt. Denn was im Hinblick auf die Körpergröße – und heute auch im Hinblick auf viele sonstige Dinge, die den Körper betreffen – als normal gilt, war früher eine Naturgegebenheit. Wie groß ist ein großer Mensch? Diese Frage hatte einen gewissen Sinn, als man noch sozusagen das Los, das man hinsichtlich der eigenen Körpergröße gezogen hatte, hinnahm. Wenn die Größe nicht mehr etwas in dieser Weise Gegebenes ist, fällt es schwerer, diese Frage zu beantworten.

Es ist nicht die Wissenschaft selbst, der hier der Prozeß gemacht wird, sondern es ist die Verstrickung von Wissenschaft und Technik in die Kontrollgesinnung der Moderne. Die enge Einbindung der Wissenschaft in die modernen Institutionen war abhängig davon, daß die wissenschaftliche Autorität über die Kraft der Traditionen verfügte, die sie hatte auflösen sollen. Die reine Wissenschaft operierte innerhalb ihrer eigenen abgegrenzten Sphäre, und »Wahrheiten« galten in dieser Sphäre erst dann, wenn Beobachtungen und Theorien von der wissenschaftlichen Gemeinschaft zur Zufriedenheit überprüft waren. Dieses Arrangement funktionierte, solange die »Natur« relativ unangetastet blieb und die Risiken, mit denen die technischen Anwendungen der Wissenschaft verbunden waren, nicht äußerlich, sondern hergestellt waren. Sobald sich dieses Verhältnis wandelt und die »wissenschaftsinternen« Auseinandersetzungen beginnen, reflexiv in nichtwissenschaftliche Diskurs- und Tätigkeitsbereiche einzudringen, läßt sich eine derartige Situation nicht mehr durchhalten. Oder sie wird vielmehr *doch* durchgehalten, obwohl das Problematische der Umstände, mit denen wir heute im Regelfall konfrontiert sind, nur verschärft wird, wenn man die hergestellte Unsicherheit als äußeres Risiko behandelt.

Unter den neuen Umständen von heute stößt der wissenschaftliche Fortschritt an die Grenzen der Moderne, die er selbst aufdeckt. Die Wissenschaft und das Streben nach Beherrschbarkeit dienen nicht mehr der Legitimation einer Aufgabe, die lange Zeit grundlegend gewesen ist für die moderne soziale Entwicklung. Die »geschützte« Sphäre, die die vorurteilslose wissenschaftliche Tätigkeit ermöglicht hat, wird durchbrochen, sobald die Reflexivität sich entfaltet und hergestellte Risiken auftreten. Die Moderne selbst ist experimentell geworden – ein Großversuch, an dem unser aller Leben beteiligt ist. Doch dabei handelt es sich keineswegs um ein Experiment, das unter kontrollierten Bedingungen ausgeführt wird.

Die Resultate der Wissenschaft werden zusammen mit anderen reflexiv verfügbaren Erkenntnisquellen befragt, kritisiert und benutzt. In einer Ordnung der Enttraditionalisierung können nur wenige es sich leisten, Befunde außer acht zu lassen, die z. B. die Vorteile und Risiken verschiedener Nahrungsmittel, diverse Gesundheitsrisiken, ökologische Gefahren usw. betreffen. Auf lokaler, kollektiver und globalerer Ebene setzen wir alle uns in gewissem Sinne und in manchen Zusammenhängen aktiv mit den Ergebnissen der Wissenschaft auseinander sowie mit den technischen Möglichkeiten, die sich daraus ergeben oder damit verbunden sein können.

Infolgedessen verändert die Wissenschaft ihre Rolle in unserem Einzelleben wie auch in der umfassenderen Sozialordnung.[28] Viele wissenschaftliche Thesen werden schon öffentlich diskutiert, ehe man sagen könnte, daß sie nach den geltenden Regeln der Wissenschaft »bewiesen« wurden. Wenn es um die negativen Seiten wissenschaftlicher Neuerungen geht, sind einzelne oder Gruppen oft

28 Vielfältige Belege für diese Veränderungen finden sich in: Beck, *Gegengifte*.

nicht bereit zu warten, bis die Behauptungen »hinreichend erwiesen« sind, denn die im Falle der Stichhaltigkeit dieser Behauptungen drohenden Gefahren dulden vielleicht keinen Aufschub. Daher nimmt es z. B. nicht wunder, daß Panik in bezug auf Lebensmittel zum Alltag gehört. So wird ein bestimmtes Nahrungsmittel, das man regelmäßig zu sich nimmt, plötzlich verdächtig, gleichviel, was zu dieser Frage von den Wissenschaftlern gesagt wird (bzw. von *einigen* Wissenschaftlern, denn die wissenschaftliche Meinung ist häufig geteilt).

Etwas Ähnliches gilt auch mit Bezug auf die positiven und nützlichen Seiten, die für wissenschaftliche Entdeckungen in Anspruch genommen werden, obwohl die Reaktionen hier vielleicht weniger heftig sind. Sportler, die ihre Körperkräfte steigern wollten, rissen sich um das Wachstumshormon, obwohl es damals kaum Belege für die entsprechende Wirkung gab und obwohl nicht einmal die kurzfristigen Konsequenzen bekannt sind, die die Einnahme dieses Hormons für die Gesundheit haben kann. Man könnte zwar behaupten, daß die wissenschaftlichen Testverfahren schließlich »aufholen« werden, sobald mehr Tests durchgeführt sind, doch selbst wenn man von der Unmöglichkeit des Testens langfristiger Konsequenzen absieht, geht es doch gerade darum, daß jeder Kontext des Gebrauchs wissenschaftlicher Neuerungen wahrscheinlich neue Umstände schafft, unter denen die alten Tests nicht mehr gültig sind.[29]

Kernkomponenten der Wissenschaft im »traditionellen« Sinne geraten somit unter Druck und lösen sich manchmal überhaupt auf. Die Wissenschaft beruht auf der unparteiischen Beurteilung von Gültigkeitsansprüchen. Die Unparteilichkeit wiederum setzt voraus, daß die Wissenschaftler nicht genötigt sind, die sozialen Konsequenzen ihrer Ergebnisse zu bedenken. Denn da sich die Wissenschaft dem Streben nach Wahrheit widmet, folgt sie ihrem eigenen Weg.

Doch wenn die wissenschaftliche Forschung in praktischer Hinsicht mit so vielen reflexiven Folgen behaftet ist, läßt sich nicht einmal die Gültigkeit der Ergebnisse rein innerwissenschaftlich beurteilen. Die Initiatoren des in den Vereinigten Staaten lancierten Humangenom-Projekts machten den Vorschlag, drei Prozent

29 Ebd., S. 206.

der Gesamtförderung für dieses Unterfangen sollten darauf verwendet werden, die sozialen und ethischen Weiterungen der Forschungen zu untersuchen – das größte bioethische Forschungsprogramm der Welt. Doch die wirklichen Fragen an das Projekt werden von der Vielfalt der jetzt und später von ihm herbeigeführten reflexiven Beteiligten gestellt.

Nun könnte es den Anschein haben, als entstammten die moralischen oder ethischen Dilemmata, welche Forschungen vom Typ des Humangenom-Projekts nach sich ziehen, nur den von diesen Forschungen erschlossenen neuen Bereichen. Es könnte, anders ausgedrückt, so aussehen, als käme die Ethik nur dort ins Spiel, wo sich die Natur angesichts menschlicher Eingriffe auflöst. Denn schließlich müssen wir (mit allen Mehrdeutigkeiten dieses Wörtchens »wir«) Entscheidungen treffen und wählen, wo die Dinge bisher von einer natürlichen Ordnung festgesetzt waren; und einem »technischen« Rahmen entziehen sich diese Entscheidungen ständig.

Hier möchte ich jedoch eine andere Betrachtungsweise vorschlagen. Die ethischen Probleme, denen wir uns heute, da die Natur zerfällt, gegenübersehen, rühren daher, daß existentielle Fragen von der Moderne unterdrückt werden. Diese Fragen kommen nun mit voller Wucht wieder zum Vorschein, und *sie* sind es, über die wir im Kontext einer Welt der hergestellten Unsicherheit entscheiden müssen. Von diesem Standpunkt betrachtet, ist die Sehnsucht nach einer Rückkehr zur »Natur« eine »gesunde« Form von Nostalgie, insoweit sie uns zur Auseinandersetzung mit Fragen nötigt, die ästhetische Probleme, den Wert der Vergangenheit und die Achtung vor menschlichen wie nichtmenschlichen Lebensquellen betreffen. Sofern die Tradition in traditionaler Weise verstanden wird, können wir diese Fragen nicht unter Berufung auf sie beantworten, doch wir können auf die Tradition Bezug nehmen, um eine Antwort zu geben. Im Falle der Fortpflanzung geht es um die Möglichkeit einer positiven Aneignung der moralischen Seite des Lebens. So heißt es in einem Bericht über das Humangenom-Projekt ganz zu Recht: »Sobald das Humangenom-Projekt abgeschlossen ist, wird es über drei Milliarden Dollar gekostet und die Energie wie den Verstand von Tausenden der kreativsten Wissenschaftler der Welt über einen Zeitraum von

nahezu zwei Jahrzehnten in Anspruch genommen haben. [...]
Dann wird es gelungen sein, einen vollständigen genetischen Plan
der Menschheit auszuarbeiten, der nicht nur die Unterschiede
zwischen den verschiedenen Einzelmenschen aufdeckt, sondern
auch die tiefreichenden grundlegenden Ähnlichkeiten zwischen
den Menschen und der übrigen lebenden Welt. Doch zum Schluß,
nachdem alle diese Erfolge erreicht worden sind, besteht die Herausforderung darin, unser Gefühl des eigenen sittlichen Werts neu
zu definieren, damit die Menschen einen moralischen Wert behalten, der sich auf nichts anderes zurückführen läßt.«[30] Das Genom-
Projekt mag zwar in technologischer Hinsicht avantgardistischer
sein als andere Bereiche der Fortpflanzungstechnologie, doch es
führt uns zurück zu denselben Fragestellungen wie diese.

Betrachten wir z.B. die Auseinandersetzungen um den Schwangerschaftsabbruch. Auf diese Kontroversen um die Abtreibungsproblematik möchte man mit der verzweifelten Frage reagieren,
wie es den widerstreitenden Parteien je gelingen könne, sich auf
eine Lösung zu einigen. Doch die ganze Debatte könnte man auch
als eine fruchtbare Auseinandersetzung um den Wert des menschlichen Lebens ansehen. Die Abtreibungsthematik bringt zwar
bestimmte Arten von Fundamentalismus hervor, doch zur gleichen Zeit entzieht sie vielleicht anderen fundamentalistischen Anschauungen den Boden. Sofern Ronald Dworkin recht hat mit
seiner Analyse der Frage, sind beide Seiten in dieser Debatte darauf festgelegt, die Heiligkeit oder Unantastbarkeit des menschlichen Lebens anzuerkennen, ja sie sind durch diese Debatte dazu
gezwungen worden, diese Verpflichtung deutlich auszuspre-
chen.[31] Ferner ist es möglich, wie Dworkin zu zeigen versucht,
daß ein solches Prinzip auch auf andere, nicht unmittelbar an den
Menschen gebundene, aber hinsichtlich der Fortpflanzung mit
Kreativität ausgestattete Bereiche übertragen wird. Jede Abtreibung sei zu bedauern, weil sie die Entfaltung des im Fötus angeleg-
ten Kreativitätspotentials unterbinde. Obwohl Abtreibung immer
etwas Negatives sei, könne ein früher Schwangerschaftsabbruch in
solchen Fällen zu rechtfertigen sein, in denen Verzicht auf Abtreibung der Verwirklichung menschlicher Möglichkeiten in höherem

30 Wilkie, *Perilous Knowledge*, S. 120f.
31 Ronald Dworkin, *Life's Dominion*, London: Harper-Collins, 1993.

Maße schaden würde. Es sei nicht das Lebendigsein als solches, dem Wert zugesprochen wird, sondern die Art des Lebens, zu der der einzelne fähig ist.

Dworkins Argumente werden natürlich nicht die Streitigkeiten über die Abtreibungsproblematik beilegen. Seine Erörterung deutet jedoch darauf hin, daß der Grund, weshalb die Frage heute so wichtig geworden ist, gerade darin liegt, daß sich die Heiligkeit des menschlichen Lebens als allgemeingültiger Wertanspruch entpuppt hat – sich mithin das genaue Gegenteil eines beliebigen Wertpluralismus herausgebildet hat. Wer glaubt, daß ein Schwangerschaftsabbruch unter allen Umständen verfehlt ist, kann per definitionem nicht seinen Gegnern zustimmen, nach deren Ansicht Abtreibung einigermaßen ungehindert möglich sein sollte. Doch in Wirklichkeit verweist diese Debatte auf eine globale Situation, in der die moralischen Lebensansprüche und die Ausschöpfung menschlicher Möglichkeiten als mehr oder weniger selbstverständliche Prämissen gelten. Und diese Sachlage ist sicherlich etwas ganz Neues.

Großrisiken

Einsicht in die Heiligkeit des Lebens und Einsicht in die Bedeutung der globalen Kommunikation – dies sind die miteinander verbundenen Pole der heutigen Politik der Lebensführung. Als Kehrseite der bedrohlichsten Negativpunkte am menschlichen Horizont ergibt sich das globale Bewußtsein oder, wie man vielleicht sagen sollte, das Bewußtsein von den gemeinsamen Interessen der Menschheit als Ganzer. Hier wimmelt es freilich von Metaphern und Bildern, vom »Raumschiff Erde« bis zum »Fortschritt für einen kleinen Planeten« neben vielen anderen. Wenn es diffiziler wird, stößt man auf die Idee der Gaia, der Welt »als einer lebenden Wesenheit mit ihren eigenen Pendants der Sinne, des Verstands, der Erinnerung und der Handlungsfähigkeit«.[32] Was uns auf den ersten Blick die Menschen als Plünderer der biotischen Einheit der Natur vergessen läßt, zwingt uns in Wirklichkeit zu ihrer genauen Betrachtung. Die Großrisiken sind die negative

32 Kit Pedler, *The Quest for Gaia*, London: Paladin, 1991, S. 94.

Seite der sich rasch entwickelnden menschlichen Interdependenz. Allein im Hinblick auf ihr Ausmaß gehören die Großrisiken, wie bereits betont wurde, zu einer eigenen Kategorie. Das Ausmaß verleiht solchen Gefahren zweifellos eine einzigartige Gestalt. In weiter Entfernung von allen und offenbar völlig ungestört von menschlichem Handeln beeinflussen derartige Risiken – schon allein deshalb, weil ihnen niemand entrinnen kann – dennoch allgemeiner das Bewußtsein der Menschen als andere Bedrohungen. Solche Risiken lassen sich noch viel weniger als sonstige Gefahren mit den üblichen Verfahrensweisen der Wissenschaft überprüfen. Ihre Diagnose enthält ein stark kontrafaktisches Element, und das gleiche gilt auch für alle Vorkehrungen, die getroffen werden, um den Risiken entgegenzutreten. Denn wenn diese Vorkehrungen angemessen sind, werden wir in gewissem Sinne nie erfahren, ob die ursprüngliche Diagnose richtig war.

Ein treffendes Beispiel ist der globale Erwärmungsprozeß. Ob diese Erwärmung tatsächlich erfolgt oder nicht, ist umstritten. Sofern es überhaupt möglich wäre, die notwendigen Vorkehrungen auf globaler Ebene zu treffen, bestünde die besonnenste Handlungsweise darin, die entsprechenden Vorsichtsmaßnahmen unter der Prämisse zu ergreifen, daß der Erwärmungsprozeß wirklich stattfindet und schädliche Folgen haben wird. Doch wenn derartige Maßnahmen wirklich ergriffen würden, könnte man rückblickend leicht geltend machen, das sei bloß Panikmache gewesen, und viel Mühe sei aufgewandt worden für nichts und wieder nichts.

Das gleiche kann auch umgekehrt gelten, wenn behauptet wird, Verfahren zur Minimierung von konsequenzenreichen Risiken hätten tatsächlich »funktioniert«. Von vielen Autoren ist etwa geltend gemacht worden, die Nuklearwaffen hätten dafür gesorgt, daß die USA und die UdSSR während des Kalten Krieges Frieden gehalten hätten. Doch darauf könnte ein Kritiker offensichtlich erwidern, der Friede sei *trotz* der Existenz der Nuklearwaffen gewahrt worden. Die Falschheit der Abschreckungstheorie hätte sich nur unter Umständen beweisen lassen, unter denen ohnehin niemand mehr da gewesen wäre, um darüber zu berichten.

Das Wissen um die konsequenzenreichen Risiken ist zweifellos einer der Faktoren, die den Wunsch erzeugen, zur Sicherheit der Natur zurückzukehren. Viele haben das Gefühl, daß wir als Menschheit insgesamt gravierend eingegriffen haben in das regenerative Potential der natürlichen Umwelt, der man es nun gestatten sollte, ihre ursprüngliche Form zurückzugewinnen. Hier gibt es jedoch ebenso wie in anderen Bereichen nur wenige natürliche Lösungen und eine ausgeprägte Tendenz zur Naturalisierung sozialer Probleme. Solange es nicht zu einer Art Riesenkatastrophe kommt, wird sich an der neu erkannten globalen Interdependenz nichts ändern, einerlei, inwieweit man einen sowieso nicht wirklich durchführbaren geordneten Rückzug aus der Sozialisierung der Natur antreten möchte.

Konsequenzenreiche Risiken machen in höherem Maße als jede andere Form von Gefahr den Gegensatz zwischen äußeren Bedrohungen und hergestellter Unsicherheit deutlich. Naturbedingte Unglücksfälle haben freilich immer schon mehr oder weniger zum Alltag gehört. Zahlreiche Naturkatastrophen ereignen sich auch heute noch, doch vor allem in den hochentwickelten Sektoren der Welt sind sie größtenteils von *Störfällen* verdrängt worden sowie von der vagen Drohung, es werde »noch schlimmer kommen«. Störfälle lüften den Schleier, der das äußere Risiko von der hergestellten Unsicherheit trennt. In summarischer Form lassen sich Störfälle einigermaßen genau vorhersagen, und ihre wahrscheinlichen Folgen sind abzusehen. Ihre Konsequenzen sind zumeist kurzfristiger Art und lassen sich bewältigen. Daher können sie in den Rahmen der Parameter des äußeren Risikos eingefügt werden.

Gewaltige Störfälle sind etwas anderes. Je größer ein potentieller Störfall ist, desto höher ist die Wahrscheinlichkeit, daß Regierungsbehörden und Spezialisten behaupten werden, dergleichen könne gar nicht eintreten. Meistens wissen wir außerdem nicht einmal, was das eigentlich ist, das »nicht eintreten kann« – die unvorhergesehenen Folgen sind zu zahlreich. In anderen Fällen kann es sich um kontrafaktische Möglichkeiten handeln, für die die Vergangenheit kaum eine Richtschnur bietet. Genauso verhält es sich bei allen besonders großen Bedrohungen, die über uns schweben.

Störfälle wie das Reaktorunglück im Kernkraftwerk von Tschernobyl haben Konsequenzen, die sich endlos in die Zukunft verzweigen. Was die Reaktionen der Sicherheitsexperten in anderen Gegenden betrifft, wird »das kann nicht geschehen« umgemünzt zu »das kann *hier* nicht geschehen« (bis es dann vielleicht doch passiert). Für viele Menschen ist Tschernobyl aber schon »hier« Wirklichkeit geworden, obwohl es noch viele Jahre dauern mag, ehe bekannt wird – sofern es überhaupt je bekannt wird –, welches die langfristigen Konsequenzen dieses Störfalls wirklich sind. Obzwar die entwichene Strahlung schon zu vielen Todesfällen geführt hat, obzwar die Lebensweise ganzer Völkerschaften (wie z. B. der Lappen) in Mitleidenschaft gezogen worden ist, obzwar man Tiere geschlachtet und geerntetes Korn vernichtet hat, ist Tschernobyl recht schnell zu etwas Normalem geworden. Bestimmte Strahlungsmengen sind in den meisten Gegenden Europas schon seit geraumer Zeit für »unschädlich« erklärt worden. Doch wer weiß, was Unschädlichkeit heißt, wenn man es mit historisch beispiellosen Ereignissen zu tun hat?

Im Gegensatz zu geringfügigen Störfällen und den meisten naturbedingten Gefahren ist es bei Großkatastrophen normalerweise nicht einfach, die Wirkungen in Raum und Zeit zu begrenzen. Andererseits können die Umweltwirkungen solcher Katastrophen auch übertrieben werden. Daher kann es manchmal rückblickend so aussehen, als habe es sich bloß wieder um Panikmache gehandelt. Einige der großen Ölverseuchungen sind z. B. recht schnell beseitigt worden, während die Nebenwirkungen (zumindest dem Anschein nach) unter Kontrolle sind. Wenn sich Alarme als bloße Schreckgespenster erweisen, werden diejenigen, die trotzdem auf die fortwährende Existenz großer Risiken verweisen, wahrscheinlich als professionelle Schwarzseher gebrandmarkt. Doch Panikmache gehört genauso zum Wesen der hergestellten Unsicherheit wie die »echten Bedrohungen«. Der Witz ist, daß Bedrohungen unter solchen Umständen eben nichts anderes sind als Bedrohungen. In welchem Maße sie »echt« sind, kann man nicht wie bei äußeren Risiken im voraus wissen, denn dies sind Situationen, die wohl stets Faktoren enthalten, auf die man bisher noch nicht gestoßen ist.

Im Juli 1993 trat der Mississippi über die Ufer und überschwemmte weite Gebiete der Vereinigten Staaten von St. Louis bis in weit südlichere Gegenden. Diese Überschwemmung verwüstete ein Gebiet von der Größe Englands. Fünfzigtausend Menschen waren gezwungen, ihre Häuser im Stich zu lassen, über dreißig Personen kamen ums Leben, und die Kosten der Schadensbehebung wurden auf zehn Milliarden Dollar geschätzt. Ein Beobachter schrieb darüber, dieses Ereignis sei eine »Demütigung gewesen für die reichste und mächtigste Nation der Erde, die durch eine Laune der Natur zur Ohnmacht verdammt und auf den Rang eines Landes der Dritten Welt degradiert worden ist. [...] Eine Fülle von Bildern läßt an Katastrophen in der Dritten Welt denken: eingestürzte Brücken, Flüchtlinge schleppen von ihrem Besitz mit, was sie tragen können, und es stinkt nach Abwässern und Senkgruben.«[33] Eine Naturkatastrophe, wie es vorher schon viele gegeben hat in der Geschichte? Vielleicht – aber vielleicht auch nicht. Von manchen wird behauptet, daß das System von Dämmen, Schutzwällen, Deichen und Entwässerungskanälen, das gebaut wurde, um die Überschwemmungen des Flusses zu regulieren, selbst die Ursache der Überflutung gewesen sei oder diese zumindest verschlimmert habe. Außerdem waren die schweren Regenfälle ihrerseits untypisch für die Jahreszeit, denn der Juli ist normalerweise ein äußerst heißer Monat, der sogar Dürre bringen kann. Waren die Regenfälle vielleicht ein Ergebnis vom Menschen verursachter Klimaveränderungen? Niemand kann eine sichere Antwort geben.

Das Ausmaß der eingetretenen Überschwemmung war durchaus nicht vorhergesehen worden. Doch hätte jemand behauptet, daß eine Katastrophe bevorstehe, und hätten die Schutzvorrichtungen standgehalten, wäre gegen den Betreffenden wahrscheinlich der Vorwurf der Panikmache erhoben worden. Nehmen wir jedoch an, eine solche Warnung wäre auf offene Ohren gestoßen, und das nunmehr verstärkte Sicherheitssystem hätte ohne weiteres standgehalten. Dann wäre die Angst der Verantwortlichen vielleicht die Voraussetzung dafür gewesen, daß etwas getan wurde. Aber gerade der Erfolg der ergriffenen Maßnahmen hätte dann den Anschein erwecken können, sie seien von vornherein überflüssig gewesen.

Hier gilt ein allgemeines Prinzip, das die hergestellte Unsicher-

33 Russell Miller, »A hard rain«, *Sunday Times*, 25. Juli 1993.

heit betrifft. Denken wir z. B. an die Informationskampagnen, um die Verbreitung von AIDS zu bekämpfen. Niemand weiß (bis heute jedenfalls), ob AIDS eine »natürlich« zutage getretene Krankheit ist oder auf Ursachen zurückgeht, die in bislang nicht identifizierten Aspekten der Technologie liegen oder in vom Menschen ausgelösten Umweltveränderungen. Es gibt keine historischen Beispiele, auf die wir uns unmittelbar stützen können, um die Ausbreitung zu begrenzen oder nach einer Heilmöglichkeit zu suchen. In diesem Kontext sind Informationsprogramme wichtig, weil das wichtigste Verfahren zur Begrenzung der Ausbreitung von AIDS darin besteht, daß man die Menschen dazu überredet, ihr gewohntes Sexualverhalten zu ändern.

Um solchen Kampagnen zum Erfolg zu verhelfen, mag es notwendig sein, in möglichst eindringlicher Sprache zu betonen, daß sich AIDS rasch ausbreiten wird, wenn die angemessenen Verhaltensänderungen ausbleiben. Hier gibt es zwei Möglichkeiten, warum diese im Grunde berechtigte Warnung weithin als unverantwortliche Panikmache wahrgenommen wird. Unsere wissenschaftlichen Erkenntnisse über AIDS sind trotz der im Rahmen der weltweiten Forschung ausgegebenen enormen Summen immer noch dürftig. Es kann sich herausstellen, daß bestimmte Einflüsse die über einen bestimmten Punkt hinausgehende Verbreitung von AIDS verhindern oder daß derzeitige Deutungen der Art und Weise, wie die Krankheit verursacht oder übertragen wird, verfehlt sind. Aber auch aus dem Rückblick kann eine berechtigte Warnung als Panikmache gelten, und zwar einfach deshalb, weil sie ihre Wirkung tut. Es kann sich erweisen, daß Fälle von AIDS weit weniger häufig vorkommen, als man gemeint hatte, was dann jedoch auf ebendie Verhaltensänderungen zurückgeht, die durch jene Prophezeiungen und die von ihnen angeregten Programme ausgelöst worden sind.

Konsequenzenreiche Risiken offenbaren ebenso wie die übrigen Minuspunkte der Moderne eine Utopie, und zwar eine Utopie, die gewiß manche realistische Seite aufweist. Dies ist keine Utopie von einer Welt, die zur »natürlichen Ordnung« zurückgekehrt ist, indem die Menschheit den Rückzug angetreten oder ihre Bestrebungen derart beschränkt hat, daß sie sich einem organischen System unterwirft, das weit größer ist als sie selbst. Vielmehr handelt es sich um eine Utopie der globalen Zusammenarbeit, die die für den Menschen kennzeichnende Einheit in der Mannigfaltigkeit gelten läßt. Die Minuspunkte zeigen uns, was wir vermeiden sollten. Sie sind negative Utopien. Sie sind aber auch mit einem wichtigen positiven Vorzeichen versehen. Die reflexiven Komplikationen der konsequenzenreichen Risiken, auf die eben hingewiesen wurde, bedeuten nicht, daß wir außerstande sind, die Probleme zu lösen, denen wir gegenüberstehen, sondern sie bestätigen und verstärken die Schlußfolgerung, wonach die Schwierigkeiten einer wissenschaftlich-technologischen Zivilisation nicht schlicht dadurch gelöst werden können, daß man noch mehr Wissenschaft und Technologie ins Spiel bringt.

Umwelt, Persönlichkeit

Der Übergang von globalisierten Risiken zur Situation des einzelnen mag sonderbar wirken, doch er ist durchaus angemessen in einer Welt, in der globale Entwicklungen und individuelle Handlungen inzwischen eng miteinander verknüpft sind. Das Gebiet des Ich und des Leibes ist nicht der unwichtigste der Bereiche, in denen die »Natur« dahinschwindet. Aber hier wie in vielen anderen Bereichen war die einstige Natur mit der Tradition vermischt.

Das Ich ist natürlich nie etwas Feststehendes oder eine Gegebenheit gewesen, wie es etwa die äußere Natur ist. Ein Wesen mit einem Ich verfügt über Selbstbewußtsein, und das bedeutet, daß die Individuen aller Kulturen ihre eigene Identität aktiv gestalten. Auch der Leib ist nie bloß eine Gegebenheit gewesen. Immer schon haben die Menschen ihren Leib geschmückt und verwöhnt (und ihn manchmal auch verstümmelt). Mystiker, die nach heiligen Werten strebten, haben den Leib allen möglichen strikten Regeln unterworfen.

In einer sich enttraditionalisierenden Gesellschaft wirkt die Forderung, das Ich als ständigen Prozeß zu entfalten, dringlicher und nötiger als je zuvor. Vorschriften für die Behandlung des Leibes sind nicht mehr das Reservat religiöser Idealisten, sondern breiten sich aus, bis sie jeden erreichen, der im Kontext reflexiv verfügbaren Wissens über Diätmethoden und medizinische Heilverfahren die persönliche Zukunft zu gestalten trachtet.

Früher wurde das Ich in lokalen Handlungskontexten und mit Bezug auf relativ klare Kriterien der Gruppenzugehörigkeit entwickelt. »Ein Ich haben« hieß soviel wie: jemand von bestimmter Art »sein«. Heute dagegen heißt »ein Ich haben«, daß man durch die eigenen Handlungen »herausfindet, wer man eigentlich ist«. Dieses reflexive Projekt der Ichwerdung, das Emanzipation und zugleich schreckliche Ängste mit sich bringt, fügt sich in den Rahmen der für die Moderne kennzeichnenden Tendenz zur Beherrschung, schwächt diese aber auch. Man kann nicht »jemand werden«, ohne das sittliche Leben wiederzuentdecken, einerlei, wie indirekt oder fragmentarisch diese erneute Begegnung ausfallen mag. Vielleicht sollte man diesen Sachverhalt umgekehrt formulieren und sagen: Ohne eine solche Verbindung zur Ethik des persönlichen Lebens gewinnt leicht eine anfällige Zwanghaftigkeit die Oberhand – und das geschieht immer häufiger.

Der Leib muß reflexiv gestaltet werden, seit Globalisierung und Reflexivität gemeinsam dafür gesorgt haben, daß der Körper nicht mehr als Bestandteil der gegebenen »Landschaft« des eigenen Lebens hingenommen wird. Zumindest in den Ländern des Westens halten wir heute alle Diät, und zwar nicht in dem Sinne, daß jeder schlank zu werden versucht, sondern in dem Sinne, daß wir wählen müssen, wie und was wir essen wollen. Die Herstellung von Nahrungsmitteln wird nicht mehr durch natürliche Vorgänge bestimmt; und lokale Ernährungsformen beruhen immer weniger auf örtlich angebauten und produzierten Gütern oder auf lokalen Gepflogenheiten. Indes die Herstellung und Verteilung der Nahrung globale Formen annimmt, ist die Verfügbarkeit der Nahrungsmittel nicht mehr von den Jahreszeiten oder den Launen des Klimas abhängig. Das alles gilt auch nicht nur für die Reicheren, denn sobald die Nahrung industriell hergestellt wird, bleiben nur wenige von dieser Entwicklung unberührt.

Daß Ich und Leib nicht mehr »naturgegeben« sind, bedeutet, daß dem einzelnen nichts anderes übrigbleibt, als innerhalb des Stroms von Informationen, mit denen er irgendwie umgehen muß, die Bedingungen des eigenen Lebens auszuhandeln. Das komplexe Verhältnis zwischen Warnungen und Panikmache gilt hier ebenso wie in globaleren Bereichen. Warnungen, die die Gesundheit betreffen, werden oft schon ausgesprochen, ehe die wissenschaftlichen Hypothesen wirklich »ausgetestet« sind, und mitunter auch wider das bessere Wissen der Wissenschaftler selbst. Natürlich stellen sich einige Warnungen später als Panikmache heraus, obwohl noch spätere Forschungen dazu führen können, daß auch dieses Urteil wieder zurückgenommen werden muß. Langfristig gesehen, muß man sich einfach den Gefahren stellen, die mit dem Verbrauch von Nahrungsmitteln und der Befolgung gewisser Lebensstile einhergehen sollen. Der einzelne kann sie zwar schlicht ignorieren – vor allem weil das, was zu einem Zeitpunkt als gesund gilt, durch spätere Untersuchungen in Frage gestellt werden kann –, doch es ist praktisch unmöglich, die für Risiken und Vorteile von Nahrungsmitteln und Lebensstilen relevanten Veränderungen der wissenschaftlichen Theorien und Ergebnisse nicht zur Kenntnis zu nehmen. Wer einer herkömmlichen lokalen Ernährungsform treu bleibt, tut das in dem Bewußtsein, daß das zum Teil spezifische Gefahren für die Gesundheit nach sich ziehen kann. Außerdem gilt für das Festhalten an einer vorgegebenen Ernährungsweise Ähnliches wie für andere Aspekte der Tradition und der Bräuche, insofern sie nicht mehr aus »naturgegebenen« Eigenschaften des lokalen Kontexts hervorgehen, sondern oft ganz bewußt angestrebt werden. Denn vielleicht muß die eingebürgerte Ernährungsweise gegen andere Trends durchgesetzt werden, oder die betreffenden Nahrungsmittel können nur mühsam besorgt werden, da sie inzwischen zu »esoterischen« Spezialitäten geworden sind.

Im Bereich der Gesundheitspflege wie auf vielen anderen Gebieten wird auf allen Seiten die Forderung nach einer Rückkehr zum »Natürlichen« laut. Das reicht von der Wiederbelebung der traditionellen Medizin bis zur Verdrängung industriell gefertigter Arzneimittel durch Kräuter und zur Anwendung homöopathischer Behandlungsmethoden, während man sich von modernen medizinischen Mitteln abwendet. Ein solches Verhalten geht nicht in erster Linie auf die Initiative sozialer Bewegungen zurück, obwohl die Anhänger ökologischer Gruppen oft die »natürlichen« Heilverfahren der wissenschaftlichen Medizin vorziehen. Man stößt darauf vielmehr überall dort, wo die einzelnen allmählich eine skeptische Haltung zur Wissenschaft einnehmen, und diese Skepsis rührt daher, daß die wissenschaftlichen Ergebnisse, wie bereits angemerkt, in immer höherem Maße an die Öffentlichkeit dringen und umstritten sind.

Kein Zweifel, das wissenschaftliche Modell der Gesundheitspflege ist unter Beschuß geraten. Das wiederum liegt zum Teil an der Häufung negativer Erscheinungen, zu denen auch der Tatbestand gehört, daß die Kosten der Gesundheitsversorgung bei weitem die Fähigkeit der Beitragszahler übersteigen, diese Kosten auch zu bezahlen. Diese Faktoren lassen jedoch erkennen, daß der Zusammenhang zwischen positiver Gesundheitsfürsorge und der Umgestaltung der lokalen wie der globalen Lebensstile neuerdings wahrgenommen wird. Es gibt eine Fülle möglicher und zunehmend gut nachgewiesener Gesundheitsgefährdungen durch Umweltveränderungen. Betrachtet man die Anzahl der Menschen, die an durch Luftverschmutzung ausgelösten Krankheiten sterben, dann ist diese Ursache mindestens ebenso häufig wie irgendein anderes bekanntes Krankheitssyndrom.[34] Es kann sein, daß Umweltfaktoren die wichtigsten tödlichen Krankheiten sowohl im Hinblick auf den kausalen Verlauf als auch mit Bezug auf ihre Verbreitung stark beeinflussen.

Die Umweltvergiftung ist eine Gefahr, die potentiell jeden betrifft, unabhängig davon, wie oder wo er lebt. Sie resultiert aus Chemikalien, die in der Landwirtschaft und in anderen Bereichen eingesetzt werden oder aus Mülldeponien, Abwässersielen und durch andere Kanäle indirekt in die Umwelt gelangen. Da die Verseuchung so umfassend ist, haben gezielte Säuberungsmaßnahmen nur begrenzten Wert, denn die Chemikalien kommen durch die Erde, das Wasser und die Luft in Umlauf. Umweltvergiftung, heißt es, das »ist so ähnlich, als würde man von tausend Ameisen gefressen. Es dauert zwar eine Weile, doch zum Schluß wird man zermürbt. Es ist Vergiftung in Zeitlupe.« Auch in diesem Fall haben die herkömmlichen Verfahren der Risikobeurteilung und der Bestimmung von Grenzwerten kaum Einfluß auf das Phänomen, und über dessen langfristige Wirkungen ist nur sehr wenig bekannt. Potentiell giftige Chemikalien werden normalerweise nicht unter realistischen Bedingungen, sondern jeweils einzeln im Labor

34 Adrian Atkinson, *Principles of Political Ecology*, London: Bellhaven, 1991, S. 97ff.

untersucht. Realistische und einigermaßen präzise Tests wären nur möglich (und würden selbst dann nur kurzfristige Wirkungen betreffen), wenn es gelänge, Menschen ausfindig zu machen, die in einer unberührten Umwelt leben und dann der spezifischen Chemikalie ausgesetzt werden, für die ein Sicherheitsmaßstab festgelegt werden soll. Solche Umweltbedingungen gibt es aber nirgendwo mehr auf dieser Welt. Der übliche Umgang mit der Umweltvergiftung ähnelt, wie es heißt, dem Vorgehen »eines Entomologen, der die tausend Ameisen taxiert, von denen man gefressen wird, und der dann mit Bezug auf die Bisse von dreien dieser Ameisen Grenzwerte bestimmt und sagt, vor diesen drei Ameisen solle man sich hüten«.[35]

Der Umweltvergiftung entsprechen ebenso wie den übrigen Minuspunkten, die durch die reflexive Modernisierung ans Licht gebracht werden, auch eigene positive Seiten, eigene Utopien. Betrachtet man sie mit positivem Vorzeichen, so verweist sie darauf, daß die Pflege des Körpers und des Ich in Maßnahmen der Umwelterneuerung integriert werden könnte und vielleicht integriert werden muß. Die Frage »Wie sollen wir leben?« läßt sich nicht mehr im Sinne der Kontrolle äußerer Risiken beantworten oder den Überbleibseln der Tradition anheimstellen. Sich dieser Frage stellen heißt: unbefangen und öffentlich darüber beraten, wie es möglich wäre, die Instandsetzung der Gesellschaft und der Umwelt mit dem Streben nach positiven Lebenswerten in Verbindung zu bringen. Die Politik der Lebensführung konzentriert sich hier unweigerlich auf ganz grundlegende ethische Belange, und zwar Belange, die in der Geschichte des Konservatismus eine wichtige Rolle gespielt haben, während sie von den übrigen politischen Perspektiven so gut wie gar nicht berücksichtigt worden sind. Der philosophische Konservatismus ist nicht davor zurückgeschreckt, Fragen anzuschneiden, die das Leben, die Endlichkeit und den Tod betreffen. Außerdem stuft er die von traditionellen Symbolen und Gebräuchen getragene »Existenz« höher ein als »Wissen« oder Kontrolle. Heute können wir erkennen, wie stichhaltig diese Anschauung ist, und zugleich einsehen, daß der Konservatismus als solcher gar nicht in der Lage ist, die Konsequenzen aus dieser

35 Ross Hume Hall, *Health and the Global Environment*, Cambridge: Polity, 1990, S. 104 f.

Haltung zu ziehen, sobald er einer posttraditionalen Welt gegenübersteht, in der es »die Natur« nicht mehr gibt.

Fazit

Ökologische Politik ist eine Politik des Verlusts – des Verlusts der Natur und des Verlusts der Tradition –, aber sie ist zugleich eine Politik der Wiedergewinnung. Zur Natur oder zur Tradition können wir zwar nicht mehr zurückkehren, doch als einzelne wie als Menschheit insgesamt können wir eine neue Moral anstreben für unser Leben im Kontext der positiven Hinnahme hergestellter Unsicherheit. So formuliert, kann man unschwer erkennen, warum die ökologische Krise von grundlegender Bedeutung für die im vorliegenden Buch erörterten Formen der politischen Erneuerung ist. Diese Krise ist der materielle Ausdruck der Grenzen der Moderne. Die Instandsetzung der beschädigten Umwelt läßt sich ebensowenig als Selbstzweck begreifen wie die Beseitigung der Armut.

Das Leben ohne Natur oder ohne Tradition oder, um es genauer auszudrücken, das Leben in einer Situation, in der Natur und Tradition nur durch bewußtes Handeln rekonstruiert werden können, braucht weder zu jener moralischen Verzweiflung zu führen, die von manchen rechtsgerichteten Autoren, nach deren Ansicht die alten Wahrheiten für immer verschwinden, zum Ausdruck gebracht wird, noch zu der von einigen Verfechtern der Postmoderne befürworteten »kultivierten Gleichgültigkeit«. Es besteht auch keine unausweichliche Unvereinbarkeit zwischen einer positiven ökologischen Politik und dem Gleichheitsgedanken, sofern Gleichheit in erfinderischem Sinne verstanden wird. Wie ich im Schlußkapitel darlegen werde, geben die durch den Verfall der Natur erzeugten Chancen und Dilemmata, wenn man sie unter positivem Vorzeichen betrachtet, Aufschluß über allgemeine Werte in einer Welt, in der die menschliche Interdependenz viele Bereiche erfaßt und unerläßlich ist. Ebendies sind die Werte, die einen Gesamtrahmen liefern für Vorstellungen von positiver Wohlfahrt. Denn die Abwendung vom Produktivismus beinhaltet, wie ich zu zeigen versucht habe, eine Wiederentdeckung der positiven Le benswerte, wobei die Motive Autonomie, Solidarität und Streben nach Glück an der Spitze stehen.

Von der Natur – bzw. von der einstigen Natur – zur Gewalt: Keines der konsequenzenreichen Risiken, denen wir heute gegenüberstehen, ist bedrohlicher als die Gefahr des Massenkrieges. Der Kalte Krieg sinkt in die Vergangenheit zurück. Heißt das aber, daß die Welt jetzt weniger gefährlich ist als früher? Wie können wir die Gewalt in einer Welt der hergestellten Unsicherheit begrenzen? Dies sind Fragen, die ich im folgenden Kapitel zu beantworten versuche.

IX

Politische Theorie und das Problem der Gewalt

Die Bewältigung oder Begrenzung der Gewalt gehört zu den schwierigsten und anspruchsvollsten Problemen unter den menschlichen Dingen, doch die Linke und die Liberalen kommen in ihren politischen Theorien kaum darauf zu sprechen. Viel ist dagegen über die Ursachen des Krieges und über die Möglichkeit des Friedens geschrieben worden, doch meistens wird keine Verbindung hergestellt zu Theorien des internen Aufbaus der Gesellschaften und Regierungssysteme, sondern fast ausschließlich mit dem Verhalten der Nationalstaaten in der internationalen Arena.

Das politische Denken der Linken hat sich häufig mit der Frage der revolutionären Gewalt befaßt und diese im Zusammenhang mit der repressiven Gewalt des Staates erörtert. Meistens sind die linksgerichteten Autoren jedoch davon ausgegangen, daß in einer sozialistischen Gesellschaft Gewalt kein Problem sein würde, und infolgedessen haben sie kaum darüber nachgedacht, wie gewaltfreie soziale Beziehungen möglich wären. Die meisten Spielarten des liberalen Denkens verhalten sich letzten Endes nicht viel anders, denn die politische Theorie des Liberalismus beruht auf dem Vertragsbegriff, und ein Vertrag ist im wesentlichen eine friedlich ausgehandelte Abmachung über gegenseitige Leistungen.

Die Konservativen der verschiedenen Richtungen haben der Rolle von Gewalt im gesellschaftlichen Leben – insbesondere dem Krieg – mehr Aufmerksamkeit geschenkt. Einige Versionen des Konservatismus haben den Krieg und militärische Werte sogar verherrlicht. Worüber die konservativen Philosophen im großen und ganzen jedoch nicht nachgedacht haben, ist die Frage, wie Krieg und Gewalt überwunden werden könnten. Denn die Konservativen unterstellen, daß Krieg und Gewalt unabänderliche Eigenschaften der Conditio humana sind.

Die soziale Gewalt spielt in zahlreichen Kontexten eine Rolle, und hier bestehen fast immer Beziehungen zu Machtstrukturen. Die Gewalt ist, wie Clausewitz sagt, normalerweise das Gegenteil der Überredung. Sie ist eines von mehreren Mitteln, durch die Individuen, Gruppen oder Staaten anderen ihren Willen aufzwingen möchten. Hier werde ich keinen Versuch unternehmen, die Ursachen oder das Wesen der Gewalt im allgemeinen zu erörtern, und auch auf Gewalt und Kriminalität als solche werde ich nicht eingehen. Vielmehr werde ich mich auf die folgenden Fragen beschränken (die allerdings auch wieder recht anspruchsvoll sind): Ist vom Standpunkt des utopischen Realismus die Annahme möglich, daß Kriege an Bedeutung verlieren, und wie könnte es gelingen, einen solchen Rückgang zu fördern? Was kann man tun, um die Ausbreitung der sexuellen Gewalt zu begrenzen? Wie können wir die Gewalt bekämpfen, die aus ethnischen oder kulturellen Unterschieden erwächst? Obwohl diese Fragen anscheinend in keinem Zusammenhang stehen, existieren doch, wenn man die an früheren Stellen dieses Buches erörterten sozialen Umgestaltungen berücksichtigt, wie ich zu zeigen versuchen werde, deutliche Verbindungen zwischen ihnen.

Jede dieser Fragen, so meine These, wirft Probleme der Befriedung auf, und die Befriedung halte ich für einen Punkt auf der Tagesordnung der radikal-kritischen Politik, der genauso wichtig ist wie die übrigen Fragestellungen, die bisher erörtert worden sind. Denn selbst wenn es gelingt, den Kalten Krieg in die Vergangenheit zu verbannen, wird die Bedrohung durch nukleare Konflikte und andere militärische Gewaltmaßnahmen für die unabsehbare Zukunft weiterbestehen. Im sozialen Leben können Gewalt und die Drohung mit Gewalt das Leben von Millionen Menschen zerstören oder lähmen.

Hier sind mehrere Vorbehalte notwendig: Es gibt Situationen, und zwar einige sehr wichtige Situationen, in denen der Einsatz von Gewalt nötig ist, um von vielen gewünschte soziale Ziele zu erreichen. Deshalb setzt Befriedung ihrerseits voraus, daß die Mittel zur Gewaltanwendung von den legitimen Autoritäten kontrolliert werden. Allerdings kann man vermutlich davon ausgehen, daß *alle* Formen der Gewalt – seien sie nun legitim oder nicht – so weit wie möglich eingeschränkt werden sollen. Mit anderen Worten, die Tendenz der herrschenden Autoritäten, sich das Monopol über die Gewaltmittel zu sichern, sollte nicht mit zunehmender *Anwendung* von Gewalt gleichgesetzt werden.

Der Begriff »Gewalt« ist mitunter in sehr umfassender Weise definiert worden. Johan Galtung z. B. tritt für einen »erweiterten Gewaltbegriff« ein, der sich auf eine große Menge von Bedingungen bezöge, die die Entwicklung der Lebenschancen der einzelnen Menschen hemmen. Jede Schranke, die die Verwirklichung von Potential verhindert, sei Gewalt, sofern die Schranke nicht naturgegeben, sondern gesellschaftlich bedingt sei: »Wenn Menschen in einer Situation sterben, in der das objektiv vermeidbar ist, wird Gewalt angewandt.«[1] Hier geht es ebenso wie bei Pierre Bourdieus Begriff der »symbolischen« Gewalt darum, den Gewaltbegriff auf eine breite Vielfalt von Formen der Unterdrückung zu beziehen, unter denen die Menschen leiden können, und den Begriff auf diese Weise mit allgemeinen Kriterien der sozialen Gerechtigkeit in Verbindung zu bringen. Das Problematische an solchen Vorstellungen ist, daß sie ein ohnehin schon weitverbreitetes Phänomen in eine allgegenwärtige Erscheinung verwandeln. Dabei verliert man aus den Augen, was die Gewalt im normalen Sinne des Wortes kennzeichnet, nämlich die Anwendung von Zwang, um anderen körperlichen Schaden zuzufügen. Ich für mein Teil werde den Gewaltbegriff daher in dieser geradlinigen und konventionellen Bedeutung auffassen.

Der Staat und die Befriedung

Die Frage der Befriedung muß im Zusammenhang der langfristigen Entwicklung der modernen Institutionen und des modernen Staates begriffen werden. Die Gewalt und der Staat sind, wie rechtsgerichtete Theoretiker seit eh und je gern betont haben, eng miteinander verknüpft, denn der Staat ist der vorrangige Akteur des Krieges. Im Hinblick auf den Einsatz von Gewalt besteht jedoch ein grundlegender Unterschied zwischen vormodernen Staaten und Nationalstaaten. Im vormodernen Staat war das politische Zentrum nie imstande, ein ausschließliches Monopol über die Gewaltmittel auszuüben. Stets waren Räubertum, Bandenwesen, Piraterie und Blutfehden verbreitet, und in den meisten Staaten gab

1 Johan Galtung, »Violence and peace«, in: Paul Smoker u. a., *A Reader in Peace Studies*, Oxford: Pergamon, 1990, S. 11.

es lokale Kriegsherren, die über ein hohes Maß an unabhängiger militärischer Macht verfügten. Außerdem beruhte die Macht des politischen Zentrums in recht unmittelbarer Weise auf der Androhung von Gewalt. Vormoderne Staaten hatten segmentalen Charakter: in peripheren Gebieten konnte das Zentrum die Untertanen normalerweise nur durch eine Demonstration der Gewalt zum Gehorsam zwingen. Trotz des despotischen und blutrünstigen Charakters vieler politischer Regime der Vormoderne besaßen sie, was die alltäglichen sozialen Beziehungen betraf, nur verhältnismäßig wenig wirkliche Macht.

Infolge einer Vielzahl von Faktoren, zu denen insbesondere die verbesserten Kommunikationsmittel und verstärkte Überwachungsmechanismen gehörten, wurden die Nationalstaaten zu »souveränen Mächten«. Es gelang der Regierung, eine sehr viel stärkere Verwaltungskontrolle über ihre Untertanen auszuüben als je zuvor. Um die Darstellung zu raffen und die Sachlage überaus vereinfacht zu schildern, bestand das Resultat in einem umfassenden Prozeß der inneren Befriedung, der in den meisten »klassischen Nationalstaaten« verwirklicht wurde, also in den Staaten, die seit dem 18. Jahrhundert in Europa und Nordamerika entstanden sind.[2]

Mit der Befriedung verschwand jedoch selbstverständlich nicht die Gewalt innerhalb der Staaten. Außerdem ist sie durchaus vereinbar mit Kriegführung in der internationalen Arena. Zumindest in diesem Kontext bezieht sich der Begriff darauf, daß es den politischen Autoritäten gelingt, ihr Monopol über die Gewaltmittel im Inneren des Staats mit mehr oder weniger Erfolg zu behaupten. Begleitet wurde die innere Befriedung von der Aufstellung bewaffneter Berufstruppen, die sich weniger um die Aufrechterhaltung der sozialen Ordnung im Inneren kümmerten, als »nach außen zeigten«, also auf andere Staaten des Staatensystems. Die konvergierende Entwicklung des Kapitalismus und der parlamentarischen Demokratie trug zusammen mit zentralisierten Rechtssystemen entscheidend dazu bei, daß die Gewalt den eigentlichen Regierungsmechanismen entzogen und »nach außen verlagert« wurde.

2 Diese Veränderungen erörtere ich ausführlich in: *The Nation-State and Violence*, Cambridge: Polity, 1987. Wichtig ist die Analyse von Charles Tilly, *Coercion, Capital and European States AD 990-1990*, Oxford: Blackwell, 1990.

Es hat sich zwar herausgestellt, daß Prozesse der inneren Befriedung in »Staatennationen« und ehemaligen Kolonialgesellschaften sehr viel schwieriger durchzusetzen sind als im klassischen Nationalstaat, aber dennoch sind sie beinahe überall recht weit vorangeschritten, wenn man den vormodernen Staat zum Vergleich heranzieht. In den meisten Staaten der Welt ist der Bürgerkrieg inzwischen zu einer besonders abnormen Situation geworden, zumal in den wirtschaftlich fortgeschrittenen Regionen. In früheren Staatenformen dagegen war Bürgerkrieg nahezu die Regel. Häufig wurde die Macht der herrschenden Autoritäten über längere Zeiträume hinweg von rivalisierenden Militäreinheiten bestritten.

Die Ära der Befriedung im Inneren der Staaten war zugleich die Zeit der Industrialisierung des Krieges: der Krieg änderte seinen Charakter, als die Waffen mechanisiert und in Massen hergestellt wurden. Durch die Industrialisierung des Krieges wurde dem Militarismus in einer Form der Garaus gemacht, während er in einer anderen Form gestützt wurde. Die »Kriegstugenden«, die lange Zeit von aristokratischen Schichten gefördert worden waren, verloren immer mehr an Bedeutung. Der Krieg konnte nicht mehr zum Anlaß für Zurschaustellung und Rituale genommen werden. Die farbenträchtige Kleidung, die von Kriegern und traditionellen Armeen so geschätzt wurde, wurde von nüchternen Tarnuniformen verdrängt. In veränderter Form dagegen hatte der Militarismus auch weiterhin Bestand, nämlich in Gestalt der Bewunderung von Tapferkeit, Korpsgeist und militärischer Disziplin. Definiert man den »Militarismus« als weitreichende Unterstützung militärischer Grundsätze und Ideen in der Gesamtgesellschaft sowie ferner als Bereitschaft der Zivilbevölkerung, den Massenkrieg wenn nötig zu unterstützen, ist der Militarismus nicht schwächer geworden, sondern eher stärker.

Man könnte jedoch geltend machen, daß es auch hier zu einer drastischen Umkehr kam, als die Industrialisierung des Krieges immer weiter um sich griff, vor allem als die Kernwaffen erfunden wurden. Während des Kalten Krieges gehörte die Existenz gewaltiger Atomwaffenarsenale mit zur (freilich nicht unmittelbaren) allgemeinen Erfahrung – dies war das bedrohlichste aller Großrisiken. Doch zur gleichen Zeit wurde der Clausewitzsche Lehrsatz umgedreht. An vielen Orten wurden zwar kleinere

Kriege »stellvertretend« ausgefochten, doch eine atomare Konfrontation galt aufgrund ihrer verheerenden Folgen als »undenkbar«. Der Krieg bot keine Zuflucht mehr, wenn die Diplomatie versagte, sondern die Diplomatie mußte sich nun zum Ziel setzen, einen Massenkrieg überhaupt zu vermeiden. Seit diesem Zeitpunkt, könnte man sagen, befindet sich der Militarismus auf dem absteigenden Ast.

Die Entstehung einer »nachmilitärischen Gesellschaft«, von der bei Martin Shaw die Rede ist, wäre heute sicher für jedes Programm einer radikal-kritischen Politik von Interesse.[3] Die nachmilitärische Gesellschaft ist eine Reaktion auf die im Anschluß an den Kalten Krieg sich verändernde globale Situation, beruht aber zugleich auch auf längerfristigen Trends innerhalb fortgeschrittener Gesellschaften. Seit dem Zweiten Weltkrieg, meint Shaw, geht der Militarismus in vielen Ländern der Welt zurück. Er war die Folge eines Staatensystems, das die Befriedung im Inneren mit der Vorbereitung auf den äußeren Krieg verband. Sein institutioneller Hintergrund war der souveräne Staat, die gerüstete Nation und die allgemeine Wehrpflicht (für Männer). Der Militarismus war, um es in der Terminologie dieses Buches zu sagen, ein Merkmal der einfachen Modernisierung. Die derzeitigen sozialen, ökonomischen und politischen Umgestaltungen entziehen ihm den Boden.

Faßt man den Militarismus in diesem Sinne auf, war er gekennzeichnet von alles durchdringenden hierarchischen Befehlsstrukturen, die den bürokratischen Organisationen in der Industrie und im Staat entsprachen. Tatsächlich bestand ein direkter und häufig herausgestrichener Zusammenhang zwischen dem Militarismus und der Anfangsentwicklung der Demokratie wie des Sozialstaats. Die staatsbürgerlichen Rechte wurden im Kontext der Massenmobilisierung für den Krieg ausgestaltet. Daß der Militarismus auf dem Rückzug ist, ergibt sich aus mehreren Trends. Zu nennen sind: die sich wandelnde und in mancher Hinsicht schwächer werdende Autonomie der klassischen Nationalstaaten; das Verschwinden deutlich sichtbarer äußerer Feinde; der verminderte Einfluß des herkömmlichen Nationalismus bei gleichzeitigem Aufkommen nationalistischer Bestrebungen auf substaatlicher Ebene; das funktionale Veralten des Massenkrieges.

3 Martin Shaw, *Post-Military Society*, Cambridge: Polity, 1991.

Ist möglicherweise abzusehen, daß diese Prozesse, insoweit sie durchgehalten oder beschleunigt werden, zu einer Verminderung der Rolle militärischer Gewaltanwendung bei der Beilegung von Streitigkeiten führen? Kommt es jetzt zu einer Übertragung der inneren Befriedung auf äußere Bereiche?

Auf beide Fragen könnte man mit einem vorsichtigen Ja antworten. Eine nachmilitärische Gesellschaft ist allerdings keine Gesellschaft, in der die Drohung umfassender militärischer Gewaltanwendung verschwunden ist, zumal wenn man die gewaltigen wirtschaftlichen Unterschiede innerhalb des globalen Systems berücksichtigt. Geopolitische Rivalitäten werden wahrscheinlich auch weiterhin erhebliches Gewicht haben, und Zerstörungskriege bleiben in vielen Teilen der Welt möglich. In der nachmilitärischen Ordnung wird jedoch wahrscheinlich einer Massenmobilisierung für militärische Zwecke eher Widerstand entgegengesetzt, als das früher der Fall war. Kleinere und »zivilisiertere« Streitkräfte können immer noch über ein erhebliches Zerstörungspotential verfügen. Doch aller Voraussicht nach wird das Militär funktional stärker als bisher von anderen Gruppen getrennt. Das könnte das Ende bedeuten für jene Aussicht, die seit Generationen das Leben der jungen Männer prägt, nämlich daß sie möglicherweise oder sogar wahrscheinlich in den Krieg ziehen müssen.

Nicht weiter nachgehen möchte ich hier der schwierigen Frage, welche Maßnahmen die Staatenwelt ergreifen müßte, um ihre Beziehungen untereinander zu regeln, wenn die nachmilitärische Gesellschaft in Verbindung mit anderen Trends dazu beiträgt, Großkriegstendenzen abzubauen. Befriedung in globalem Maßstab wird wahrscheinlich die gleichen Prozesse nach sich ziehen, die sich bei der Befriedung im Inneren der Staaten herausgebildet haben. Hier werde ich nur die Konsequenzen betrachten, die das im Hinblick auf einige Merkmale des oben erörterten Kosmopolitismus hat: Die Konsolidierung der nachmilitärischen Gesellschaft würde bedeuten, daß sich jene Einstellung verbreitete, wonach Gewalt bei der Entschärfung internationaler Spannungen und Probleme eine immer geringere Rolle spielen sollte. Zur aktiven Seite der staatsbürgerlichen Verantwortung würde dann gehören, daß man die Verpflichtung anerkennt, keine kriegerischen, sondern Befriedungswerte zu hegen – ein grundlegender Bestandteil des demokratisierten Gemeinwesens, der hinter keinem anderen zurückstünde.

Friedensbewegungen haben eine wichtige Rolle gespielt bei der Veränderung des sozialen Bewußtseins in West und Ost, die dann zur Beendigung des Kalten Kriegs beigetragen hat. Friedensbewegungen wurden, ebenso wie heute die ökologischen Bewegungen, zunächst und vor allen Dingen vom Bewußtsein konsequenzenreicher Risiken angespornt; darum kannten sie meistens nur ein einziges Thema. Sie waren auf den Kalten Krieg ausgerichtet, und seit dessen Ende sind sie entweder verschwunden oder haben ihre Form geändert. Die Massenmobilisierung, die solchen Bewegungen hin und wieder gelang, bleibt durchweg aus, und eine Wiederbelebung dürfte in der nahen Zukunft unwahrscheinlich sein. Wie kann man in einer Gesellschaft, die zwar viele wirkliche militärische Gefahren, aber keine Feinde mehr kennt, für den Frieden mobil machen? Friedensbewegungen sind zu Friedensorganisationen geworden, und es gibt immer noch viele konkrete Aufgaben für sie. Sie können bestrebt sein, der Bevölkerung und der Regierung die Gefahren der Weitergabe von Atomwaffen klarer ins Bewußtsein zu rufen, und sie können die Auseinandersetzung um die Nutzung der Kernkraft, besonders ihren Zusammenhang mit der politisch bedingten Rüstungsproduktion, fortführen.

Der wichtigste Faktor ist hier jedoch das veränderte Verhältnis zwischen Friedensbewegungen und den Interessen der Regierungen in einer allmählich sich entfaltenden nachmilitärischen Ordnung. Staaten ohne Feinde, die durch gleichzeitigen Niedergang des Militarismus gekennzeichnet sind, befinden sich in einer ganz anderen Situation als während des Kalten Krieges oder in früher existierenden Systemen der Militärbündnisse und der nationalen Antagonismen. Es kann zwar immer noch zu Grenzstreitigkeiten und gelegentlich auch zu Invasionen kommen, doch für die meisten Staaten besteht heute kein Anreiz mehr, einen Angriffskrieg zu führen. Unter solchen Umständen nimmt der Begriff »Friede« ganz andere Bedeutungen an als zu der Zeit, da Friede soviel hieß wie Abwesenheit von Krieg im Rahmen eines Systems der Nationalstaaten, die permanent auf Krieg eingestellt waren. Daher konvergieren die Interessen der Regierungen und der Friedensorganisationen heute in sehr viel höherem Maße als früher; und es besteht kein Grund, warum sie ihre Gegnerschaft nicht aufgeben und zusammenarbeiten sollten.

Männlichkeit und Krieg

Was die staatsbürgerlichen Werte und Verantwortlichkeiten betrifft, fragt es sich, wie das Faktum zu deuten ist, daß das Eintreten für militärische Gewaltanwendung stets entschieden Männersache gewesen ist. Feministische Autorinnen haben recht häufig direkte Beziehungen hergestellt zwischen Männlichkeit und Krieg. Sie haben behauptet, der Krieg sei ein konkreter Ausdruck männlicher Aggressivität. Es heißt, die staatsbürgerlichen Tugenden, die nicht Krieg, sondern Frieden fördern würden, seien diejenigen, die typischerweise mit den Tätigkeiten und den Werten der Frauen in Verbindung gebracht werden. In dieser Form ist die These allerdings nicht ganz einleuchtend. Der Krieg ist nicht die Ausbreitung allgemeiner Aggressivität, sondern steht mit dem Aufstieg des Staates in Zusammenhang. Es mag zwar einige Männer geben, die das Kriegshandwerk geradezu genießen, aber für die große Mehrheit gilt das nicht.[4]

Dabei läßt sich freilich nicht bestreiten, daß tatsächlich eine Beziehung besteht zwischen Krieg, Militärmacht und Männlichkeit. Es mag zwar sein, daß Männer indoktriniert werden müssen, um wirklich in den Krieg zu ziehen, doch es ist eine eingefleischte Gewohnheit, daß Krieg und Militär zum Ethos der Männlichkeit bzw. verschiedener Formen von Männlichkeit gerechnet werden. Ganz besonders traf das zu auf aristokratische Kriegergesellschaften, in denen der Kampf als höchster aller Werte verherrlicht wurde. Seit dem Niedergang der Kriegerethik gilt die militärische Gewalt nicht mehr allgemein als das wichtigste Probiergelände für Heldentum, Ehre und Abenteuerlust, obwohl einige Stränge des Altkonservatismus diese Situation lange für umkehrbar gehalten haben. In Militärkreisen, vor allem im Offizierskorps, wurde Tapferkeit noch eine Zeitlang als vorrangiger Wert angesehen, aber durch die Professionalisierung der Streitkräfte kam es zu einer

4 Jean Bethke Elshtain, *Women and War*, New York: Basic, 1988.

Trennung der militärischen Idealvorstellungen von der konkreten Erfahrung der übrigen männlichen Bevölkerung. Das sich verändernde männliche Ethos, das nun zu Nützlichkeit und Schutz tendierte, griff auch auf den »Dienst« beim Militär über. Männlichkeit wurde mit der Hingabe an die Arbeit und mit der »Sorge« für die Abhängigen in Verbindung gebracht. Daß man die Rolle des Soldaten auf sich nahm, wenn man dazu aufgerufen wurde, gehörte zur Männlichkeit innerhalb des öffentlichen Bereichs.

In der nachmilitärischen Gesellschaft gibt es ein gewisses Hin und Her zwischen dem Verfall dieser verschiedenen Männlichkeitsideale und dem Vordringen der Frauen in die öffentliche Arena. Immer mehr Frauen treten in die Streitkräfte ein. Meistens akzeptieren sie die geltenden militärischen Normen und setzen sich dafür ein, vollständig anerkannt zu werden, d. h., die gleichen Kampfrechte zu erhalten wie die Männer. Gleichzeitig lösten sich im Zuge der Gleichberechtigung der Geschlechter und der Zunahme der sozialen Reflexivität die mit dem Militarismus verbunden Werte auf oder wurden mehrdeutig. Dies ist der Kontext, in dem wir die von Marilyn French besonders beherzt vertretene Vorstellung untersuchen sollten, gegen die Frauen werde Krieg geführt. Nach der Interpretation von French ist dieser Krieg ein langfristiges Phänomen, dessen Ursprünge bis in die Anfänge der Zivilisation zurückreichen. Bis vor etwa sechstausend Jahren, schreibt sie, hätten die Menschen in kooperativ gestalteten Grüppchen gelebt, in denen der Rang und die Macht der Frauen entweder derjenigen der Männer gleichkamen oder ihnen sogar überlegen waren. Mit der Entstehung der ersten Staaten seien die Frauen versklavt und der Herrschaft der Männer unterworfen worden – eine Situation, die durch die Moderne nur verschlimmert worden sei: »Im persönlichen wie im öffentlichen Leben, in der Küche, im Schlafzimmer und im Parlament führen die Männer unablässig Krieg gegen die Frauen. [...] Von den Männern werden die Frauen schon von Geburt an unterdrückt; nur die Mittel sind von Gesellschaft zu Gesellschaft verschieden. Weibliche Embryos werden auf Weisung der Männer abgetrieben, Mädchen werden vernachlässigt und unterernährt, ihre Geschlechtsteile werden verstümmelt, sie werden vergewaltigt oder belästigt. [...] Das Klima der Gewalt gegen die Frauen schadet allen Frauen. Frau sein heißt:

mit Angst durch diese Welt gehen. [...] Frauen haben Angst in einer Welt, in der beinahe die Hälfte der Bevölkerung das Kleid des Raubtiers trägt, in der kein Faktor – weder Alter noch Kleidung, noch Farbe – einen Mann, der der Frau Gewalt antut, von einem unterscheidet, der es nicht tut.«[5]

Nach der Schilderung von French ist der Krieg gegen die Frauen wirklich ein ganz weitreichendes Phänomen. Dieser Krieg schließt alle Systeme der patriarchalischen Diskriminierung der Frauen ein und ist zugleich deren Ausdruck. Die Gewalt der Männer – »der physische Krieg gegen die Frauen« – ergibt sich aus allgemeineren Strukturen der Ungleichheit. Das Mißhandeln der Frauen, Vergewaltigung und Sexualmord bilden den konkreten Ausdruck des umfassenden Herrschaftssystems. Sogar die Gewalt, die Männern von Männern angetan wird, ist, wie French meint, großenteils eine sublimierte Form der Gewalt, die sonst den Frauen widerführe. »Wenn Frauen nicht zur Verfügung stehen, verwandeln die Männer andere Männer in ›Frauen‹. So geschieht es immer wieder, daß männliche Gefangene von anderen Gefangenen vergewaltigt werden und daß viele Pastoren und Priester das Vertrauen kleiner oder größerer Jungen mißbrauchen und sie sexuell belästigen.«[6]

Man kann, wie ich meine, durchaus der These zustimmen, daß heute von den Männern bzw. von manchen Männern tatsächlich Krieg geführt wird gegen die Frauen, allerdings nicht in der Weise, in der es von French dargestellt wird. Ein Krieg ist keine permanente Angelegenheit, sondern eine Ausnahme, und es ist nicht sonderlich sinnvoll, es sei denn als Metapher, wenn man dergleichen als Vorgang schildert, der seit Tausenden von Jahren anhält. Außerdem entgeht einer solchen Analyse, was an der heutigen Situation wirklich neu ist. Das Patriarchat gibt es zwar tatsächlich seit Jahrtausenden, doch die Umstände, unter denen es in Frage gestellt worden und in gewissem Maße zerbröckelt ist, sind sehr viel neueren Ursprungs. Während der meisten Zeit der menschlichen Geschichte ist das Patriarchat von beiden Geschlechtern anerkannt worden. Zwar mögen hin und wieder Kollektivproteste der Frauen gegen die Männerherrschaft vorgetragen worden sein, doch die geschichtliche Chronik ist mit ihnen nicht

5 Marilyn French, *The War Agains Women*, S. 200.
6 Ebd., S. 198.

derart gespickt wie mit anderen Formen des Aufstands, etwa Bauernunruhen.

Das Patriarchat ist ebenso wie andere Systeme der Macht nie in erster Linie durch die Anwendung von Gewalt am Leben erhalten worden. Die Macht der Männer über die Frauen hat deshalb so lange bestanden, weil sie legitimiert wurde durch unterschiedliche Geschlechterrollen, mit diesen verknüpfte Werte und eine geschlechtsbezogene Trennung zwischen privater und öffentlicher Sphäre. Besonders wichtig in puncto Legitimität ist die auf Spaltung angelegte Anschauung des Weiblichen, die die »Tugend« der verderbten oder gefallenen Frau entgegensetzt. In vormodernen patriarchalischen Systemen bezog sich der Ausdruck »gefallene Frau« nicht nur auf eine bestimmte Kategorie von Personen – Prostituierte, Mätressen und Kurtisanen –, die außerhalb des normalen Familienlebens standen, sondern »Fallen« war eine Schande, die jeder Frau widerfahren konnte, wenn sie sich nicht nach den Vorschriften der Tugend und des Anstands richtete.

In vormodernen Kulturen wurde das Patriarchat nicht nur von Männern, sondern auch von Frauen aufrechterhalten, und Frauen brachten ihre eigenen Sanktionen zum Einsatz gegen diejenigen, die die Regeln verletzten. Die Kontrolle der Gewaltmittel lag allerdings in den Händen der Männer. Als letzter Ausweg war Gewaltanwendung im Rahmen des Patriarchats ein bedeutungsvoller Sanktionierungsmechanismus ohnegleichen. Kate Millett hat das alles sehr treffend resümiert: »Wir sind es nicht gewöhnt, das Patriarchat mit Gewalt in Verbindung zu bringen. So perfekt ist der Sozialisierungsprozeß, so uneingeschränkt die allgemeine Zustimmung zu seinen Werten, so lange und so universell hat sich das Patriarchat in der menschlichen Gesellschaft behauptet, daß es scheinbar keine gewaltsamen Mittel nötig hat, um sich durchzusetzen.« Dennoch konnte sich das Patriarchat, wie Millett fortfährt, stets »auf Gewaltmaßnahmen stützen, sei dies in Notfällen, sei es durch ständig wirksame Einschüchterungsinstrumente«.[7]

An diesem Punkt muß die Anschauung Milletts jedoch in wichtiger Hinsicht eingeschränkt werden. Die Gewalt, mit deren Hilfe die Männer die Ordnung innerhalb des Patriarchats aufrechter-

7 Kate Millett, *Sexual Politics*, Garden City: Doubleday, 1970. Dt. Übersetzung: *Sexus und Herrschaft*, Köln: Kiepenheuer & Witsch, 1982, S. 63.

hielten, richtete sich in der Hauptsache nicht gegen die Frauen. In vielen Gesellschaften, zu denen auch die Gesellschaften im vormodernen Europa gehörten, galt die Frau als Leibeigene des Mannes, und so ist es zweifellos oft vorgekommen, daß Frauen unter der gedankenlosen Gewalt zu leiden hatten, den ihr Status als bloßes Besitztum ermöglichte. Aber Achtung und sogar Liebe können weit wirksamere Formen der Herrschaft abgeben als der bloße Einsatz der Zwangsgewalt. Wahrscheinlich war es recht häufig so, daß (»tugendhafte«) Frauen mit sittlicher Billigung und Achtung von den Männern behandelt wurden. Die Gewalt, die der Aufrechterhaltung des Patriarchats diente, wurde vor allem von Männern gegen *andere Männer* eingesetzt. Das galt insbesondere im Hinblick auf die organisierte oder teilorganisierte Gewalt.

Wichtige Bestrafungsmechanismen gegen weibliches Fehlverhalten waren frauenfeindliche Bilder und physische Mißhandlungen von der Art der Hexenbestrafungen. Durch Männergewalt gegen Männer wurde die Verteidigung des Patriarchats jedoch Teil der Aufrechterhaltung anderer Ordnungsformen. In vielen vormodernen Gesellschaften war die Ehre des Mannes direkt abhängig von der Ehre seiner Familie, die er gegen jedwede Bedrohung zu verteidigen verpflichtet war. Der Ruf der Familie konnte in verschiedener Weise geschädigt werden, doch die Tugend ihrer weiblichen Mitglieder gehörte immer dazu. Fehden zwischen verschiedenen Sippschaftsgruppen besaßen normalerweise ihren Ausgangspunkt in der Verteidigung der Ehre bzw. dem Versuch, anderen die Ehre abzuschneiden. Aber selbst dort, wo Frauen eine unmittelbare Rolle spielten, waren es gewöhnlich andere Männer, gegen die sich die feindselige Reaktion richtete.[8]

Heutzutage ist dieses System der Gewalt auf der ganzen Welt zusammengebrochen oder im Begriff zusammenzubrechen. In den meisten fortgeschrittenen Ländern ist die Fehde schon seit langem durch Prozesse der inneren Befriedung verdrängt worden, doch im 18. und 19. Jahrhundert nahmen manche Überbleibsel der sittlichen Grundlagen des Patriarchats eine neue Gestalt an. Um es knapp zu formulieren: die Legitimation des Patriarchats beruhte auf der erneuten Trennung zwischen der tugendhaften Frau und der Hure, die den Sanktionen des Staates unterworfen

8 Sylvana Tomaselli/Roy Porter, *Rape*, Oxford: Blackwell, 1986.

wurde, während der Tugendhaften die besonderen rechtlichen und moralischen Hilfen der »normalen Familie« zugute kamen. Die männliche Sexualität wurde in eine neue Tradition gestellt und galt als etwas »Selbstverständliches«, während die weibliche Sexualität zumeist durch argwöhnisch fragende Blicke kontrolliert und als »dunkler Kontinent« begriffen wurde. Dieser Bereich wurde, sobald unabhängige Frauen ihre Rechte geltend machten, eben aufgrund dieser ersten Unabhängigkeitsregungen als etwas Problematisches hingestellt.

Der umfassende Eintritt der Frauen ins Arbeitsleben führte zusammen mit der allgemeinen Demokratisierung und der voranschreitenden Umgestaltung der Familienformen zu einer durchgreifenden Änderung des für die einfache Modernisierung kennzeichnenden »Tradition in der Moderne«-Kompromisses. Durch Gewalt einiger Männer gegen andere läßt sich das Patriarchat nicht mehr verteidigen. Um zerfallende Systeme der patriarchalischen Macht zu stützen, greifen die Männer (bzw. manche Männer, wie man wohl sagen muß) direkt zur Gewalt gegen Frauen, und in ebendiesem Sinne könnte man heute von einem Krieg gegen die Frauen sprechen. Dieser ist kein Ausdruck traditionaler patriarchalischer Systeme, sondern eine Reaktion auf deren partielle Zerrüttung.

Vielfach resultiert diese Gewalt demnach aus einem in Verfall begriffenen System. Sie folgt daraus, daß die von den Frauen ausgehende Herausforderung des Patriarchats zum Teil Erfolg gehabt hat. Diese Erfolge der Frauen haben gewaltsame Reaktionen ausgelöst, aber sie haben auch vieles ans Licht gebracht, was vorher verborgen war, und sie haben eine Infragestellung vieler Dinge erzwungen, die von der Tradition mitgeschleppt worden waren.[9]

Vom Standpunkt des utopischen Realismus ist die Überwindung der Männergewalt gegen Frauen abhängig von den strukturellen Veränderungen, die heute die Berufsarbeit, die Familie und den Staat sowie die daraus hervorgehenden Möglichkeiten betreffen – und dies alles in Verbindung mit der Ausbreitung der dialogischen Demokratie. Männlichkeit und Weiblichkeit sind heute Identitäten und Verhaltenskomplexe im Umbruch. Die zuneh-

9 Eine der besten Erörterungen dieser Fragen findet sich in: Lynne Segal, *Slow Motion*, London: Virago, 1990, 5. Kapitel.

mende Gleichberechtigung der Geschlechter hat paradoxe Folgen für die soziale Gemeinschaft insgesamt, wenn sie nicht mit strukturellen Veränderungen einhergeht, die der Demokratisierung und neuen Formen der sozialen Solidarität förderlich sind, und es auf beiden Seiten nicht zu einer emotionalen Umorientierung der Geschlechter kommt. Die bisher entstandenen Männerbewegungen sind unterschiedlichen Typs, und einige von ihnen sind bestrebt, patriarchalischen Männlichkeitsformen erneut zum Durchbruch zu verhelfen. Insoweit die Enttraditionalisierung der Männlichkeit in ihren verschiedenen Formen jedoch von solchen Bewegungen bedacht und dementsprechend ihren Handlungen zugrunde gelegt wird, können sie maßgeblich beitragen zu einer emotionalen Umorientierung. Ihr Einfluß ist zwar, verglichen mit der Bedeutung der feministischen Bewegungen, gering, doch sie lassen sich sinnvoll als funktionales Äquivalent der Friedensbewegungen ansehen: sie versuchen, einen Beitrag zu leisten zur Beendigung des nicht erklärten Krieges der Männer gegen die Frauen.

Die Umgestaltung von Männlichkeit und Weiblichkeit bzw. der aus der Vergangenheit übernommenen vielfältigen Formen von Männlichkeit und Weiblichkeit wird grundlegend davon abhängen, inwieweit eine nachmilitärische Gesellschaft entsteht und welche Konsequenzen sich aus dem in Veränderung begriffenen Charakter der Arbeit, der Familie und der Beziehungen zwischen den Geschlechtern ergeben. Die Identität des Mannes ist in modernen Gesellschaften zweifellos mit der Zentralstellung der Arbeit (im Sinne einer permanenten ganztägigen Berufstätigkeit) verknüpft. Vielmehr: sie ist verknüpft mit den Überschneidungen zwischen Arbeit, Familie und Sexualität. Denn die Ausübung einer Ganztagsbeschäftigung als bezahlter Arbeitnehmer war nicht bloß ein ökonomisches Phänomen, sondern sie betraf auch das Gefühlsleben. Durch die Beteiligung der Männer am öffentlichen Bereich wurde eine Spaltung in ihr Leben eingeführt, die anderer Art war als die von den Frauen empfundene. Über die Klassengrenzen hinweg wurden die Männer bzw. viele Männer von den emotionalen Quellen des eigenen Lebens abgeschnitten, und darin lagen die Ursachen des heute vielberedeten Phänomens der emotionalen Äußerungsschwäche des Mannes. Meistens überließen die Männer es den Frauen, diese Bereiche in ihrer Rolle als »Spezialistinnen der Liebe« zu übernehmen. Daß die höheren Ränge in den meisten Berufsbereichen auch heute noch von Männern beherrscht werden, während sich die Männer weiterhin weit weniger um die Kinder kümmern als die Frauen, gilt recht häufig als Anlaß zur Hoffnungslosigkeit. Aber ist es denn wirklich überraschend, daß sich die Dinge noch nicht in dem von feministischer Seite erhofften Maße verändert haben? Dieselben Theoretikerinnen haben schließlich nachgewiesen, daß das Patriarchat seit Tausenden von Jahren fest verwurzelt ist. Da wäre es doch verwunderlich, wenn sich diese Situation in ein paar Jahrzehnten überwinden ließe.

Die Frauen haben mannigfaltige Rechte errungen, die sie früher nicht besaßen, und in den meisten Berufsbereichen sind sie stärker vertreten als bisher, unter anderem auch auf höherer Ebene. Die Arbeitslosigkeit der Männer ist stärker gestiegen als die Arbeitslosigkeit der Frauen, und die »Feminisierung« einiger männlicher Berufe stellt die alten, mit dem Produktivismus verbundenen Tätigkeitsmodelle in Frage. Gleichheit bei den Erziehungsaufgaben mag zwar – mitsamt den sozioökonomischen Arrangements, die das gestatten könnten – immer noch utopisch wirken, aber ganz realitätsfremd scheint auch diese Möglichkeit nicht mehr zu sein.[10]

Falls diese Entwicklungen weiter fortschreiten und zur gleichen Zeit neue Formen der Geschlechtsidentität erprobt werden würden, könnte sich die Männergewalt gegen Frauen verringern. Lynne Segal stellt fest: »Die bewußte Untergrabung der Männermacht verdankt sich zum Teil denjenigen, die den langsamen und beschwerlichen Weg eingeschlagen haben, auf dem sich auch die reformistischen Volksparteien bewegen sowie die bekannten Organisationen, die sich für die Gleichberechtigung der Geschlechter einsetzen. Außerdem verdankt sie sich denen, die mitmachen bei dem sprunghafteren, radikaleren und hastigen Hin und Her auf dem hektischen Weg der interpersonalen Geschlechterpolitik, wo sie als feministisch Engagierte, Lesbierinnen, Homosexuelle und

---

10 Jon Gershuny, »Change in the domestic division of labour in the UK«, in: Nick Abercrombie/Alan Warde, *Social Change in Contemporary Britain*, Cambridge: Polity, 1992.

sexismusfeindliche Männer im eigenen Leben umgestalten und umsetzen, was es nach ihrer neuen Deutung heißt, ›Frau‹ oder ›Mann‹ zu sein. Schließlich ist diese Untergrabung, wie von feministischer Seite stets gepredigt und oft praktiziert worden ist, auch abhängig von kultureller Subversion, also abhängig von der kreativen Arbeit an der Neugestaltung des Lebens und der Erfahrungen der Frauen und der Dezentrierung der androzentrischen Postierung der Männer in allen Diskursen. Diese Wege schneiden sich, obwohl das womöglich schwer zu erkennen ist. Interpersonale Kämpfe zur Veränderung der Männer sowie von Männern selbst unternommene Versuche zur Umgestaltung ihrer Auffassung vom Wesen des Mannes treffen immer auf andere Machtverhältnisse, mit denen sie oft auch kollidieren. [...] Es fällt nicht sonderlich schwer, sich eine Welt auszumalen, die frei ist von der Angst, daß es für Männer zuwenig und für Frauen zuviel Arbeit gibt. [...] Ebenso leicht ist es, sich eine Welt vorzustellen, in der es keine interpersonale Gewalt gibt, keine Vergewaltigung, keinen sexuellen Kindesmißbrauch, also Taten, die in ihren gefährlichsten und vorherrschenden Formen Gewalttaten von Männern sind.«[11]

Das mag, wie Kritiker womöglich einwenden, leicht vorzustellen sein, doch die wirkliche Durchsetzung fällt schwer. In welchem Verhältnis steht die Zurückdrängung der Männergewalt gegen Frauen zu anderen Formen der Befriedung? Hier existiert, wie schon erwähnt, ein deutlicher Zusammenhang mit dem Niedergang des Militarismus. Es gibt zwar gewiß keine eindeutige Beziehung zwischen der Männergewalt und dem Führen von Kriegen, doch existieren gemeinsame Elemente, die vom einen Bereich in den anderen übertragen werden können. In Kriegszeiten kommt es recht häufig zu Massenvergewaltigungen. Umgekehrt ist die Abenteurereinstellung auf seiten mancher, die sich freiwillig zum Militärdienst melden, empirisch nachweisbar mit der Tendenz zu gewaltsamem Verhalten gegenüber Frauen verbunden.[12]

Wichtiger sind wahrscheinlich potentielle Zusammenhänge, die in die entgegengesetzte Richtung verweisen. Die Schaffung einer Demokratie der Emotionen zieht, wie ich oben zu zeigen versucht habe, Konsequenzen nach sich, die die soziale Solidarität und den

11 Segal, *Slow Motion*, S. 308, 317.
12 Diana Scully, *Understanding Sexual Violence*, London: Unwin Hyman, 1990.

staatsbürgerlichen Bereich betreffen. Die Gewalt, die Frauen von Männern angetan wird, läßt sich zumindest vielfach als allgemeine Dialogverweigerung deuten. Könnte man das nicht im Sinne einer Clausewitzschen Theorie der interpersonalen Beziehungen auffassen, also im Sinne von »Wenn der Dialog aufhört, beginnt die Gewalt«? Doch diese Gewalt ist im personalen Bereich (im Prinzip) ebenso veraltet wie der Clausewitzsche Lehrsatz in der öffentlichen Arena insgesamt.

Gewalt: Ethnische und kulturelle Unterschiede

Während ich dies schreibe, ist in Israel und Bosnien ein ansatzweiser Dialog zwischen den kämpfenden Parteien in Gang gekommen, während es so aussieht, als würden die bewaffneten Konflikte in Somalia, Angola, Afghanistan und anderen Gebieten weitergehen. Der Schritt von der Gewalt gegen Frauen zurück zu solchen militärischen Auseinandersetzungen wirkt womöglich ebenso heterodox wie die bereits dargelegte Verbindung mit allgemeinen Prozessen der Befriedung. Dennoch bestehen diese Zusammenhänge. Im Bosnienkrieg z. B. diente die systematische Vergewaltigung muslimischer Frauen der absichtlichen Demütigung dieser Frauen – und auch ihrer Männer, wie aus manchen Aussagen der Beteiligten hervorgeht.

Auseinandersetzungen wie die im ehemaligen Jugoslawien und in anderen Regionen mögen ein Überbleibsel der Vergangenheit sein und dazu dienen, Linien der Trennung und der Feindschaft zu ziehen. Nicht auszuschließen ist aber auch die eher beunruhigende Alternative, daß sich in diesen Vorgängen künftige Entwicklungen abzeichnen. Denn dieselben Veränderungen, die die Möglichkeit von bewaffneten Konflikten zwischen Staaten vermindern, könnten die Wahrscheinlichkeit regionaler militärischer Auseinandersetzungen erhöhen, und dies vor allem dann, wenn verschiedene fundamentalistische Strömungen darauf hinwirken, ethnische oder kulturelle Unterschiede zuzuspitzen.

Unter welchen Bedingungen können die Angehörigen verschiedener ethnischer Gruppen oder kultureller Gemeinschaften miteinander auskommen? Und unter welchen Umständen arten die

Beziehungen zwischen ihnen wahrscheinlich in Gewalt aus? Damit ist wieder eine umfassende Frage angeschnitten, und hier werde ich nur auf wenige Aspekte dieser Problematik eingehen: Es gibt praktisch keine Gesellschaft auf der Welt, in der verschiedene ethnische Gruppen einander völlig gleichgestellt sind. Ethnische Ungleichheiten und einige andere Unterschiede (wie z. B. religiöse Differenzen) entsprechen normalerweise auch gewissen Schichtengrenzen. Die mit der ethnischen Zugehörigkeit verbundenen Ungleichheiten sind oft Ursachen von Spannungen oder von gegenseitiger Feindschaft und spielen daher eine Rolle bei der Auslösung von Konflikten, die zum Zusammenbruch der zivilen Ordnung führen können.

Solche Ungleichheiten sind jedoch zu alltäglich, als daß sie ausreichende Erklärungen liefern könnten für umfassende Gewaltausbrüche. Ohne hier die wahrscheinliche Häufigkeit oder Seltenheit solcher Konflikte bzw. deren wichtigste Ursachen analysieren zu wollen, möchte ich drei Gruppen von Umständen erörtern, die relevant sind für die Frage, wie es möglich wäre, diese Konflikte zu verhindern oder einzudämmen. Erstens ist der potentielle Einfluß der dialogischen Demokratie zu nennen. Zweitens die Abwehr des Fundamentalismus. Drittens geht es um die Kontrolle der »negativen Spiralen emotionaler Kommunikation«. Alle drei Gedanken stehen in Beziehung zu Vorstellungen, die schon an anderen Stellen dieses Buches erörtert wurden, oder sie stützen sich auf solche Vorstellungen.

Es gibt, analytisch gesprochen, nur eine begrenzte Anzahl von Möglichkeiten der Koexistenz verschiedener Kulturen oder Ethnien. Eine dieser Möglichkeiten ist die Segmentierung durch geographische Trennung oder kulturelle Abschottung. Nur wenige Gruppen oder Nationen jedoch sind heute imstande, eine klare Trennung von anderen durchzuhalten. Kleine Gemeinschaften, die den Versuch machen, sich von der Außenwelt zu lösen oder den Kontakt zu ihr zu begrenzen, werden fast durchweg mehr oder weniger wieder aufgesogen, wie es z. B. im Falle der weitaus meisten Kommunen der sechziger Jahre geschehen ist. Staaten, die die Isolation anstrebten – wie etwa in gewissem Sinne der ganze Sowjetblock, China oder der Iran –, sind nicht in der Lage gewesen, das langfristig durchzuhalten.

Als »Lösung« der Probleme des Zusammenlebens trotz unvereinbarer Werte ist die Segmentierung heute, seit dem Entstehung einer globalen kosmopolitischen Ordnung, von sehr viel geringerer Bedeutung als früher. Obwohl die Möglichkeit eines vollständigen Rückzugs aus dem sozialen Gesamtbereich problematisch geworden ist, lassen sich natürlich immer noch verschiedene Arten der Gruppentrennung und der nationalen Differenzierung aufrechterhalten. Gruppen können sich tatsächlich von anderen absondern, und die physische Segregation hat noch nicht ihre ganze Bedeutung eingebüßt. In Großstädten kommt es z. B. oft vor, daß verschiedene ethnische Gruppen in unterschiedlichen Vierteln leben, zwischen denen nur begrenzter Kontakt stattfindet. Geophysische Trennung ist ein Mittel zur Strukturierung von ethnischen Gruppen und von Unterschichten. Wer in ärmeren Gegenden wohnt, verfügt womöglich gar nicht über die Mittel, um zu reisen, während die Angehörigen bessergestellter Gruppen die Armenviertel nur selten oder überhaupt nicht besuchen.

Da viele ethnische und kulturelle Differenzierungen jedoch Diasporacharakter haben und da die Massenmedien überall hindringen, können segmentierte Kulturen nur noch in einer kosmopolitischen Atmosphäre einigermaßen harmonisch fungieren. Wenn Segmentierung nicht mehr besteht und Abwanderung schwierig ist, bleiben zwei Alternativen: Kommunikation oder Zwang und Gewalt.

Demnach bilden Kommunikation und Gewalt heute stärkere Gegensätze als in früheren Stadien der sozialen Entwicklung der Moderne, und das gilt nicht nur für die industrialisierten Gesellschaften, sondern auf globaler Ebene. In einer derartigen Situation wird die dialogische Demokratie – sei es in Verbindung mit orthodoxeren demokratischen Institutionen oder nicht – zu einem maßgeblichen Instrument der Eindämmung oder Zersetzung der Gewalt. Es ist durchaus nicht abwegig, hier einen unmittelbaren Zusammenhang zu sehen zwischen der alltäglichen Männergewalt gegen Frauen und der Gewalt zwischen subnationalen Gruppen.

Unterschiede – seien es Unterschiede zwischen den Geschlechtern, Unterschiede des Verhaltens und der Persönlichkeit oder kulturelle und ethnische Unterschiede – können zu einem Medium der Feindseligkeit werden, aber sie können auch ein Medium abgeben, in dem Verständnis und Sympathie zwischen den verschiedenen Seiten geschaffen werden. Dabei findet die von Gadamer so genannte »Horizontverschmelzung« statt, die sich in der Form eines »Circulus virtuosus« formulieren läßt. Verständnis für den Standpunkt des anderen ermöglicht vermehrte Selbsterkenntnis, die ihrerseits wieder die Verständigung mit anderen fördert. Im Fall der Männergewalt gegen Frauen steht fest, daß es durch Dialog gelingen kann, dem »Clausewitzschen Lehrsatz« ein Schnippchen zu schlagen. Das bedeutet, Gewalttäter verhalten sich – auch in anderen Bereichen ihres Lebens – weniger gewaltsam, wenn es ihnen gelingt, einen Circulus virtuosus der Verständigung mit dem oder den signifikanten Anderen in Gang zu bringen.

Der Dialog kann Gewalt durchaus ersetzen, obwohl das Verhältnis zwischen den beiden in empirischen Kontexten offensichtlich komplex ist. In vielen Situationen verringern Gespräche nicht die Feindseligkeiten und die Möglichkeit von Gewaltanwendung, sondern vergrößern sie. Häufig ist die Weigerung, sich auf Gespräche mit anderen einzulassen, an Systeme der Zwangsgewalt geknüpft, und das gleiche gilt auch für das Gegenteil in Gestalt des Fehlens von Äußerungsmöglichkeiten. Das Fortschreiten der dialogischen Demokratie beruht fast immer auf Prozessen der sozioökonomischen Umgestaltung. Werden diese Vorbehalte berücksichtigt, gilt, daß das Vorankommen der dialogischen Demokratie wahrscheinlich maßgeblich sein wird für den zivilen Kosmopolitismus in einer Welt, in der kulturelle Verschiedenheit zum Alltag gehört. Unterschiede können zur Horizontverschmelzung beitragen, doch unter manchen Umständen kann ein potentieller Circulus virtuosus degenerieren. Ich würde die negative Kommunikationsspirale als einen Vorgang definieren, bei dem Antipathie von Antipathie und Haß von Haß zehrt.

Mit dieser Feststellung schließt sich der Kreis. Denn wie sonst ließen sich die Ereignisse in Bosnien und die ähnlichen Ereignisse in anderen Gegenden erklären? Fundamentalistische Strömungen werden, wie bereits gesagt, durch potentielle Gewalt verschärft. Überall, wo sich der sei es religiöse, ethnische, nationalistische oder geschlechtsbezogene Fundamentalismus festsetzt, drohen negative Kommunikationsspiralen zu entstehen. Was zunächst bloß eine isolationistische Haltung oder vielleicht nur ein Pochen auf die Reinheit einer lokalen Tradition ist, kann sich, wenn sich die Umstände entsprechend fügen, in einen Circulus vitiosus der Feindseligkeit und des Hasses verwandeln. Bosnien liegt an der historischen Bruchlinie, die das christliche Europa von der islamischen Zivilisation trennt. Doch der Jugoslawienkonflikt läßt sich nicht hinreichend erklären, indem man bloß auf überkommene Feindseligkeiten verweist. Diese Feindseligkeiten liefern, wenn man sie in der Gegenwart erneut hervorhebt, einen Kontext. Sobald der Konflikt einsetzt und der Haß vom Haß zu zehren beginnt, können die einstigen guten Nachbarn zum Schluß ganz erbitterte Feinde sein.

X

Handeln und Werte

Abschließend möchte ich einige in der vorliegenden Untersuchung angeschnittene Themen in einen Zusammenhang bringen. Heute müssen radikal-politische Programme, wie ich dargelegt habe, Politik der Lebensführung und erfinderische Politik verbinden. In den Vordergrund treten lebenspolitische Fragestellungen infolge des gleichzeitigen Einflusses der Globalisierung und der Enttraditionalisierung, wobei es sich um Prozesse mit stark westlichem Einschlag handelt, die aber nun auch Gesellschaften in der ganzen übrigen Welt berühren. Erfinderisch müssen politische Maßnahmen insoweit sein, als die soziale Reflexivität zum Bindeglied wird zwischen den beiden anderen Gruppen von Einflüssen. Im Mittelpunkt der Politik der Lebensführung steht das Problem: Wie sollen wir leben, nachdem es vorbei ist mit der Natur und der Tradition? Das ist eine »politische« Frage sowohl in dem weiten Sinne, daß sie zur Entscheidung zwischen verschiedenen Lebensstilansprüchen nötigt, als auch in dem engeren Sinne, daß sie tief in orthodoxe Bereiche des politischen Tuns eindringt.

Allgemein gesagt, erhält radikal-kritische Politik einen Rahmen, indem man den utopischen Realismus und die vier überwölbenden Dimensionen der Moderne heranzieht. Bekämpfung der absoluten wie der relativen Armut, Schaffung eines Ausgleichs für die Zerstörung der Umwelt, Anfechtung willkürlicher Machtanmaßung, Verminderung der Rolle von Zwang und Gewalt im sozialen Leben – dies sind die Orientierung ermöglichenden Kontexte des utopischen Realismus.

Nach meinem Vorschlag bedeutet das Streben nach Überwindung der Armut, daß man sich ein erfinderisches Gleichheitsmodell zu eigen macht – und dies gilt nicht nur für industrialisierte Gesellschaften. Der Gedanke einer solchen Gleichheit steht außerdem in engem Zusammenhang mit der hier vorgelegten Diagnose der ökologischen Krise. Damit will ich nicht behaupten, eine auf die Verminderung von Ungleichheiten angelegte

Politik sei stets auch mit ökologischen Zielsetzungen in Einklang zu bringen. Das ist gewiß nicht immer so, und das gleiche gilt auch für die Beziehungen zwischen den anderen Dimensionen. Die ökologische Krise ist nach meiner Interpretation jedoch im wesentlichen eine Krise des moralischen Sinns in einer kosmopolitisch gewordenen Welt. Das Ziel »Rettung der Umwelt« läßt sich zwar, wie es scheint, ohne weiteres formulieren, ist aber im Grunde nur ein anderer Ausdruck für das Problem, wie wir mit dem doppelten Zerfall der Tradition und der Natur zu Rande kommen sollen. Denn »die Umwelt« ist nicht mehr Natur, während Traditionen nicht mehr einfach vorausgesetzt werden können, sondern zum Gegenstand von Entscheidungen geworden sind.

Aus diesen Anliegen ergeben sich der als Orientierungsideal zu verstehende Begriff der Nachknappheitsordnung und die Kritik des Produktivismus. Ein Nachknappheitssystem ist nicht ein System, in dem die wirtschaftliche Entwicklung zum Stillstand kommt, sondern es ist, ohne Umschweife gesagt, ein System, in dem der Produktivismus nicht mehr die Oberhand hat. Den Produktivismus definiere ich als ein Ethos, in dessen Rahmen die Arbeit einen in sich geschlossenen Bereich bildet, während persönliche Entfaltung und das Ziel des harmonischen und glücklichen Zusammenlebens mit anderen durch Mechanismen der ökonomischen Entwicklung verdrängt wird. Das ist der Kontext, in dem eine kritische Beurteilung der in westlichen Gesellschaften bestehenden Sozialsysteme einiges lernen kann von den Solidaritätsbeziehungen und der Lebensethik des informellen Sektors. Dieser Ansatz leugnet zwar keineswegs die Nöte der ganz Armen oder die Mutlosigkeit, die durch Armut hervorgebracht werden kann, doch bei der Überwindung des Produktivismus können die Reichen eine Menge lernen von den Armen, und diese Situation ist ein Faktor, der die Aussicht auf ein Lebensstilabkommen zur Förderung der generativen Gleichheit verbessert.

Der Produktivismus steht in enger Verbindung zum Kapitalismus, und es ist wichtig, die Frage zu stellen, inwieweit die hier entwickelte Skizze einer radikal-demokratischen Politik die traditionell feindselige Haltung der Linken gegen die kapitalistische Wirtschaftsform übernimmt. Welche Elemente der sozialistischen

Kapitalismuskritik sollten bewahrt und welche Elemente sollten verworfen werden?

Einige der mit dem Sozialismus in Verbindung gebrachten Grundideale sind nach meiner Meinung ebenso überzeugend wie eh und je, aber die kritische Auseinandersetzung mit dem Produktivismus muß einen ganz anderen Kurs einschlagen als das sozialistische Denken. Das oberste Ziel ist die Überwindung der Zwanghaftigkeit mit Bezug auf die autonome Stellung der Arbeit wie auch im Hinblick auf andere Bereiche des sozialen Lebens, während die Vermehrung des menschlichen Glücks als positiver Leitfaden dient. In inniger Verbindung mit dem Gedanken der erfinderischen Gleichheit stützt sich die Kritik des Produktivismus auf den philosophischen Konservatismus, um die Wiedergewinnung verdrängter moralischer Anliegen vorzuschlagen. Vorausgesetzt ist dabei, um es konkreter zu sagen, die Schaffung einer Reihe von sozialen Abmachungen, zu denen ein Abkommen zwischen Reich und Arm, insbesondere aber auch ein Pakt zwischen den Geschlechtern gehört.

Die Hauptfrage, die hier gestellt und beantwortet werden muß, lautet nicht: »Wieviel Regulierung und wieviel Markt?«, sondern: »Wie ist es möglich, Produktivität und Produktivismus auseinanderzuhalten?« Der Kapitalismus ist nicht aus einem Guß, und die Bedingungen der Produktivität verlaufen insbesondere dann, wenn man den Ausdruck in weitem Sinne gebraucht, quer zu der bekannten Unterscheidung zwischen »sozialisierter Produktion« und Marktkräften. Eine Nachknappheitsordnung würde den Markt als Signalgeber betrachten, ohne jedoch den Grundsatz zu akzeptieren, alles habe seinen Preis. Ihr maßgeblicher Antrieb wäre nicht die Beschränkung von Marktkräften durch zentrale Instanzen, sondern die Anregung zu Änderungen des Lebensstils.

Bei alledem könnte es so aussehen, als habe der Utopismus das Übergewicht gewonnen über den Realismus, doch nach meinem Eindruck ist das nicht der Fall. Im Kontext der immer weiter expandierenden kapitalistischen Weltwirtschaft wirkt die Nachknappheitsordnung wie eine ferne Möglichkeit oder sogar wie ein Hirngespinst. In mancher Hinsicht leben wir jedoch, zumal in den Industriegesellschaften, bereits in einer solchen Ordnung, und es gibt mächtige Einflüsse, die die Dinge weiter vorantreiben. Eher unwahrscheinlich ist, daß es zu einem allgemeinen Aufstand gegen den Konsumerismus kommt oder daß den Prozessen des Wirtschaftswachstums Einhalt geboten wird. Doch Beispiele von einzelnen Nachknappheitsphänomenen gibt es in Hülle und Fülle. Zwei oder drei Prozent der Bevölkerung der westlichen Länder vermögen mehr Nahrungsmittel zu erzeugen, als in diesen Ländern verzehrt werden kann. Berufe, die der Verteilung von Gütern dienen, sind heute ebenso wichtig wie Tätigkeiten im Bereich der Fertigung dieser Güter. Die schädlichen Aspekte des ungehinderten Wirtschaftswachstums sind so allgegenwärtig und augenfällig geworden, daß sie von keinem Staat, ja von keinem Konzern außer acht gelassen werden können. Allenthalben werden die Männer von den Frauen dazu gedrängt, eine andere Teilung zwischen bezahlter Berufstätigkeit und Hausarbeit vorzunehmen. Die Liste der Beispiele ist überaus lang.

Man könnte meinen, der ausufernde Industrialismus zermalme alles, was ihm in den Weg tritt, insbesondere seit sich die Länder der Dritten Welt mit einigem Erfolg auf den Kurs der wirtschaftlichen Entwicklung begeben haben. Andererseits ist man sich überall auf der Welt im klaren über die Sinnlosigkeit von Entwicklungsformen, die ihre Bedingungen untergraben und die Möglichkeiten der eigenen Existenz vernichten. Vom Produktivismus wegführende Schritte, wie sie oben genannt wurden, sind Ausdruck der ökologischen Krise und zur gleichen Zeit eine direkte Reaktion auf diese Krise. Ebenso werden durch das Aufblühen der sozialen Reflexivität Demokratisierungsprozesse in Gang gebracht, sei's auch in komplizierter und paradoxer Weise. Diese Demokratisierungsprozesse stehen, wie ich zu zeigen versucht habe, in engem Zusammenhang mit dem Kampf gegen die Gewalt.

Die Frage des Handelns habe ich bisher unberücksichtigt gelassen. Wie soll die Theorie mit der Praxis verknüpft werden? Als politisch-radikale Kritik generell das gleiche bedeutete wie Sozialismus, bestand eine klare Verbindung zwischen den beiden. Das sozialistische Denken diagnostizierte vor allem in der Marxschen Lesart die irrationalen Seiten der Geschichte, legte aber zugleich dar, daß die Geschichte ihre eigenen Mittel zur Überwindung des

Irrationalen liefere. Obwohl der von Marx entwickelte Gedanke der kommenden klassenlosen Gesellschaft nie sonderlich kohärent war, hat seine Darstellung der Rolle des revolutionären Proletariats überzeugend gewirkt. Das »Rätsel der Geschichte« wurde durch das Handeln der unterdrückten Klasse gelöst. Vor allem in seiner marxistischen Form berief sich der Sozialismus auf einen Vorsehungsgedanken, der tiefe Wurzeln in der europäischen Kultur hatte. Die Geschichte stellt uns vor Probleme, die sich als soziale Widersprüche zeigen; doch ebendiese Widersprüche verheißen eine höhere Synthese, die uns weiter vorantreibt.

Mit dem Vorsehungsgedanken müssen wir heute brechen, einerlei, in welchem Kleid er sich darbieten mag. Die Vorstellung, daß der Kapitalismus mit dem Sozialismus schwanger gehe, hat für uns keine Gültigkeit mehr. Der Gedanke, es gebe in der Gestalt des Proletariats oder sonst einer Form einen historischen Akteur, der uns mehr oder weniger automatisch erlösen werde, hat für uns keine Gültigkeit mehr. Die Idee, die »Geschichte« habe überhaupt eine unabänderliche Richtung, hat für uns keine Gültigkeit mehr. Risiken müssen wir als Risiken akzeptieren, und dazu gehören auch die potentiell verheerendsten Großrisiken. Wir müssen uns damit abfinden, daß vom hergestellten Risiko kein Weg mehr zurückführt zum äußeren Risiko.

Marx hatte recht, als er das von jeder inhaltlichen Erklärung der immanenten historischen Möglichkeiten getrennte utopische Denken kritisierte. Doch den Utopismus insgesamt konnte er nur aufgrund einer teleologischen und am Vorsehungsgedanken ausgerichteten Anschauung der sozialen Entwicklung des Menschen verwerfen. Nach seiner Ansicht war es utopisch, die Theorie nicht unmittelbar auf die Praxis zu beziehen. Manche Autoren haben gemeint, der Niedergang des Sozialismus bedeute zugleich das Ende des Utopismus, doch nach meinem Dafürhalten ist das Gegenteil der Fall. Die Wiederentdeckung der historischen Kontingenz und der Dominanz des Risikos eröffnet dem utopischen, kontrafaktischen Denken neuen Raum.

Der utopische Realismus ist in der von mir befürworteten Gestalt das Kennzeichen einer kritischen Theorie ohne Garantien. »Realistisch« heißt diese Einstellung, weil eine solche kritische Theorie und eine solche radikale-demokratische Politik soziale

Prozesse begreifen müssen, um Ideen und Strategien vorzuschlagen, die in die Tat umgesetzt werden können. »Utopisch« heißt sie aus folgendem Grund: In einer Gesellschaft, die von sozialer Reflexivität immer stärker durchdrungen wird und in der mögliche Zukunftsabläufe nicht nur ständig gegen die Jetztzeit abgewogen werden, sondern die Gegenwart mitprägen, können Modelle dessen, was möglich ist, das, was eintreten wird, unmittelbar beeinflussen. Der utopische Realismus weiß, daß sich die »Geschichte« nicht ohne weiteres »reflexiv begreifen« läßt. Aber ebendiese Erkenntnis verleiht der Logik des utopischen Denkens zusätzliches Gewicht, denn wir halten nicht mehr an dem Grundsatz fest, daß vermehrtes Geschichtsverständnis das gleiche bedeute wie gesteigerte Erkennbarkeit des Handelns und daher verbesserte Beherrschung des Verlaufs dieses Handelns.

Aber steht der kritische Radikalismus noch in irgendeinem Zusammenhang mit der traditionellen Unterscheidung zwischen der Linken und der Rechten? Von welchen Werten sollte sich eine kritische Theorie der Spätmoderne leiten lassen? Wie ist es möglich, solche Werte in einer kosmopolitischen Welt zu rechtfertigen, die geradezu per definitionem alle universellen Wertansprüche abzulehnen scheint?

Schwierige Fragen – so scheint es jedenfalls. Aber vielleicht sind sie gar nicht so rätselhaft oder geheimnisvoll, wie viele behaupten. Die Preisgabe des Vorsehungsgedankens hat ihre Vorteile. Sofern die Geschichte keine unabänderliche Richtung hat, besteht keine Notwendigkeit, Ausschau zu halten nach privilegierten Akteuren, die imstande wären, das Potential der Geschichte in Realität umzusetzen. Radikal-kritisches Denken ist nicht unbedingt »progressives« Denken, und es braucht auch nicht notwendig mit der Vorstellung in Verbindung gebracht zu werden, man gehöre zur »Vorhut« des Wandels. Eine bedeutende Rolle spielen die sozialen Bewegungen nicht nur aufgrund dessen, was sie anstreben, sondern auch weil sie eindringlich formulieren, was sonst womöglich weitgehend unbemerkt bliebe. Es wäre jedoch verfehlt, wollte man die sozialen Bewegungen oder auch die Selbsthilfegruppen als Träger radikal-demokratischer Programme allzu sehr in den Vordergrund rücken. Die Wahrheit ist, daß es im posttraditionalen Gesellschaftsraum keine Gruppe gibt, die einen Monopolanspruch erheben kann auf radikal-kritisches Denken oder Handeln. Die im Sinne der sozialistischen Lesart des dialektischen Verhältnisses zwischen Herr und Knecht aufgestellte These, daß die Geschichte vor allem von den Benachteiligten gemacht werde, ist zwar verführerisch, aber falsch.

Viele der z. B. im vorliegenden Buch erörterten Gedanken sind von Belang für die Tätigkeit von Parteien, die im Rahmen der herkömmlichen Nationalpolitik aktiv sind. Hier gibt es Gefilde, die erst noch besiedelt werden müssen: von der Demokratisierung der Demokratie und der Pflege sozialer Solidaritätsbeziehungen bis hin zum Umgang mit Gewalt. Wahrscheinlich werden es verschiedene Parteien sein, die sich in diesen Territorien niederlassen, doch es gibt viele Gelegenheiten für Parteien der Linken, ihre Theorien aufzupolieren, und zwar besonders dort, wo sie es nicht mit Konservativen des Zentrums und liberalen Parteien zu tun haben, sondern mit Neoliberalen.

Nun könnte man fragen, wie es möglich sei, die Grenzen zwischen der Linken und der Rechten auch nur teilweise zu überwinden, wo sich doch gerade jetzt wieder selbsternannte Neofaschisten auf unseren Straßen tummeln. Kehren wir denn nicht in Wirklichkeit zu einem früheren Zustand zurück, wenn atavistische Gefühle wieder an die Oberfläche drängen und eine erneuerte Fortschrittsbewegung ein weiteres Mal gegen Rassismus und reaktionäre Ressentiments kämpfen muß?

Das glaube ich nicht. Die genannten Kämpfe sind durchaus real und werden für die Zukunft wahrscheinlich von ausschlaggebender Bedeutung sein. Aber sie sollten nicht so interpretiert werden, als kennzeichneten sie bloß einen Rückschritt. Vielmehr lassen sie sich auch mit Hilfe der Begriffe analysieren, die ich in den vorigen Kapiteln ausgearbeitet habe. Der Neofaschismus ist nicht dasselbe wie der ursprüngliche Faschismus, wie wehmütig seine Anhänger auch auf die Vergangenheit zurückblicken mögen. Vielmehr ist er eine mit viel Gewaltpotential ausgerüstete Abart des Fundamentalismus.

Die Differenzierung in Linke und Rechte (bei der es sich ohnehin von Anfang an um eine umstrittene Unterscheidung gehandelt hat) wird in praktischen Zusammenhängen der Parteipolitik zweifellos weiterhin existieren. Heute hat sich ihre Hauptbedeutung zumindest in vielen Gesellschaften gegenüber der früheren gewandelt, denn die neoliberale Rechte befürwortet nun die Regeln des Markts, während die Linke für öffentliche Fürsorge und Sozialmaßnahmen eintritt. Im Überschneidungsbereich zwischen Rechts und Links gibt es, wie wir wissen, eine Vielfalt von Parteien, die in manchen Fällen auch mit sozialen Bewegungen verbunden sind.

Behält die Unterscheidung zwischen der Linken und der Rechten aber noch eine Kernbedeutung, wenn man sie aus dem prosaischen Umfeld der orthodoxen Politik herauslöst? Ja, eine solche Bedeutung bleibt erhalten, aber nur auf einer ganz allgemeinen Ebene. Insgesamt gesehen, findet sich die Rechte eher als die Linke mit dem Vorhandensein von Ungleichheiten ab, und sie unterstützt außerdem lieber die Mächtigen als die Machtlosen. Dieser Gegensatz bildet einen wirklichen Unterschied, der auch künftig wichtig bleibt. Es würde jedoch schwerfallen, diesen Gegensatz allzu weit zu treiben oder ihn als durchgängiges Prinzip hinzustellen. Es gibt heute praktisch keine Konservativen mehr, die im Stil des Altkonservatismus für Ungleichheit und Hierarchien eintreten. Die Neoliberalen akzeptieren die Bedeutung der Ungleichheit und betrachten sie bis zu einem gewissen Punkt als Ansporn zu wirtschaftlicher Leistungsfähigkeit. Doch dieser Standpunkt beruht in erster Linie auf einer Theorie der notwendigen Flexibilität des Arbeitsmarkts, nicht auf einer Rechtfertigung der Ungleichheit als solcher. Er beinhaltet gewiß keine grundsätzliche Rechtfertigung der Armut, obwohl er mitunter vielleicht zu ideologischen Zwecken so benutzt wird. Außerdem haben die Neoliberalen in höherem Maße als die derzeitigen Sozialisten dazu beigetragen, traditionelle Formen von Vorrechten aktiv anzugreifen, und dabei handelt es sich oft um Privilegien, die auch fest verwurzelte Arten von Macht einschließen. Konservative Kritiker der Neoliberalen haben oft deshalb etwas an diesen auszusetzen, weil die Modelle des freien Marktes nach ihrer Anschauung eine allzu gespaltene Gesellschaft hervorbringen. Die Konservativen wollen nicht mehr, sondern lieber weniger Ungleichheit.

Kann man behaupten, es gebe bestimmte mehr oder weniger allgemeingültige ethische Prinzipien, die jetzt zum Vorschein kommen und tendenziell alle Perspektiven vereinigen, die außerhalb des Bereichs der diversen fundamentalistischen Strömungen stehen? Nach meiner Überzeugung kann man das tatsächlich behaupten, obwohl diese Schlußfolgerung der derzeit vorherrschenden Meinung völlig zuwiderläuft. Es könnte so aussehen, als sei eine Welt, in der Globalisierung und soziale Reflexivität die Oberhand haben, eine Welt der unwiderruflichen Fragmentierung und Kontextabhängigkeit. Das ist die Anschauung der Postmoderne, und es fällt nicht schwer zu erkennen, warum sich manche ihrer Verfechter dermaßen von Nietzsche angezogen fühlen. Gibt es denn nicht zahlreiche Wahrheiten über das Sosein der Welt wie auch über die erwünschte Form des guten Lebens? Und wenn es viele Wahrheiten – vielleicht ebenso viele Wahrheiten wie menschliche Handlungskontexte – gibt, fragt es sich, ob letzten Endes nicht alles von der Macht abhängt. Sollten wir uns vielleicht damit begnügen, Nietzsche die gebührende Ehre zu erweisen und alle unseres Weges zu gehen, während wir die Welt nach Belieben verrotten lassen?

Außerdem, könnte man hinzufügen, ist der Leitgedanke unseres Zeitalters der methodische Zweifel, dessen geistige Ursprünge in der cartesianischen Philosophie liegen. Das Prinzip, daß alles revidierbar sei und daß wir nicht einmal unserer liebsten Vorstellungen gewiß sein können, hat sich inzwischen als zentralstes Merkmal der Wissenschaft selbst erwiesen. Dabei war es doch die Wissenschaft, die Gewißheiten produzieren sollte. Läuft der verallgemeinerte Skeptizismus letztlich nicht auf das gleiche hinaus wie der Nihilismus? Denn wie es scheint, behauptet er ja, daß gar nichts mehr heilig sei – und ebendies ist die Vorstellung, gegen die der Fundamentalismus in vielen Bereichen des modernen sozialen Lebens Einwände erhebt. Vielleicht haben die Fundamentalisten in mancher Hinsicht doch recht.

Aber das ist gerade der springende Punkt. Heutzutage wird die auf Nietzsche zurückgehende Auffassung manchmal deshalb gepriesen, weil sie jene Anerkennung des »Anderen« – jene unerläßliche kosmopolitische Einstellung – gestatte, durch die eine multinationale Welt möglich werde. Doch sie leistet nichts dergleichen. Was sie in Wirklichkeit herbeiführt, ist eine Welt der vielfältigen Fundamentalismen, und das ist eine Welt, die Gefahr läuft, durch den Zusammenprall rivalisierender Weltanschauungen zu zerfallen. Der methodische Zweifel ist durchaus nicht das gleiche wie der empirische Skeptizismus. Vielmehr steht er für den Weg des Dialogs und der diskursiven Begründung des gemeinsamen Miteinanderauskommens. Er ist auch nicht das gleiche wie der Nihilismus, denn er bringt die Forderung mit sich, Argumente (und Handlungen) durch Begründungen zu rechtfertigen, denen andere wiederum ihre eigene Begründung entgegenhalten dürfen.

Die allgemeingültigen Werte, die heute zum Vorschein kommen (und den Steuerungsmechanismus abgeben für die hier erörterten Formen der radikal-kritischen Politik), leiten sich von diesem globalen Kosmopolitismus her und bringen ihn wiederum zum Ausdruck. Heute leben wir in einer Welt, in der es *viele* Andere gibt, in der es jedoch zugleich eigentlich gar keine Anderen *gibt*. Durch konsequenzenreiche Risiken – die potentiellen Minuspunkte der Moderne, zu denen man auch den gewaltsamen Konflikt fundamentalistischer Strömungen rechnen muß – wird der negative Aspekt solcher Werte aufgezeigt. Aber man kann sie sich, wie ich bereits geltend gemacht habe, auch mit positivem Vorzeichen zu eigen machen.

Unvorhersagbarkeit, hergestellte Unsicherheit und Fragmentierung bilden nur *eine* Seite der Medaille dieser zur Globalisierung tendierenden Ordnung. Auf der Kehrseite befinden sich die gemeinsamen Werte, die hervorgehen aus einer Situation der globalen Interdependenz, die durch kosmopolitische Bejahung der Unterschiede strukturiert wird. Eine Welt ohne Andere ist eine Welt, in der wir alle – aus prinzipiellen Gründen – gemeinsame Interessen haben, wie wir ja auch den gleichen Risiken gegenüberstehen. Empirisch gesehen, sind zahlreiche Katastrophenszenarios denkbar: der Aufstieg neuer totalitärer Regime, der Zusammenbruch des Ökosystems der Welt, eine Gesellschaft im Belagerungszustand, in der die verschanzten Reichen in ständigem Kampf mit der armen Mehrheit leben. Aber ebenso, wie es Kräfte gibt, die ein Gegengewicht zum moralischen Nihilismus bilden, gibt es in der Realität auch Trends, die diesen Szenarios zuwiderlaufen. Die Ethik der zur Globalisierung tendierenden posttraditionalen Gesellschaft beinhaltet die Anerkennung der Unantastbarkeit des menschlichen Lebens und das allgemeine Recht auf Glück und Selbstverwirklichung. Verknüpft ist sie mit der Pflicht zur Förderung der kosmopolitischen Solidarität und einer respektvollen Einstellung zu nicht-menschlichen Instanzen und Lebewesen der Gegenwart wie der Zukunft. Dies ist vielleicht das erste Zeitalter der Menschengeschichte, in dem allgemeingültige Werte tatsächlich etwas bewirken können, und keineswegs das Zeitalter, in dem solche Werte sich auflösen.

Was meint ›Zweite Moderne‹
Warum eine Edition Zweite Moderne?

Eine Weltordnung ist zusammengebrochen. Welche Chance für den Aufbruch in eine Zweite Moderne!

›Zweite Moderne‹ – wie sehen die Herausforderungen, Widersprüche und Chancen in der alltäglichen Lebensführung, aber auch in Wirtschaft, Kultur und Politik in einer Welt aus, in der die Nationalökonomien in den Sog der ›Globalisierung‹ geraten, in der über die Grenzen von Betrieben, Branchen, Nationen hinweg Produktion, Arbeit und Steuern neu verteilt (bzw. vorenthalten) werden?

Den Blick dafür begrifflich zu öffnen und zu eichen, darauf im wahrsten Sinne des Wortes neugierig zu machen, darauf zielen die in dieser Reihe vorgelegten Bände. Sie sollen eine öffentliche Kontroverse darüber anzetteln, wie die Orthodoxie der Ersten Moderne gebrochen werden kann. Es muß endlich unter Beteiligung der Sozialwissenschaften darüber gestritten werden, wohin der Weg führt. Was an Sicherheit verlorengeht, kann als Freiheit gewonnen werden.

In der Edition Zweite Moderne wechseln sich die Monographien und Essaysammlungen ab. Es versteht sich von selbst, daß Autoren aus den unterschiedlichsten Sachgebieten und Weltregionen hier zu Worte kommen – doch welcher Disziplin sie auch zugehören, ihre Ausführungen brechen aus dem »ehernen Gehäuse« der Wissenschaften aus und bestimmen die Prozesse der Zweiten Moderne in einer lebendigen und verständlichen Sprache.

Ulrich Beck

Edition Zweite Moderne

Ulrich Beck (Hg.)
Kinder der Freiheit
408 Seiten

Wir Deutschen leben nicht in einer Kulturkrise, schon gar nicht im Werteverfall, sondern uns droht etwas sehr viel »Schlimmeres«: Unsere Worte der Freiheit beginnen Taten und Alltag zu werden und stellen damit die Grundlagen unseres bisherigen Zusammenlebens in Frage, die auf der Voraussetzung beruhten, daß wir von politischer Freiheit nur reden, nicht aber nach ihr handeln. Die »Katastrophe« ist also, daß wir mehr und andersartige Freiheit verstehen, anerkennen und verkraften müssen, als im Bilderbuch der gesprochenen und versprochenen, aber nicht gelebten Demokratie vorgesehen ist. Das meint »Kinder der Freiheit«: Wir leben unter den Voraussetzungen verinnerlichter Demokratie, für die viele Konzepte und Rezepte der Ersten Moderne untauglich geworden sind.

Wir »leiden« also an den unbeabsichtigten Folgen und Ausdrucksformen eines alltäglich gewordenen Mehr an Freiheit. Wenn sich diese Deutung erhärten läßt, dann artikuliert sich, verpackt in der Rede vom »Werteverfall«, etwas anderes, nämlich die Angst vor der Freiheit, auch die Angst vor den Kindern der Freiheit, die mit neuartigen, andersartigen Problemen zu kämpfen haben, welche die verinnerlichte Freiheit aufwirft: Wie kann die Sehnsucht nach Selbstbestimmung mit der ebenso wichtigen Sehnsucht nach geteilter Gemeinsamkeit in Einklang gebracht werden? Wie kann man zugleich individualistisch sein und in der Gruppe aufgehen?